제 4 판

제2권 거시경제

경제이론과 현실

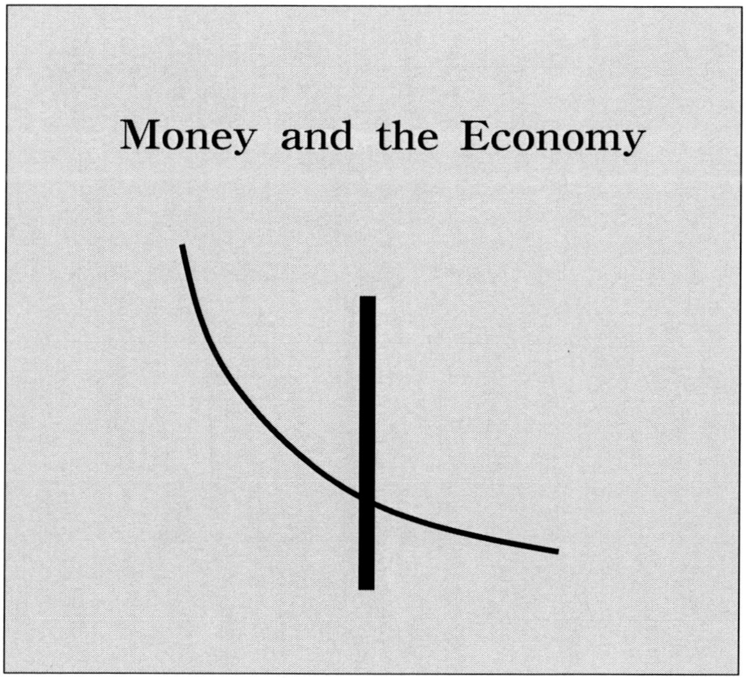

세계경제문제연구소

이 책은 이 책 시리즈의 결론이다. 이 책 시리즈를 세트 발행(동시 발행)하기 전에 프로젝트 진행 기간동안 다하지 못했던 결론의 내용을 필요한 각 장의 말미의 여백에 보충 설명하여 이 책을 제4판으로 세트발행하고자 하였다. 특히 개방경제의 거시이론과 자연률 이론은 부족함이 없도록 최선을 다하였다.

2015. 10. 20.

정 기 옥

전 정 판 서 언

거시경제에서 가장 기본적인 두 모델이 IS-LM 모델과 총수요와 총공급의 모델인데 이 두 모델은 일반적으로 봉쇄경제(closed economy)를 분석의 대상으로 하고 있다. 개방경제의 거시경제이론(개방경제의 총수요이론)도 봉쇄경제의 총수요이론을 기초로하고 있지만 우리경제와 같이 경제성장의 수출의존도가 높은 국가에서는 개방경제를 중심으로해서 연구하는 방법이 더 적합하다고 할 수 있다. 따라서 개방경제의 IS-LM모델은 우리 경제의 입장에서 검증되어야하고 그 결과 이 모델이 적합하지 않다면 이 모델을 받아들일 수 있도록 보완하는 것이 타당하다고 생각한다.

이 전정판은 이상과 같은 "경제이론과 현실, 연구방법론"에 따라서 검증하고 입증된 결과로 보완해서, 우리경제의 현실을 보다 더 잘 설명할 수 있도록 하는데 그 목적을 두었다. 초판과 개정판은 "개방경제의 거시이론의 공급측면"을 마련해서 보완하는데 초점을 두었고, 전정판은 그 방법론의 성격상 개방경제의 총수요이론을 보완하는데 초점을 둘 수밖에 없었다. 따라서 방법론상 중요한 것은 주어진 범위내에서 보충하였고, 별로 중요하지 않은 것은 지면상 내용을 교체하였다.

많은 내용이 보충되고 교체되었지만 이론의 구성과 전반적인 내용은 초판이나 개정판과 다름이 없다. 같은 연구방법과 범위내에서 쓰여진 것이기 때문에 바꿀 수도 없었다.

2008년도의 미국의 금융위기와 2010년도의 유럽의 재정위기는 외생변수이긴 하지만 우리경제의 외환위기와 직접적으로 관련이 있는 문제이기 때문에 이 책의 연구방법과 범위내에서 가능한 한 설명이 될 수 있도록 하였다. 미국의 금융위기는 이 책의 「연구 방법론」을 참고하면 도움이 될 것이고, 유럽의 재정위기는 이 책에서 설명이 될 수 있도록 보완하였다. 그리고 이 책「시리즈」의 참고문헌은 대학교재 방법론의 성격상 "경제이론과 현실, 연구방법론"의 입증자료 문헌으로 충분하다고 생각한다.

이 책은 검증되고 입증되었으며, 그 방법론으로 2008년도의 금융위기(환율위기)를 예측까지 하였다. 따라서 1997년도의 외환위기와 2008년도의 금융위기 뿐만 아니라 앞으로 우리 경제를 설명하는데에도 도움이 될 수 있을 것으로 생각한다. 물론 이에 대한 평가는 독자의 몫이며, 이보다 더 좋은 책이 출판될 수 있을 것으로 믿어도 좋을 것이다.

외환위기를 연구한지 26년이 지났다. 그 동안 연구한 결과를 「경제이론과 현실」 연구・출판 프로젝트(project)로 완성할 수 있게 되어 하느님께 감사드리고, 정형문, 정우문, 정소영이에게 고맙고 미안하게 생각한다. 오래지 않아 선진국이 되면 그 때 다시 이 책을 읽을 수 있게 되기를 기대하고 기도드린다.

2010년 8월 30일

정 기 옥

개 정 판 서 언

외환위기를 성공적으로 극복한 국가를 찾아보기가 어려울만큼 1980년대 이후 외환위기는 중요한 세계경제문제가 되어온 것이 사실이다. 이와 같은 측면에서 볼 때 우리경제는 그 극복과정에서 여러 가지 문제를 발생시키기도 하였지만, 짧은 기간동안에 이를 성공적으로 극복하였다고 한다면 과언인 것일까? 그 과정에서 발생한 여러 가지 난제들은 과도기적인 현상으로 점진적으로 개선할 수 있을 것으로 보이기 때문이다.

외환위기는 본질적으로 거시경제 문제가 아니라 국제금융의 문제이다. 그러나 국제금융론은 「개방경제의 거시이론」이라고 하는 바와같이 개방경제의 총수요를 분석하는 것을 그 주요 목적으로 하고 있다. 따라서 거시경제가 변화하면 국제금융도 변화될 수밖에 없기 때문에 외환 위기시에는 이를 통합하는 것이 무엇보다도 중요한 과제가 될 수 밖에 없을 것이다. 그래야만 현실을 설명할 수 있기 때문이다.

거시경제와 국제금융론을 통합하는 것은 무척 어려운 과제일 수밖에 없다. 왜냐하면 아직도 국제금융론은 경제학자들마다 연구방법이 다르고 내용도 차이가 있기 때문이다. 이 책은 지난 20년동안 변화된 여러 이론들을 종합적으로 분석해서 체계적으로 요약 정리하는 수준에서 원래의 목적을 다하고자 하였다. 특히 개방경제의 수요측면만이 아니라 공급측면도 강조된 것이 이 책의 특징이다. 이것이 가능했던 이유는 거시경제학은 더 이상 크게 변화하지 않을 것이라고 생각했기 때문이다.

개정판은 이와 같은 목적을 다하고자 초판의 내용의 부족한 부분을 보충하고 교정이 미흡했던 점을 보완하는데 최선을 다하였다. 그래도 미흡한 점은 이 책의 제 1권과 2권을 확장하고 보완한 이 책의 제 3권 「국제경제」에서 다루고 있다. 그러나 필자의 경제적 능력으로는 이를 감당하기가 어려워 「국제경제」 출판은 당분간 포기하기로 하였다. 보완하는 내용으로 구성되어 있어 언제 출판해도 문제가 없을 뿐만아니라 시중에 나와있는 책을 참고하는 것이 더 좋은 방법이 될 수도 있을 것이다.

끝으로 이 책을 쓰는 과정에서 저를 알고 있는 모든 사람들에게 심적인 부담을 드려 송구스럽게 생각한다. 세계적으로 유명한 많은 경제학자의 이론이나 경제정책을 비판하기 위해서 이 책이 쓰여진 것이 아니라 필자의 평소의 소견으로 우리경제의 현실을 설명할 필요성이 있기 때문에 쓰여진 것으로 생각해 주길 바랄뿐이다. 그리고 어려운 여건을 이해해주시고 여러 가지로 도움을 주신 출판업 협동조합과 고향의 친인척 및 선후배님들께 진심으로 감사하게 생각하는 바이다.

2004년 10월

정 기 옥

초 판 서 언

경제학의 역사를 스미스(Adam Smith, 1723-1790)의 국부론(The wealth of nation)에서부터 본다면 200여년이 조금 넘는 셈이다. 그후 19세기에는 주로 가치론과 분배론을 중심으로한 미시경제에 대한 연구가 주류를 이루었고 1930년대 이후에야 거시경제문제가 본격적으로 연구되기 시작하였다. 이렇게 본다면 거시경제의 역사는 70년도 채되지 못하는 셈이다.

미시경제의 가치론이 100여년동안 논의되었고, 또 그것이 완성되기전 "한계혁명"이라고 할만큼 혼란기에 빠졌듯이, 거시경제학도 지난 20년동안 그것이 완성되기전 이론적인 혼란기라고 한다면 과언인 것일까?

어쨌든 영・미경제학자가 아닌 외국인들이 보기에는 황당할 수밖에 없는 일이었다. 특히 정치・사회적으로 어지러운 상황에서 외환위기를 겪어야 했던 우리로서는 더할 나위가 없는 일일 수밖에 없었다.

이 책은 이와같은 여건속에서 "어떻게 하면 지난 20여년동안 변화된 여러 이론들을 종합적으로 분석하여 우리경제의 외환위기 요인을 설명하고, 또 그것을 우리경제의 과거와 현재 및 미래에 어떻게 연관시켜 볼 수 있는가" 하는 주제를 연구하는데 목적을 두었다.

거시경제가 미시경제를 기초로하는 한 거시경제이론은 미시경제의 대부자금시장을 기초로 할 수 밖에 없다. 왜냐하면 저축과 투자에 관한한 미시경제의 다른 분야에서는 이에 대해 논의되는 바가 없기 때문이다. 따라서 이 책은 미시경제의 대부자금시장을 기초로해서 고전적 이분법과 화폐수량설을 분석의 근간으로 하고 있다. 이를 바탕으로 이책은 다음과 같은 점들을 강조하고자 하였다.

1) 미시경제의 대부자금시장과 고전적 이분법 및 화폐수량설을 분석의 근간으로 하고 있지만, 거시경제의 단기분석을 먼저 논의하고 난 다음 장기적인 문제를 설명하는 순으로 이론을 구성하였다. 왜냐하면 전통적으로 거시경제학은 단기분석에서부터 출발하는 것이 일반적이며, 우리경제를 설명하는데도 이와같은 방법을 따르는 것이 보다 더 적합하다고 생각되었

기 때문이다.

2) 우리경제의 외환위기요인을 설명하기 위해서 개방경제의 거시분석을 강조하였다. 이것만으로는 부족하여 “경제발전과 국제무역”을 우리경제의 입장에서 체계적으로 분석해보려고 노력하였다.

3) 지난 20여년동안 복잡하기만 하였던 총수요와 총공급의 이론을 매우 단순화시켜 이해하기 쉽도록 하였으며, 경제학파에 대한 논의는 가능한한 제외시켰다.

4) 실업과 인플레이션의 문제는 아직까지도 중요한 문제로 남아있기 때문에 종합적인 시각에서 기초부터 자세하게 설명되고 있으며, 경제성장이론은 역사적인 발전과정에서 접근하기 위해 경제성장의 요인을 강조하고자 하였다.

5) 거시경제분석의 기본적인 10가지 개념을 선정해서 거시경제 전체의 윤곽을 개관하고 이책의 연구범위와 과제를 요약해서 설명하였다.

6) 그 외에도 인플레이션의 비용, 디플레이션, 자연실업, 쌍둥이 적자, 환율제도, 재정적자와 국채, 대공황, 스태그플레이션등 중요하다고 생각되는 현실적인 문제들을 자세하게 설명하려고 하였다.

7) 제1권 미시경제와 똑같이 경제이론에 관한한 매우 쉽고 자세하게 설명되고 있으며, 이와 관련된 현실적인 문제들도 상식적인 문제들이기 때문에 참고문헌과 각주 및 통계자료는 생략하였다.

10년동안의 강의자료를 기초로 1999년부터 이 책을 쓰기 시작하였으니까 어느덧 4년이 세월이 지났다. 이 책이 제3권 국제경제는 제1권과 제2권을 보완하는 내용으로 구성되어 있기 때문에 지금 생각같아서는 단행본으로 출판하는 것이 보다 더 좋은 책이 될 것으로 생각하고 있으며 내년에는 정말 좋은 책으로 출판될 수 있을 것으로 기대하고 있다.

끝으로 1권에 이어 2권의 출판과정에서도 여러 도움을 주신 연대중앙문화사 사장님과 직원들에게 충심으로 감사드리며, 그리고 이름도 명예도 없는 필자의 책을 읽어준 독자들에게 진심으로 감사하게 생각하는 바이다.

2003년 4월

정 기 옥

제 2 권 거시경제

목 차

제 1 편

거시경제의 기초

제 1 장

거시경제의 기본문제

1. 거시경제학의 정의
2. 거시경제의 기본문제
3. 국민소득의 순환적 흐름
4. GDP와 총지출
5. 거시경제의 접근방법

1. 거시경제학의 정의

지난 200년 동안 자본주의 경제는 변동(순환)을 거듭하면서 성장을 지속하여 왔다. 즉, 경제가 생산능력에 따라 안정적으로 성장하는 것이 아니라 침체하여 불황인 시기가 있는가 하면 경기가 회복되어 호황이 되는 국면을 반복하면서 성장하는 것이 자본주의 경제의 본질이라고 할 수 있다. 호황일 경우에는 가계소득이 증가하고 취업도 쉬운 반면, 불황일 경우에는 기업이 생산을 줄일 뿐만 아니라 파산하는 기업도 있기 때문에 취업이 어렵고 실업도 증가한다. 거시경제학이란 이처럼 변동을 거듭하면서 성장하는 경제전체를 연구하는 분야라고 할 수 있다. 따라서 거시경제학은 경기변동과 경제성장에 대한 연구를 그 목적으로 하고 있다.

미시경제학에서는 희소한 자원의 효율적 배분문제와 개별상품의 가격과 산출량 결정문제가 중요한 연구대상이 되는데 반하여 거시경제학에서는 물가수준과 총산출량수준이 중요한 거시경제변수이자 연구대상이 된다. 따라서 왜 컴퓨터 가격은 하락하고 산출량은 증가하는가 하는 문제는 미시경제문제이며, 왜 물가수준은 상승하고 국민소득수준은 증가하는가 하는 문제는 거시경제문제이다. 요약한다면 개별적인 시장과 시장의 균형의 문제를 연구하는 분야가 미시경제학이며 경제전체를 연구하는 분야가 거시경제학이라고 할 수 있지만 일반적으로 거시경제학은 미시경제를 기초로 하고 있다. 예를들면 거시경제의 대부자금시장은 정부저축을 제외하면 미시경제의 대부자금시장과 다를 바가 없다는 것이 이를 반영하는 것이라고 할 수 있다.

실업이 크게 증가한다든가 물가수준이 급속하게 상승할 경우에는 정부가 정책적으로 실업과 물가의 문제를 해결할 수 있는데, 이와 같은 정책, 바꾸어 말한다면 경제 전체에 영향을 미치는 정책을 거시경제정책이라 한다. 정부의 거시경제정책 수단으로 중요한 것은 세율과 정부지출 및 화폐공급 등이 있으며 이를 정책변수라 한다. 따라서 우리가 거시경제학을 알고 있다면 거시경제적인 현실과 정부의 거시경제정책을 이해하는데 매우 도움이 될 수 있을 것이다.

2. 거시경제의 기본문제

거시경제의 중요한 3가지 기본문제는 실업과 인플레이션 및 경제성장이다. 실업과 인플레이션의 문제를 경기변동의 문제라고도 하므로 두 가지로 요약한다면 경기변동과 경제성장의 문제라고도 할 수 있다. 또는 경기변동을 역으로 생각하여 경제안정과 경제성장의 문제로 해석하여도 좋을 것이다.

이상과 같은 3가지 기본문제를 설명하기 위해서는 이를 설명할 수 있는 기준이 있어야 하는데 그것이 바로 잠재적 산출량(potential output) 수준이다. 미시경제의 제 2장에서 이미 설명한 바와 같이 잠재적 산출량 또는 잠재적 GDP란 자연실업률 수준에서의 산출량으로서 한 경제의 생산능력을 말한다. 이유는 단순하다. 자연적 실업은 불가피한 장기적 실업으로서 경제가 효율적일 뿐만 아니라 실업자 개인의 입장에서도 특수한 경우를 제외하고는 곧 취업을 할 수 있기 때문에 문제가 되지 않는다는 시각이다. 더욱더 중요한 것은 잠재적 산출량 수준에서는 인플레이션의 문제도 발생하지 않는다.

실제적인 산출량(실제 GDP) 수준은 잠재적 산출량수준을 초과할 수도 있고 그 이하일 수도 있다. 실제적인 산출량수준이 잠재적인 산출량수준보다 낮을 경우에는 실업의 문제가 되며 높을 경우에는 인플레이션이 문제가 된다. 실제적인 GDP가 잠재적 GDP를 초과한다면 이는 생산능력이상으로 주어진 자원을 과도하게 이용한다는 뜻이 된다.

잠재적 산출량의 개념을 처음으로 경제학에 도입한 경제학자는 오쿤(Arthur M. Okun)이었는데 그는 미국의 경우 4%의 실업률에서의 산출량수준을 잠재적 산출량수준이라 하였다. 물론 이는 자연실업률이다. 그런데 자연실업률은 경제적 여건에 따라서 다를 수밖에 없기 때문에 국가에 따라서 다를 뿐만 아니라 시대에 따라서도 다를 수밖에 없다.

물가수준은 모든 재화와 용역의 절대가격의 가중평균치를 지수로 나타낸 것을 말하며 인플레이션이란 물가수준이 상승하는 현상을 말하는데 다음과 같이 나타낼 수 있다.

$$\text{인플레이션률(물가상승률)} = \frac{\text{당해연도의 물가지수} - \text{기준연도의 물가지수}}{\text{기준연도의 물가지수}} \times 100$$

따라서 당해연도의 가격으로 나타낸 명목 GDP는 물가지수(물가수준)나 물가상승률(인플레이션률)을 이용해서 실질 GDP로 환산해 주어야만 실제적인 산출량수준을 나타내는 거시경제변수가 될 수 있다. 즉,

실질 GDP = 명목 GDP / 물가지수

또는, 실질 GDP = 명목 GDP / (1+물가상승률)

물가지수로서 일반적으로 널리 사용되는 것은 소비자물가지수와 GDP 디플레이터(deflator)이다. 소비자 물가지수는 이미 미시경제부문에서 설명한 바와 같으며, GDP 디플레이터 역시 소비자 물가지수와 같은 개념이지만 GDP를 구성하는 모든 재화와 용역의 가격을 가중 평균한다는 점에서 소비자 물가지수와 차이가 있다.

경제성장이란 실질 GDP가 증가하는 현상을 말하며 경제성장률은 다음과 같이 구할 수 있다.

$$\text{경제 성장률} = \frac{\text{당해연도의 실질 } GDP - \text{기준연도의 실질 } GDP}{\text{기준연도의 실질 } GDP} \times 100$$

이는 실제적인 GDP를 기준으로 한 통계상의 경제성장률로 이론적인 경제성장률을 뜻하는 것이 아니다. 거시경제이론에서 경제성장이란 시간이 경과함에 따라서 잠재적 GDP가 증가하는 현상을 말하는데 이를 미시이론적으로 해석하면 생산가능곡선이 우측으로 이동하는 현상을 뜻하며 현실적으로는 실제적인 실질 GDP의 장기적인 성장추세라 할 수 있다.

GDP(Gross Domestic Product)란 주어진 연도에 국내에서 생산된 재화와 용역의 총산출량을 뜻하며 GNP(Gross National Product)는 국민에 의해서 생산된 재화와 용역의 총산출량(최종생산물)을 뜻하므로 총산출량의 척도로서 어느 것을 사용할 것인가하는 것이 문제가 된다. 1990년대 초까지만 해도 한 국민경제의 생산실적을 나타내는 개념으로 GNP가 널리 이용되었으나 해외 의존도가 점차 높아지게 됨에 따라 이제는 일반적으로 거시경제이론에서 GNP 대신 GDP를 한 경제의 산출량을 나타내는 거시경제변수로 이용하는 경우가 많다고 할 수 있다.

지난 200년동안 자본주의 경제는 경기변동을 반복하면서 지속적으로 성장하여 왔는데 이는 장기적으로 실질 GDP가 매년 증가되어 왔음을 뜻한다. 이유는 기술진보와 자본축적이 지속될 수 있었기 때문이다. 실질 GDP를 인구수로 나누어주면 1인당 실질 GDP가 되며, 오늘날과 같이 인구가 크게 증가하지 않을 경우에는 국민경제의 생활수준을 나타내는 척도로서 실질 GDP를 그대로 사용하여도 문제가 되지 않을 수도 있다. 그러나 200년전의 고전학파 시대에서처럼 인구가 급속하게 증가하는 시대에 있어서는 1인당 실질 GDP가 보다 더 중요한 문제가 된다. 이와같은 이유 때문에 고전학파시대부터 현재까지 경제성장을 1인당 산출량수준(1인당 GDP)으로 설명하게 된 것이다.

말사스(Malthus)의 인구론, 임금철칙설, 최저생계비 등과 같은 개념이 오늘날까지도 사용되고 있는 것은 바로 이와 같은 이유 때문이다. 말사스의 인구론과는 달리 지난 200년동안 1인당 실질 GDP가 증가하여 왔다는 것은 국민경제의 산출량의 증가율이 인구증가율보다 더 높았다는 것을 뜻한다.

경제성장과 경기변동을 상호 관련시켜 본다면 〔그림 1-1〕과 같이 나타낼 수 있다. 경기변동은 일반적으로 규칙적으로 변화하지 않지만 이론을 단순화하기 위해서 그림에서 보는 바와 같이 경제성장능력을 나타내는 장기적인 성장추세선인 T를 따라 규칙적으로 변동한다고 가정하면 바닥(through)에서 정상(peak)까지 국면과 정상에서 바닥까지 국면으로 나눌 수 있다.

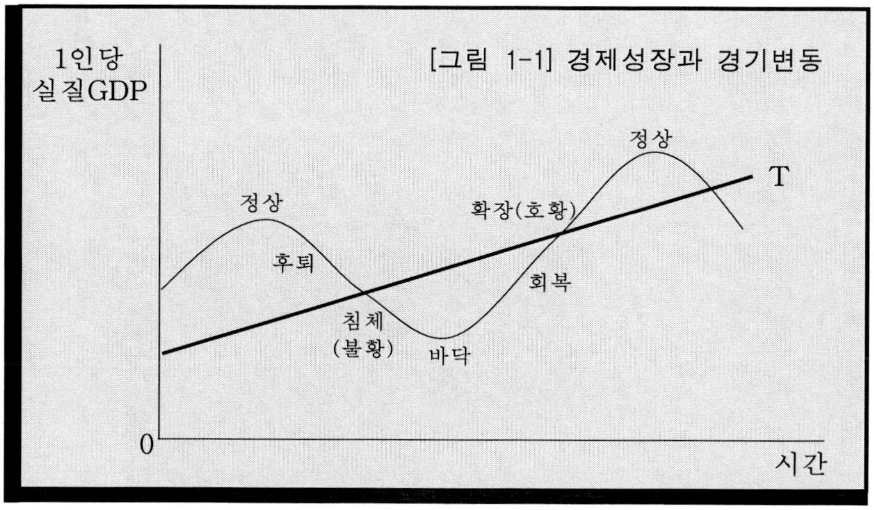

[그림 1-1] 경제성장과 경기변동

전자를 일반적으로 회복국면(recovery) 또는 확장국면(expansion)이라 하며, 후자를 후퇴 또는 침체 국면이라 한다. 그리고 경우에 따라서는 회복, 호황, 후퇴, 불황 등 4국면으로 구분하는 경우도 있으니 유의할 필요가 있다.

회복 또는 확장기에는 소득과 고용이 증가하고 침체 또는 후퇴기에는 반대로 실업이 증가하고 소득이 감소하기 때문에 현재 어떠한 국면에 있고 앞으로 어떻게 될 것인가 하는 문제가 많은 경제학자들에 의해 연구되어 왔다.

그런데 미래의 경제성장추세는 과거와는 상당히 다른 방향으로 전개될 수도 있다. 〔그림 1-2〕에서 보는 바와 같이 현재 우리 경제가 E점에 있다고 했을 때 Ⅰ의 경로를 따라 성장할 수도 있고 단기적으로는 구조조정으로 인하여 경기가 침체(slump) 할 수도 있지만 Ⅱ의 경로를 따라 성장할 수도 있는 것이다. 미래를 생각할 경우에는 Ⅱ의 경로를 따라 성장하는 것이 더 바람직하다. 경기침체나 경기후퇴는 일반적으로 같은 뜻으로 쓰이지만 경기가 장기적으로 침체해서 그 골이 깊을 경우 이를 불황(depressions)이라 하며 1930년대와 같은 경우를 대공황(great depressions)이라 한다.

[그림 1-2] 장기적인 경기변동과 경제성장

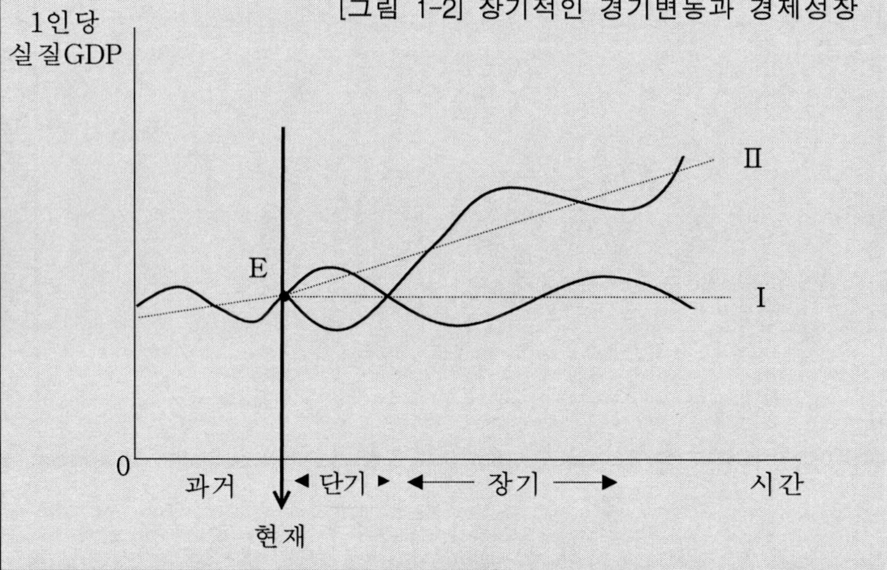

3. 국민소득의 순환적 흐름

정부가 존재하지 않는 단순한 시장경제의 소득의 순환적 흐름에 대해서는 이미 미시경제부분에서 설명한 바와 같지만 이는 거시경제의 경제적 모델로서도 중요하게 사용된다. 중복되는 감이 있지만 이는 매우 중요하기 때문에 〔그림 1-3〕과 같은 단순한 시장경제모델을 거시경제이론과 관련해서 다시 한번 생각해 보기로 하자. 정부가 존재하지 않는다면 경제주체는 가계와 기업으로 구성되고 시장은 재화시장과 생산요소시장으로 구분된다.

기업이 생산요소를 구입한 대가로 지급되는 임금, 이자, 지대 등은 기업의 생산비에 해당하고 이는 가계의 소득이 된다. 가계는 이 소득으로 기업이 생산한 생산물을 구입하는데 지출하므로 모든 가계의 지출을 합계한 것은 단순한 시장경제의 총지출이 된다. 물론 이는 이론을 단순화하기 위한 것으로서 거시경제 전체적으로 저축도 하지 않고 투자도 하지 않는 경우에 해당한다.

[그림 1-3] 소득의 순환적 흐름

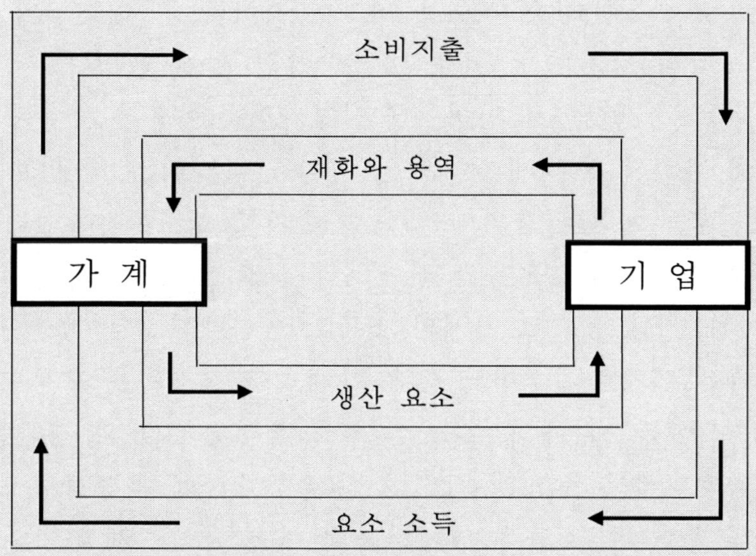

국내의 모든 기업의 생산을 집계하면 총생산(GDP)이 되며 기업이 가계에만 재화를 판매하는 단순한 시장경제에서는 기업의 총생산은 가계의 총지출과 일치하게 된다. 따라서 가계의 소득은 기업을 통해서 순환되는데 이를 소득의 순환적 흐름이라 하며, 생산과 소득과 지출은 일치하게 된다.

이상과 같은 단순한 시장경제모델이 거시경제이론에서 많이 사용되는 이유는 현실을 단순화함으로서 거시경제의 수요측면을 분석하는데 유용하게 이용될 수 있을 뿐만 아니라 한 국민경제의 1년간 생산실적인 GDP를 측정하는 방법으로 유용하게 이용되기 때문이다. 이상의 설명을 기초로 하여 GDP가 어떠한 방법으로 측정될 수 있는지를 알아보기로 하자.

지금까지 설명에 의해서 알 수 있는 바와 같이 한 국민경제의 국내총생산은 생산물시장의 지출의 측면에서도 측정될 수 있고 요소시장에서 기업의 생산비나 가계의 소득의 측면에서도 측정될 수 있다.

국내에서 생산된 최종생산물의 화폐가치의 합계인 GDP는 단순한 경제의 가계의 측면에서 볼 때 가계가 구입한 모든 재화와 용역의 합계와 일치하는데 이것이 단순한 경제의 총지출이며 이는 GDP와 같다. 물론 이는 모든 가계의 최종재에 대한 지출을 합계한 것이다. 당해연도의 GDP 측정은 당해연도의 시장가격을 이용함으로 이는 실질 GDP가 아니라 명목 GDP이다. 국내총생산을 측정하는데 시장가격을 이용하는 이유는 가격 그 자체가 각종 재화와 용역의 상대적인 가치를 나타내기 때문이다. 따라서 시장가격은 각종 재화와 용역에 대한 가중치로 생각할 수 있다.

GDP는 요소시장에서도 측정될 수 있다. 요소시장에서 기업의 생산비는 임금, 이자, 지대 등으로 가계의 소득으로 분배되므로 기업의 생산비와 가계의 소득은 일치한다. 이와 같은 가계의 요소소득을 모두 집계해주면 국내총생산이 된다. 가계의 요소소득으로 측정한 GDP와 생산물시장에서 가계의 지출측면에서 측정된 GDP는 똑같기 때문에 지출국민소득과 생산국민소득 및 분배국민소득은 일치하는데 이를 흔히 3면 등가의 원칙이라 한다. 이와 같은 등식이 성립하는 이유는 단순히 생산물시장과 생산요소시장에서 측정된 GDP가 차이가 있을 경우 차이가 나는 모든 부분은 이윤이며 이 또한 모두 가계의 소득으로 처리되기 때문이다. 바꾸어 말한다면 기업이 보유하는 이윤(유보이윤)은 없고 이윤이 발생하면 모두 배당하는 것으로 가정하고 있기 때문이다.

이상의 설명은 어떤 한 기업의 회계분석과 다를 것이 없다. 예를 들어 어떤 한 대표적인 기업의 영업실적이 〔표 1-1〕과 같다고 하자.

〔표 1-1〕 대표적 기업의 영업실적(연간실적)

총 수 입	총 비 용
P×Q (가격×연간산출량)	임금 A
	지대 B
	이자 C
	이윤 D
	총비용 ; A+B+C+D

표의 왼쪽은 기업의 수입으로서 기업의 연간 산출량에 가격을 곱해준 것이며, 오른쪽은 생산비로서 이것이 가계의 소득이 된다. 여기에서 이윤은 잔여분에 해당하므로 기업의 수입(소비자의 지출)은 비용과 일치하며 이는 또한 가계의 소득과 일치한다. GDP 측정은 이와 똑같은 원리를 적용한 것에 지나지 않는다. 다만 여기에서의 가격은 부가가치에 해당한다.

GDP 측정시에 흔히 거론되는 문제가 이중계산의 문제이다. 이중계산이란 한 상품이 두 번이상 GDP 계산에 포함되는 것을 말하며 이중계산을 할 경우에는 그만큼 GDP가 과대 평가된다. 이중계산을 피하기 위해서는 다른 재화를 생산하는데 이용하는 중간재는 제외하고 최종재만을 포함시켜야 한다. 예를 들면 빵을 만드는데 이용되는 밀가루나 반죽 및 설탕 등의 중간생산물과 최종생산물로서의 빵을 모두 포함시키면 이중계산이 되므로 빵만이 GDP 계산에 포함된다는 것이다. 똑같은 이치로 자동차 생산의 중간생산물인 철광석과 철강재 및 유리 등은 제외되고 자동차만이 GDP 계산에 포함된다. 지금까지의 설명은 지출 또는 생산물의 측면에서 이중계산을 피하는 문제였다. 소득 또는 비용의 측면에서 이중계산을 피하기 위해서는 각 생산과정에서의 기업의 부가가치만을 계산해 주어야 한다.

부가가치란 해당기업에 의해 부가되는 가치로서 기업의 판매액에서 다른 기업으로부터 구입한 중간재비용을 공제한 것을 말한다. 바꾸어 말한

〔표 1-2〕 빵의 생산단계와 부가가치

생산 단계		중간재 비용	부가가치(임금, 임대료, 이윤)
밀 생산	300원	0	300원(300-0)
밀가루 생산	600원	300원	300원(600-300)
빵 생산	900원	600원	300원(900-600)
합계	1800원	900원	900원

다면 생산비 중에서 다른 기업으로 지불하는 비용을 공제한 것이다. 그 이유는 단순히 이미 다른 기업의 부가가치로서 GDP에 포함되어 있는데 이를 또 계산한다면 이중계산이 되기 때문이다. 기업의 부가가치는 이윤, 임금, 지대, 이자 등으로 분배되므로 이는 가계의 소득이 된다. 〔표 1-2〕에서 보는 바와 같이 빵을 생산하는 단계를 밀 생산, 밀가루 생산, 빵 생산의 3단계로 나누고, 빵 한 개에 제과점에서 900원을 받고 판매했다면 최종생산물의 시장가치인 900원은 빵을 생산할 때까지의 각 생산단계에서의 부가가치합계 즉, 밀을 생산한 농민의 부가가치 300원, 밀가루를 생산한 방앗간의 부가가치 300원, 빵을 생산한 제과점의 부가가치 300원을 모두 합친 것과 똑같다. 따라서 부가가치로 측정한 GDP와 최종생산물로 측정한 GDP는 일치하게 된다. 이것이 일치하는 이유는 잔여분은 이윤이며 이 또한 모두 배당되기 때문에 가계의 소득이 된다는 뜻이다. 따라서 기업의 유보이윤은 무시되고 있다.

4. GDP와 총지출

단순한 경제의 소득의 순환적 흐름의 지출측면은 소비자의 소비지출만을 대상으로 하고 있기 때문에 소비지출이 곧 총지출이 된다.

그런데 이는 정부와 해외부분 및 투자지출이 존재하지 않는다는 가정을 전제로 한 것이다. 따라서 이들을 모두 고려하면 가계의 소비지출, 기업의 투자지출, 정부지출, 순수출을 모두 집계해 준 것이 총지출이 되며, 그 중에서 가계지출이 대부분을 차지한다.

기업의 투자지출은 실물자본을 증가시키기 위한 투자지출과 미래의 생산이나 판매에 대비하기 위한 재고투자로 나눌 수 있다. 예를 들어, 자동차 생산자는 철강재를 재고로 보유하고 있어야만 철강재를 모두 소모함이 없이 자동차 생산을 계속할 수 있고, 백화점은 각종 상품을 재고로 보유하고 있어야 영업을 계속할 수 있다. 일정한 기간동안(보통 1년) 실물자본에 대한 투자와 재고투자를 합하여 총투자라 하며 총투자에서 감가상각을 공제한 것을 순투자라 한다. 감가상각은 소모된 자본을 대체하기 위한 것이기 때문에 대체투자라 할 수 있다. 따라서 GDP에는 감가상각도 포함되어 있다.

정부는 공공재 예를 들면 도로, 항만, 학교건물, 군사물자 및 경찰, 국방, 교육 등을 공급하기 위해서 각종 재화와 용역을 구입하는데 이를 정부지출이라 한다. 지금까지 설명한 것이 가계와 기업 및 정부에 의한 지출로서 수입상품에 대한 지출도 포함되어 있다. 그런데 수입상품에 대한 지출은 국내에서 생산된 재화에 대한 지출이 아니기 때문에 공제해 주어야 한다. 이에 반해서 수출은 국내에서 생산된 것이기 때문에 포함시켜야 한다. 따라서 수출에서 수입을 공제한 순수출(X-M)도 총지출을 구성하는 중요한 요소이다.

가계의 소비지출(C), 기업의 투자지출(I^*), 정부지출(G), 순수출(X-M)을 모두 집계해 주면 지출측면에서의 GDP가 되는데 이는 다음과 같이 나타낼 수 있다.

$$GDP = C + I^* + G + (X - M)$$

이는 항상 성립하는 항등식이며 사전적인 개념이 아니라 사후적인 개념이다. 사전적인 총지출 즉 의도된 총지출을 총수요라 하는데, 과잉생산으로 재고가 증가할 경우 이는 의도된 재고투자가 아니므로 총수요에 포함되지 않는다. 바꾸어 말한다면 의도하지 않는 재고의 증가는 총수요에 포함되지 않으며, 의도된 투자(I)만이 총수요(AD)에 포함된다. 따라서 다음과 같은 등식이 성립되는데 이는 항등식이 아니라 방정식이다.

$$GDP = C + I + G + (X - M)$$

이것이 중요한 이유는 대부분의 거시경제정책 즉 재정정책과 금융정책이 총수요를 안정시키는데 목적이 있을 뿐만 아니라 거시경제이론의 기초가 되기 때문이다.

5. 거시경제의 접근방법

거시경제는 미시경제의 대부자금시장(market for loanable funds)을 기초로 하고 있다. 다만 이 때의 저축은 국민경제 전체의 저축 즉, 국민저축으로 민간저축과 정부저축을 합계해 준 것이다. 따라서 국민저축이 증가로 투자가 증가하면 자본이 축적되고 경제가 성장한다. 그런데 단기적으로는 저축이 증가하면 총수요의 부족으로 경제가 침체할 수도 있다. 이처럼 저축과 투자는 경제성장의 요인이 될 뿐만 아니라 경기변동의 요인도 되기 때문에 거시경제를 이해하기 위해서는 저축과 투자를 중심으로 해서 정리하는 것이 무엇보다도 중요하다고 할 수 있다.

민간저축은 가처분소득에서 소비를 공제해준 것과 같고 정부저축은 세입에서 정부지출을 공재해준 것과 같기 때문에 국민저축은 다음과 같이 나타낼 수 있다.

$$S = (Y - T - C) + (T - G)$$
$$\text{또는} \quad S = Y - C - G$$

이것이 중요한 이유는 국민저축과 국내투자가 일치하는 수준에서 봉쇄경제의 거시경제 전체가 균형을 이루기 때문이다.

미시경제의 연구방법론과 똑같이 거시경제이론도 현실을 단순화시킨 경제모델(economic model)에 의존하지만 임금과 물가는 단기적으로 경직적일 수도 있다는 것이 미시경제와의 차이점이다. 특히 중요한 것이 임금의 경직성이다. 쉽게 말한다면 임금은 실업이 증가하는 경우에도 하락하지 않고 노동조합이나 노동계약 등의 사회적인 제도 때문에 일반적으로 일단 결정이 되면 1-2년 동안은 주어진 수준에서 변화하지 않는다는 것이다. 따라서 장기에는 물가와 임금이 신축적이지만 단기에는 경직적이라고 보는 것이 일반적인 견해이다.

이상의 설명에서 알 수 있는 바와 같이 거시경제를 연구할 때는 단기와 장기를 명확하게 구분할 필요성이 있다. 예를 들면 임금과 물가의 신축성 외에도 고전적 이분법, 화폐의 중립성, 자연실업, 장기적인 인플레이션, 경제성장 등의 개념은 장기적인 개념이고 임금과 물가의 경직성, 유동성 선호설, 경기변동, 경기적 실업, 경제안정 정책으로서의 재정・금융정책 등의 개념은 단기적인 개념이다. 보다 쉽게 말한다면 매년 거시경제변수가 어떻게 변화하는가 하는 문제가 단기적인 문제이고, 매 10년마다 어떻게 변화하는가하는 문제가 장기적인 문제이다. 바꾸어 말한다면 케인즈(Keynes)의 명언처럼 "장기에는 우리 모두 죽는다(In the long run we are all dead)"는 문제는 장기적인 문제이고 따라서 재정・금융정책으로 경제를 안정시켜야한다는 문제는 단기적인 문제이다.

거시경제의 장・단기 분석이 특히 중요한 이유는 우리 경제의 여건이 미국등의 선진국 경제와는 여러 가지 측면에서 다른 특수성이 있기 때문이다. 노동시장이 다르고, 금융시장이 다를 뿐만 아니라 환율제도 또한 다르다. 노동시장의 문제 때문에 실업과 인플레이션의 문제를 필립스곡선으로 설명하기가 어렵고, 금융시장과 환율제도의 문제 때문에 외환위기와 환율위기 및 그 극복과정을 설명하기도 어렵다. 외환위기와 환율위기에 대해서는 이 책 시리즈의 제3권 "경제학의 조류"와 제4권 "연구방법론"에서 자세히 설명되고 있다.

거시경제이론은 경제전체를 연구하는 분야이기 때문에 모델의 변수(variables)가 미시적인 모델보다 많다고 할 수 있다. 따라서 거시이론은 미시이론에 비해서 상당히 복잡하다. 거시경제변수는 내생변수(endogenous variables)와 외생변수(exogenous variables)로 구분해서 설명하는 경우가 많다. 내생변수란 모델이 설명하고자 하는 변수로 모델내에서 결정되는 변수를 말하고, 외생변수란 모델 외부에서 발생하는 변수이기 때문에 일정하게 주어진 변수이지만 외생변수가 변화하면 내생변수에 영향을 미친다. 요약한다면 일정하다고 가정한 변수를 외생변수라 할 수 있는데 거시경제모델은 경제전체를 연구목적으로 하고 있기 때문에 외생변수가 미시경제모델에 비해서 일반적으로 많아 이론이 복잡하다고 할 수 있다는 것이다.

끝으로 거시경제에서 가장 기본적인 두 모델이 IS-LM 모델과 총수요와 총공급의 모델인데 이 두 모델은 일반적으로 봉쇄경제(closed economy)를 분석의 대상으로 하고 있다. 개방경제의 거시경제이론(개방경제의 총수요이론)도 봉쇄경제의 거시경제이론을 기초로 하고 있지만 우리경제와 같이 경제성장의 수출의존도가 높은 국가에서는 개방경제를 중심으로해서 연구하는 방법론이 더 적합하다고 할 수 있다. 특히 1997 외환위기와 2008년도의 금융위기를 설명하고자 하는 경우에 그렇다. 왜냐하면 그 극복과정에서 수출이 결정적인 역할을 하기 때문이다.

단순한 예를 통해서 알아보기로 하자. 국내에서 생산된 재화와 용역의 총 산출량의 일부가 수출된다는 것이 개방경제이며 GDP 항등식이다. 수입은 소비지출과 투자지출 및 정부지출에 포함되어 있기 때문에 이를 공제해 준 것이 순수출이다. 결국 수출이 결정적인 역할을 할 수 밖에 없다는 점이다. 이 점을 감안해서 이 책에서는 개방경제의 거시이론의 수요측면만이 아니라 그 공급측면(경제발전과 국제무역)도 강조하고 있다.

일반적인 경제성장 이론 역시 봉쇄경제의 민간부문을 분석의 대상으로 하고 있다. 따라서 일반적인 경제성장 이론으로는 개방경제의 거시이론의 공급측면을 설명할 수 없게 된다. 세계의 소득수준의 균등화 가설(convergence hypothesis)만 가지고는 부족하다. 따라서 이 책에서는 "경제발전과 국제무역"을 경제성장을 보완하는 내용으로 구성하였다.

요 약

1. 거시경제학이란 변동하면서 성장하는 경제전체를 연구하는 분야이기 때문에 실업률과 물가상승률 및 경제성장이 기본적인 연구과제가 된다.
2. 경제성장이란 잠재적 GDP(생산능력)가 증가하는 현상을 말하며 잠재적 GDP 수준에서의 실업률과 물가상승률이 안정적인 실업률과 물가상승률이다. 이는 또한 거시경제정책의 목표이기도 하다.
3. 실제적인 GDP가 생산능력(잠재적 GDP)보다 낮은 수준에 있을 때 이를 경기침체라하며, 과도하게 침체했을 경우를 불황, 1930년대와 같은 경제위기를 대공황이라 한다. 이에 반해서 실제적인 GDP가 생산능력을 초과하는 경우에는 인플레이션이 문제가 된다.
4. 국내총생산(GDP)은 생산물시장의 지출측면에서도 측정될 수 있고 기업의 생산비나 가계의 소득의 측면에서도 측정될 수있다. 지출측면에서의 GDP는 가계의 소비지출, 기업의 투자지출, 정부지출, 순수출로 구분된다.
5. 거시경제는 국민저축과 국내투자가 일치하는 수준에서 균형을 이루는데 국민저축이란 민간저축과 정부저축을 합계해준 것을 말한다.
6. 거시경제의 연구방법론 역시 경제현실을 단순화 시킨 경제모델(economic model)에 의존하지만, 외생변수(exogeneous variables)가 많아 복잡하고, 임금과 물가는 단기적으로 경직적일 수 있다는 전제하에서 이론이 전개되고 있다.
7. 1997년도의 외환위기와 2008년도의 금융위기(환율위기)를 설명하고자 하는 경우에는 개방경제를 중심으로 해서 연구하는 방법론이 적합하다고 할 수 있다.

중요개념

제2장

거시경제의 기초개념

1. GDP와 GNP
2. 국민소득과 가처분소득
3. 저축과 투자
4. 소비자물가지수와 GDP 디플레이터
5. 화폐와 통화량
6. 자본과 기술
7. 거시경제의 단기분석과 장기분석
8. 쌍둥이 적 자(Twin deficit)
9. 경제성장과 경제발전
10. 봉쇄경제와 개방경제

1. GDP와 GNP

국내총생산(GDP)이란 일정한 기간동안(보통 1년) 국내에서 생산된 최종생산물의 시장가치로서 한 경제의 생산실적과 국민소득 및 경제적 복지를 나타내는 척도로 이용되기 때문에 거시경제의 가장 중요한 개념으로 쓰이고 있다. 뿐만 아니라 실질 GDP의 변화는 경제성장과 경기변동의 지표로 사용되기 때문에 또한 중요한 거시경제변수이기도 하다.

이미 설명한 바와 같이 동일한 생산물을 두 번 이상 계산하면 생산실적 또는 국민소득수준이 과대평가 되기 때문에 최종생산물 즉 최종재화와 용역만이 계산되어야 하며, 시장가치란 시장가격 그 자체를 말한다. 여기에서 말하는 각종 상품의 가격은 상대적인 가치를 반영하는 것이므로 최종생산물의 총산출량을 계산하는 경우 가중치로 사용되고 있다고 할 수 있다. 뿐만 아니라 각종의 재화와 용역은 물리적 단위가 다르므로 직접 합산해서 총산출량을 계산할 수도 없다. 예를 들면 쌀 한 가마와 자동차 10대 및 연탄 1000장을 직접 합산할 수는 없지만 그 가치를 합산할 수는 있는 것이다.

GDP는 정의상 국내에서 생산된 모든 생산물의 가치가 포함되어야 하기 때문에 시장에서 거래되지 않는다고 할지라도 그 가치를 측정할 수 있는 것은 포함시켜야 하지만, 측정될 수 없는 것은 제외시킨다. 예를 들면 가정주부의 가사 일은 유용한 서비스의 생산이기는 하지만 가치를 측정할 수 없기 때문에 제외되며, 자가소비농산물이나 자기소유주택의 자기사용 등은 시장가격으로 측정될 수 있기 때문에 포함된다.

"일정한 기간 동안"이라는 말은 GDP가 유량이기 때문에 특정한 기간 동안 생산된 최종생산물의 가치만이 GDP에 포함된다는 뜻이다. 보통 1년을 기준으로 측정되고 분석되므로 당해 연도에 생산된 최종생산물의 가치만이 GDP에 포함된다. 따라서 중고 자동차, 골동품, 주택 등의 거래는 당해 연도에 생산된 것이 아니라 그 이전에 생산된 것에 해당되므로 GDP

계산에는 포함되지 않는다.

"국내에서"라는 말은 국내의 생산요소에 의해서 생산된 최종생산물이라는 뜻으로 외국인이 소유하고 있는 생산요소에 의해 생산된 것이라고 할지라도 내국인의 생산요소에 의해 생산된 것과 구별하지 않고 똑같이 취급한다는 뜻이다. 이에 반해서 일정한 기간 동안 "국민"이 소유하고 있는 생산요소에 의해서 생산된 최종생산물의 시장가치를 GNP라고 한다. 그러므로 국내 외국인의 생산요소에 의해서 생산된 최종생산물은 GNP에는 포함되지 않지만 GDP에는 포함되며 해외의 한국인 소유의 생산요소에 의해서 생산된 최종생산물은 GNP에는 포함되지만 GDP에는 포함되지 않는다. 따라서 한국인의 해외요소소득과 외국인의 국내요소소득이 똑같은 경우에는 어느 쪽을 사용해도 차이가 없다. 바꾸어 말한다면 한국인의 해외투자와 외국인의 국내투자가 똑같을 경우에는 GNP와 GDP가 차이가 없을 것이므로 국민소득이나 복지수준을 나타내는 지표로서 어느 쪽을 사용해도 무방할 것이다. 이렇게 본다면 차이가 있는 경우 문제가 되는데 최근들어 GDP를 경제학자들이 선호하는 이유는 생산과 소득의 순환적 흐름의 측면에서 볼 때 GDP가 더 나은 지표가 되기 때문이다. GNP와 GDP의 관계는 다음과 같이 나타낼 수 있다.

$$GNP = GDP + \text{순해외 요소소득}$$

또는

$$GNP = GDP + (\text{해외투자요소소득} - \text{외국인 국내투자요소소득})$$

우리가 해외투자에서 벌어들이는 소득(이자와 배당)이 외국인이 국내투자에서 벌어들이는 소득보다 크다면 GNP가 GDP보다 크게 된다. 끝으로 GDP를 인구수로 나누어 주면 1인당 GDP, GNP를 인구수로 나누어 주면 1인당 GNP가 된다. 여기에서는 GNP와 GDP가 차이가 없다는 가정하에서 GDP로 설명이 되고 있으므로 차이가 있을 경우에는 순해외 요소 소득만큼 더해주면 GNP가 된다.

2. 국민소득(National income)과 가처분소득

이론적으로는 GDP와 국민소득 즉 생산과 소득을 동일시하고 있으나 실제적으로는 감가상각과 간접세 등이 있기 때문에 차이가 있다. 이론적으로 GDP와 국민소득을 동일시하는 것은 차이가 나는 부분을 무시했기 때문이다.

국민소득이란 생산요소의 소유자가 얻는 총소득을 말하는데 GDP에서 국민소득을 구하기 위해서는 다음과 같이 두 단계를 거쳐야 한다.

첫째로, GDP 중의 일부는 자본재의 사용으로 인한 소모분(감가상각)으로부터 발생한 것이므로 감가상각을 공제해 주어야 하는데 이를 순국내생산(NDP)이라 한다. 따라서 NDP(net domestic product)와 GDP와의 관계는 다음과 같이 나타낼 수 있다.

$$NDP = GDP - \text{감가상각}$$

둘째로, 기업이 실제로 받는 수입은 시장가격이 아니라 시장가격에서 간접세를 공제해준 것이며 기업의 수입이 요소소득으로 분배된다. 이처럼 GDP와 NI(국민소득)가 차이가 나는 주된 요인은 감가상각과 간접세이지만 만약 정부가 보조금을 기업에게 지급했을 경우에는 이 보조금이 GDP에는 포함되지 않지만 기업의 소득이 되므로 이를 고려하면 다음과 같은 등식이 성립한다. 만약 순해외 요소소득이 있다면 이를 더해 주어야 함은 물론이다.

$$NI = GDP - \text{감가상각} - \text{간접세} + \text{정부의보조금} + (\text{순해외 요소소득})$$

GNP에서 국민소득(NI)을 구하기 위해서도 위에서 설명한 것과 똑같은 방법을 사용하면 된다. 즉 GNP에서 감가상각을 공제하면 순국민생산(NNP)이 되며 NNP에서 간접세를 공제하고 정부보조금을 더해주면 국민소득(NI)이 된다. 결국 GNP와 GDP가 차이가 나는 점은 순해외요소소득에 지나지 않기 때문에 차이가 없는 것으로 보고 설명하는 것이 일반적이다.

NI는 생산요소의 소유자가 얻는 소득으로 임금, 지대(임대료), 이자, 이윤 등으로 분배된다.

가처분 소득이란 가계가 처분(지출) 할 수 있는 소득으로 국민소득(NI)과 차이가 나는 주된 이유는 법인세, 사내유보이윤, 개인소득세 때문이다. 국민소득에서 가처분소득(disposable income)을 구하기 위해서는 다음과 같은 두 단계를 거쳐야 한다. 첫째, 기업의 이윤 중에 일부는 기업의 운영과 투자를 목적으로 유보(저축)해두며, 다른 일부는 법인세로 국고에 귀속된다. 그리고 근로자가 퇴직 후 받는 연금 중의 일부는 기업이 부담하며, 정부가 개인에게 지급하는 이전지출은 개인이 소득이 되므로 이를 고려하면 개인(가계)에게 분배되는 소득(PI)은 다음과 같이 나타낼 수 있다.

$$\text{개인소득} = NI - \text{사내유보이윤} - \text{법인세} - \text{사회보장부담금} + \text{이전지출}$$

개인소득(personal income)은 개인이 받는 소득으로 이중 일부는 개인소득세로 정부에 납부해야 하므로 가계(개인)가 처분할 수 있는 가처분소득은 개인소득에서 개인소득세를 공제해준 것이다.

따라서 다음과 같은 등식이 성립한다.

$$DI = PI - \text{개인소득세}$$

가처분소득은 대부분 소비지출되며 나머지는 저축된다. 즉 저축이란 소득 중 소비지출되지 않은 부분, 바꾸어 말한다면 소비를 절약한 것이라 할 수 있다. 부채의 감소(상환)에 사용된 소득도 저축이라 할 수 있기 때문에 가계부채가 증가하면 장기적으로 경제성장에 영향을 미치게 된다. 소비(C)와 저축(S)을 합하면 가처분소득이 되므로 다음과 같이 나타낼 수 있다.

$$DI = C + S$$

3. 저축과 투자

이론을 단순화하기 위해서 정부부문과 해외부문이 존재하지 않는다고 가정하기로 하자. 생산물시장에서 소비되지 않은 부분을 투자라 할 수 있고 요소시장에서 가처분소득 중 소비로 지출되지 않은 것을 저축이라 할 수 있으므로 사후적으로 측정된 저축과 투자는 일치할 수밖에 없다. 그 이유는 단순히 기업이 뜻하지 않게 축적하게 된 의도하지 않은 재고가 투자로 처리되기 때문이다. 이를 흔히 의도하지 않은 재고투자라 하며 총수요에는 포함되지 않는다.

정부부문과 해외부문을 모두 고려했을 경우의 총투자(In)는 국내투자와 순해외투자로 구분되며, 총저축은 가계저축(PS), 기업저축(BS), 정부저축(GS)으로 구분할 수 있다.

여기서 정부저축은 정부지출을 초과하는 세입을 뜻하며, 기업저축은 유보이윤을 뜻하고, 순해외투자는 순수출을 나타낸다. 이는 다음과 같이 나타낼 수 있다. 다만 기업저축은 없다고 보고 이론이 전개되는 것이 일반적이다.

$$In = PS + BS + GS, \text{ 여기에서 } In = I + \text{순수출이다.}$$

이 또한 항상 성립하는 항등식이다. 그러나 의도된 투자와 저축은 항상 성립하지 않는데 그 이유는 기업이 뜻하지 않게 발생한 의도되지 않은 재고투자 때문이다. 따라서 순수출이 0이고 기업저축(유보이윤)이 없다고 한다면 민간저축 즉 가계저축과 정부저축을 합계해준 국민저축(총저축)은 대부자금이 공급이고 대부자금의 수요는 기업의 국내투자와 일치한다.

결국 거시경제의 대부자금시장이 미시경제의 대부자금시장과 다른 점은 정부 저축을 고려(포함)했다는 점에 지나지 않는다.

4. 소비자물가지수와 GDP 디플레이터

거시경제변수로서 물가수준을 나타내는 지수로 가장 널리 이용되는 것이 소비자물가지수와 GDP 디플레이터이다. 둘 다 절대가격의 가중평균치로 지수로 나타낸 것이라는 점에서는 똑같지만 소비자물가지수는 소비자의 실질소득 또는 후생수준이 어떻게 변화하는가를 설명하는데 이용되고 GDP 디플레이터는 실질 GDP가 어떻게 변화하는가를 설명하는데 이용된다는 점에서 차이가 있다. 바꾸어 말한다면 소비자물가지수는 소비재를 기초로 측정되고 GDP 디플레이터는 모든 재화를 기초로 한다는 점이다.

소비자물가지수는 기준연도의 가격을 100(또는 1)으로 했을 때 비교연도의 각 재화의 가격지수의 가중평균치를 뜻한다. 예를 들어 X재와 Y재만 소비한다고 가정하고 X재의 가격이 80% 상승하여 X재의 가격지수가 180이 되었고, Y재의 가격이 20% 상승하여 Y재의 가격지수가 120이라고 했을 때 소비자물가지수는 150이 아니라 이를 가중평균해 준 것이다. 가중치는 기준연도의 거래비중으로 시간이 경과해도 변화되지 않는다. 예를 들어 X재의 거래비중이 0.8이고 Y재의 거래비중이 0.2라고 한다면 이때 소비자물가지수는 다음과 같이 구할 수 있다.

$$CPI = (0.8 \times 180) + (0.2 \times 120) = 168$$

즉, 평균적으로 소비자물가는 50% 상승한 것이 아니라 68% 상승한 것이다. 이상의 설명은 가상적인 설명이다. 실제적으로는 다음과 같은 공식에 의해 구할 수 있다.

$$CPI = \frac{X_0Px_1 + Y_0Py_1}{X_0Px_0 + Y_0Py_0} \times 100$$

X_0와 Y_0는 각각 기준연도의 거래량을 뜻하며 Px_1과 Py_1은 각각 비교연도의 가격을 뜻한다. 따라서 이는 기준연도의 거래비중을 가중치로 사용한 것으로 이렇게 해서 구한 소비자물가지수를 라스파이레스 가격지수(Laspeyres price index)라고 한다. 위 수식으로 설명한다면, 기준연도의 X재의 X_0단위와 Y재의 Y_0단위를 소비자가 구입하는데 드는 비용이 기준연도에 비해서 지금 얼마만큼 상승했는가를 나타내는 지수라고 할 수 있다. 바꾸어 말한다면 기준연도에 비해서 생활비가 얼마만큼 증가했는가를 나타내는 것이 소비자 물가지수이다.

이에 반해서 비교연도의 거래비중을 가중치로 사용한 소비자물가지수를 파세 가격지수(Passche price index)라 하는데 일반적으로 사용되는 소비자물가지수는 라스파이레스 가격지수이다.

인플레이션이란 물가수준이 상승하는 현상으로 소비자물가지수를 이용했을 경우에는 다음과 같이 나타낼 수 있다.

$$\text{물가상승률(인플레이션률)} = \frac{\text{당해연도의 소비자물가지수} - \text{기준연도의 소비자물가지수}}{\text{기준연도의 소비자물가지수}} \times 100$$

GDP 디플레이터란 당해연도의 가격으로 나타낸 명목 GDP를 기준연도의 가격으로 나타낸 실질 GDP로 나누어 준 것을 말하므로 다음과 같이 나타낼 수 있다.

$$GDP \text{ 디플레이터}(GDP \ deflator) = \frac{\text{명목}GDP(Nominal \ GDP)}{\text{실질 } GDP(Real \ GDP)} \times 100$$

따라서 GDP 디플레이터는 파세 가격지수라 할 수 있다.

예를 들어 X재와 Y재만 생산한다고 했을 때 GDP 디플레이터는 다음과 같이 구할 수 있으며 이는 비교연도의 거래비중을 가중치로 사용한 것이다.

$$GDP \text{ 디플레이터} = \frac{X_1Px_1 + Y_1Py_1}{X_1Px_0 + Y_1Py_0} \times 100$$

예를 들어 식량과 자동차만이 생산되는 한 가상적인 경제를 보기로 하자. 〔표 2-1〕에서 보는 바와 같이 식량과 자동차의 산출량과 가격이 2000년도에 비교해서 2001년도에 표와 같이 변화되었다고 하면 2001년도에 명목 GDP는 6억인데 이것은 2001년도의 산출량을 2001년도의 가격으로 나타낸 것이다. 이에 반해 2001년도에 실질 GDP 3억 5천만원은 2001년도의 산출량을 2000년도 가격으로 환산해준 것이다. 따라서 2001년도의 GDP 디플레이터는 171이 되는데 이는 2000년도에 비해서 물가가 71% 상승했다는 뜻이다. 이처럼 GDP 디플레이터는 물가지수로서 소비자물가지수와 같은 의미를 갖고 있지만 모든 상품을 포함할 뿐만 아니라 항상 비교연도의 거래비중을 가중치로 사용한다는 점에서 소비자물가지수와 차이가 있다. 따라서 GDP 디플레이터는 파세가격지수이다.

[표 2-1]의 경우 인플레이션률은 다음과 같이 나타낼 수 있다.

$$\text{인플레이션률(물가상승률)} = \frac{171 - 100}{100} \times 100 = 71\%$$

〔표 2-1〕 GDP 디플레터 계산

연도	식량의 가격	식량의 산출량	자동차 가격	자동차 산출량
2000	1백만원	100단위	2백만원	50단위
2001	2백만원	150단위	3백만원	100단위

연도	명목 GDP	단위: 백만원
2000	(1 × 100) + (2 × 50) = 200	
2001	(2 × 150) + (3 × 100) = 600	

연도	실질 GDP	GDP 디플레이터
2000	(1×100) + (2× 50) = 200	(200/200) × 100 = 100
2001	(1×150) + (2×100) = 350	(600/350) × 100 = 171

이상의 설명에서 알 수 있는 바와 같이 실질 GDP는 당해연도의 산출량을 기준연도의 가격으로 나타낸 것이기 때문에 산출량이 변화해야만 변화한다. 이에 비해서 명목 GDP는 산출량은 불변인데 물가만이 변화하는 경우에도 변화한다. 예를들어 산출량은 불변인데 물가만이 2배로 상승하였다면 실질 GDP는 불변이지만 명목 GDP는 증가하여 2배가 된다. 이 경우 GDP 디플레이터는 200이 될 것이다.

5. 화폐와 통화량

화폐(money)란 재화와 용역을 교환할 때 교환의 매개물(교환수단)로 통용되는 것을 말한다. 그래서 화폐를 흔히 일반적인 지불수단 또는 일반적인 교환수단으로 정의된다.

교환의 매개물로 통용된다는 것은 지불시 상대방이 거절하지 않고 수령한다는데 있으므로 어떤 상품이든지 일반적인 지불수단으로 사용된다면 그 상품이 화폐가 될 수 있는데 이를 흔히 물품화폐 또는 상품화폐라

한다. 조선시대에는 쌀이 상품화폐로 사용되기도 하였고 미국의 식민지 시대에는 담배가 화폐로 사용되기도 하였다.

이와 같은 물품화폐는 내구성이 없고, 운반이 어려우며, 소액의 거래에 이용될 수 없다는 단점 때문에 그 이후 동진(주화)과 지폐 등이 화폐로 사용되게 되면서 모든 거래에 화폐가 교환수단으로 사용되게 되었는데 이와 같은 경제를 물물교환경제에 대비해서 화폐경제라고 한다. 오늘날 일반적인 교환수단으로 사용되는 화폐에는 지폐와 동전 및 요구불예금 등이 있다고 할 수 있다.

지폐와 동전을 현금(currency)이라고 하며, 요구불예금을 예금통화 또는 예금화폐라 한다. 요구불예금이 일반적인 지불수단으로 사용되는 이유는 예금을 기초로 해서 은행이 창조한 예금화폐 즉 수표가 사용되기 때문이다.

화폐의 기능을 3가지로 나눈다면 (1) 교환의 매개물로서의 기능, (2) 가치저장수단으로서의 기능, (3) 계산의 단위(가치 척도)로서의 기능으로 구분할 수 있다. 이 중에서 가장 중요한 것은 교환의 매개물로서의 기능 즉 교환수단으로서의 기능이다. 우리가 노동을 해서 임금을 받는다는 것은 노동과 화폐가 교환된다는 뜻인데 화폐를 받는 이유는 우리가 필요로 하는 각종 재화를 화폐로 구입할 수 있기 때문이다.

물물교환경제에서는 화폐가 존재하지 않으므로 상품과 상품이 서로 교환되기 위해서는 쌍방이 욕구가 일치해야 하기 때문에 교환이 어렵고 그에 따른 시간과 비용은 우리의 상상을 초월한다. 예를 들어 쌀을 얻으려고 하는 사람은 농민이 원하는 것을 갖고 있다가 쌀과 교환하여야 한다. 그런데 일반적인 지불수단으로서 화폐가 사용된다면 자기 자신의 욕구와 정확히 일치하는 다른 사람을 찾지 않아도 되므로 물물교환에 따르는 불편을 제거할 수 있다.

따라서 우리는 노동을 제공한 대가로서의 임금인 화폐를 가지고 있다가 우리들이 원하는 각종 재화를 구입할 수 있는데, 이것이 바로 분업과 전문화의 기초라고 할 수 있다.

상품의 가치는 화폐로 표시된다. 예를 들면 소고기 한 근에 1만원, 돼지고기 한 근에 5,000원이라면 소고기 한 근과 돼지고기 두 근이 교환된다는 뜻인데 이를 상대가격이라 한다. 이처럼 모든 상품의 가치가 화폐로 표시되므로 화폐는 교환시 가치척도 또는 계산의 단위로서의 기능을 갖고 있다.

교환수단으로서의 기능과 계산의 단위로서의 기능은 화폐만이 가지고 있는 유일한 기능이지만 가치저장 수단으로서의 기능은 화폐만이 가지고 있는 기능이라고 할 수 없다. 왜냐하면 주식, 채권, 저축성예금 등 다른 금융자산도 가치를 저장할 수 있기 때문이다.

유동성(liquidity)이란 한 자산이 교환의 매개물과 쉽게 교환될 수 있는 정도를 말한다. 화폐 자체가 교환의 매개물이므로 화폐가 가장 유동적인 자산이며, 채권이나 주식은 다른 자산에 비해서 쉽게 판매되거나 구매될 수 있으므로 유동자산이라고 할 수 있지만 주택은 쉽게 판매하거나 구매할 수 없으므로 비유동자산 즉 고정자산이라 할 수 있다.

시중에 유통되고 있는 화폐는 일정 시점에서 측정될 수 있는 저량(stock)인데 이를 통화량이라 한다. 바꾸어 말한다면 통화량이란 일정 시점에서 민간이 보유하고 있는 돈(화폐) 즉, 현금통화와 예금통화(요구불예금)를 말하며, 총통화란 통화량에 저축성예금을 더해준 것을 말한다. 단기에 화폐는 실질변수에 영향을 미칠 수 있지만 장기에는 영향을 미칠 수 없는데 이를 화폐의 중립성이라한다. 거시경제를 단기와 장기로 구분하는 대표적인 기준이 화폐의 중립성이다. 화폐가 이론적으로 매우 중요한 이유가 이와 같은 이유 때문이다.

6. 자본과 기술

우리가 필요로 하는 각종 소비재를 직접적으로 손으로 만드는 것보다 자본재를 이용하여 우회적인 생산방법으로 생산하는 것이 생산성이 높기 때문에 자본재를 생산요소로 사용한다. 예를 들면 손으로 물고기를 잡는 것보다 그물을 만들어서 물고기를 잡는 것이 보다 더 생산적이며, 맨손으로 농사를 짓는 것보다 각종 농기구를 이용해서 농사를 짓는 것이 보다 더 생산성이 높다. 오늘날 대부분의 생산방법은 자본을 이용하는 우회적인 생산방법이라고 할 수 있다.

사람들이 현재의 소비를 줄여 저축을 한다는 것은 자원이 자본재의 생산으로 이동한다는 뜻이다. 바꾸어 말한다면 재화시장에서는 생산물 중의 일부가 다른 기업으로 판매되어 이것이 생산요소로 이용되고, 요소시장에서는 가계의 소득 중의 일부가 저축이 되어 투자자금으로 이용되게 된다. 이처럼 거시경제의 소득의 순환적 흐름의 측면에서 본다면 저축이란 가계의 소득 중 소비되지 않는 부분으로 저축된 것이고 투자란 생산물(GDP) 중 소비되지 않은 것으로서 기업이 생산에 이용하고자 구입한 것이다. 따라서 투자는 총지출을 구성하는 중요한 요소가 될 뿐만 아니라 자본저량을 증가시키는 이중적인 역할을 한다고 할 수 있다.

생산에 이용되는 자본재는 일반적으로 내구재이다. 2-3년 동안 사용되는 것이 있는가 하면 수십 년 동안 사용할 수 있는 자본재도 있을 수 있다. 자본은 3가지 형태로 구분하는 것이 일반적이다.

첫째는 공장이나 도로 및 주택 등의 생산시설(structures)이며, 둘째는 기계나 도구 및 자동차 등의 생산장비(equipment)이고, 셋째는 생산이나 판매를 목적으로 남겨둔 재고(inventories)이다. 이 중에서 주택과 재고를 제외한 것을 생산설비(plant and equipment)라 하는데 대부분의 투자가 생산설비에 대한 투자로 70% 내외이고, 주택에 대한 투자는 20% 내외이며, 5% 내외가 재고투자에 해당한다. 물론 이는 국가와 시대에 따라 차이가 있다.

이상의 설명은 실물자본에 대한 것이었다. 자본은 실물자본과 인적자본으로 구분될 수 있는데 인적자본이란 교육이나 기술훈련 및 경험에 의해서 노동자들이 취득하게 된 지식과 숙련기술(skills)을 말한다. 인적자본은 교육이나 기술훈련에 대한 투자에 의해서 축적되며 이 또한 생산성을 향상시키는 생산된 생산수단이다.

기술(technology)이란 재화와 용역을 생산하는 생산방법에 대한 기술적 지식을 말한다. 따라서 기술의 진보란 새로운 생산방법을 발견하거나 새로운 상품을 발명하거나 기존상품의 품질의 개선 등을 뜻한다. 기술진보 역시 생산성을 향상시키지만 자본의 범주에 속하는 것이 아니라 자본과는 구분된다는 점에서 인적자본과 차이가 있다. 사회적 기술수준의 진보를 기술진보라고 정의한다면 이 기술을 보급하는 것이 인적자본에 해당된다고 할 수 있다. 그리고 교육과 기술은 생산의 외부경제를 유발시키기 때문에 상당히 많은 부분이 정부의 지원으로 이루어지고 있다고 할 수 있다.

7. 거시경제의 단기분석과 장기분석

예를 들어 우리 경제가 상당히 침체해서 실업이 중요한 사회적 문제가 되었다고 하자. 이를 재화시장의 측면에서 본다면 기업이 의도하지 않는 재고, 바꾸어 말한다면 뜻하지 않게 재고가 누적된다는 뜻이므로 이를 해결할 수 있는 경제적인 대책이 필요하게 된다. 우선은 저축과 투자 및 정부지출이 측면에서 그 수단을 찾을 수 있다.

투자는 장기적으로는 경제성장의 측면에서 논의되는 사항이지만 단기적으로 본다면 투자는 생산물인 재본재에 대한 지출이므로 이자율의 하락을 통해서 기업의 투자지출을 증가시킨다면 재고를 감소시키고 총산출량을 증가시킬 수 있으며, 따라서 실업의 문제를 해결할 수 있다. 단기적으로 이자율을 하락시킬 수 있는 방법은 통화량을 증가시키는 방법이다. 그 외에도 정부지출을 증가시키거나 조세의 감소를 통해서 소비를 증가시키는 방법이 있을 수 있다. 이와는 반대로 실제 GDP가 잠재적 GDP를 초과하여 과도한 인플레이션이 문제가 되었을 때는 이와 반대 방향으로 긴축적인 정책수단이 필요하게 된다. 이것이 거시경제의 단기분석이다. 바꾸어 말한다면 단기적으로 과도한 경기침체나 인플레이션이 사회적인 문제가 되었을 때 그 요인을 분석하고 경제를 안정시키는 것이 단기분석의 주요 목적이다.

1930년대의 대공황 이후 거시경제이론은 단기분석을 중심으로 발전하여 왔다고 할 수 있으나, 1990년대부터 잠재적 GDP 및 자연실업률을 기준으로 해서 경기변동의 문제가 논의되게 되었다.

잠재적 GDP 및 자연실업률의 문제는 거시경제의 장기분석의 문제라 할 수 있다. 왜냐하면 잠재적 GDP가 증가하는 현상이 경제성장이며 잠재적 GDP 수준에서의 실업률이 자연실업률이기 때문이다. 그리고 잠재적 GDP 수준에서는 물가도 안정적이어서 인플레이션의 문제도 발생하지 않는다. 다만 최근들어 잠재적 GDP, 자연실업, 장기적인 인플레이션 문제를 중기로 보고, 경제성장을 장기로 보아 거시경제의 단기분석과 중기분석 및 장기분석으로 구분하는 경우도 있으나 이 책에서는 중기와 장기를 하나로 묶어 장기로 하였다. 중요한 것은 기간의 문제가 아니라 내용의 문제라 할 수 있다.

전통적으로 거시경제학은 단기분석을 강조해 왔으나 90년대 들어 장기분석의 중요성이 강조되어 오늘에 이르고 있다고 할 수 있다. 이 책에서도 거시경제의 장기적인 문제를 강조하고자 하였다. 다만 편의상 단기분석을 먼저 논의하고 난 다음 장기적인 문제를 설명하는 순으로 이론이 구성되어 있다.

저축과 투자는 단기분석에서 뿐만 아니라 장기분석에 있어서도 중요하다. 왜냐하면 저축과 투자에 의해서 자본이 축적되고, 이렇게 축적된 자본저량이 잠재적 GDP를 장기적으로 증가시키는데 이것이 경제성장이다. 자본축적을 통해서 경제성장에 영향을 미친다는 것은 총공급에 영향을 미친다는 뜻이다. 따라서 저축률이 높아야 시간이 경과함에 따라서 자본저량이 증가하고 경제성장이 촉진될 수 있다.

외환위기 이전 30년 동안 세계에서 경제성장률이 매우 높은 경제가 우리 경제이다. 그 요인으로서 가장 중요한 것이 저축과 투자였다. 저축과 투자 및 경제성장과의 관계는 거시경제의 가장 중요한 인과관계 중에 하나이다. 저축의 목적 중 중요한 것은 자녀들의 교육 및 은퇴 후의 노년기에 대비하기 위해서이다. 따라서 사회보장제도가 잘 되어 있고 학자금의 융자제도가 잘 갖추어진 선진국에서는 저축률이 감소하는 경향이 있다고 한다. 우리 경제도 외환위기이후 저축률이 대폭적으로 감소하였다.

저축과 투자는 장기적으로는 총공급 또는 경제성장에 영향을 미치지만 단기적으로는 총수요에도 영향을 미친다. 경기침체 시에 저축이 증가하면 총수요를 감소시키기 때문에 절약 또는 저축이 미덕이 되지 않는데 이를 흔히 절약의 역설이라 한다. 그리고 투자는 총수요를 구성하는 중요한 요소이며 이를 통해서 단기적인 산출량 수준에 영향을 미치고 경기를 변동시키는 가장 중요한 요인으로 작용한다. 따라서 저축과 투자는 거시경제의 단기와 장기분석의 기초가 된다고 할 수 있다.

8. 쌍둥이 적자(Twin deficit)

재정과 경상수지가 동시에 적자가 발생하는 현상을 쌍둥이 적자라 한다. 이것이 중요한 이유는 재정적자가 경상수지 적자를 더욱 더 악화시키는 요인으로 작용하기 때문이다. 특히 1980년도 이후에 미국의 재정적자가 경상수지 적자를 악화시켜 쌍둥이 적자가 중요한 거시경제문제가 되어 왔을 뿐만 아니라 외환위기의 중요한 요인이 될 수도 있기 때문에 중요한 문제가 되고 있는 것이 현실이다. 그리고 이는 이론적으로도 매우 중요하다고 할 수 있다.

일반적으로 재화와 용역의 수출은 수입을 초과하거나 반대로 부족하기 때문에 경상수지가 불균형인 경우가 많다. 후진국인 경우에는 자본이 부족하기 때문에 외국으로부터 차입에 의해서 경제를 발전시킬 필요성이 있어 불균형 상태가 지속될 수 있으며, 선진국에서는 과도한 경기침체로 경제를 회복시킬 필요성이 있기 때문에 그 결과 경상수지가 적자가 될 수도 있다. 특히 후진국인 경우에는 쌍둥이 적자가 발생해서 외채의 상환불능 상태 또는 채무불이행(default)으로 외환위기에 직면할 수도 있다. 따라서 정치적인 후진국이 혼란기에 처해 있을 때는 쌍둥이 적자가 국가의 위험성(country risk) 또는 국가의 신뢰도를 측정하는 지표로 사용될 수도 있는 것이다.

정부부문을 고려했을 경우에 한 경제 전체의 지축 즉 국민저축은 민간저축과 정부저축으로 구분되며, 총투자는 이미 설명한 바와 같이 국내투자에 순해외투자(순수출)를 합계한 것이다. 따라서 다음과 같은 등식이 성립한다.

$$\text{민간저축} + \text{정부저축} = I + \text{순수출}$$

여기서 I는 이자율에 의해서 결정되는 국내 투자지출을 뜻하며 마이너스 정부저축은 재정적자를 뜻한다. 따라서 위 식은 다음과 같이 고쳐 쓸 수 있다.

순수출 = 민간저축 - 국내투자 - 재정적자

결국 경상수지(순수출)는 민간저축과 국내투자 및 재정적자에 의해서 결정되므로 민간저축과 국내투자가 주어져 있다면 경상수지와 재정적자는 역의 관계에 있다. 즉 재정적자가 확대되면 경상수지적자 규모가 증가한다. 이와 같은 이유 때문에 미국의 쌍둥이 적자나 후진국의 외환위기 요인을 설명하는 경우에 재정적자를 논하는 경우가 많은 것이다.

9. 경제성장과 경제발전

선진국의 경제성장을 경제성장, 후진국의 경제성장을 경제발전이라 한다. 이처럼 세계를 양분해서 선진국과 후진국으로 나누는 이유는 선진국과 후진국의 경제적인 여건이 다르기 때문이다. 그 중에서도 특히 중요한 것이 후진국 경제는 자본이 부족하고 산업구조가 농업경제에 가깝다고 할 수 있는 반면, 선진국 경제는 자본이 풍부하고 산업구조가 탈농업구조

즉 공업과 서비스업의 비중이 높다는 것이다. 이와 같은 이유 때문에 경제발전론과 국제무역론에서 산업화 또는 공업화(industrialization)에 대한 논의가 2차대전 이후 현재까지 지속되고 있으나 아직까지 일반론은 없다고 할 수 있다.

그렇다면 우리 경제는 선진국에 속하는가, 아니면 후진국에 속하는가? 우리가 생각할 때는 후진국에 가깝다고 하기보다는 선진국에 가깝다고 생각할 수 있다. 그러나 아직까지도 한국은 후진국으로 분류되어 논의되는 경우가 일반적인 현상이라 할 수 있다. 이유는 단순히 선·후진국의 개념이 자의적인 개념일 뿐만 아니라 최근에야 산업화에 성공한 국가에 속하기 때문이다.

그런데 거시경제이론은 주로 선진국경제 특히 미국경제를 모델(model)로 해서 논의되는 경우가 일반적이다. 선진국 거시경제이론은 일반적으로 후진국 경제에도 그대로 적용할 수 있겠지만 경제발전을 국제무역과 관련해서 논의하는 경우에는 그렇지가 않다.

선진국이 그랬듯이 후진국 역시 경제가 발전해서 선진국이 되기 위해서는 공업화 또는 산업화 과정을 거쳐야 한다. 그 이유는 아직까지 그 이외의 다른 길이 없기 때문이다.

바꾸어 말한다면 공업화 또는 산업화 자체에 문제가 있는 것이 아니라 그 수단인 “수입대체” 또는 “수출주도”에 문제가 있는 것이다. 그러나 아직까지 수출주도형 공업화정책은 긍정적으로 평가되고 있으며 대표적인 국가가 우리나라이다.

우리 경제가 단기간에 산업화에 성공할 수 있었던 것은 단순히 “수출주도”만은 아닐 것이다. 그 요인은 여러 가지가 있을 수 있겠지만 차입성장전략과 수출상품 차별화에 의한 선진국으로의 수출에 성공할 수 있었던 것이 그 중요한 요인이었다고 할 수 있다.

따라서 이 책에서는 이점을 감안해서 경제발전과 국제무역론을 경제성장을 보완하는 내용으로 구성하였다.

10. 봉쇄경제와 개방경제

국제무역을 하지 않는 국가의 경제를 봉쇄경제(closed economy)라 하고 국제무역을 하는 국가의 경제를 개방경제(open economy)라 한다.

일반적으로 개방경제의 거시이론은 봉쇄경제의 거시이론을 기초로 하고 있다. 따라서 봉쇄경제를 먼저 설명하고 난 다음 개방경제를 설명하는 순으로 이론을 구성하고 있다고 할 수 있다. 그래야만 이론을 단순화해서 체계적으로 설명할 수 있기 때문이다. 그리고 선진국의 경우에는 무역의존도가 낮기 때문에 봉쇄경제가 보다 중요하다는 것도 하나의 요인이 될 수 있다. 그러나 우리 경제와 같이 무역의존도가 높은 국가에서는 개방경제가 보다 더 중요하다고 보아야 할 것이다. 더욱더 중요한 것은 개방경제를 중심으로 한다면 현실을 설명하는데 매우 편리하다고 할 수 있다.

그리고 개방경제의 거시이론은 오늘날 경제이론의 변화의 중심에 있다고 할 수 있다. 바꾸어 말한다면 경제 이론의 중요한 변화(경제학의 조류)가 국제 금융론 분야에서 이루어지고 있다는 점이다. 이와 같은 이유 때문에 1997년의 외환위기와 2008년의 금융위기라는 현실적인 측면에서 뿐만 아니라 이론적인 측면에서도 개방경제는 매우 중요시 되고 있는 것이다.

이미 설명한 바와 같이 개방경제의 GDP항등식은 Y=C+I+G+(X−M)이다. 장기에 생산요소와 기술수준에 의해서 결정되는 잠재적 산출량(잠재적 GDP)수준 Y는 주어진 수준에서 일정하다고 할 수 있기 때문에 외환위기 극복과정에서 장기적으로 순수출을 증가시키기 위해서는 C+I+G를 감소시켜야 한다. 소비지출과 정부지출은 긴축적인 재정정책으로 감소시킬 수 있고 투자지출은 투자수요를 감소시키는 정책으로 감소시킬 수 있다. 이것이 중요한 이유는 외환위기를 성공적으로 극복하기 위해서는 순수출을 장기적으로 증가시켜야 하기 때문이다.

이상의 설명을 외환시장으로 설명하기 위해서는 개방경제의 GDP항등식을 다음과 같이 저축과 투자의 형태로 고쳐주어야 한다.

$$S - I = (X-M)$$

여기에서 S는 국민저축으로 잠재적 GDP(Y)에서 소비지출과 정부지출을 공제해 준 것 (Y-C-G)이고 S-I는 순해외투자로 국민저축에서 국내투자를 공제해 준 것이다. 따라서 긴축적인 재정정책으로 국민저축을 증가시키거나 국내투자수요를 감소시키면 순해외투자가 증가해서 순수출을 증가시킬 수 있다.

그렇다면 왜 순해외투자가 증가하면 순수출을 증가시킬 수 있는가? 그 이유는 순해외투자는 외환의 수요와 같고 순수출은 외환의 공급과 같기 때문이다. 여기에서 순수출은 원・달러의 실질환율과 정의 관계에 있기 때문에 순수출곡선은 우상향하고, 순해외투자는 원・달러의 실질환율과 관계가 없기 때문에 주어진 수준에서 수직이다. 실질환율이 조정되어 순수출과 순해외투자를 일치시키기 때문에 거시경제는 외환시장을 통해서 항상 균형을 이룰 수 있게 된다.

그렇다면 장기에 원・달러의 명목환율(E)은 어떻게 결정되는가? 명목환율은 원・달러의 실질환율(e)에 미국의 물가수준(P^*)에 대한 우리 경제의 상대적인 물가수준(P)을 곱해준 것과 같으므로 다음과 같이 나타낼 수 있다.

$$E = e \cdot \frac{P}{P^*}$$

따라서 장기에 순수출을 증가시키기 위해서는 우리경제의 물가상승률을 하락시킬 필요성이 있다. 바꾸어 말한다면 외환위기를 성공적으로 극복하기 위해서는 긴축적인 재정 정책뿐만 아니라 긴축적인 금융정책도 필요하다는 것이다.

이 책 시리즈의 입증자료에서도 설명한 바와 같이 1980년대 후반기부터 현재까지는 세계경제가 디스인플레이션 시대에 있다고 할 수 있다. 반인플레이션 정책으로 인한 디스인플레이션은 자연률이론으로 설명될 수 있다. 자연률이론(자연 실업률이론)은 통화론자들 뿐만 아니라 케인즈학파의 경제학자들을 포함한 모든 거시경제학자들이 인정하는 일반론이다. 따라서 외환위기와 환율위기를 성공적으로 극복하기 위해서도 긴축적인 재정·금융정책이 필요하고, 디스인플레이션 시대에 물가상승률을 하락시키기 위해서도 긴축적인 재정·금융정책이 필요하다고 할 수 있다. 바꾸어 말한다면 거시경제의 수요측면에서 거시경제와 국제금융론을 통합하면 현실을 설명할 수 있다는 결론을 얻을 수 있다. 이에 대한 구체적인 내용은 이 책 시리즈의 제1권과 제3권 및 제4권에서 자세히 설명되고 있다.

요 약

1. 국내총생산(GDP)이란 일정한 기간동안 "국내에서" 생산된 최종생산물의 시장가치를 말하며, 국민총생산(GNP)이란 "국민"에 의해서 생산된 최종생산물의 시장가치를 말한다.
2. GDP에서 감가상각과 간접세를 공제해주고 순해외 요소소득과 기업에 대한 정부의 보조금을 더해주면 국민소득(NI)이 되며, 국민소득에서 사내유보이윤, 법인세, 개인소득세, 기업의 사회보장부담금을 공제하고 정부의 이전지출을 더해주면 가계의 가처분소득이 된다. 가처분소득은 대부분 소비지출되고 나머지는 저축된다.
3. 순수출이 0이고 기업저축(유보이윤)이 없다고 한다면 대부자금의 공급은 가계저축과 정부저축을 합계해준 국민저축이고 대부자금의 수요는 기업의 국내투자이다. 따라서 거시경제의 대부자금시장이 미시경제의 대부자금시장과 다른 점은 정부저축을 고려했다는 점에 지나지 않는다.
4. 소비자물가지수는 기준연도의 가격을 100으로 했을 때 비교연도의 각 재화의 가격지수의 가중평균치를 말하며, GDP 디플레이터란 당해연도의 명목 GDP를 기준연도의 가격으로 나타낸 실질GDP로 나누어 준 것을 말한다.
5. 화폐란 일반적인 교환수단으로 사용되는 것으로서 지폐와 동전 및 예금통화를 말한다. 시중에 유통되고 있는 화폐는 일정시점에서 측정될 수 있는 저량이므로 일정시점에서의 현금통화와 요구불예금을 합한 것을 통화량이

라하며, 통화량에 저축성예금을 더해주면 총통화가 된다.

6. 자본이란 기업의 생산설비와 재고 및 주택으로, 저축과 투자에 의해서 축적되며, 기술은 생산과 관련된 기술적 지식을 말한다.
7. 저축과 투자는 경기변동의 요인이 될 뿐만 아니라 경제성장의 요인도 되기 때문에 거시경제의 단기분석과 장기분석의 기초가 되고 있다.
8. 재정적자가 경상수지적자를 악화시켜 재정과 경상수지가 동시에 적자가 발생하는 현상을 쌍둥이 적자라하는데, 1980년대 이후 미국의 쌍둥이 적자와 후진국의 외환위기요인으로 중요하게 취급되고 있다.
9. 선진국의 경제성장이론은 일반적으로 후진국에도 그대로 적용할 수 있겠지만 경제발전을 국제무역과 관련해서 논하는 경우는 그렇지 않기 때문에 후진국의 경제발전을 독립적으로 분석할 필요가 있다.
10. IS-LM 분석, 총수요와 총공급이론에서 알 수 있는 바와 같이 거시경제분석은 일반적으로 봉쇄경제를 기초로 하고 있지만 경상수지가 거시경제의 장·단기분석에 매우 중요한 역할을 하기 때문에 개방경제의 거시분석이 필요한 것이다.

중요개념

1. GDP, P. 23
2. GNP, P. 24
3. 한국인의 해외투자, P. 24
4. 외국인의 국내투자, P. 24
5. 순해외 요소소득, P. 24
6. 1인당 GDP, P. 24
7. 1인당GNP, P. 24
8. 국민소득, P. 25
9. 감가상각, P. 25
10. NDP, P. 25
11. 간접세, P. 25
12. 정부의 보조금, P. 25
13. 사내유보이윤, P. 26
14. 법인세, P. 26
15. 사회보장부담금, P. 26
16. 이전지출, P. 26
17. 개인소득, P. 26
18. 개인소득세, P. 26
19. 소비와 저축, P. 26
20. 저축과 투자, P. 27
21. 국내투자와 순해외투자, P. 27
22. 가계저축과 기업저축 및 정부저축, P. 27
23. 거시경제의 대부자금시장, P. 27
24. 미시경제의 대부자금시장, P. 27
25. 소비자 물가지수, P. 28
26. 인플레이션율, P. 29
27. GDP 디플레이터, P. 29
28. 화폐, P. 31
29. 교환수단, P. 31
30. 현금과 예금통화, P. 31
31. 가치저장수단, P. 31
32. 가치척도, P. 31
33. 화폐경제와 물물교환경제, P. 31
34. 통화량, P. 33
35. 총통화, P. 33
36. 우회적인 생산방법, P. 34
37. 생산시설, P. 34
38. 생산장비, P. 34
39. 재고, P. 34
40. 생산설비, P. 34
41. 실물자본과 인적자본, P. 34
42. 기술, P. 35
43. 거시경제의 단기분석가 장기분석, P. 35
44. 자본축적, P. 36
45. 저축률, P. 37
46. 절약의 역설, P. 37
47. 쌍둥이 적자, P. 37
48. 재정적자, P. 37
49. 경상수지적자, P. 37
50. 외환위기, P. 37
51. 국가위험성, P. 38
52. 경제성장과 발전, P. 38
53. 산업화, P. 39
54. 선진국과 후진국, P. 39
55. 수출주도형 공업화 정책, P. 39
56. 경제발전과 국제무역론, P. 39
57. 봉쇄경제, P. 40
58. 개방경제, P. 40
59. 순수출, P. 40

제 2 편

거시경제의 수요측면

제3장

수요측면의 국민소득 결정이론

1. 케인즈(Keynes)의 단순이론
2. 소비와 투자 및 총수요
3. 균형산출량(균형 GDP)
4. 총수요의 변화와 승수이론
5. I = S 접근법
6. 절약의 역설
7. 정부부문과 해외부문

1. 케인즈(Keynes)의 단순이론

케인즈(John Maynard Keynes, 1883-1946) 이론은 1930년대와 같은 고율의 실업이 존재하는 대공황과 같은 문제를 극복하는 수단과 방법을 제시하고 있으며, 실업뿐만 아니라 인플레이션의 문제를 설명하는 경기순환론(경기변동론)의 기초가 되고 있다. 1936년 케인즈의 고용과 이자와 화폐에 대한 일반이론(The general theory of employment, interest, and money)이 출판된 후 적어도 1960년대까지는 거시경제의 일반론이었다. 그러나 1970년대 이후 인플레이션의 문제를 설명하는데 그 이론은 문제가 있었다. 그러나 아직까지도 거시경제의 수요측면의 일반론일 뿐만 아니라 실업과 인플레이션(경기변동)이론의 기초가 되고 있는 것만은 틀림없는 사실이다.

이론을 단순화하기 위해서 경제가 1930년대와 같이 대공황상태에 빠져있다고 가정하자. 이와 같은 경우에는 재고가 많이 쌓여 있기 때문에 수요가 증가하더라도 물가는 상승하지 않을 것이며, 기업이 고용을 증가시키더라도 실업률이 높기 때문에 임금이 상승하지 않을 것이다. 따라서 케인즈 이론의 기본적인 가정은 임금과 물가가 주어진 상태에서 불변이라는 가정이다. 모든 경제이론이 다 그렇지만 일반적으로 가정은 모두 비현실적이며, 이론의 타당성이나 중요성에 대한 평가는 그 이론이 갖는 설명력에 의해서 평가된다. 케인즈 이론은 총수요의 일반론일 뿐만 아니라 실업의 문제를 설명할 수 있고 거시경제정책의 수단과 방법을 설명할 수 있다는 점에서 중요하다.

장기적으로 절약은 항상 미덕이다. 그러나 케인즈 이론에 의하면 경기침체 시 단기적으로 절약은 미덕이 될 수 없다. 그 이유는 총수요를 감소시키기 때문이다. 바꾸어 말한다면 거시경제의 수요측면만을 대상으로 할 경우에는 절약은 미덕이 될 수 없으며 이를 절약의 역설이라 한다. 절약의 역설이 성립한다하여 케인즈 이론이 타당성이 없다고 주장한다면 이는 잘못이다. 케인즈는 스미스(Adam Smith)와 더불어 역사상 가장 위대한 경제학자일 뿐만 아니라 거시경제의 수요측면에 관한한 케인즈 이론은 아직까지도 일반이론이기 때문이다.

요약한다면 이 장에서 실명하는 수요측면의 국민소득 결정이론과 제 6 장에서 설명하는 케인즈의 유동성 선호설을 종합한 것이 거시경제의 수요측면에 해당한다고 할 수 있다.

2. 소비와 투자 및 총수요

1) 소비와 저축

국내에서 생산한 최종생산물(GDP)을 누가 구입하는가에 따라 총수요는 가계의 소비지출, 기업의 투자지출, 정부의 정부지출, 해외부문의 순수출로 구분될 수 있다. 해외부문과 정부부문이 없다고 가정한다면 총수요(AD)의 구성요소는 가계의 소비지출(C)과 기업의 투자지출(I)로 나눌 수 있으므로 다음과 같이 나타낼 수 있다.

$$AD = C + I$$

소비를 결정하는 가장 중요한 요인은 소득 즉 개인소득에서 개인소득세를 공제한 가처분소득이다. 많은 유산을 물려받았기 때문에 소비를 늘릴 수도 있고, 과거에 저축해 놓은 것이 많아서 소비를 늘릴 수도 있으며, 자산을 팔아서 소비를 늘릴 수도 있지만, 소비를 결정하는 가장 중요한 요인은 일정한 기간 동안의 임금과 이자 및 지대 등으로 가계가 벌어들이는 소득이라는 점이다. 왜냐하면 매우 부자가 아닌 이상 오랫동안 소득보다 많은 지출이 불가능하기 때문이다.

가처분소득이 증가하면 소비지출도 증가한다. 가계는 가처분소득으로 여러 가지 재화와 용역을 구입 소비하고 남는 것이 있다면 저축을 해서 자산을 증가시킨다. 따라서 가처분소득 중에서 얼마를 소비할 것인가 하는 문제는 얼마를 저축할 것인가 하는 문제와 같은 뜻이다. 바꾸어 말한다면 저축이란 소득 중 소비되지 않은 부분을 말한다.

이론 전개의 편의상 소득 이외에 소비를 결정하는 다른 요인들은 일정하다고 가정하자. 가처분소득과 소비지출과의 관계를 소비함수라 하며, 가처분소득과 저축과의 관계를 저축함수라 한다. 그런데 이 소비함수와 저축함수는 시간이 경과하거나(시계열분석), 소득수준을 계층별로 분석하는 경우(횡단면분석)에 상당히 안정적인 경향이 있다는 점이다. 즉 소득과 소비 및 저축과의 관계는 매우 밀접한 관계를 가지고 있으며 크게 변화하지 않는다는 것이다.

이론 전개의 편의상 소득이 0일 때는 소비도 0이고, 소득과 소비가 비례한다고 가정하면 소비함수는 원점을 통과하는 직선이 되는데, 소득이 100원 증가할 경우 소비가 80원 증가한다고 가정하자. 이는 소비함수의 기울기가 0.8이고 저축함수의 기울기는 0.2라는 뜻이므로 소비함수와 저축함수는 각각 다음과 같이 나타낼 수 있다.

$C = 0.8Y$; 소비함수

$S = 0.2Y$; 저축함수

소비함수의 기울기 즉 소득이 한 단위 증가할 경우 소비의 증가분을 한계소비성향(MPC)이라 하며, 저축함수의 기울기를 한계저축성향(MPS)이라 한다. 소득이 증가하면 소비뿐만 아니라 저축도 증가함으로 한계소비성향은 0보다는 크고 1보다는 작으며, 한계소비성향과 한계저축성향을 더해주면 1이 된다. 따라서 소비함수를 알면 저축함수를 알 수 있다. 예를 들어 한계소비성향이 0.7이고 원점을 통과하는 직선이 소비함수일 경우 저축함수는 한계저축성향이 0.3이고 원점을 지나는 직선이 된다. 지금까지 설명한 소비함수와 저축함수를 그림으로 나타내면 〔그림 3-1〕과 같다.

[그림 3-1] 소비함수와 저축함수

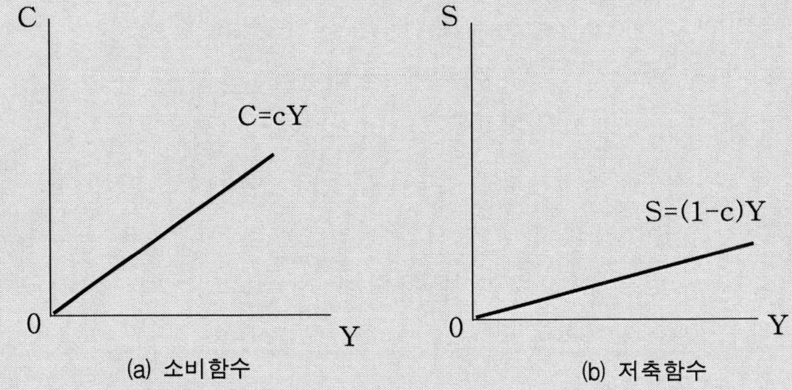

지금까지의 설명은 소비함수와 저축함수와의 관계를 명확하게 설명하기 위해서 편이상 소비함수가 원점을 통과하는 직선이라고 가정하고 이론이 전개된 것이었다. 그런데 케인즈(Keynes)이론에서 소비함수의 종축절편은 0가 아니라 플러스이며, 따라서 평균소비성향(APC)은 소득이 증가함에 따라서 점점 작아진다. 이와 같은 케인즈의 소비 함수를 단기소비함수라 하며, 평균소비성향이 일정하기 때문에 원점을 통과하는 직선과 같은 소비함수를 장기소비함수라 한다.

소득이 0일때 소비가 플러스인 이유, 바꾸어 말한다면 단기소비함수의 종축절편이 플러스인 이유는 소득이 0일 경우에도 차입(부의 저축)으로 소비를 하기 때문이다.

당해연도의 소득 이외에 소비를 결정하는 중요한 요인은 미래의 예상소득과 소비자의 부(wealth)이다. 따라서 단기소비함수인 케인즈의 소비함수는 미래의 예상소득과 소비자의 부가 일정하다는 가정하에서 도출된 것이다. 결과적으로 미래의 예상소득이 변화하거나 소비자의 부가 변화하면 단기소비함수가 이동한다. 미래의 예상소득이 증가하거나 소비자의 부가 증가하면 위쪽으로 이동하고 반대로 감소하면 아래쪽으로 이동한다. 라이프사이클가설(life-cycle hyphothesis)이나 영구소득가설(permanent-income hyphothesis)은 미래의 예상소득과 소비자의 부를 강조하는 이론으로 장기소비함수를 설명하는 이론이라고 할 수 있다.

2) 투자지출

이미 설명한 바와 같이 투자는 자본축적을 통해서 장기적으로 총공급에 영향을 미치며, 단기적으로는 최종생산물에 대한 기업의 지출에 해당하므로 총수요를 구성하는 중요한 부분이다. 그리고 투자지출은 주택과 기업의 생산설비 및 재고에 대한 투자지출로 구분할 수 있는데 그 중 기업의 생산설비에 대한 투자지출이 대부분을 차지하기 때문에 이를 중심으로 설명되는 것이 일반적이다.

기업이 생산설비 즉 자본재를 구입하는 이유, 바꾸어 말한다면 공장을 신설 또는 증설하거나 새로운 기계를 설치하는 이유는 이로부터 얻을 수 있는 미래의 예상소득이 투자비용을 초과할 것이라고 생각하기 때문이다.

[그림 3-2] 투자 수요곡선

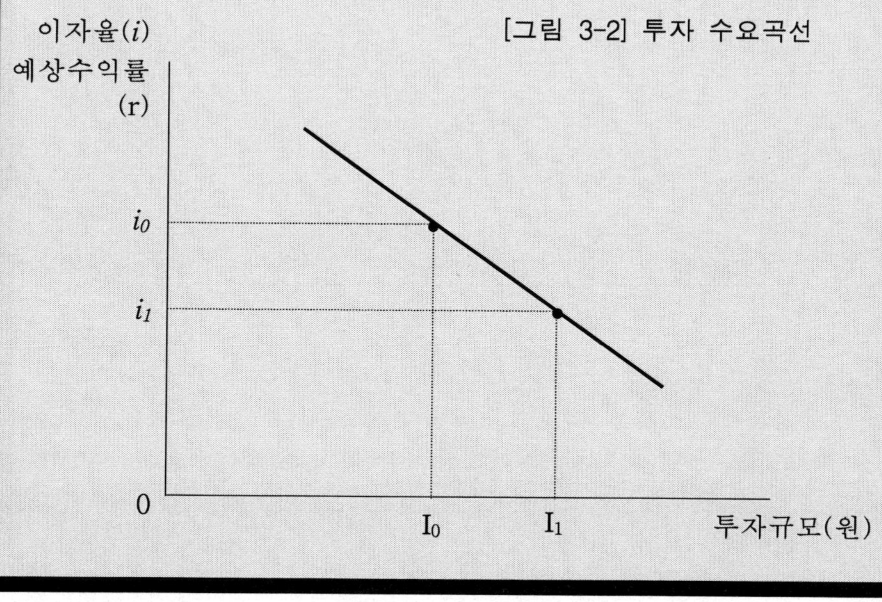

이는 물론 투자의 예상수익률이 실질이자율을 초과할 것이라고 예상하는 것과 같은 뜻이다. 예를 들어 주택 임대사업을 하는 경우 모든 비용을 공제하고 난 다음의 예상수익률이 연 10%이고 실질이자율이 7%라면 이 사업은 수익성이 있는 사업이기 때문에 투자대상사업에 포함되며, 예상수익률이 5%여서 실질이자율에도 못미칠 경우 이 사업은 포기될 것이다. 쉽게 말한다면 투자로부터 이윤을 얻을 수 있는 사업만이 투자되고 손실이 예상되는 사업은 포기된다는 뜻이다.

이렇게 해서 결정되는 투자사업의 예상수익률이 〔그림 3-2〕와 같다면 이것이 투자수요곡선이다. 투자수요곡선이 우하향하는 이유는 예상수익률이 높은 투자사업부터 투자되기 때문이다. 따라서 실질이자율이 i_0일 때는 I_0만큼 투자되고, 실질이자율이 i_1으로 하락하면 투자가 증가해서 I_1이 된다. 그러므로 투자는 예상소득과 실질이자율에 의해서 결정된다고 할 수 있다. 그런데 미래의 예상소득은 불확실하기 때문에 투자는 항상 위험성을 내포하고 있다.

[그림 3-3] 투자 곡선

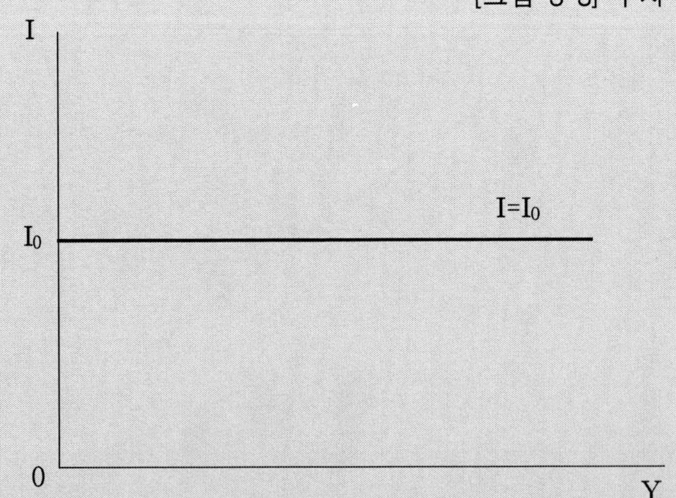

지금까지 설명에서 알 수 있는 바와 같이 현재(당해 연도)의 투자는 현재의 소득수준에 의해서 직접적으로 결정되는 것이 아니기 때문에 소득수준과는 독립적으로 불변이라고 가정하면 〔그림 3-3〕과 같이 투자곡선은 주어진 투자지출(I_0)수준에서 수평이다. 현재의 소득수준이 투자를 결정하는 직접적인 요인은 아니지만 경기침체 시에는 투자수준이 낮고 경기호황 시에는 투자규모가 크기 때문에 이 가정은 매우 비현실적인 가정일 수밖에 없다. 그러나 경제이론에서 문제가 되는 것은 가정 그 자체에 있는 것이 아니기 때문에 가정에 크게 구애받을 필요성은 없을 것이다.

3) 총수요

총수요란 각각의 소득수준에서 최종재화와 용역에 대한 의도된 총지출을 말한다. 정부부문이 없고 해외부문이 없는 단순한 모델에서 총수요는 의도된 가계의 소비지출과 기업의 투자지출을 합계해준 것과 같다. 투자지출은 소득수준과 관계없이 I_0로 주어져 있다고 하고 소비함수를 $C = cY$라고 한다면 총수요는 다음과 같이 나타낼 수 있다.

$$AD = I_0 + cY$$

여기서 c는 한계소비성향이며 0보다는 크고 1보다는 작으므로 〔그림 3-4〕와 같은 총수요곡선을 얻을 수 있는데 이는 소비곡선과 투자곡선을 수직으로 집계해준 것이다. 바꾸어 말하면 각각의 소득수준에서의 소비지출에 주어진 투자지출을 더해준 것이다. 소득수준이 Y_0일 때 총수요는 $I_0 + cY_0$이며, 소득수준이 Y_1일 때 총수요는 $I_0 + cY_1$이다.

총수요는 소득이 증가하면 증가되는데 소득이 증가함에 따라서 증가되는 총수요의 구성요소는 소비수요뿐이다. 따라서 소득이 증가할 때 총수요가 증가하는 이유는 소비수요가 증가하기 때문이다. 예를 들어 한계소비성향이 0.8이라면 소득이 한 단위 증가할 때마다 총수요는 0.8단위가 증가한다.

[그림 3-4] 단순한 경제의 총수요곡선(총지출곡선)

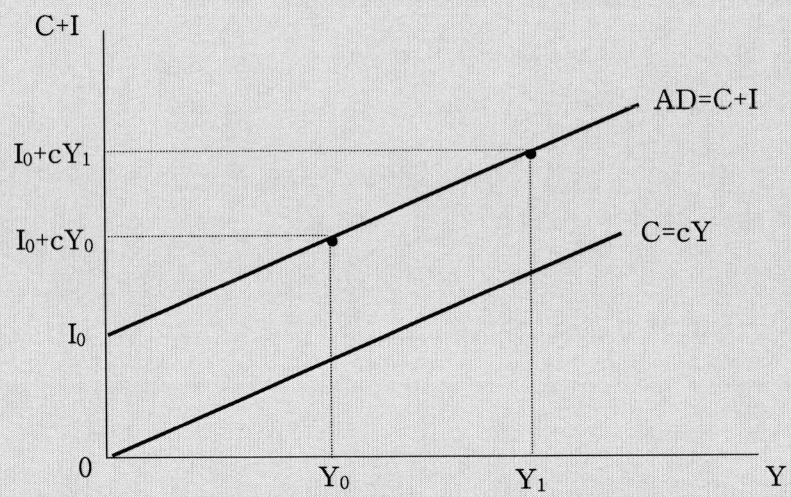

3. 균형 산출량(균형 GDP)

이론을 단순화하기 위해서 수요측면의 균형국민소득 또는 산출량 결정이론은 이미 설명한 바와 같이 다음과 같은 두 가지 조건을 전제로 하고 있다. 첫째는 조세와 감가상각이 없고, 이윤은 모두 배당으로 가계에 지불되며, 정부의 이전지출이 없다고 한다면 GDP(산출량)는 국민소득뿐만 아니라 가처분소득과도 일치한다. 바꾸어 말한다면 기업이 생산한 모든 것은 임금, 지대, 이자, 이윤 등으로 모두 가계에 지불된다. 둘째는 이미 설명한 바와 같이 물가와 임금은 주어져 있고 불변이라는 가정이다. 바꾸어 말한다면 주어진 임금수준에서 얼마든지 고용을 늘릴 수 있을 뿐만 아니라 주어진 물가수준에서 생산공급할 수 있다는 가정이다. 그러기 위해서는 산출량을 증대시키기 위한 충분한 생산시설을 갖고 있어야 한다. 이와 같은 가정 하에서는 GDP수준(산출량수준)이 전적으로 총수요에 의해서 결정되며, 따라서 거시경제의 공급측면을 다루기 전까지는 이와 같은 가정이 계속해서 유효하다.

〔그림 3-5〕에서 보는 바와 같이 국민소득(GDP)을 수평축에 놓고 총지출을 수직축으로 하여 45°선의 보조선을 그리면 이것이 유용한 분석도구가 된다. 즉 45°선상에서는 45°선의 성질상 소득과 의도된 지출이 일치한다. 이는 생산(소득)과 의도된 지출이 일치하기 때문에 기업이 의도하지 않는 재고가 발생하지 않는다는 뜻이다. 여기에 총수요곡선을 그려넣으면 주어진 물가수준에서 생산공급 되는 산출량수준이 총수요와 일치하는 점은 45°선과 AD곡선이 교차하는 점이며 이 때의 소득수준 Y_0가 균형산출량(균형 GDP) 수준이다.

그림에서 보는 것처럼 산출량수준(소득수준)이 균형산출량수준 Y_0보다 낮다면 총수요가 산출량수준을 초과해서 초과수요가 발생하며, 산출량수준이 균형산출량수준보다 높을 경우에는 생산이 총수요보다 더 많아서 초과공급이 발생하게 된다. 과소생산으로 인한 초과수요가 발생했을 때는 기업의 재고가 감소하기 때문에 기업은 생산을 늘리며 과잉생산으로 인한 초과공급이 발생할 경우에는 재고가 누적되기 때문에 기업은 생산을 줄일 것이다.

[그림 3-5] 균형산출량(균형GDP)

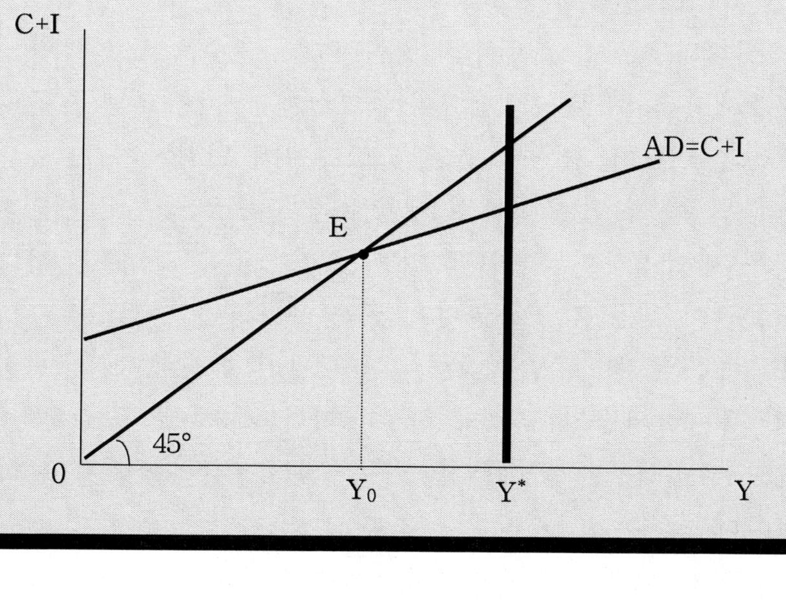

따라서 E점이 균형점이며 이 때의 산출량(소득)수준인 Y_0가 균형산출량 수준 또는 균형 GDP 수준이다. Y_0의 소득수준은 총수요가 산출량수준(총공급)과 일치한다는 의미에서 균형산출량수준이며, 균형산출량수준에서 기업은 그들이 판매하고자 하는 모든 생산물을 다 판매하고 있고 가계와 기업은 그들이 구매하고자 하는 것을 모두 다 구매하고 있다. 그러므로 이 경제의 실제적 GDP 수준은 다른 요인이 변화가 없는 한 Y_0수준에서 안정적이 될 것이다.

그런데 이 경제의 잠재적 GDP 수준을 Y^*라고 한다면 잠재적 GDP와 실제적 GDP와의 차이가 $Y^* - Y_0$만큼 발생하는데 이를 GDP 갭이라 한다. 즉 총수요분석에서는 실제적 GDP가 잠재적 GDP 수준보다 낮은 수준에서 결정될 수 있음을 설명해주고 있다는 점에서 중요하다. 왜냐하면 기업은 그들이 판매할 수 있는 산출량 이상으로 고용을 늘리지 않을 것이기 때문이다.

4. 총수요의 변화와 승수이론

정부와 해외부문이 존재하지 않을 경우 총수요의 변화란 소비수요의 변화와 투자수요의 변화를 말한다. 그런데 소비수요는 소득수준과 밀접하게 관련되어 있기 때문에 단기적으로 크게 변화하지 않고 안정적이다. 이에 반하여 투자수요는 미래의 예상소득 또는 예상수익률에 의존하기 때문에 매우 불안정하며 변화되기 쉬운 총수요의 구성요소이다. 케인즈(Keynes)도 이 점을 강조하였다. 뿐만 아니라 역사적으로 볼 때도 기술이 진보하는 방향에서 투자가 이루어져 왔기 때문에 매우 변화되기 쉬운 불안정한 총수요의 구성요소라 할 수 있다. 따라서 중요한 것은 투자지출이 변화되는 경우에 균형국민소득수준(GDP)이 어떻게 변화되는가 하는 문제이다.

투자지출이 △I만큼 증가하였다고 하자. 투자지출이 △I만큼 증가하면 총수요곡선이 〔그림 3-6〕에서 보는 것처럼 △I만큼 위쪽으로 평행이동하며 따라서 균형국민소득은 Y_0에서 Y_1으로 증가한다. 여기에서 알 수 있는 것은 균형국민소득(산출량)이 △I보다 더 많이 증가했는데, 얼마만큼 더 많이 증가하는가 하는 것을 설명하는 이론이 승수이론이다.

균형산출량수준이 △I보다 더 많이 증가하는 이유는 다음과 같은 두 가지 이유 때문이다. 첫째는 투자수요가 증가했기 때문이며, 둘째는 소비수요가 증가했기 때문이다. 기업이 자본재에 대한 지출을 △I만큼 증가시키면 이는 소득의 순환적 흐름을 통해서 가계의 소득이 그만큼 증가한다.

이것이 바로 처음으로 발생하게된 지출의 변화(△I)이며 소득의 변화이다. 소비지출, 정부지출, 순수출이 변화했을 경우에도 똑같은 원칙이 적용된다. 즉 지출이 변화하면 처음 단계에서 그만큼 소득이 변화한다.

그 다음 단계에서부터는 소비지출만이 증가하게 되는데 소비지출이 증가과정은 매 단계마다 소득의 증가분에 한계소비성향(MPC)을 곱해준 것과 같게 된다.

[그림 3-6] 투자지출승수

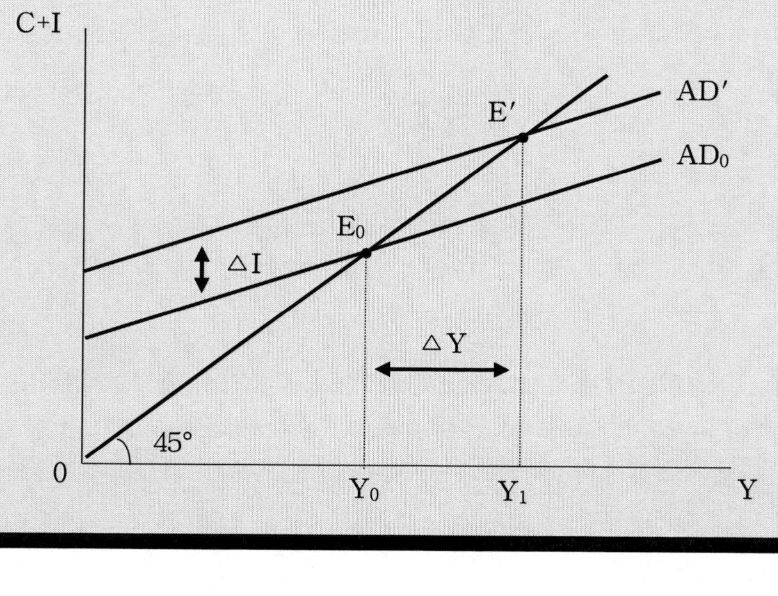

이와 같이 계속되는 과정에서의 산출량의 증가분(소득의 증가분)을 모두 더해주면 균형국민소득의 증가분 $\triangle Y$ ($Y_1 - Y_0$)을 구할 수 있다.

$$\triangle Y = \triangle I + \triangle I \times MPC + \triangle I\,(MPC)^2 + \cdots$$
$$= \frac{1}{1 - MPC} \cdot \triangle I$$

즉 균형국민소득의 증가분(△Y)은 투자의 증가분(△I)의 승수($\frac{1}{1 - MPC}$)배만큼 된다. 한계소비형향(MPC)과 한계저축성향(MPS)을 합하면 1이 되므로 승수는 한계저축성향의 역수($\frac{1}{MPS}$)와 같다. 소비지출, 정부지출, 순수출이 변화해도 똑같은 원칙이 적용된다. 예를 들어 정부지출이 △G만큼 변화하면 균형국민소득은 정부지출증가분(△G)의 승수배($\frac{1}{MPS}$)만큼 증가한다. 이처럼 처음으로 발생한 지출의 변화보다 균형국민소득이 더 크게 증가하는 이유는 매단계에서 지출이 증가하면 생산과 소득이 증가하기 때문이며 무한히 계속되지 않고 승수배만큼만 증가하는 이유는 각 단계의 지출의 증가분이 전단계의 지출의 증가분보다 적기 때문이다. 즉 소득이 증가하면 소비만이 증가하는 것이 아니라 저축도 증가되기 때문이다.

5. I = S 접근법(주입 · 누출 접근법)

주어진 소득(GDP)에서 소비지출을 빼주면 저축과 일치한다. 이는 소득 중 소비되지 않은 부분이 저축이라는 뜻이다. 따라서 다음과 같은 등식이 성립한다.

$$S = Y - C$$

그런데 생산물시장에서의 산출량중 소비되지 않은 것은 사후적인 실현된 투자와 같다. 왜냐하면 기업의 의도하지 않는 재고 역시 실현된 투자에 포함되기 때문이다. 따라서 다음과 같은 등식이 성립한다.

$$I^* = Y - C$$

여기에서 I^*는 의도하지 않는 재고투자를 포함하는 사후적인 실현된 투자를 나타낸다. 이상의 설명에서 알 수 있는 바와 같이 사후적인 실현된 저축과 투자는 항상 일치한다. 그 이유는 기업이 뜻하지 않게 발생한 의도하지 않는 재고가 모두 실현된 투자에 포함되기 때문이다.

총수요를 구성하는 부분으로서의 투자수요(투자지출)란 의도된 투자만을 뜻하는 개념이기 때문에 재고(의도하지 않는 재고)는 이에 포함되지 않는다. 즉 의도된 투자는 산출량과 관계없는 투자로서 주어진 투자지출 수준에서 불변이다. 따라서 의도된 투자와 저축이 일치하는 경우에만 의도하지 않는 재고가 발생하지 않으므로 균형조건은 다음과 같이 나타낼 수 있다.

$$\text{의도된 투자} = S\ (\text{저축}),\ \text{또는}\ I = S$$

이해를 돕기 위해서 로빈슨 크루소(Robinson Crusoe) 경제를 보기로 하자. 로빈슨 크루소가 무인도에서 농산물을 생산하는 경우 수확된 농작물 중의 일부를 소비하고 일부는 다음 연도의 씨앗으로 남겨두게 되는데 이것이 저축이다. 이는 또한 의도된 재고이므로 투자수요가 된다. 따라서 로빈슨 크루소 경제에서는 의도된 저축과 투자가 자동적으로 일치한다. 그러나 현대경제에서는 기업이 투자를 하고 가계가 저축을 하므로 저축과 투자는 자동적으로 연결되지 않으며 균형일 때만 의도된 저축과 투자가 일치한다.

〔그림 3-7〕에서 보는 바와 같이 저축과 투자가 일치하는 소득(Y_0) 수준에서는 의도하지 않는 재고가 발생하지 않으며, 균형소득수준보다 높은 Y_1수준에서는 가계의 저축이 기업의 투자보다 더 많기 때문에 재고가 증가하여 기업이 생산을 줄이게 되며, 균형소득수준보다 낮은 Y_2의 소득수준에서는 기업의 투자가 가계의 저축보다 더 많기 때문에 기업의 재고는 줄어들고 따라서 생산을 늘리게 된다. 이러한 과정은 산출량이 균형산출량이 될 때까지 지속된다. 저축・투자 접근법은 논리적으로 산출량・총수요접근법과 동일하며 두 방법 중 어떤 방법을 이용하여도 동일한 답변을 얻을 수 있다.

가계의 저축은 기업에게 대부해주는 것과 같고 기업의 투자는 가계로부터 차입하는 것과 같다. 따라서 균형산출량 수준에서는 의도된 가계의 저축과 기업의 차입이 일치하게 된다. 물론 이는 기업의 저축(유보이윤)이 없다는 조건에서만 성립한다.

지금까지 설명에 의해서 알 수 있는 바와 같이 저축과 투자가 일치하고 대부와 차입이 일치하는 수준에서 결정된 실제적인 GDP는 잠재적 GDP보다 낮을 수도 있다.

[그림 3-7] I=S 접근법(주입・누출접근법)

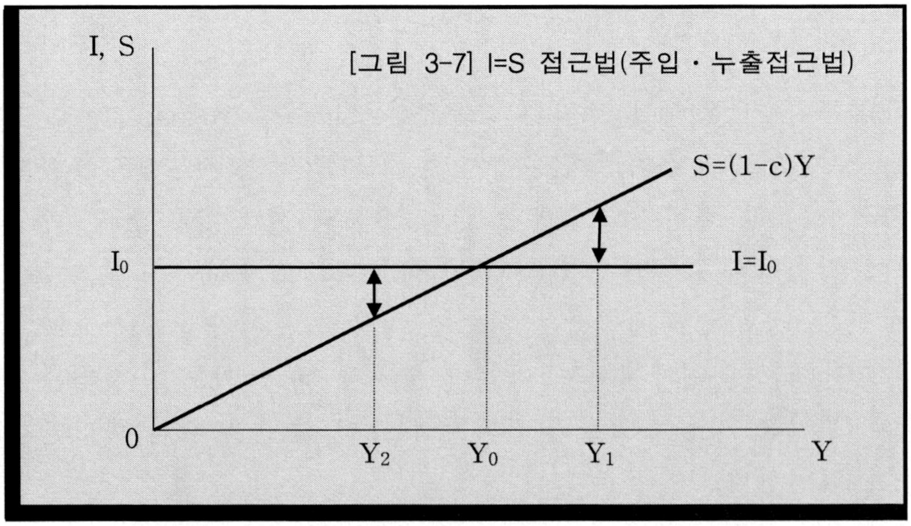

따라서 정부가 각종 정책수단을 동원해서 경제를 안정시킬 필요성이 있는데 이것이 거시경제의 총수요분석의 요점이 된다고 할 수 있다. 끝으로 저축·투자접근법(I=S 접근법)을 주입·누출접근법이라고도하는 이유는 저축은 소득의 순환적 흐름에서 누출이고, 투자는 소득의 순환적 흐름에서 주입에 해당하기 때문이다.

6. 절약의 역설

1930년대의 대공황과 같이 총수요의 부족(과잉생산)으로 인하여 경제가 과도하게 침체되었다고 하자. 이와 같은 경제에서 저축이 증가로 소비지출이 감소하면 승수과정을 통해서 국민소득이 감소하기 때문에 결국 저축도 증가하지 않은 상태가 되는데 이와 같은 경우를 절약의 역설이라 한다. 따라서 절약의 역설이 타당한 경우는 총수요의 부족으로 실업이 매우 높은 수준에 있을 때이다.

가계가 각각의 소득수준에서 저축을 △S만큼 증가시킨다면 이는 소비지출을 △S만큼 감소시킨다는 것을 뜻하므로 승수원리에 의해서 소비지출감소분의 승수배만큼 소득이 감소한다. 이와는 반대로 저축을 △S만큼 감소시키고 소비지출을 증가시킨다면 〔그림 3-8〕에서 보는 바와 같이 총수요곡선이 (△S)만큼 위쪽으로 이동하고 저축곡선은 △S만큼 아래쪽으로 이동한다. 따라서 새로운 균형상태에서의 저축은 종전과 똑같은 수준이다. 바꾸어 말한다면 가계가 저축을 줄이고자 했으나 결국은 소득이 증가한 결과로 저축은 전혀 변화되지 않았다.

이처럼 경기침체 시에 저축의 감소는 총수요를 증가시키고 고용을 증가시킬 수 있으므로 사회 전체적으로는 절약이 미덕이 될 수 없게 된다.

그러나 경제가 완전고용상태에 있을 때는 저축에 의해서 투자가 증가하기 때문에 장기적으로 고용과 국민소득이 증가하게 된다. 지금까지 설명에 의해서 알 수 있는 바와 같이 거시경제의 수요측면만을 분석하는 케인즈 이론이 타당한 경우는 1930년대와 같은 대공황인 경우에 한한다.

[그림 3-8] 절약의 역설

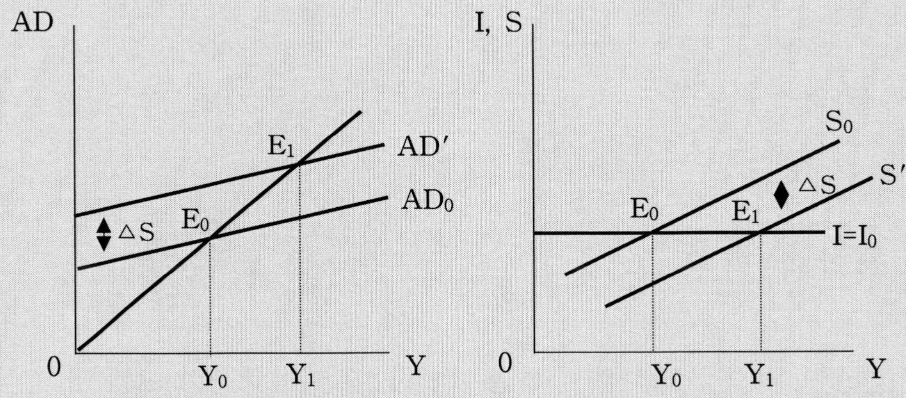

(a) 총수요접근법 (b) I=S 접근법

일반적으로 소비와 저축은 소득과 밀접하게 관련이 되어 있어 안정적이기 때문에 단기적으로 그렇게 크게 변화되지 않는다. 그러나 투자는 미래의 예상소득에 의존하기 때문에 단기적으로 변화되기 쉬운데 이것이 경기를 변동시키는 주 요인이 된다. 예를 들면 기업이 매우 낙관적이어서 앞으로 경기가 좋아질 것이라고 생각한다면 투자가 증가하고 그 반대일 경우는 투자가 감소하며, 새로운 기술이 도입되어 예상수익률이 높을 경우에도 투자가 증가한다.

7. 정부부문과 해외부문

총수요이론에서 정부부문이 중요한 이유는 정부지출과 조세라는 정책수단으로서 총수요를 변화시킬 수 있을 뿐만 아니라 총수요를 안정시키는 것이 거시경제의 중요한 목적 중에 하나이기 때문이다. 특히 이론적으로 중요한 이유는 민간부문(가계와 기업)에 정부부문을 포함시킨 국민경제의 총수요가 거시경제의 기초이며, 제 6장에서 설명되는 IS – LM분석의 기

[그림 3-9] 폐쇄경제의 균형국민소득

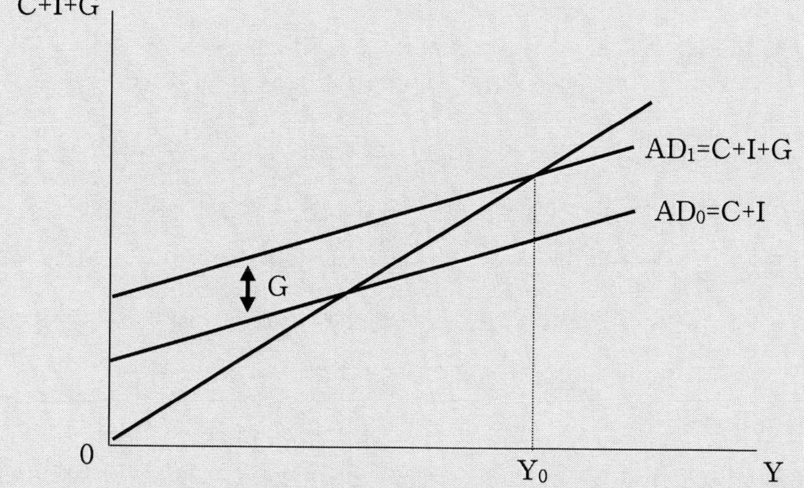

초가 되기 때문이다. 해외부문을 제외한 이와 같은 경제를 폐쇄경제 또는 봉쇄경제(closed economy)라 한다.

이미 설명한 바와 같이 GDP 항등식에서 순수출(X - M)이 0일 경우가 폐쇄경제에 해당한다. 따라서 GDP 항등식은 다음과 같이 나타낼 수 있다.

$$GDP = C + I^* + G$$

이는 사후적인 개념으로서 의도하지 않는 재고투자가 I^*에 포함되어 있다. 따라서 기업이 의도한 투자지출만을 대상으로 한 총수요는 다음과 같이 나타낼 수 있다.

$$AD = C + I + G$$

이를 그림으로 나타낸 것이 총수요곡선이며, 45°선과 교차하는 점에서 균형국민소득이 결정된다. 이는 정부부문이 없는 민간부문만 존재할 경우의 국민소득 결정이론과 전적으로 동일하다. 다만 차이가 있는 점이 있다면 정부지출을 추가한 것에 지나지 않는다. 그림으로 나타내면 〔그림 3-9〕와 같은데 이에 대한 설명은 민간부문만이 존재하는 단순한 소득결정이론과 똑같다. 요약한다면 의도하지 않는 재고의 변화로 Y_0에서 균형국민소득이 결정된다는 것이다. 왜냐하면 소득수준이 Y_0보다 높을 경우에는 재고의 증가로 기업이 생산을 감소시키고, 실제적인 소득수준이 Y_0보다 낮을 경우에는 재고의 감소로 기업이 생산을 늘리기 때문이다. 다만 여기에서 정부지출 G는 정부의 정책변수이기 때문에 일정한 것으로 가정하고 있는데 일반적인 경우에 해당된다.

민간부문만이 존재하는 단순한 경제에서 소비를 공제해서 균형국민소득의 결정원리를 설명할 수 있는 것과 같이 정부부문이 도입된 폐쇄경제에서도 주입·누출 접근법에 의해서 설명될 수 있으며 결론은 똑같다. 국민소득은 가처분소득에 조세를 더해준 것과 같고 가처분소득은 소비와 저축으로 처분되기 때문에 다음과 같은 GDP 항등식이 성립한다.

$$C + S + T = Y = C + I^{*} + G$$

또는, $$S + T = Y - C = I^{*} + G$$

이는 항상 성립하는 항등식이다. 왜냐하면 기업이 의도하지 않는 재고가 I^{*}에 포함되어 있기 때문이다. 따라서 균형조건은 다음과 같이 나타낼 수 있으며 그림으로 나타내면 〔그림 3-10〕과 같다.

$$S + \overline{T} = I + \overline{G}$$

여기에서 조세(T)와 정부지출은 정책변수로서 국민소득과는 관계가 없이 일정한 것으로 가정하고 있는데 이와같은 변수를 외생변수라 한다.

[그림 3-10] 주입 · 누출접근법

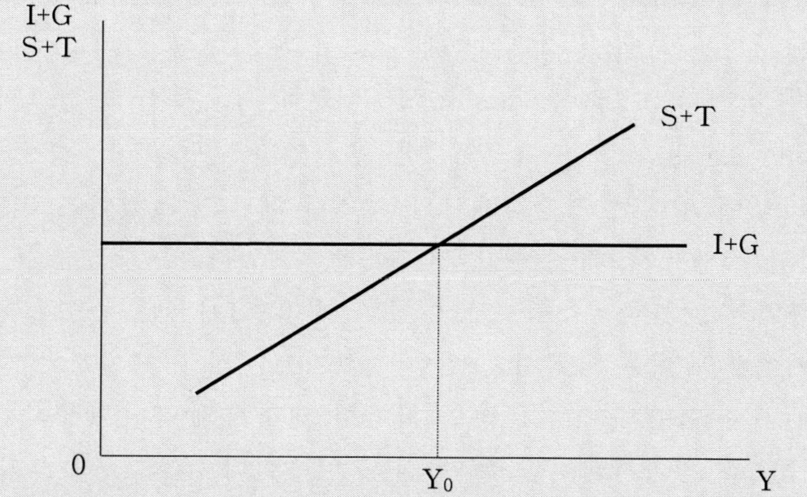

그림에서 보는 바와 같이 국민소득이 균형국민소득보다 높을 때는 기업의 재고가 증가하기 때문에 생산은 줄고, 낮을 때는 기업의 재고가 감소하여 생산과 소득과 지출이 늘어나 Y_0가 균형국민소득이 된다. 이또한 S+T는 누출에 해당하고 I+G는 주입에 해당하기 때문에 주입 · 누출접근법이라 한다.

이미 설명한 바와 같이 국제무역을 하지 않는 경우를 봉쇄경제, 국제무역을 하는 경제를 개방경제(open economy)라 한다. 국제무역은 국제경제이론 분야에 속하지만 거시경제이론에서 중요하게 취급되는 이유는 전술한 바와 같이 경상수지(X - M)가 0가 되어 일반적으로 균형을 이루는 경우가 드물기 때문이다. 바꾸어 말한다면 경상수지가 흑자이거나 적자일 때는 그만큼 총수요를 증감시키는 요인이 되기 때문이다. 뿐만 아니라 어떤 이유로 경상수지가 지속적으로 적자일 때 정부저축(T - G)이 마이너스이면 경상수지를 악화시키기 때문에 중요하다. 바꾸어 말한다면 적자재정은 경상수지를 악화시키기 때문에 쌍둥이 적자요인이 될 뿐만 아니라 후진국의 외환위기 요인이 되기도 한다.

지금까지 설명한 수요측면의 국민소득결정이론을 케인즈의 승수이론(Keynesian multiplier model) 또는 소득지출 모델(income-expenditure model)이라고 한다. 이는 45°선상에서 소득과 지출이 일치하여 균형국민소득이 결정된다는 뜻이기도 하기 때문에 단순히 케인즈의 45°선(Keynesian cross)으로 소개되는 경우도 있다. 케인즈이론은 샤뮤엘슨(Samuelson)에 의해서 거시경제학의 기초로 체계화 되었다는 의미에서도 경제학설사 측면에서 매우 중요하다고 할 수 있다.

수요측면의 균형국민소득 결정이론인 케인즈 이론은 총수요의 감소로 인한 경기침체와 이를 극복하기 위한 정책으로서의 경제안정화 정책을 설명하는데 매우 적합하다. 왜냐하면 확장적 재정정책이나 확장적 금융정책으로 총수요를 증가시키기만 하면 되기 때문이다. 이를 총수요와 총공급의 이론으로 설명하면 주어진 물가수준에서의 총수요곡선의 우측이동으로 나타낼 수 있다. 인플레이션이 문제가 될 때는 이와는 반대로 생각하면 된다. 따라서 케인즈의 승수이론은 총수요와 총공급의 이론에서 총수요곡선의 이동으로 설명할 수 있기 때문에 케인즈의 승수이론을 빼고 거시이론을 구성할 수도 있다.

주어진 물가수준에서 국민소득이 증가하면 거래적 동기의 화폐수요가 증가하기 때문에 화폐시장에서 이자율이 상승한다.

이자율이 상승하면 투자가 감소하고 국민소득이 감소하기 때문에 승수는 작아질 수 밖에 없다. 이와 같이 생산물시장에서 결정된 국민소득이 화폐시장을 통해서 이차적인 조정을 받는다는 이론을 IS-LM모델이라고 한다. 따라서 케인즈의 승수이론을 단순이론이라고한다면 IS-LM모델은 케인즈의 완전이론이라고 할 수 있다. 화폐시장에 의한 이차적인 조정도 45°선상에서 이루어지기 때문에 주어진 물가수준에서의 총수요곡선의 이동으로 IS-LM모델도 설명될 수 있다. 따라서 IS-LM모델도 빼고 총수요와 총공급으로 거시경제를 설명할 수 있을 것이다.

그런데 개방경제의 거시이론을 설명하기 위해서는 봉쇄 경제의 IS-LM모델과 이를 기초로 한 개방경제의 IS-LM모델이 필요하다. 개방경제의 IS-LM모델은 개방경제의 장기이론에 매우 적합하기 때문이다.

이상의 설명에서 알 수 있는 바와 같이 케인즈의 단순이론, IS-LM모델, 총수요와 총공급의 모델, 개방경제의 IS-LM모델 등의 주요 목적이 재정정책과 금융정책으로 거시경제를 안정시키는데 있다고 할 수 있다. 왜냐하면 경기 변동이 주로 총수요의 변화로 발생하기 때문이다.

그 중에서도 우리경제의 입장에서 중요한 것이 개방경제의 IS-LM모델이다. 왜냐하면 GDP 대비 무역의존도가 매우 높기 때문이다. 이 책 시리즈는 개방경제의 IS-LM모델을 검증·평가해서 현실을 설명하는 것을 주요 목적으로 하고 있다. 따라서 이 책은 이 책 시리즈의 결론으로서의 목적을 다하기 위해 케인즈의 단순이론, 화폐와 경제, 총수요와 총공급, 개방경제, 실업과 인플레이션, 경제성장, 경제발전과 국제무역순으로 이론을 구성하였다.

대공황(great depressions)

거시경제이론에서 대공황이라고 할 때 일반적으로 대공황은 미국의 대공황을 가리키는 말이다. 대공황의 주요인은 소비지출과 투자지출 및 정부지출이 감소했기 때문이다.

1920년대는 주식시장과 부동산시장이 호황이었으나 1929년도에는 주식시장이 붕괴되었고 1930년도부터 3년동안은 은행공황으로 많은 은행들이 파산하였으며, 1920년대 호황이었던 건설업과 자동차 산업도 과잉투자로 불황이었다. 바꾸어 말한다면 1930년대는 모든 산업이 침체하는 상태였다.

주식시장이 붕괴하면 소비지출이 감소한다. 왜냐하면 부(wealth)가 감소하기 때문이다. 뿐만 아니라 당시에는 대공황으로 인해서 물가가 하락(deflation)하였는데, 채무자가 손해를 보고 채권자가 이익을 보아 부를 재분배시키는 결과를 초래하였다. 채무자의 부가 감소하면 일반적으로는 채무자의 소비성향이 높기 때문에, 물가하락으로 인한 부의 재분배 또한 소비지출을 감소시키는 요인이었다.

과잉투자로 불황이 시작되면 투자지출이 감소한다. 특히 1920년대에 부동산에 대한 과잉투자가 문제였다. 주택의 과잉공급으로 건설업의 투자가 급감하였고, 농민들이 농지를 구입할 때 차입한 부채도 농산물가격이 하락으로 상환이 어려워 부채만 증가하는 상태였다. 소득이 증가하지 않고 부채만 증가하면 소비지출이 감소하게 된다. 은행공황은 이와같은 부채의 증가 때문에 발생한 것이다.

이렇게 해서 1929년부터 경기가 침체하기 시작하여 1933년에는 대공황이 바닥이었는데 이를 설명 한 것이 케인즈의 "고용과 이자와 화폐에 대한 일반이론"이다.

그리고 대공황이전까지 재정은 일반적으로 균형예산이 불문률처럼 되어 있었다. 즉 평화시에는 흑자재정이었고 전쟁시에는 적자재정이어서 장기적으로는 균형이었다. 1932년에는 균형재정을 유지하기 위해서 조세를 증가시키고 정부지출을 감소시켰는데 이 또한 불황을 더욱 심화시키는 요인으로 작용하였다.

이상의 설명은 케인즈이론으로 대공황을 설명한 것이다. 이처럼 케인즈이론으로 경기변동을 설명하는 경제학자들을 가리켜 케인즈학파(Keynesian economists)라 한다. 이에 반해서 화폐수량설에 의해서 경기변동을 설명하는 경제학자가 통화론자(Monetarists)이다. 케인즈이론 역시 화폐를 중요한 요인으로 보지만 통화론자들은 화폐만이 요인이라는 것이다.

경제이론의 발전과정에서 항상 그랬듯이 서로 다른 견해는 서로 다른 이론으로 받아들여지면서 발전해왔다고 할 수 있다. 따라서 케인즈학파이론은 케인즈이론으로 통화론자들의 이론은 화폐수량설로 이해하는 것이 좋을 것이다. 차이점이 있다면 강조하는 바가 서로 다르다고 할 수 있다. 특히 1970년대 이후 인플레이션이 문제가 되자 이를 안정시키기 위한 수단으로서 화폐수량설이 여러측면에서 연구되면서 거시경제학에 광범위하게 소개되고 있다.

이상과 같은 점을 감안해서 이책에서도 화폐수량설을 하나의 이론으로서 강조하고 있으나 경제학파에 대한 논의는 가능한한 제외시켰다. 이유는 거시경제학을 학파들간의 논쟁의 학문으로 오해할 수도 있을 것이라고 생각했기 때문이다.

요 약

1. 케인즈(Keynes)이론은 아직까지도 거시경제의 수요측면의 일반론일 뿐만 아니라 실업과 인플레이션 이론의 기초가 되고 있는데 기본적인 가정은 임금과 물가가 주어진 수준에서 불변이라는 가정이다.
2. 정부부문과 해외부문이 없다고 가정한다면 총수요는 가계의 소비지출과 기업의 투자지출로 구성되며, 케인즈이론의 가정을 전제로 하는 한 균형소득수준(GDP)은 전적으로 총수요에 의해서 결정된다.
3. 가계의 소비와 저축은 가처분소득과 밀접한 관계를 가지고 있으며 매우 안정적인데, 가처분소득과 소비지출과의 관계를 소비함수, 가처분소득과 저축과의 관계를 저축함수라하며 한계소비성향과 한계저축성향을 더해 주면 1이 된다.
4. 기업의 투자지출은 장기적으로는 자본을 축적시키기 때문에 총공급에 영향을 미칠 뿐만아니라 단기적으로는 총수요를 구성하는 중요한 부분이다. 투자는 투자의 예상수익률과 실질이자율에 의해서 결정되기 때문에 실질이자율이 하락하면 투자는 증가하지만, 소득수준에 의해서 직접적으로 결정되는 것은 아니기 때문에 국민소득(GDP)에 대한 투자곡선은 주어진 수준에서 수평이다.
5. 정부부문과 해외부문이 없다고 가정했을 때의 총수요곡선은 소비곡선과 투자곡선을 수직으로 집계해 준것과 같으며, 소득이 증가하면 총수요도 증가하는데 그 이유는 전적으로 소비지출이 증가하기 때문이다.
6. 케인즈이론의 가정을 전제로 하는 한 45°선의 보조선은 총공급곡선에 해당하므로 45°선과 총수요곡선이 교차하는 점에서 균형산출량이 결정된다.

7. 투자가 증가하면 투자의 증가분(△I)의 승수배($\frac{1}{1-MPC}$)만큼 균형국민소득이 증가하는데 이를 승수이론이라하며 정부지출과 조세 및 순수출이 변화했을 때도 꼭 같은 원리가 적용된다.
8. 민간부문에 정부부문을 더해준 것을 봉쇄경제라하며 거시경제분석은 일반적으로 봉쇄경제를 기초로 하고 있다. 봉쇄경제의 총수요는 가계의 소비지출, 기업의 투자지출, 정부의 정부지출로 구성되는데 수요측면의 균형국민소득결정원리는 민간부문만이 존재할 경우와 똑같다.
9. 국민소득의 순환적 흐름에서 누출은 저축과 조세이며 주입은 투자와 정부지출인데, 주입·누출접근법에 의해서도 수요측면의 균형국민소득결정원리가 설명될 수 있다. 특히 절약의 역설을 설명하는데 매우 편리하다.

중요개념

1. 고용과 이자와 화폐에 대한 일반이론, P. 49
2. 케인즈(Keynes)이론의 가정, P. 49
3. 총수요의 일반론, P. 49
4. 거시경제의 수요측면, P. 50
5. 해외부문과 정부부문, P. 50
6. 총수요, P. 50
7. 소비를 결정하는 요인, P. 50
8. 소비함수, P. 51
9. 저축함수, P. 51
10. 한계소비성향, P. 51
11. 한계저축성향, P. 51
12. 영구소득과 부, P. 52
13. 영구소득가설, P. 53
14. 라이프사이클가설, P. 53
15. 미래의 예상소득, P. 53
16. 투자비용, P. 54
17. 투자의 예상수익률, P. 54
18. 실질이자율, P. 54
19. 투자수요곡선, P. 54
20. 투자곡선, P. 55
21. 총수요, P. 56
22. 총수요곡선, P. 56
23. 45°선의 보조선, P. 58
24. 총공급, P. 58
25. 균형GDP, P. 58
26. GDP갭, P. 59
27. 총수요의 변화, P. 59
28. 승수이론, P. 60
29. 처음으로 발생한 지출의 변화, P. 60
30. 승수, P. 61
31. I=S 접근법, P. 61
32. 주입・누출접근법, P. 61
33. 의도하지 않는 재고투자, P. 62
34. 의도된 투자, P. 62
35. 절약의 역설, P. 64
36. 정부부문과 해외부문, P. 65
37. 폐쇄경제, P. 66
38. 외생변수, P. 66
39. 개방경제, P. 67
40. 경상수지, P. 67
41. 쌍둥이적자, P. 67
42. 외환위기, P. 67
43. 대공황, P. 69
44. 은행공황, P. 69
45. 부의 재분배, P. 69
46. 과잉투자, P. 70
47. 불문률, P. 70
48. 균형예산, P. 70
49. 흑자재정, P. 70
50. 적자재정, P. 70
51. 케인즈학파, P. 70
52. 통화론자, P. 70
53. 화폐수량설, P. 70

제4장

정부지출과 조세 및 순수출

1. 조세의 거시경제적 효과
2. 조세와 정부지출 및 총수요
3. 재정적자와 국채
4. 완전고용예산과 실제적예산
5. 순수출과 총수요

1. 조세의 거시경제적 효과

조세는 민간으로부터 정부로의 소득의 강제적 징수(이전)라 할 수 있으며 자원의 배분, 소득분배 및 거시경제 활동수준에 심대한 영향을 미친다. 조세는 크게 직접세와 간접세로 나눈다. 직접세란 개인소득세나 법인소득세와 같이 소득이나 부(wealth)가 과세의 대상(세원)이 되기 때문에 조세의 부담을 타인에게 이전시킬 수 없는 조세이며 재산세 및 상속세도 여기에 포함된다. 이에 반해서 간접세는 물품세나 관세 등과 같이 판매상품에 대해서 과세되는 조세이기 때문에 납세자가 거래상대방에게 조세의 부담을 전가시킬 수 있는데 이에 대해서는 미시경제부문에서 이미 설명한 바와 같다.

일반적으로 소득세는 소득이 증가하면 조세의 부담도 커지게 되는데 조세의 부담이 소득과 비례하는 경우를 비례세라 하며, 소득이 증가함에 따라 조세부담이 누진적으로 증가하는 경우를 누진세라 한다. 경우에 따라서는 소득이 증가함에 따라 조세부담이 누진적으로 작아지는 경우도 있는데 이를 역진세라 한다. 누진세는 소득이 증가함에 따라 세율이 증가하며 역진세는 소득이 증가함에 따라 세율이 감소하고 비례세는 세율이 항상 일정하다.

조세와 이전지출의 차액을 순조세라 한다. 순조세는 가계가 지출할 수 있는 가처분소득을 감소시키기 때문에 다음과 같은 등식이 성립한다.

$$DI = NI - (T - \text{이전지출})$$

따라서 조세는 총수요와 산출량 수준을 감소시키며 이전지출은 총수요와 산출량 수준을 증가시키기 때문에 경제가 침체했을 경우에는 조세를 줄이고 인플레이션이 문제가 되어 총수요를 감소시켜야 할 경우에는 조세를 증가시킬 수 있다.

이미 설명한 바와 같이 조세는 일반적으로 소득이 증가하면 증가하는데 이론전개의 편의상 이전지출이 없고 조세가 비례세인 경우를 보기로 하자. 비례세율이 t일 경우 가계의 총조세 부담은 (t × Y)가 되며, 가처분소득은 Y - tY = (1-t)Y가 된다. 예를 들어 세율이 0.1 즉 10%일 경우 국민소득 중 90%가 가처분소득이고 10%는 정부의 세입(수입)이 된다. 따라서 국민소득이 △Y만큼 증가하면 가처분소득은 (1-t)△Y만큼 증가하고 소비지출은 MPC · (1-t)△Y만큼 증가한다. 여기서 한계소비성향(MPC)은 가처분소득에 대한 한계소비성향을 뜻하므로 국민소득에 대한 한계소비성향으로 고쳐주면 다음과 같이 나타낼 수 있다.

$$MPC' = MPC \cdot (1 - t)$$

이는 단순히 조세와 이전지출이 없다고 가정했을 경우에는 MPC′와 MPC가 같지만 조세를 고려했을 경우에는 MPC′가 MPC보다 작다는 뜻이다. 따라서 조세의 세율을 고려했을 경우 세율이 높으면 높을수록 MPC′가 작고 승수도 작아지는 반면 세율이 낮으면 승수는 커진다. 왜냐하면 조세는 국민소득이 증가하는 각 단계에서 가처분소득의 증가분을 감소시켜 소비지출을 감소시키기 때문이다.

[그림 4-1] 조세가 저축에 미치는 효과

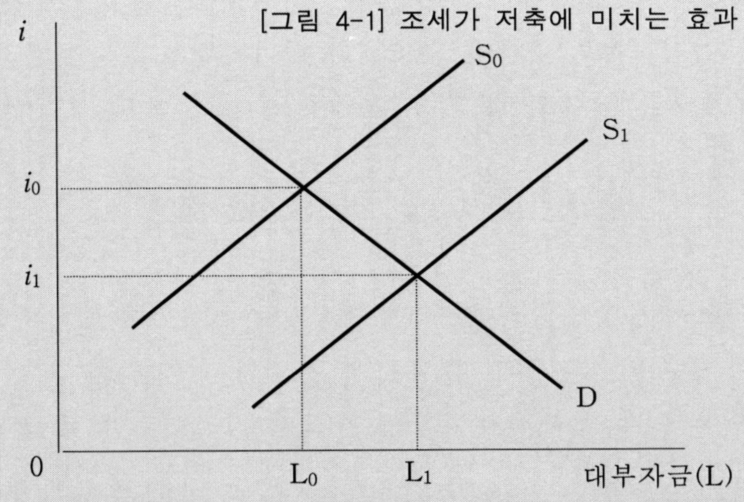

이상의 설명에서 알 수 있는 바와 같이 조세는 지출이 변화로 말미암아 유발되는 소득의 변화를 감소시키는 기능을 갖고 있는데 조세의 이와 같은 기능을 자동안정장치라 한다.

지금까지 설명은 조세가 총수요(총지출)에 미치는 효과였다. 조세는 또한 저축과 투자에도 영향을 미치기 때문에 장기적으로는 자본축적과 경제성장을 촉진시킬 수 있는 수단이 될 수도 있다.

물론 이는 투자의 이중적인 성격 때문이다. 즉 투자는 단기적으로는 총수요의 구성부분으로서 중요한 역할을 하지만 장기적으로는 자본을 축적시키기 때문에 경제성장의 요인으로서도 중요하다고 할 수 있다. 예를 들어 공평성에 문제가 있지만 이자소득세를 감면하였다고 한다면 〔그림 4-1〕에서 보는 바와 같이 대부자금시장(markets for loanable funds)에서 저축이 증가로 대부자금 공급곡선이 우측으로 이동한다.

따라서 이자율이 하락하고 투자가 증가하여 장기적으로 경제성장을 촉진시킬 수 있다. 저축을 증가시킬 수 있는 다른 조세정책도 같은 효과가 있다고 할 수 있다.

[그림 4-2] 조세가 투자에 미치는 효과

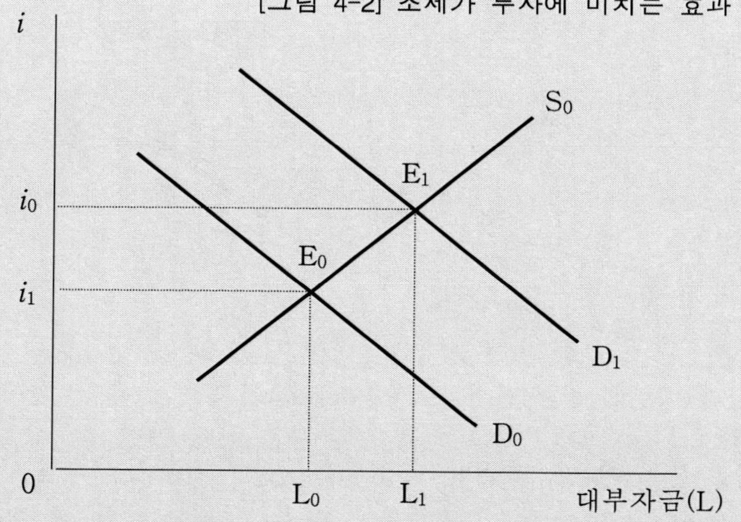

조세를 통해서 직접적으로 투자에 영향을 미칠 수도 있다. 예를 들면 생산설비에 대한 투자에 조세를 감면해준다면 대부자금시장에서 투자의 증가로 대부자금수요곡선이 〔그림 4-2〕에서 보는 바와 같이 우측으로 이동한다. 원래의 균형점과 새로운 균형점을 비교해 보면 이자율이 상승하였고 투자가 증가하였다. 투자를 증가시킬 수 있는 다른 조세정책도 같은 효과가 있다고 할 수 있다.

2. 조세와 정부지출 및 총수요

1) 정부지출과 총수요

이론전개의 단순화를 위하여 해외부문이 없다고 가정한다면 〔그림 4-3〕에서 보는 바와 같이 소비지출에 주어진 투자지출과 정부지출을 합계해 준다면 총수요곡선 AD′를 얻을 수 있는데 이는 다음과 같이 나타낼 수 있다.

$$AD' = C + I + G$$

[그림 4-3] 정부지출과 총수요

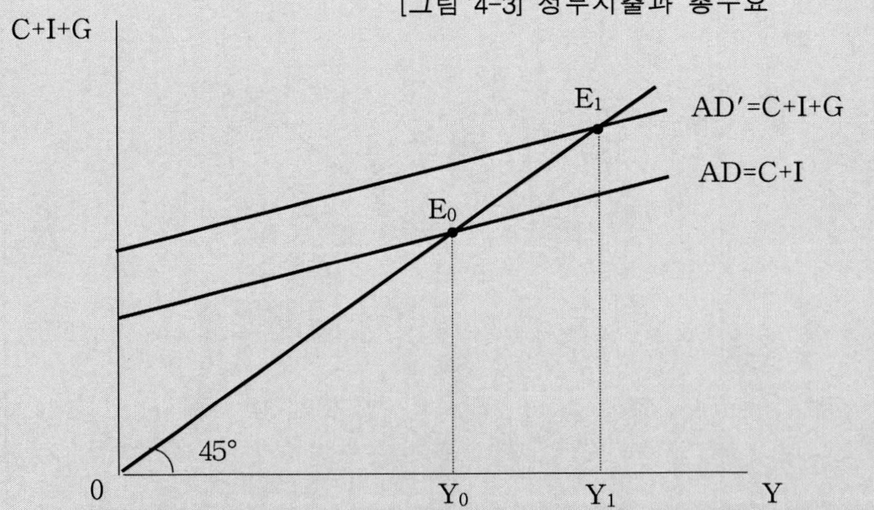

즉 정부부문이 없는 경우에는 총수요가 소비지출과 투자지출로 구성되기 때문에 균형국민소득이 Y_0가 되지만 정부지출(G)을 추가한다면 균형국민소득이 Y_1으로 증가하는데 이 때 균형국민소득의 증가분 $\triangle Y\ (Y_1 - Y_0)$는 정부지출에 승수를 곱해준 것과 같다. 정부지출이 총수요에 미치는 이와 같은 효과는 정부지출을 △G만큼 증가시키는 경우에도 그대로 적용된다. 즉 정부지출 증가분에 승수를 곱해준 것만큼 균형국민소득이 증가한다.

따라서 경기가 침체했을 때는 정부지출을 증가시키고 인플레이션이 문제가 되었을 때는 정부지출을 감소시킨다면 경제를 안정시킬 수 있다.

2) 조세와 총수요

GDP와 가처분소득간에 차액을 발생시키는 주된 요인은 조세인데 단순화를 위해서 정부가 국민소득과는 관계가 없는 정액세만을 부과한다고 하자. 정액세란 국민소득과는 관계없이 일정액을 정부가 징수하는 조세를 말한다. 이는 국민소득과는 관계없이 조세가 일정하게 주어진 경우와 같다. 거시경제이론에서는 이처럼 조세를 정액세나 외생변수로 국민소득과 관계없이 일정하게 주어진 것으로 가정하는 경우가 많은데 이는 전적으로 이론을 단순화하기 위해서이다.

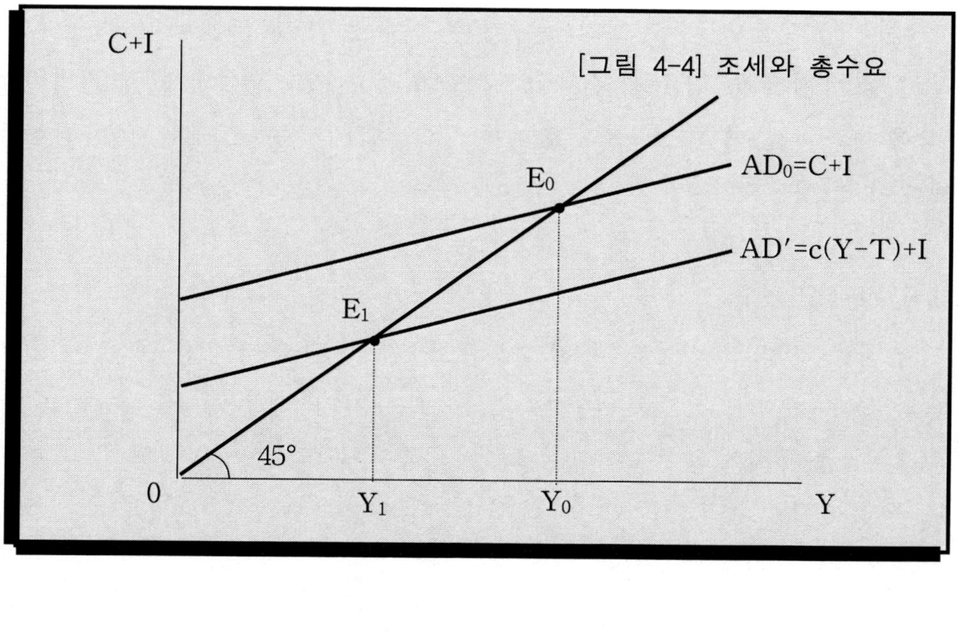

[그림 4-4] 조세와 총수요

정부가 정액세를 T만큼 부과한다면 가처분소득은(GDP - T)가 된다. 이는 물론 정부의 이전지출, 보조금, 기업의 감가상각, 유보이윤 등이 없다고 했을 때 성립하는 것으로 단순화시킨 것이다.

조세가 균형국민소득에 미치는 영향은 〔그림 4-4〕에서 보는 바와 같다. 조세가 없을 때 원래의 균형점은 E_0인데 정액세를 T만큼 부과한다면 소비곡선이 아래로 이동하기 때문에 총수요곡선이 AD_0에서 AD′로 이동한다. 새로운 균형점은 E_1이며, 조세의 부과로 균형국민소득(또는 균형 GDP)이 감소하였다.

국민소득의 감소분의 크기를 구하기 위해서는 승수원리를 적용하면 된다. 조세가 없을 때에 비해서 정액세를 T만큼 부과했을 경우 지출의 변화분은 정액세(T)에 한계소비성향을 곱해준 것과 같은데 이는 소비지출의 변화분이다. 정액세가 증가하거나 감소하는 경우에도 똑같은 원리가 적용되므로 정액세일 때의 조세증가(조세변화)의 효과는 다음과 같이 나타낼 수 있다.

$$\text{국민소득의 감소분} = \text{승수} \times MPC \times \text{조세의 증가분}$$

조세가 균형국민소득을 감소시키는 이유는 가처분소득을 감소시키고 따라서 소비지출을 감소시키기 때문인데 이전지출은 이와는 반대방향으로 작용하기 때문에 순조세의 효과를 알기 위해서는 조세에서 이전지출을 공제해야 한다.

3) 균형예산승수

정부지출은 직접적으로 총지출을 그만큼 변화시키지만 조세는 가처분소득을 통하여 간접적으로 총지출을 변화시키기 때문에 정부지출과 조세를 똑같이 증가시켰을 때 국민소득은 정부지출의 증가분만큼 증가하는데 이를 균형예산승수라 한다. 따라서 균형예산승수는 1이다.

정부지출과 조세가 각각 △G(= △T)만큼 증가하였을 때 정부지출의 증가분은 직접적으로 총지출을 △G만큼 변화시키지만 조세는 -MPC · △G만큼 총지출을 변화시키기 때문에 지출의 변화분은 이를 더해준 (1 - MPC)△G이다. 여기에 승수를 곱해주면 국민소득의 증가분은 △G가 되므로 균형예산승수($\frac{\triangle Y}{\triangle G}$)는 1이 된다.

3. 재정적자와 국채

국가가 세금으로 조달한 수입(세입)을 사용하여 공공경비를 지출하는 것을 재정이라 하며 어떤 한 회계연도의 세입과 세출(지출)을 예산이라 하는데 두 개념은 일반적으로 같은 뜻으로 쓰인다. 그리고 재정정책이란 세입과 세출에 대한 거시경제정책을 말한다. 금융정책, 독점금지법, 공기업정책 등도 공공정책이지만 재정정책에 속하지 않는다. 왜냐하면 조세수입과 지출에 대한 정책이 아니기 때문이다.

재정의 기능은 크게 자원배분, 소득분배, 경제안정, 경제성장으로 나눌 수 있는데 거시경제분야에서 다루어지는 부분은 주로 경제안정과 경제성장정책이다. 이미 설명한 바와 같이 조세와 정부지출이라는 수단을 통하여 과도한 경기침체나 인플레이션을 막는 정책을 경제안정정책, 조세와 정부지출 등을 통해서 저축이나 투자를 증대시키고 경제성장을 촉진시키는 정책을 경제성장정책이라 한다. 경제안정정책은 거시경제의 단기분석에 해당하며 경제성장정책은 거시경제의 장기분석에 해당된다.

정부지출이 조세수입과 같을 때의 재정을 균형재정이라고 하고, 정부지출이 조세수입보다 클 때의 재정을 적자재정이라 하며, 조세수입이 정부지출보다 클 때의 재정을 흑자재정이라 한다.

적자재정인 경우는 부족한 금액을 채권시장(bond market)에서 국채를 발행해서 차입을 하게 되는데 이는 정부의 부채가 된다. 재정적자는 유량이고 정부의 부채는 저량이므로 적자재정이 장기적으로 지속되면 정부의 부채 즉 국채가 과도하게 축적되어 거시경제적으로 문제가 되는데 이를 분석하는 기준으로서 흔히 사용되는 것이 국채·GDP비율(정부부채/GDP)이다. 이 비율이 감소할 경우에는 조세수입 능력을 나타내는 GDP가 정부부채보다 더 크게 증가한다는 것을 뜻하며 증가할 경우에는 정부의 세입능력이 감소한다는 것을 뜻한다. 정부부채가 증가하면 경제성장을 둔화시킬 뿐만 아니라 유럽과 같이 정부부채로 인한 재정위기에 빠질 수도 있다.

이상의 설명에서 알 수 있는 바와 같이 재정적자가 지속되어 정부부채(국채)가 증가하는 경우에도 GDP 증가율이 부채의 증가율보다 높다면 정부부채·GDP비율이 감소할 수 있다는 것이다. 정부부채·GDP비율을 재정건전성의 판단의 기준으로 보는 한 이 비율이 증가하지 않아야 재정이 건전하다는 뜻이다.

우리경제는 재정 건전성에 문제가 없지만 일본은 1990년대 건설업을 통해서 적자 재정으로 총수요를 증가시키려고 한 결과 정부부채·GDP비율이 급증하여 문제가 심각한 것으로 알려지고 있다.

4. 완전고용예산과 실제적예산

세율과 정부지출이 주어져 있을 때 재정이 흑자인가 아니면 적자인가의 여부는 전적으로 소득수준에 의해서 결정된다. 이론을 단순화하기 위해서 조세가 비례세라고 하면 정부의 조세수입은 세율에 소득을 곱해준 것과 같으므로 〔그림 4-5〕에서 보는 바와 같이 원점에서 출발하는 직선이다. 이에 반해서 정부지출은 국민소득 수준과는 관계없이 일정하므로 주어진 지출수준에서 수평이다. 따라서 소득수준이 Y_0보다 낮을 경우에는 적자재정이며, Y_0수준일 때는 균형재정이고, 소득수준이 Y_0보다 높을 경우에는 흑자재정이다. 이로부터 우리는 소득수준이 낮을 경우 재정 적자가 발생한다는 것을 알 수 있다. 바꾸어 말한다면 이 때의 적자재정은 확장적인

[그림 4-5] 완전고용예산과 실제적 예산

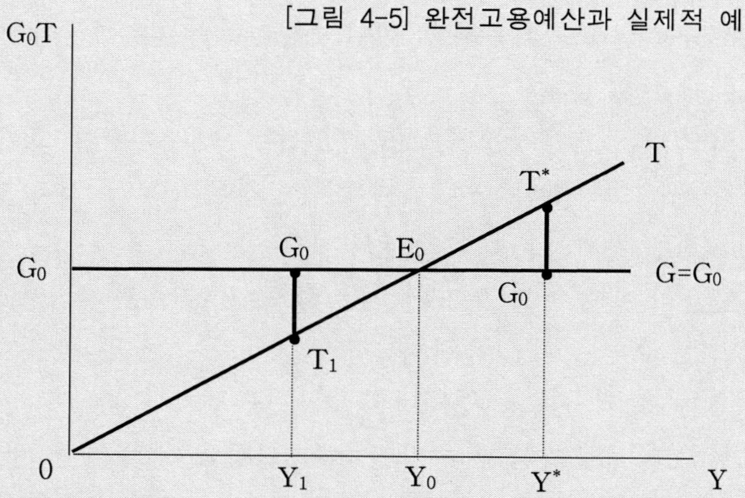

재정정책, 즉 적자재정정책의 결과 때문에 발생한 것이 아니다.

완전고용예산이란 경제가 완전고용상태(잠재적 GDP수준)일 때의 예산으로서 예산이 적자일수도 있고 흑자일 수도 있다. 그림에서 보는 바와 같이 완전고용 GDP수준(잠재적 GDP수준)을 Y^*라고 했을 경우, $T^* - G_0$만큼 흑자가 발생하는데 이를 완전고용예산 또는 경기변동에 의해서 조정된 예산이라 한다.

그림에서 보는 바와 같이 실제적인 GDP 수준이 Y_1이라면 실제적인 예산은 적자이며 그 적자 규모는 $G_0 - T_1$과 같다. 물론 이 때의 적자는 확장적인 재정정책 때문에 발생한 것이 아니라 소득수준이 낮기 때문에 발생한 것이다. 따라서 재정정책이 긴축적인가 또는 확장적인가를 알기 위해서는 완전고용예산을 기준으로 해서 분석되어야 한다. 예를 들면 완전고용예산의 적자가 증가하거나 흑자가 감소할 경우에는 확장적인 재정정책이고 그 반대일 경우는 긴축적인 재정정책이다. 그림에서 보는 바와 같이 실제적인 GDP가 잠재적 GDP보다 낮은 경우에는 정부지출을 증가시키거나 조세를 감소시키는 확장적 재정정책을 실시할 것이기 때문에 완전고용예산의 흑자폭은 줄어들게 된다.

1980년대 이후 지속적인 재정적자로 축적된 정부부채가 여러 국가에서 중요한 거시경제문제로 대두되고 있다. 뿐만 아니라 예산의 적자는 채권시장에서 국채를 발행해서 메꾸어 주어야 하는데 이는 정부의 차입을 뜻하며 장기적으로 경제성장에 영향을 미친다. 대부자금의 공급은 민간저축과 정부저축으로 구성되는데 적자예산은 정부저축이 「-」임을 뜻하므로 〔그림 4-6〕과 같이 대부자금의 공급곡선을 좌측으로 이동시킨다. 따라서 이자율이 상승하고 투자가 감소함으로 이는 장기적으로 경제성장을 둔화시키는 요인으로 작용한다.

이처럼 정부의 적자재정 정책으로 기업의 투자가 감소하는 현상을 구축효과라 한다. 정부예산의 흑자정책은 이상의 설명과는 반대방향으로 작용한다. 즉 예산의 흑자는 대부자금의 공급을 증가시키고 투자를 증가시키기 때문에 장기적으로 자본을 축적시키고 경제성장에 기여한다고 할 수 있다. 물론 이는 정부가 기업을 구축하지 않기 때문에 발생하는 간접적인 효과에 해당한다.

[그림 4-6] 적자예산의 장기적인 효과

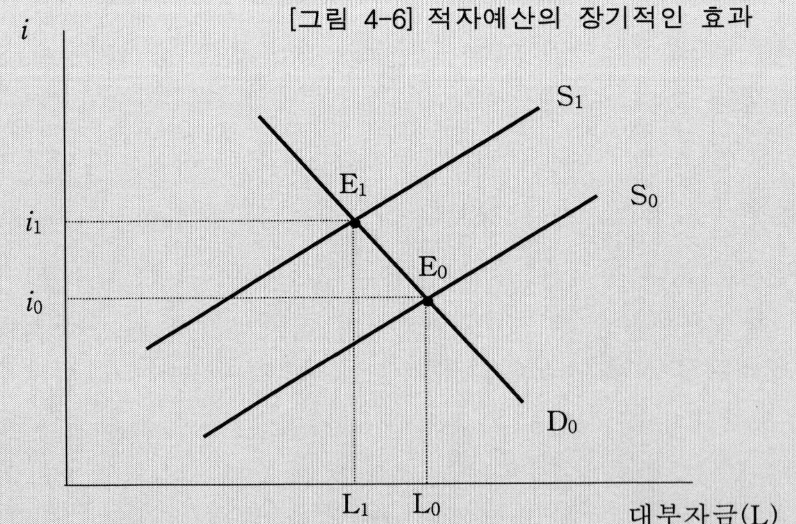

5. 순수출과 총수요

순수출이란 재화와 용역의 수출에서 재화와 용역의 수입을 공제한 것으로 경상수지에 해당한다.

'86년부터 '88년까지 약 3년 동안을 제외하고는 외환위기 직전까지 우리 경제의 경상수지는 매년 적자였으며, 외환위기 이후는 지속적으로 흑자를 나타내고 있다.

우리 경제가 생산한 생산물에 대한 총지출 또는 총수요를 계산하기 위해서는 우리 상품의 해외수요인 수출은 더해주어야 하며, 해외상품의 국내수요 또는 지출인 수입은 공제해 주어야 한다. 따라서 우리 상품에 대한 총수요 또는 총지출은 다음과 같이 나타낼 수 있다.

$$AD = C + I + G + (X - M)$$

여기서 X는 수출이며, M은 수입이다.

수입은 우리 경제의 소득수준과 물가수준 및 환율에 의해서 결정된다. 우리 경제의 소득수준이 증가하면 외국의 소비재나 자본재에 대한 수요가 증가하기 때문에 수입이 증가하며 물가가 상승하거나 원·달러 환율이 내리면 외국상품이 상대적으로 저렴하기 때문에 수입이 증가한다. 환율과 물가는 외국산 상품을 상대적으로 저렴하게 하거나 비싸게 하는 요인으로 작용한다. 원·달러 환율이 상승했을 경우 우리 상품의 수출이 증가하는 것도 똑같은 이유 때문이다. 그리고 생산성의 향상으로 수출이 증가하는 이유 역시 우리 상품을 상대적으로 저렴하게 공급할 수 있다는 뜻으로 같은 원리에 속한다.

수출은 우리 무역상대국의 수입을 뜻하기 때문에 수출을 결정하는 요인은 무역상대국의 소득수준과 해당국가에서의 우리 상품의 상대가격에 따라 결정된다. 일반적으로 경제가 다소 위축된 상태에서 원·달러 환율이 상승하면 수출이 증가하는데 그 이유는 우리 상품이 상대적으로 저렴해지기 때문이다. 외환위기 이후 우리 경제의 순수출이 흑자를 보이는 이유가 여기에 있으며, 외환위기를 겪는 국가들 대부분이 긴축정책을 유지하는 이유도 여기에 있다.

환율과 물가수준 및 무역상대국의 소득수준은 다른 요인에 의해서 결정된다고 할 수 있으므로 수출은 외생변수이며 주어져 있어 일정하다고 가정할 수 있다.

그러나 수입은 우리 경제의 소득수준이 증가하면 증가한다. 따라서 경기가 침체해서 소득수준이 낮을 때는 수출이 수입을 초과하고 경기가 회복되어 소득수준이 높아지면 수입이 수출을 초과하게 된다. 이렇게 해서 결정되는 순수출이 소득의 순환적 흐름에 추가되므로 순수출이 「+」일 때는 총지출이 증가하고 「-」일 때는 총지출이 감소한다. 지금까지 설명을 그림으로 나타내면 〔그림 4-7〕과 같다.

[그림 4-7] 총수요와 순수출

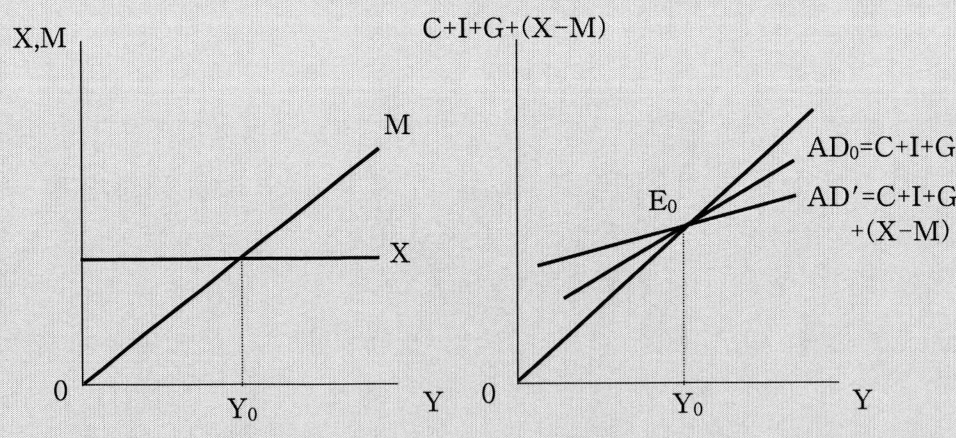

(a) 소득수준과 순수출 (b) 총수요와 순수출

소득수준이 Y_0일 때는 수출과 수입이 일치하기 때문에 총지출은 해외부문(순수출)을 고려하지 않았을 때와 똑같으며, Y_0보다 소득수준이 낮을 때는 수출이 수입을 초과하고 있고 Y_0보다 높을 때는 수입이 수출을 초과하고 있다. 이 경우는 이론을 단순화하기 위해서 균형국민소득 수준에서 순수출이 0가 되고 있지만 실제적으로는 그런 것이 아니다. 즉, 균형산출량 수준에서 순수출은 적자일 수도 있고 흑자일 수도 있다.

이론을 단순화하기 위해서 정부가 존재하지 않는다고 했을 때 산출량과 소득이 증가하면 증가된 소득이 소비와 저축 및 수입에 배분될 것이기 때문에 소비가 증가(△C)하고, 저축이 증가(△S)하며, 수입이 증가(△M)한다. 소득이 증가분에 대한 소비의 증가분을 한계소비성향, 소득의 증가분에 대한 저축의 증가분을 한계저축성향이라고 하는 것과 같이 소득의 증가분(△Y)에 대한 수입의 증가분(△M)을 한계수입성향(MPM)이라 하며 다음과 같이 나타낼 수 있다.

$$MPM = \frac{\triangle M}{\triangle Y}$$

수입상품에 대한 소득의 지출이 수입이므로 수입은 소득의 순환적 흐름에서 누출에 해당한다. 예를 들어 소득이 100원 증가할 때 소비가 80원, 저축이 10원, 수입이 10원 증가한다면 한계소비성향은 0.8, 한계저축성향 0.1, 한계수입성향은 0.1이 되는데 이는 소득이 100원 증가할 때 소득이 순환적 흐름에서 저축으로 10원이 누출이 되고 수입으로 10원이 누출된다는 것을 뜻한다. 따라서 수입을 고려했을 때의 승수(K)는 다음과 같이 나타낼 수 있으며 이를 해외무역승수(foreign trade multiplier) 또는 개방경제승수(open economy multiplier)라 한다.

$$K = \frac{1}{1 - MPC} = \frac{1}{MPS + MPM}$$

이상의 설명에서 알 수 있는 바와 같이 해외부문이 존재하지 않는다고 가정했을 경우는 한계소비성향과 한계저축성향을 더해주면 1이 되지만 해외부문을 고려했을 경우에는 MPC + MPS + MPM = 1이 성립된다.

해외무역승수효과 역시 총지출이 변화되었을 경우에 원래의 지출의 변화분에 승수를 곱해준 것만큼 산출량과 소득이 변화한다. 예를 들어 한계저축성향과 한계수입성향이 각각 0.1이라면 해외무역승수는 5가 되며, 이 때 수출이 100원 증가하면 국민소득은 승수배에 해당하는 500원 증가한다.

수출이 감소하든가 수입이 증가해서 경상수지가 적자일 때 승수원리에 의하면 적자의 일부가 자동적으로 조정될 수 있게 된다. 예를 들어 수출이 감소해서 경상수지 적자가 발생했을 경우 수출산업의 생산이 감소하고 따라서 소득과 수입이 감소하며, 이와는 반대로 수출이 증가해서 경상수지가 흑자일 경우는 수출산업의 생산과 소득이 증가하고 따라서 수입이 증가함으로 원래의 수출증가분의 일부가 수입으로 메꾸어지게 된다. 수입이 증가하거나 감소해서 적자나 흑자가 발생했을 경우에도 똑같은 원리가 적용된다.

지금까지 설명한 것을 요약한다면 순수출은 개방 경제의 총수요를 결정하는 중요한 요인이 되기 때문에 개방경제의 거시 분석이 기초가 된다는 점이다. 예를 들어 확장적인 금융정책에 의해서 화폐의 공급(통화량)이 증가되었다고 하자. 통화량이 증가하면 봉쇄경제에서는 이자율이 하락하기 때문에 투자지출이 증가한다. 그러나 개방경제에서는 주어진 물가 수준에서 명목환율(원・달러환율)이 상승하기 때문에 투자지출뿐만 아니라 순수출이 증가한다. 다만 이는 이론을 단순화하기 위해서 변동환율제도를 전제로 한 것이다.

투자지출과 순수출이 증가하면 [그림 4-7]에서 알 수 있는 바와같이 개방경제의 총수요(총지출) 곡선이 위쪽으로 이동하고 따라서 주어진 물가 수준에서 고용과 국민소득이 증가한다.

결국 개방경제에서는 순수출이 경제를 안정시키는 중요한 역할을 하게 된다는 것이다. 특히 변동환율 제도의 소국개방경제인 경우는 화폐의 공급이 증가할 때 투자지출이 증가하지 않고 순수출만 증가하기 때문에 최근들어 소국개방경제의 거시이론이 강조되고 있는 것이 현실이다. 이상의 설명이 이 책의 제5편「개방경제」의 이론적 기초에 해당한다.

적자재정의 평가기준

경제가 침체했을 때는 정부의 조세수입은 자동적으로 감소하고 정부의 이전지출은 증가하기 때문에 예산은 자동적으로 적자가 된다. 이는 정부가 조세를 감소시키고 정부지출을 증가시킨 것과 꼭 같은 효과가 있지만 재정정책에 의해서 발생하는 것이 아니기 때문에 이를 흔히 자동안정장치(automatic stabilizer)라 한다. 즉 조세와 이전지출이 자동적으로 경제를 안정시키는 기능을 갖고 있다는 것이다. 경기가 과열 되었을 때는 위의 설명과는 반대방향으로 작용한다.

경기침체시에 균형예산을 유지하려면 조세를 올리고 정부지출을 줄여야 한다. 따라서 경기침체시에 균형예산정책은 오히려 경기변동을 더욱 심화시키는 요인으로 작용한다. 이와 같은 이유때문에 자동적인 경제안정 장치로서의 자동안전 장치가 재량적인 재정정책보다 경제안정에 유리하게 작용하게 되는 것이다.

자동적인 적자와 확장적 재정정책으로 인한 적자재정을 구분하기 위해서 도입된 개념이 완전고용예산이다. 따라서 경기침체시에 적자보다 완전고용예산의 적자폭은 감소하게 된다. 왜냐하면 국민소득이 증가하면 세입이 증가하기 때문이다.

재정적자를 평가하는데 또 하나의 문제점은 사회간접자본에 대한 정부지출과 교육비지출이 정부지출에 포함되어 있기 때문이다. 사회간접자본에 대한 지출과 교육비지출로 재정적자가 발생했다면 사실상 정부자산도 증가했다는 뜻이다. 바꾸어 말한다면 예산의 적자로 부채가 증가하였고 자산이 증가하였다. 이는 기업의 투자지출과 똑같은 성격이 있기 때문에 경제를 성장시키는 요인으로 작용한다. 특히 후진국의 경제가 발전하기 위해서는 사회간접자본을 반드시 축적시켜야한다. 이를 감안해서 정부예산을 자산과 부채의 측면에서 평가하는 방법을 자본예산평가법(capital budgeting)이라 한다.

자본예산평가법에 의한 적자재정은 부채의 증가분에서 자산의 증가분을 공제해 준 것과 같다. 왜냐하면 이것이 적자재정으로 인한 정부부채의 증가분에 해당하기 때문이다. 이상에서 설명한 것과 같이 단순히 정부지출에서 세입을 공제한 것을 확장적인 적자재정정책으로 평가해서 적자재정의 경제적 효과를 분석하는 데는 오류가 있을 수 있기 때문에 경제학자들 간에 논쟁의 대상이 되고 있는 문제이다.

그 중에서도 특히 중요한 것이 경기침체와 재정적자는 매우 밀접한 관계가 있기 때문에 정부예산과 경기변동과의 관계가 매우 중요하다는 것이다. 특히 미국의 통계자료를 이용해서 이에 대한 많은 연구가 이루어지고 있다고 할 수 있다. 완전고용예산 또는 경기변동에 의해서 조정된 예산도 이를 기초로 도입된 개념으로 예산의 추정치이다. 뿐만 아니라 똑같은 규모의 정부지출과 조세라고 할 지라도 총수요에 미치는 효과는 다르기 때문에 정부예산만 가지고 재정정책을 평가한다면 당연히 오류가 있을 수 밖에 없다.

요 약

1. 조세는 일반적으로 소득이 증가하면 증가하기 때문에 국민소득이 증가하는 각 단계에서 가처분소득과 소비지출을 감소시킨다. 따라서 조세는 한계소비성향과 승수를 감소시키는 효과가 있는데 조세의 이와같은 기능을 조세의 자동안정장치라 한다. 다만 조세를 외생변수로 가정하거나 정액세로 가정하는 경우에는 그렇지 않다. 이는 이론의 단순화를 위해서이다.
2. 조세는 단기적으로 총수요에 영향을 미치지만, 장기적으로는 저축과 투자

에도 영향을 미치기 때문에 자본축적과 경제성장을 촉진시키는 정책수단이 될 수도 있다.

3. 정부지출은 직접적으로 총지출을 그만큼 변화시키지만 조세는 가처분소득을 통하여 간접적으로 총지출을 변화시키기 때문에 조세가 정액세일 때의 균형예산승수는 1이다.
4. 재정적자는 유량이고 정부의 부채는 저량이므로 적자재정이 장기적으로 지속되면 국채가 과도하게 축적되는데 이를 분석하는 기준으로 흔히 사용되는 것이 국채 · GDP 비율이다.
5. 일반적으로 경제가 침체하면 이전지출은 증가하고 조세는 감소하기 때문에 자동적으로 재정적자가 발생하고 경제가 과도하게 침체하는 것을 막을 수 있는데 이를 자동안정장치라 한다. 이와같은 자동적인 재정적자와 확장적 재정정책으로 인한 재정적자를 구분하기 위해서 도입된 개념이 완전고용예산이다.
6. 수출은 외생변수이지만 수입은 소득이 증가하면 증가하므로 경제가 침체해서 소득수준이 낮을 때는 순수출은 「+」이고 소득수준이 높을 때는 「-」가 된다.
7. 수입은 외국상품에 대한 소득의 지출이므로 소득의 순환적 흐름에서 누출에 해당한다. 따라서 한계소비성향과 한계저축성향 및 한계수입성성향을 더해주면 1이되며 개방경제승수는 ($\frac{1}{MPS+MPM}$)이다.
8. 순수출은 개방경제의 총수요를 결정하는 중요한 요인이 되기 때문에 개방경제의 거시분석의 기초가 된다. 특히 소국인 경우에는 투자지출보다 순수출이 경제를 안정시키는 중요한 수단이 될 수 있다.

중요개념

1. 조세, P. 77
2. 직접세, P. 77
3. 간접세, P. 77
4. 소득세, P. 77
5. 비례세, P. 77
6. 누진세, P. 77
7. 역진세, P. 77
8. 순조세, P. 77
9. 자동안정장치, P. 79, P. 91
10. 대부자금시장, P. 79
11. 정부지출과 총수요, P. 80
12. 조세와 총수요, P. 81
13. 정액세, P. 81
14. 균형예산승수, P. 82
15. 재정적자, P. 83
16. 국채, P. 83
17. 정부부채, P. 83
18. 균형재정, P. 83
19. 적자재정, P. 83
20. 흑자재정, P. 83
21. 채권시장, P. 83
22. 국채·GDP 비율, P. 84
23. 완전고용예산, P. 85
24. 구축효과, P. 86
25. 순수출, P. 86
26. 한계수입성향, P. 89
27. 해외무역승수, P. 89
28. 개방경제승수, P. 89
29. 자본예산평가법, P. 91

제 3 편

화폐와 경제

제 5장
고전적 이분법과 화폐수량설

제 6장
유동성 선호설

제 7장
화폐의 공급

제5장

고전적 이분법과 화폐수량설

1. 화폐의 정의와 기능
2. 고전적 이분법과 화폐의 중립성
3. 대부자금시장
4. 화폐수량설
5. 거시경제의 단기분석과 장기분석

1. 화폐의 정의와 기능

화폐란 재화와 용역을 교환할 때 교환의 매개물(medium of exchange) 또는 지불수단(means of payment)으로 통용되는 것을 말한다. 따라서 화폐의 기본적인 특징은 지불시 상대방이 거절하지 않고 수령하는데 있다. 어떤 상품이 일반적인 교환수단으로 사용된다면 그 상품이 화폐가 될 수 있는데 이를 물품화폐 또는 상품화폐라 한다. 역사적으로 볼 때 상품화폐는 여러 가지 형태가 있었다. 조선시대에는 쌀이나 면포가 물품화폐로 사용되었고, 미국의 식민지시대에는 담배가 상품화폐로 사용되기도 하였다.

물품화폐는 내구성이 없고, 운반이 어려우며, 소액의 거래에 이용될 수 없는 등 여러 가지 불편이 많았기 때문에 그 후 금속화폐(동전)와 지폐가 사용되게 되었다. 지폐가 금과 태환이 될 수 있는 제도를 금본위제도라 하며, 태환이 불가능한 불환지폐가 사용되는 제도를 관리통화제도라 한다. 오늘날 우리가 사용하는 지폐 역시 불환지폐로서 관리통화이며 법화이다.

화폐는 크게 현금통화와 예금통화로 나눈다. 현금통화란 동전과 지폐를 말하며 예금통화란 당좌예금이나 보통예금처럼 예금주의 요구가 있을 때는 언제라도 예금은행이 현금을 지불해야 하는 예금을 말한다. 요구불예금이 일반적인 지불수단으로 사용되는 이유는 예금을 기초로 하여 예금은행이 창조(발행)한 예금화폐(수표)가 교환수단으로 사용되기 때문이다.

일정시점에서 민간이 보유하고 있는 현금통화와 예금통화를 합하여 통화량(M_1)이라 하며, 통화량에 저축성예금을 합해준 것을 총통화(M_2)라 한다. 이처럼 통화량은 유량이 아니라 저량이며 정부의 금융정책에 의해서 결정된다.

따라서 화폐수량설이나 유동성선호설에서 문제가 되는 것은 화폐의 공급이 아니라 화폐의 수요에 대한 문제가 주로 논의된다.

화폐는 정부(중앙은행)의 금융정책에 의해서 공급이 결정된다고 할 수 있지만 대부자금시장에 있어서의 자금의 공급은 저축에 의해서 결정된다. 화폐의 수요와 공급에 관한 시장을 화폐시장이라 하며, 저축과 투자에 대한 시장을 대부자금시장이라 한다. 고전적 이분법에 의하면 지축과 투자에 의해서 실질이자율이 결정되며 화폐수량설에 의해서 물가상승률이 결정된다. 따라서 화폐를 교환수단으로 생각한다면 실질이자율은 저축과 투자에 의해서 결정된다 고 할 수 있다.

화폐는 다음과 같은 3가지 기능을 갖고 있다. 첫째는 교환의 매개물로서의 기능이며, 둘째는 계산의 단위 또는 가치척도로서의 기능이고, 셋째는 가치저장수단으로서의 기능이다. 교환의 매개물로서의 기능과 가치척도로서의 기능을 강조한 이론이 고전적 이분법에 의한 화폐수량설이며 가치저장수단으로서의 기능을 강조한 이론이 유동성 선호설이다.

화폐의 기능 중 가장 중요한 것이 교환수단(매개물)으로서의 기능이다. 우리가 재화와 용역을 구입할 때는 화폐를 주고 구입하며 노동을 할 때는 화폐를 받고 노동을 제공한다. 교환수단으로서의 화폐가 사용되면 물물교환에 따르는 불편을 덜어줄 뿐만 아니라 분업과 전문화를 촉진시킨다. 이는 물물교환경제를 생각하면 쉽게 이해될 수 있는 일이다. 물물교환경제란 일반적인 지불수단으로서의 화폐가 존재하지 않는 경제를 말한다. 이와 같은 경제에서는 상품과 상품이 서로 교환될 것이기 때문에 교환이 이루어지기 위해서는 각자가 상대방의 원하는 것을 갖고 있어 쌍방의 욕구가 서로 일치해야만 한다. 그런데 자기 자신의 욕구와 정확하게 일치하는 다른 사람을 찾기란 불가능하지는 않겠지만 많은 시간과 거래비용이 들게 된다. 화폐가 있으면 쌍방의 욕구가 동시에 일치하지 않아도 되기 때문에 이와 같은 비효율성을 막을 수 있는 것이다. 왜냐하면 사람들은 자신이 생산한 재화를 팔아 화폐를 가지고 있다가 자신이 원하는 재화를 구입하면 되기 때문이다. 일반적으로 가계는 노동을 팔아 화폐를 가지고 있다가 필요로 하는 각종 재화와 용역을 구입하면 되기 때문에 화폐는 분업과 전문화를 촉진시키며, 물물교환의 비효율성을 제거해 준다는 점에서 중요하다고 할 수 있다.

계산의 단위 또는 가치척도로서의 화폐의 기능이란 상품의 가치를 화폐로 나타낸다는 뜻이다. 무게의 단위는 Kg, 길이의 척도는 m, 온도의 단위는 ℃로 나타내는 것과 같이 상품의 가치를 화폐로 나타낸다는 것이다. 상품의 가치란 교환비율 또는 상대가격을 말한다. 예를 들어 소고기 한 근에 10,000원, 돼지고기 한 근에 5,000원이라고 하면 소고기 한 근의 가치는 돼지고기 2근이며, 운동화가 10,000원이고, 양말이 2,000원이라면 운동화의 가치는 양말 5켤레가 된다. 그런데 현실적으로는 이렇게 복잡하게 상품의 가치를 나타내지 않고 화폐로 나타내며, 교환비율이나 상대가격이 필요할 경우에만 가치를 상품의 수량으로 나타내면 된다. 예를 들어 Y재와 교환되는 X재의 가치는 $\frac{Px}{Py}$인데 이는 X재 한 단위와 교환되는 Y재의 수량을 말한다. 가치척도로서의 기능과 교환수단으로서의 화폐의 기능을 강조한 이론이 고전적 이분법과 화폐 수량설이며 다음에 설명하는 가치저장수단으로서의 화폐의 기능을 강조한 이론이 유동성선호설이다.

가치저장수단으로서의 화폐의 기능이란 가치를 가장 안정적으로 저장할 수 있는 수단이 화폐라는 것이다. 주식이나 채권 및 실물자산 등도 가치를 저장할 수 있지만 위험한 자산인데 반해서 화폐는 가장 안정적인 가치저장수단이 된다. 즉 미래의 소비에 사용할 수 있는 자산이면 어떤 것이든 가치저장수단이 될 수 있는데 그 중에서도 가장 안정적인 수단이 화폐라 할 수 있다. 유동성이란 화폐와 쉽게 교환될 수 있는 자산을 말한다. 채권이나 주식 및 화폐는 상호 쉽게 교환되기 때문에 유동자산에 속하며 그 중에서도 가장 유동적인 자산이 화폐라고 할 수 있다. 따라서 유동성선호설이란 넓은 의미에서 금융자산에 대한 선호(수요)이론이라고 할 수 있으며, 좁은 의미에서는 화폐 그 자체에 대한 수요이론이라고 할 수 있다.

2. 고전적 이분법(Classical dichotomy)과 화폐의 중립성

제 1권 미시경제에서 이미 설명한 바와 같이 대부자금시장에서 결정되는 이자율은 실질이자율이다. 그렇다면 명목이자율은 어떻게 결정되는가? 화폐수량설에 의해서 물가상승률이 결정되면 실질이자율에 물가상승률을 더해준 것이 명목이자율이 되는데 이처럼 실질변수와 명목변수를 양분해서 경제를 설명하는 방법을 고전적이분법(classical dichotomy)이라 한다. 고전적(classical)이란 1930년대 이전 경제이론이라는 뜻이며 이분법이란 경제변수를 명목변수(nominal variables)와 실질변수(real variables)로 구분해서 설명하는 방법을 말한다. 고전적이라 하지만 오늘날도 거시경제의 장기분석이 이 방법을 따르고 있다고 할 수 있다.

바꾸어 말한다면 거시경제의 단기분석을 제외하고는 모든 경제이론이 고전적 이분법에 의해서 설명되어지고 있다고 할 수 있다.

고전적 이분법에 의하면, 화폐는 명목변수에는 영향을 미치지만 실질변수에는 영향을 미치지 않는데 이를 화폐의 중립성(monetary neutrality) 또는 화폐베일관이라 한다. 예를 들어 중앙은행이 화폐의 공급량을 2배로 증가시키면 물가수준이 2배로 상승하고 명목임금, 명목 GDP 등의 명목변수도 2배로 상승하지만 실질임금, 실질 GDP 등의 실질변수는 불변이라는 것이다. 바꾸어 말한다면 화폐공급량이 증가하면 모든 가격이 화폐공급량의 증가율만큼 상승하기 때문에 상대가격이나 교환비율에는 전혀 영향을 미치지 않는다는 것이다.

그 중에서도 중요한 것이 실질이자율과 명목이자율이다.

실질이자율은 대부자금시장(market for loanable funds)에서 결정되며, 명목이자율은 화폐수량설에 의해서 결정된 물가상승률에 실질이자율을 더해준 것이다. 대부자금시장이란 금융시장(financial market)의 이론적인 개념으로, 제 1권 미시경제에서 이미 설명한 바와 같이 저축에 의해서 대부자금이 공급되고 투자에 의해서 대부자금이 수요되는 시장을 말한다.

현실적으로 대부자금시장은 채권시장이나 주식시장과 같은 직접금융시장과 은행을 통해서 자금이 거래되는 간접금융시장으로 구분할 수 있다. 이와 같은 여러 형태의 금융시장을 통털어 하나의 시장으로 이론화한 개념이 대부자금시장이다.

화폐의 공급량이 증가해서 물가만이 상승하는 경우에는 가치척도로서 화폐가치가 하락한다. 화폐가치만이 하락했다는 것은 계산의 단위가 변화되었다는 것에 지나지 않기 때문에 실물에는 영향을 미치지 않는다. 그렇다면 이와 같은 화폐중립성의 개념은 단기에도 적용될 수 있는 것일까? 오늘날의 대부분의 경제학자들은 단기에는 화폐공급량의 변화가 실질변수에 영향을 미친다고 보고 있다. 실제로 이 개념을 처음으로 도입한 18세기의 경제학자 흄(David Hume) 자신도 단기에 이를 적용하는 것은 문제가 있을 것이라고 생각하였다. 즉 단기에는 화폐공급이 실질이자율에 영향을 미치고 이것이 투자지출을 결정하기 때문에 금융정책에 의해서 총수요를 관리할 수 있는 수단이 되는 것이다. 따라서 거시경제이론을 연구할 때는 그것이 단기인가 장기인가를 구분하는 것이 매우 중요하다고 할 수 있다.

다만 최근 들어서는 장기라는 개념이 여러가지로 구분되어 사용되고 있다는 점에 유의할 필요가 있다. 화폐가 중립적인 기간을 경제성장과 구분하여 전자를 중기 또는 장기 후자를 장기 또는 최장기라고 하는 경우가 있으니 유의할 필요가 있다. 이 책에서는 원래의 방법에 의해서 단기와 장기로 구분하고 있다. 이와 같은 방법에 의해서도 경제성장이 독립적으로 설명되고 있다면 문제가 될 것이 없다고 생각되기 때문이다.

3. 대부자금시장

저축이란 소득 중 소비되지 않은 것이므로 가계는 이 저축을 직접금융시장인 채권시장이나 주식시장을 통해서 주식이나 채권을 구입함에 의해서 직접적으로 기업에 대부할 수 있으며, 은행에 저축함에 의해서 간접적으로 기업에 대출할 수도 있다.

따라서 대부자금의 공급은 가계의 저축이다. 기업은 자신이 저축한 자금과 가계가 저축한 자금을 차입해서 투자를 하기 때문에 대부자금의 수요는 기업의 투자이다. 실질이자율은 대부자금의 수요와 공급이 상호작용에 의해서 결정된다. 물론 가계도 주택을 구입하든가 자녀들의 교육을 위해서 차입하는 경우도 있지만 경제주체를 가계와 기업으로 구분하고 경제전체를 거시적으로 보는 경우에는 이를 무시해도 좋을 것이다.

〔그림 5-1〕에서 보는 바와 같이 실질이자율이 균형이자율 i_0보다 높을 경우에는 대부자금의 공급량이 대부자금의 수요량을 초과하기 때문에 대부자금의 공급자들의 경쟁으로 이자율이 하락하고, 이자율이 균형이자율 i_0보다 낮을 경우에는 대부자금의 수요량이 대부자금의 공급량을 초과하므로 대부자금의 수요자인 기업의 경쟁에 의해서 이자율이 상승한다. 수요와 공급이 일치하는 이자율 i_0가 되면 초과수요나 초과공급이 존재하지 않아 다른 요인의 변화가 없는 한 변화되지 않는 이자율이 되므로 이를 균형이자율이라 한다. 이렇게 해서 결정된 이자율은 실질이자율인데 여기에 물가상승률을 더해준 것이 명목이자율이다.

전술한 바와 같이 금융시장 또는 대부자금시장은 직접금융시장인 채권시장 및 주식시장과 간접금융시장으로 나눌 수 있다.

간접금융시장은 은행이 중개기관으로 작용하여 가계의 저축을 기업에게 대출해주는 역할을 한다. 그리고 주식시장과 채권시장을 합하여 증권시장이라 한다. 이상의 설명과 같이 금융시장이라고 할 경우에는 일반적으로 저축에 의해서 기업의 투자자금이 거래되는 시장을 말하지만 화폐시장을 포함하는 개념으로 사용되는 경우도 있다. 다라서 넓은 의미의 금융시장개념이 사용될 경우에는 그것이 중앙은행에 의해서 화폐가 공급되고 거래되는 화폐시장인가 아니면 저축에 의해서 기업의 투자자금이 거래되는 대부자금시장인가를 구분할 필요성이 있다.

[그림 5-1] 대부자금시장과 실질이자율

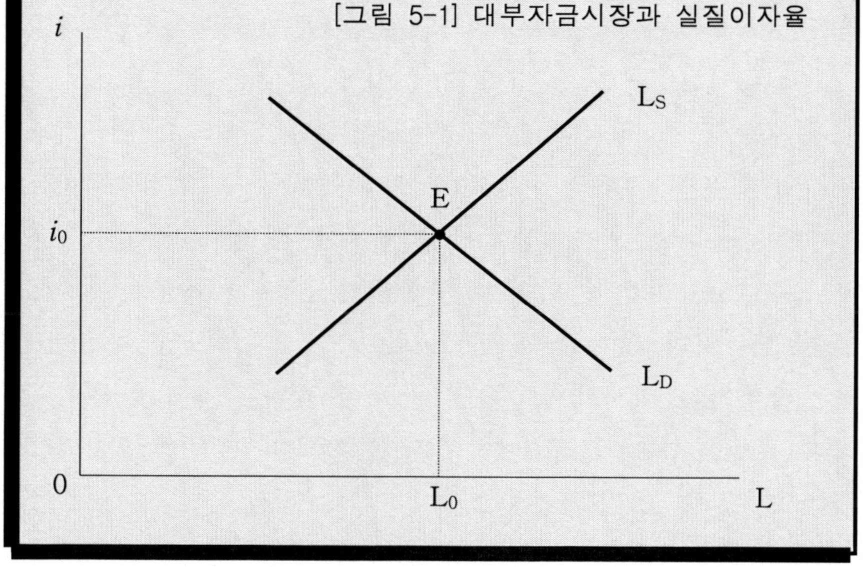

증권시장은 주식, 회사채, 국・공채 등의 증권이 신규로 발행되는 발행시장과 이미 발행된 증권이 매매되는 유통시장으로 구분된다. 기업은 투자에 필요한 자금을 채권이나 주식을 발행함으로서 자금을 조달하며 가계가 이를 구입하므로서 자금을 공급한다.

기업이 발행하는 채권을 회사채 또는 사채라 하는데, 이는 발행한 기업이 매년 회사채 소유자에게 이자를 지급하며 만기가 되면 원금(할인발행인 경우에는 액면)을 상환해야 한다. 회사채는 그 성격상 다음과 같은 3가지 특징을 갖고 있다. 첫째는 상환기간에 따라 단기사채와 장기사채로 구분되는데, 장기사채는 만기가 되기 전에 그 소유자가 자금이 필요할 경우 낮은 가격으로 팔아야 하기 때문에 보다 더 위험하다고 할 수 있다. 따라서 장기사채의 이자율이 단기사채의 이자율보다 높다. 이 회사채의 이자율을 사채수익률이라고도 하는데 이는 채권의 구입을 투자의 개념으로 보기 때문이다. 그러나 경제학적으로는 채권이나 주식의 구입은 저축에 해당된다. 왜냐하면 소득 중 소비되지 않는 부분이 저축이며 이를 은행에 저축할 수도 있고 채권이나 주식을 구입하는데 사용할 수도 있기 때문이다.

채권은 유통시장에서 쉽게 팔 수 있기 때문에 매우 유동적인 자산이며 「유동성 선호이론」에서 말하는 유동성에 해당한다. 따라서 가계는 화폐를 보유하는 것이 유리할 경우에는 화폐를 보유하고 채권을 보유하는 것이 유리할 경우에는 채권을 보유하게 되는데 이를 유동성 선호이론이라 한다. 이에 대해서는 다음 장에서 자세하게 설명되고 있다.

둘째로, 기업이 파산에 의한 채무상환불능 또는 채무불이행(default)으로 채권의 소유자가 손해를 볼 수도 있으므로 채무불능의 위험성의 높은 기업에서 발행하는 회사채일수록 이자율이 높다. 이에 반하여 정부가 발행한 국채(government bonds)는 가장 안전하기 때문에 일반적으로 이자율이 낮다고 할 수 있다.

셋째로, 채권수익률인 이자 역시 소득에 해당하므로 그 소유자는 이자소득세를 납부해야 하는데 이와 같은 이자소득세가 면제되는 채권이 있을 경우에는 이자율이 낮다고 할 수 있다. 지금까지 설명에 의해서도 알 수 있듯이 경제학에서 이자율이라고 할 때는 채권수익률을 나타내는 것이라고 생각하는 것이 경제학을 이해하는데 도움이 될 것이다. 기업의 자금조달 방법으로 가장 대표적인 것이 회사채 발행에 의한 자금조달이며, 투자주체인 기업의 투자비용이 회사채 이자율이기 때문이다.

기업은 주식을 발행해서도 자금을 조달하는데 이를 구입하는 가계의 입장에서 보면 주주로서 회사의 이윤에 대한 청구권을 구입하는 것이라 할 수 있다. 회사가 이윤을 내지 못했을 경우에는 배당을 받을 수 없을 뿐만 아니라 파산하는 경우에는 소유지분에 대해서 보상받을 수도 없기 때문에 채권보다 위험성이 높으며 따라서 수익률도 높다고 할 수 있다. 주식을 구입하는 것 역시 가계의 입장에서 보면 투자가 아니라 저축이다. 왜냐하면 소득 중에 일부로 이를 구입하는데 지출되기 때문이다. 따라서 채권과 주식은 저축수단에 지나지 않는다.

지금까지 설명은 가계와 기업의 측면에서 접근한 대부자금시장이었다. 경제주체를 가계와 기업 및 정부로 구분하고 경제전체를 거시적으로 보는 경우에는 이미 설명한 바와 같이 경제전체의 저축 즉 국민저축은 민간저축과 정부저축을 합계해준 것으로 다음과 같이 나타낼 수 있다.

$$S = (Y - T - C) + (T - G)$$

$$\text{또는 } S = Y - C - G$$

따라서 대부자금의 공급은 국민저축이고 대부자금의 수요는 기업의 투자이다. 대부자금의 수요와 공급에 의해서 실질이자율이 결정되므로 적자재정에 의한 정부지출의 증가는 국민저축을 감소시키고, 따라서 실질이자율이 상승하고 투자가 감소하며 자본저량이 장기적으로 감소하는데, 이미 설명한 바와 같이 이를 흔히 구축효과라 한다. 조세의 감소도 똑같은 효과가 있다.

끝으로 경제성장이 주어진 수준에서 일정하다면 가처분소득과 소비지출도 일정하다고 가정할 수 있다. 그리고 조세와 정부지출도 정책변수이기 때문에 대부자금의 공급곡선인 저축곡선은 국민소득수준이 잠재적 GDP수준에서 주어져 있을 경우에는 주어진 수준에서 수직이다. 거시경제이론에서 대부자금공급곡선이 수직으로 표시되는 경우가 많은 것은 바로 이와 같은 이유 때문이다.

4. 화폐 수량설(Quantity theory of money)

화폐 그 자체는 생산요소가 아닐 뿐만 아니라 중립적이기 때문에 산출량(실질 GDP) 수준에는 전혀 영향을 미치지 않고, 정부가 금융정책으로 통화량(화폐의 공급량)을 증가시키면 장기적으로는 통화량의 증가율만큼 물가만이 상승한다는 이론이 화폐수량설이다. 이 이론은 이미 설명한 바와 같이 장기적인 물가의 변화를 설명하거나 물가가 급속히 상승하는 초인플레이션(hyperinflation)을 설명하고자 할 경우에 이용되는 이론이며 단기적인 물가수준의 변화는 총수요와 총공급 이론에 의해서 설명되어진다.

산출량(실질 GDP) 수준에 물가수준(GDP deflator)을 곱해주면 명목 GDP(P × Q)가 되는데 이 명목 GDP를 통화량(M)으로 나누어준 것이 화폐의 유통속도(V)로 다음과 같이 나타낼 수 있다.

$$V = P \cdot Q / M$$

여기서 중요한 것은 화폐의 유통속도가 매우 안정적이기 때문에 일정하다고 가정할 수 있다는 점이다. 따라서 중앙은행(정부)에 의해서 화폐의 공급량(통화량)을 증가시키면 명목 GDP(P · Q)가 통화량의 증가율만큼 증가한다. 그런데 장기적으로 실질 GDP(Q)는 요소의 공급량과 기술수준에 의해서 증가될 뿐이지 통화량과는 관계가 없으므로 화폐의 공급량의 증가는 물가만 상승시키는 결과가 된다. 예를 들어 통화량이 2배로 증가하면 물가가 2배로 상승하며 화폐가치는 1/2로 하락한다.

이상에서 설명한 화폐수량설은 〔그림 5-2〕에 의해서도 설명될 수 있다. 화폐의 공급은 물가수준(P)이나 화폐가치($\frac{1}{P}$)와는 관계없이 정부의 금융정책에 의해서 결정되는 사항이므로 화폐의 공급곡선은 주어진 화폐공급량(통화량) 수준에서 수직이다.

화폐수량설에서 화폐의 수요는 교환수단으로서의 화폐의 기능을 강조한다. 즉 사람들이 화폐를 보유하는 이유는 화폐를 사용해서 자신이 필요로 하는 재화와 용역을 구입할 수 있기 때문에 화폐를 보유한다는 것이다. 따라서 물가가 상승하여 화폐가치가 하락하면 화폐의 수요량은 증가한다. 바꾸어 말한다면 화폐가치와 화폐수요량과의 관계는 역의 관계가 있기 때문에 우하향하는 화폐수요곡선이 된다.

그림에서 보는 바와 같이 장기에는 물가가 조정되어 화폐의 수요와 공급을 일치시킨다.

[그림 5-2] 화폐가치와 물가수준

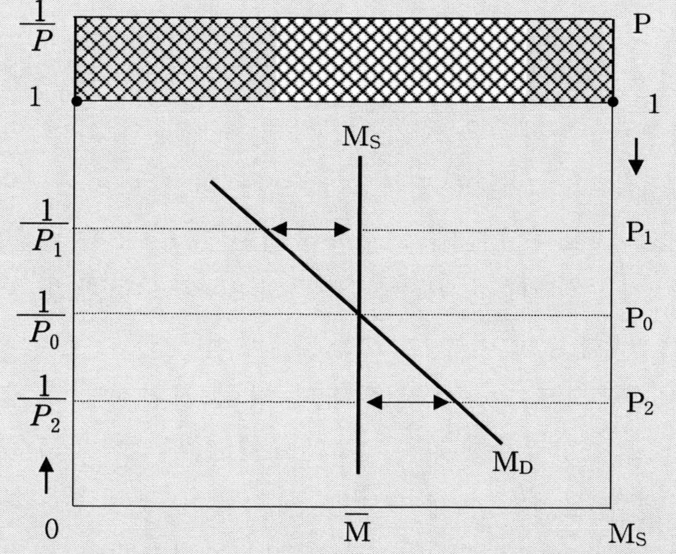

그림에서 물가수준은 역으로 표시되어 있어 아래로 이동할수록 높은 물가수준을 나타낸다. 화폐의 수요와 공급이 일치하는 수준에서 균형물가가 결정되므로 균형물가 수준은 P_0이고 이 때의 화폐가치는 $\frac{1}{P_0}$이다. 만약 물가수준이 균형물가수준보다 높아서 P_2일 경우(화폐가치 $\frac{1}{P_2}$)에는 주어진 화폐공급량보다 사람들이 더 많은 화폐를 보유하고자 할 것이기 때문에 물가수준은 하락하고 화폐가치는 상승한다. 반대로 물가수준이 균형물가수준보다 낮아 P_1일 경우는 주어진 통화량보다 더 적게 화폐를 보유하고자 할 것이기 때문에 물가수준은 상승하고 화폐가치는 하락한다. 따라서 물가수준이 P_0이고 화폐가치가 $\frac{1}{P_0}$일 경우에는 다른 요인이 변화가 없는 한 물가수준은 더 이상 변화하지 않을 것이기 때문에 이 때의 물가수준을 균형물가수준이라 한다.

정부의 금융정책에 의해서 화폐의 공급량이 증가하면 화폐의 공급곡선이 우측으로 이동한다. 따라서 물가는 상승하고 화폐가치는 하락한다. 이 때의 물가상승률은 통화량의 증가율과 똑같다. 왜냐하면 장기에 화폐는 실질 GDP에 아무런 영향도 미칠 수 없기 때문이다. 바꾸어 말한다면 중앙은행(정부)이 통화량을 증가시킨다면 사람들의 화폐보유량(가계와 기업의 화폐보유량)은 그들이 원하는 것보다 더 많아지게 된다. 따라서 보유하고자 하는 것보다 더 많이 보유하게된 부분(초과공급량)을 지출하게 되는데 완전 고용상태에서 지출이 증가하게 되면 물가만 상승한다는 것이다. 보다 더 구체적인 내용은 인플레이션이론에서 설명되고 있다.

이상의 설명에서도 알 수 있는 바와 같이 장기적인 물가수준은 화폐시장에 의해서도 설명될 수 있다. 그런데 거시경제학에서 화폐시장이라고 할 경우에는 유동성 선호설에 의해서 이자율이 결정되는 화폐시장을 가리키는 경우가 일반적이다. 따라서 장기적인 물가수준을 결정하는 화폐시장과 유동성 선호설을 설명하는 화폐시장을 구분하는 것이 거시경제학을 이해하는 데 매우 중요하다고 할 수 있다. 유동성 선호설에 의한 화폐시장은 다음장에서 구체적으로 설명되고 있다.

5. 거시경제의 장기분석과 단기분석

1930년대 이전의 거시경제이론, 바꾸어 말한다면 고전적 거시경제이론(classical macroeconomic theory)은 고전적 이분법과 화폐수량설을 기초로 하고 있는데 이는 장기적인 거시경제를 설명하는 이론이라고 할 수 있기 때문에 거시경제의 장기분석에 해당한다고 할 수 있다. 즉 화폐수량설에 의해서 물가수준 즉 명목변수가 설명되고 실질변수는 상대가격에 의해서 설명이 되는 이분법적인 것이었다. 예를 들면 저축과 투자에 의해서 실질이자율이 결정되는데 실질이자율은 현재의 소비 1단위와 교환되는 미래의 소비수량의 증가분(할증률)을 나타내는 것으로 현재 소비의 상대가격(1 + i)을 나타낸다고 할 수 있다. 이렇게 해서 결정되는 저축과 투자에 의해서 자본이 축적되는데, 자본이 축적되면 생산성을 향상시키고 실질 GDP를 증가시키기 때문에 이것이 곧 경제성장론에 해당한다. 현재의 시점에서 본다면 경제성장, 잠재적 GDP, 자연실업률, 장기필립스곡선, 장기적인 인플레이션이론 등이 고전적 이분법과 화폐수량설에 의해서 설명되어지는 변수들이라 할 수 있다.

오늘날 대부분의 거시경제학자들은 고전적이분법과 화폐수량설이 장기에는 타당하다고 생각하고 있지만 단기에는 타당하지 않은 것으로 보고 있다. 예를 들어 화폐의 공급이 증가했다고 하자. 물가가 상승하기 위해서는 소비자들의 소비지출이 증가해야만 하는데 화폐공급의 증가율만큼 상승하기 위해서는 수년이 필요할 수도 있다. 특히 임금은 경직적인 성격이 있기 때문에 경기가 침체하는 경우에도 하락하지 않는 경향이 있다. 화폐공급이 증가하더라도 임금과 물가가 경직적이라면 화폐는 이자율을 통해서 투자에 영향을 미치고 따라서 실질 GDP에 영향을 미칠 수 있게 된다. 따라서 화폐는 중립적인 것이 아니라 직·간접적으로 실질변수에 영향을 미칠 수 있다. 이것이 다음에 설명되는 유동성선호설의 주요내용이다.

이와 관련해서 중요한 것은 대부자금시장(금융시장)과 화폐시장의 구분이다. 대부자금시장은 저축과 투자에 의해서 실질이자율이 결정되는 시장으로 주식시장, 채권시장, 간접금융시장이 이에 해당하며, 화폐시장은 중앙은행에 의해서 화폐가 공급되고 민간부문에 의해서 화폐가 수요되는 시장을 말한다. 주식시장은 증자와 공모에 의해서 투자자금이 조달되며, 채권시장은 채권의 발행에 의해서 투자자금이 조달되므로 이를 흔히 직접금융시장이라 한다. 이에 반해서 소비자들이 은행에 저축한 자금은 은행의 대출에 의해서 투자자금이 조달되므로 이는 간접금융시장에 해당된다. 따라서 주식이나 채권을 구입하든 아니면 은행에 저축을 하든 소비자의 입장에서는 모두 저축에 해당한다. 다만 주식이나 채권시장에 있어서의 손바뀜현상은 경제전체적으로 볼 때는 저축에 해당되지는 않는다.

경제이론적으로 중요한 것은 장기적으로 화폐는 물가를 결정하는 요인이 되지만 단기적으로는 이자율을 변화시킬 수도 있다는 것이다. 이는 「대부자금시장에서 결정된 장기적인 이자율에 단기적으로 화폐가 영향을 미칠 수 있다」고 해석하여도 좋을 것이다. 바꾸어 말한다면 단기적으로는 유동성 선호설을 설명하는 화폐시장에 의해서 거시경제가 설명되고 장기적으로는 대부자금시장에 의해서 거시경제를 설명할 수 있기 때문에 주도적 역할이 서로 바뀌게 된다는 것이다.

지금까지 설명에 의해서 알 수 있는 바와 같이 금융시장의 이론적 개념인 대부자금시장은 장기에 주도적 역할을 하기 때문에 거시경제의 장기문제를 설명하는 데 매우 중요하다고 할 수 있다.

화폐는 장기에 중립적이어서 실질 이자율에는 영향을 미칠 수 없기 때문에 통화량의 증가로 물가가 상승하면 물가의 상승률만큼 명목이자율이 상승한다는 것이 피셔효과(Fisher effect)이다. 따라서 장기에 대부자금시장은 화폐수량설과 더불어 인플레이션을 설명하는 데 중요한 역할을 한다고 할 수 있다. 이에 대해서는 제15장에서 자세히 설명되고 있다.

주택투자도 대부자금시장의 투자의 개념에 포함된다. 따라서 확장적인 금융정책으로 이자율을 하락시키면 주택수요의 증가로 주택담보대출과 주택투자가 증가한다. 그러나 화폐는 장기에 중립적이기 때문에 실질이자율에는 영향을 미칠 수 없다. 따라서 확장적인 금융정책은 장기적으로 가계부채를 증가시키고 주식과 부동산 거품을 발생시키는 중요한 요인으로 작용할 수 있다.

장기에 자본의 국제적 이동은 개방경제의 대부자금시장에서 결정되기 때문에 실질환율을 결정하는 중요한 요인도 대부자금시장이라 할 수 있다. 따라서 대부자금시장에서 부동산 시장으로 과도하게 자금(자원)이 배분되는 경우에는 이자율이 하락해도 순해외투자(자본의 순유출)가 증가할 수 없고 따라서 환율도 상승할 수 없다. 이는 금융제도 또는 금융시스템(financial system)이 개선(개혁)되어야만 개방경제가 선순환할 수 있다는 뜻이다. 보다 더 구체적인 내용은 제5편「개방경제」와 이 책 시리즈 제4권 연구방법론의 입증자료에서 자세히 설명되고 있다.

고전적 이분법

고전적 이분법은 장기적인 거시경제문제 즉 경제성장, 자연실업, 장기적인 인플레이션을 설명하는 분석방법이므로 이를 단기적인 거시경제문제보다 강조하게 되면 거시경제를 뒤집어 보는 것이 된다. 최근에 이와 같은 분석방법이 유행해서 장기적인 거시경제문제부터 설명되는 경우가 많다. 그러나 어떤 학문이든지 거꾸로 보든 바로 보든 이론이 다를 것은 하나도 없다.

거시경제이론은 케인즈의 유동성선호설과 단기적인 거시경제문제를 분석하면서부터 발전해 왔다고 해도 과언이 아니며 전통적인 거시경제이론의 대부분은 단기적인 문제부터 다루는 것이 일반적이다. 특히 경제성장을 주어진 것으로 보면 단기분석과 병행해서 장기적인 경제문제 즉 자연실업이나 장기적인 인플레이션의 문제도 동시에 비교분석될 수 있다. 이렇게 본다면 오히려 전통적인 분석방법을 따라 논의되는 것이 보다 더 체계적이라고 할 수 있을 것이다. 이에 대한 구체적인 내용은 제6편 실업과 인플레이션 이론 및 이 책 시리즈의 제4권 연구방법론의 입증자료에서 자세히 설명되고 있다.

어느 쪽부터 설명이 되든 중요한 것은 저축과 투자이다. 이는 단기적으로 경기를 변동시키는 요인이 될 뿐만 아니라 장기적으로 경제성장의 요인이 되기 때문이다. 뿐만 아니라 저축과 투자는 개방경제의 거시경제를 분석하는 기초가 된다. 예를 든다면 GDP 항등식 $Y = C + I + G + (X - M)$에서 이를 고쳐 쓰면 다음과 같이 된다.

$$(X - M) = (Y - C - G) - I(i)$$

(X - M)은 경상수지에 해당하고 Y - C - G는 한 경제전체의 저축 즉 국민저축이며, I(i)는 이자율에 의해서 결정되는 국내투자에 해당된다. 즉 경상수지는 국민저축에서 국내투자를 공제

해준 것과 일치한다. 따라서 차입에 의한 경제성장이나 거시경제정책이 국제수지에 미치는 영향 등의 문제도 기본적으로 저축과 투자를 분석함으로부터 이해될 수 있는 것이다. 거시이론은 바로 보든 뒤집어 보든 처음부터 끝까지 거의 대부분의 문제가 저축과 투자에 연결되고 있다. 또한 바로 보든 뒤집어 보든 이론적인 내용은 전혀 다를 수가 없으며 강조점에 다소간의 차이가 있을 뿐이다.

요 약

1. 화폐란 교환의 매개물로 통용되는 것을 말하며 교환수단으로서의 기능, 가치척도로서의 기능, 가치저장수단으로서의 기능을 가지고 있다.
2. 실질이자율은 대부자금시장에서 결정되며, 명목이자율은 화폐수량설에 의해서 결정된 물가상승률에 실질이자율을 더해 준 것이다. 이처럼 실질변수와 명목변수를 양분해서 경제를 설명하는 방법을 고전적 이분법이라 한다.
3. 대부자금시장이란 저축에 의해서 대부자금이 공급되고 투자에 의해서 대부자금이 수요되는 시장으로 금융시장의 이론적인 개념이며, 현실적으로는 채권시장과 주식시장과 같은 직접금융시장과 은행을 통해서 자금이 거래되는 간접금융시장으로 구분된다.
4. 경제주체를 가계와 기업 및 정부로 구분하고 경제전체를 거시적으로 보는 경우에는 대부자금의 공급은 국민저축이고 대부자금의 수요는 기업의 투자이다. 따라서 적자재정정책은 이자율을 상승시키고 투자를 구축하는데 이를 구축효과라 한다. 그리고 국민소득이 주어진 수준에서 일정하다고 가정하면 대부자금의 공급곡선을 수직으로 나타낼 수 있다.
5. 화폐수량설이란 유통속도가 일정할 경우 통화량을 증가시키면 장기적으로 물가만이 상승한다는 이론으로, 화폐의 중립성 또는 화폐베일관의 개념과 고전적 이분법의 개념은 화폐수량설을 기초로 하고 있다.
6. 화폐수량설은 중앙은행에 의해서 화폐가 공급되고 민간부문에 의해서 화폐가 수요되는 화폐시장에 의해서도 설명이 될 수 있으며, 화폐가치는 물가

수준의 역수로 나타낼 수 있다.

7. 거시경제의 장기분석은 고전적 이분법을 전제로 하고 있는데 이를 흔히 고전적 거시경제이론이라고도 한다.

중요개념

1. 화폐, P. 99
2. 교환의 매개물, P. 99
3. 지불수단, P. 99
4. 물품화폐, P. 99
5. 상품화폐, P. 99
6. 금속화폐(동전), P. 99
7. 지폐, P. 99
8. 금본위제도, P. 99
9. 불환지폐, P. 99
10. 관리통화제도, P. 99
11. 관리통화, P. 99
12. 법화, P. 99
13. 현금통화, P. 99
14. 예금통화, P. 99
15. 예금화폐, P. 99
16. 통화량, P. 99
17. 총통화, P. 99
18. 화폐론, P. 100
19. 미시금융론, P. 100
20. 화폐의 기능, P. 100
21. 교환수단, P. 100
22. 물물교환경제, P. 100
23. 분업과 전문화, P. 100
24. 거래비용, P. 100
25. 물물교환의 비효율성, P. 100
26. 계산의 단위, P. 101
27. 가치척도, P. 101
28. 교환비율, P. 101
29. 상대가격, P. 101
30. 가치저장수단, P. 101
31. 유동성, P. 101
32. 유동자산, P. 101
33. 실질이자율, P. 102
34. 명목이자율, P. 102
35. 물가상승률, P. 102
36. 실질변수, P. 102
37. 명목변수, P. 102
38. 고전적 이분법, P. 102
39. 화폐의 중립성, P. 102
40. 화폐베일관, P. 102
41. 대부자금시장, P. 103
42. 채권시장, P. 103
43. 주식시장, P. 103
44. 직접금융시장, P. 103
45. 간접금융시장, P. 103
46. 대부자금의 공급, P. 103
47. 대부자금의 수요, P. 103
48. 중개기관, P. 105
49. 증권시장, P. 105
50. 발행시장, P. 105
51. 유통시장, P. 105
52. 채권과 주식의 발행, P. 105
53. 회사채, P. 105
54. 사채, P. 105
55. 단기사채, P. 105
56. 장기사채, P. 105
57.회사채 이자율, P. 105
58. 회사채수익률, P. 105
59. 채무상환불능, P. 106
60. 국채(government bonds), P. 106
61. 이자소득세, P. 106
62. 기업의 자금조달방법, P. 106
63. 배당, P. 106
64. 파산, P. 106
65. 국민저축, P. 106
66. 구축효과, P. 106

67. 화폐수량설, P. 107
68. 장기적인 물가의 변화, P. 107
69. 초인플레이션, P. 107
70. 화폐의 유통속도, P. 108
71. 화폐가치와 물가수준, P. 108
72. 화폐공급곡선, P. 109
73. 화폐수요곡선, P. 109
74. 균형물가수준, P. 109
75. 물가상승률, P. 109
76. 거시경제의 장기분석, P. 110
77. 거시경제의 단기분석, P. 110
78. 고전적 거시경제이론, P. 110
79. 현재소비, P. 110
80. 미래소비, P. 110

제6장

유동성 선호설

1. 개념
2. 화폐의 수요를 결정하는 요인
3. 화폐시장의 균형
4. 화폐가 총수요에 미치는 영향
5. IS - LM분석
6. 명목화폐의 수요와 공급

1. 개념

유동성 선호설(theory of liquidity preference)은 케인즈(Keynes)의 화폐수요이론으로 고전적이분법이나 화폐수량설과는 대비되는 개념이다. 고전적이분법에 의하면 화폐는 전혀 실질변수에 영향을 미칠 수 없지만, 유동성선호설에 의하면 단기적으로 화폐의 수요와 공급에 의해서 이자율이 결정되면, 이것이 투자수요를 변화시키기 때문에 실질변수에 영향을 미칠 수 있다는 이론이다.

화폐의 공급은 정부(중앙은행)의 금융정책에 의해서 결정이 되는데 정부가 화폐의 공급량을 증가시켰다고 하자. 단기에도 화폐가 중립적이라면 물가에만 영향을 미치기 때문에 물가가 화폐의 증가율만큼 상승한다. 그러나 물가는 소비자들이 지출을 증가시키고 난 다음에 상승하며, 임금은 물가가 상승하고 난 다음에 상승하는 것이 일반적인 현상이다. 바꾸어 말한다면 가계의 소득의 지출은 기업을 통해서 가계의 소득으로 순환되며, 임금의 조정은 물가상승률을 기초로 해서 이루어진다는 점이다. 따라서 단기에 화폐는 이자율에 큰 영향을 미치고 장기에는 중립적이어서 물가에만 영향을 미친다고 할 수 있다.

유동성이란 정확하게 정의한다면 어떤 자산이 쉽게 화폐와 교환될 수 있는 가능성의 정도를 뜻하는 개념이다. 따라서 유동적인자산(liquid asset)이란 화폐와 쉽게 교환될 수 있는 자산을 뜻하며, 정의상 화폐는 가장 유동적인 자산이다. 예를 들면 10만원의 수표는 쉽게 즉석에서 10만원어치 다른 금융자산과 교환될 수 있다. 일반적으로 화폐와 쉽게 교환될 수 있는 자산은 국채, 회사채, 주식, 저축성예금 등이 금융자산이다.

이와 같은 금융자산은 이자가 붙기 때문에 이를 보유하고 있으면 이자수익을 얻을 수 있다. 그러므로 화폐를 보유하는 기회비용은 이자이다.

유동성선호설은 화폐의 기회비용을 강조한다. 즉 이자율이 높으면 화폐를 보유하는 기회비용이 높기 때문에 화폐의 수요량은 감소하며, 이자율이 낮으면 기회비용은 낮으므로 화폐수요량은 증가한다는 것이다. 따라서 유동성선호설은 금융자산선택이론(portfolio theory)이라고도 할 수 있다.

자산선택이론의 중요한 원칙 중에 하나는 분산투자이다. 즉 화폐는 수익성이 없지만 가장 안전한 자산이기 때문에 가치저장수단으로 화폐를 보유한다는 것이다.

2. 화폐의 수요를 결정하는 요인

화폐의 수요를 결정하는 요인은 물가수준과 이자율 및 실질소득이다. 이자율에 의한 화폐수요를 투기적동기에 의한 화폐수요라 하며, 실질소득에 의한 화폐수요를 거래적동기에 의한 화폐수요라 한다. 단기에는 물가상승률이 주어져있다고 볼 수 있기 때문에 이론전개의 편의상 물가수준이 불변이라고 가정하기로 하자. 물가수준이 불변이라면 명목화폐에 대한 수요와 실질화폐에 대한 수요는 일치한다. 다만 물가가 변화한다고 했을 경우 실질화폐에 대한 수요는 다음과 같이 나타낼 수 있다.

$$\text{실질화폐에 대한 수요} = \frac{\text{명목화폐에 대한 수요}}{\text{물가 수준}}$$

일반적으로 대부분의 사람들은 항상 얼마간의 화폐를 현금으로 가지고 있든가 은행에 요구불예금으로 예금을 해두는 것이 일반적인 현상이다. 지출에 의해서 화폐잔고가 감소하게되면 다른 금융자산을 팔아서 화폐보유량을 증가시킬 수 있다. 예를 들어 한 달에 200만원의 임금소득을 얻는 가계가 이를 모두 소비지출 한다고 가정했을 경우 모두 화폐로 소유하고 있으면서 1개월 동안 지출한다면 이 가계의 화폐잔고는 평균 100만원이 된다. 그런데 소득 중의 일부로 채권을 구입하고, 화폐잔고가 0가 되면 채권을 팔아 나머지 기간동안 지출에 대비한다면 이자소득을 얻을 수 있다. 이 경우에 평균적인 화폐잔고는 감소한다. 위의 경우 봉급날에 100만원으로 채권을 구입하고 15일후에 현금화해서 지출에 대비한다면 이자소득을 얻을 수 있다. 물론 이는 위험선호자의 경우로서 이해를 돕기 위한 하나의 예에 지나지 않을 뿐이다.

화폐는 또한 가치저장수단으로서 가장 안전한 자산이기 때문에 재테크(부의 축적)의 수단으로서 화폐를 보유할 수도 있다.

대부분의 사람들이 과거의 저축에 의해서 금융자산을 가지고 있는데 이는 물론 자녀들의 교육이나 퇴직 후의 노년기에 대비하기 위해서 축적된 부(wealth)의 일부이다. 이와 같은 금융자산에 대한 투자는 분산투자하는 것이 일반적인 현상이므로 이를 위해서 화폐를 보유한다. 즉 화폐는 가장 안전한 자산으로 부의 축적수단이 될 수 있다는 점이다. 따라서 사람들은 이자율이 높으면 위험한 자산인 채권의 보유량을 증가시키고 이자율이 낮으면 안전한 자산인 화폐의 보유량을 증가시킨다. 이상에서 설명한 바와 같은 이자율과 화폐수요와의 관계를 투기적 동기에 의한 화폐의 수요라 한다.

이자율과 화폐수요와의 관계는 화폐의 한계편익과 화폐의 기회비용의 개념을 이용해서도 설명될 수 있다. 편익이란 개념은 상당히 다의적인 개념으로 쓰인다. 소비자의 편익은 효용이고, 기업의 편익은 일반적으로 수입이며, 화폐의 편익이란 화폐를 보유하기 때문에 얻을 수 있는 편리(convenience)함의 정도를 나타낸다. 화폐를 적게 보유하고 채권을 많이 보유하게 되면 채권을 팔아 현금화하는데 시간이 걸릴 뿐만 아니라 채권은 화폐보다 위험한 자산이기 때문에 불안하다. 따라서 화폐를 적게 보유하고 채권을 많이 가지고 있을 때는 화폐의 한계편익이 높으며 화폐를 많이 보유하면 많이 보유할수록 화폐의 한계편익은 감소한다. 이를 그림으로 나타내면 〔그림 6-1〕과 같이 우하향하는 한계편익곡선이 된다.

이에 반해서 화폐의 한계기회비용은 이자율과 같으며 주어진 이자율수준에서 수평인데 이는 개인이 가격순응자이기 때문이다. 따라서 이자율이 높으면 높을수록 화폐보유로 말미암아 그만큼 높은 이자를 포기해야 한다.

[그림 6-1] 이자율과 화폐의 수요

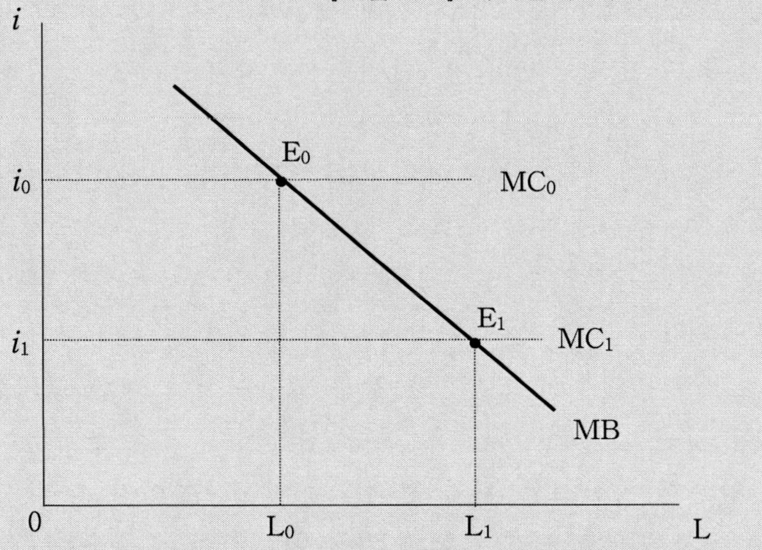

그림에서 이자율이 i_0일 때는 화폐수요량은 L_0가 되며, i_1으로 이자가 하락하면 채권을 팔아 화폐로 보유하기 때문에 화폐의 수요량은 L_1이 된다. 따라서 소득수준이 주어져 있을 때 이자율에 대한 개인의 화폐수요곡선은 우하향하며 한계편익곡선이 화폐에 대한 수요곡선이 된다.

가계나 기업이 교환수단으로서 화폐를 보유하고자 하는 것을 거래적동기에 의한 화폐의 수요라 한다. 기업은 단기에 노동과 원료를 구입하기 위해서 화폐를 필요로 하며, 가계는 다음 소득의 수취시점까지 지출에 대비하기 위해서 화폐를 필요로 한다. 이미 설명한 바와 같이 거래적동기에 의한 화폐 역시 투기적동기로 활용될 수 있기 때문에 이를 명확하게 구분하기는 어렵다고 한다. 중요한 것은 실질소득이 증가하면 거래적동기에 의한 화폐수요가 증가한다는 점이다. 〔그림 6-2〕에서 보는 바와 같이 실질소득이 증가하면 화폐수요곡선이 우측으로 이동하고 화폐수요량은 L_0에서 L_1으로 증가한다.

[그림 6-2] 실질소득과 화폐의 수요

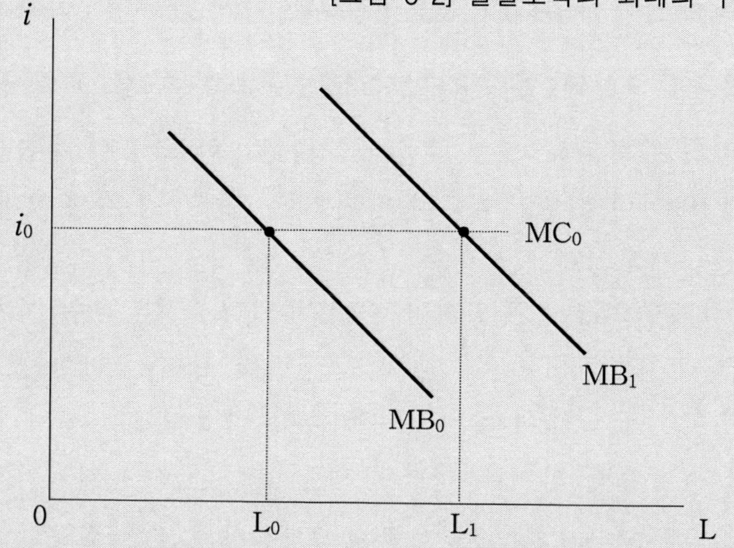

3. 화폐시장의 균형

금융자산으로 화폐와 채권만이 존재하는 단순한 경제에서는 채권가격이 하락해서 채권수익률(채권이자율)이 높아지면 채권을 구입할 것이고 채권가격이 상승해서 이자율이 하락하면 화폐를 보유하는 것이 부(wealth)를 증가 시킬 수 있는 중요한 수단이 된다는 것은 당연한 이치이다. 따라서 화폐시장에서 화폐에 대한 초과수요가 발생할 경우에는 채권을 팔아서 화폐로 보유하려고 하기 때문에 채권가격은 하락하고 이자율은 상승하며, 반대로 화폐의 초과공급이 발생할 경우에는 채권을 보유하려고 할 것이기 때문에 채권가격은 상승하고 이자율은 하락한다. 화폐의 수요와 공급이 일치하는 수준에서의 이자율은 다른 요인이 변화가 없는 한 더 이상 변화되지 않기 때문에 균형이자율이 된다.

명목화폐의 공급($\overline{M}$)은 단기에 중앙은행(정부)의 금융정책에 의해서 결정되는 정책변수이기 때문에 이자율과 관계없이 결정된다. 즉 확장적인 금융정책으로 명목화폐의 공급(명목통화량)을 늘릴 수도 있고 긴축적인 금융정책으로 명목화폐의 공급량을 줄일 수도 있다. 따라서 명목화폐의 공급($\overline{M}$)이 주어져 있다고 한다면 실질통화량($\frac{\overline{M}}{P}$) 역시 주어진 수준에서 일정하게 되는데 이를 그림으로 나타내면 수직인 실질화폐의 공급(실질통화량)곡선이 된다. 왜냐하면 단기에 물가수준은 주어져 있다고 가정할 수 있기 때문이다.

시장의 화폐수요는 소득수준이 주어져 있다고 할 경우 이자율과 역의 관계가 있으므로 〔그림 6-3〕에서 보는 바와 같이 우하향 한다. 수요와 공급이 일치하는 수준에서 균형이자율 i_0가 결정되는데 만약 이자율이 균형이자율보다 낮다면 화폐에 대한 초과수요로 인하여 채권가격이 하락하고 이자율이 상승하며, 이자율이 균형이자율보다 높다면 화폐에 대한 초과공급으로 채권가격이 상승하고 이자율은 하락한다.

[그림 6-3] 균형이자율의 결정

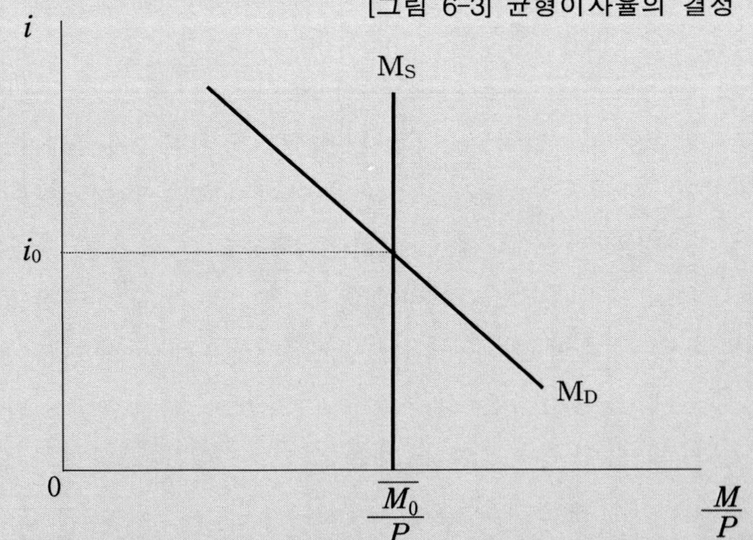

실질소득수준이 증가하면 실질화폐에 대한 수요곡선이 우측으로 이동하고 소득수준이 감소하면 실질화폐에 대한 수요곡선이 좌측으로 이동한다. 원래의 소득수준이 Y_0이었을 때 화폐수요곡선을 〔그림 6-4〕에서 보는 바와 같이 $M(y_0)$라고 한다면 소득이 Y_1으로 감소했을 경우에는 화폐의 수요곡선이 좌측으로 이동해서 $M(y_1)$이 된다. 원래의 균형이자율 수준에서는 화폐의 초과공급이 발생하므로 채권가격이 상승하고 이자율이 새로운 균형이자율이 될 때까지 하락한다. 반대로 소득이 Y_2로 증가했을 경우에는 거래적동기에 의한 화폐수요의 증가로 화폐수요곡선이 우측으로 이동하여 $M(y_2)$가 되므로 채권가격은 하락하고 이자율은 새로운 균형이자율(i_2)이 될 때까지 상승한다.

[그림 6-4] 실질소득과 이자율과의 관계

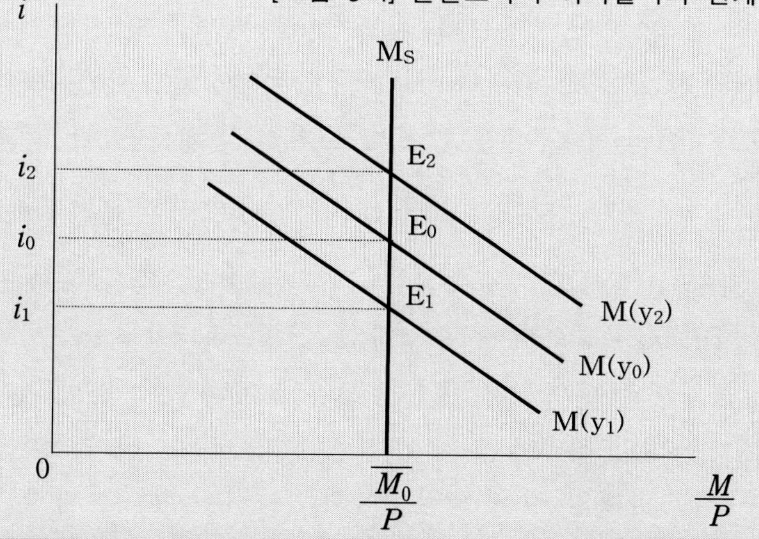

[그림 6-5] LM곡선

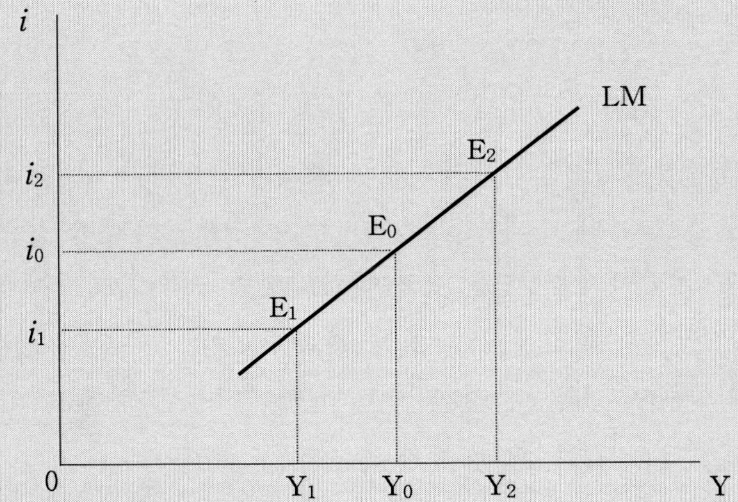

따라서 소득이 증가한다면($Y_1 < Y_0 < Y_2$) 화폐시장의 균형이자율은 상승($i_1 < i_0 < i_2$)하는데 이를 다른 직각좌표 상에 나타낸 것을 LM곡선이라 한다. 바꾸어 말한다면 LM곡선이란 국민소득수준과 이자율과의 단기적인 관계를 나타낸 것으로 정의 관계가 있기 때문에 〔그림 6-5〕에서 보는 바와 같이 우상향 한다. LM곡선은 실질통화량($\frac{\overline{M}}{P}$)이 증가하면 각각의 주어진 소득수준에서 이자율이 하락하기 때문에 오른쪽으로 이동하며 실질통화량이 감소하면 왼쪽으로 이동한다. 중앙은행이 확장적인 금융정책에 의해서 명목통화량($\overline{M}$)이 증가하면 실질통화량은 증가하고 그 반대일 경우에는 감소하며, 물가수준이 하락하면 실질통화량이 증가하고 그 반대일 경우는 실질통화량이 감소한다. 다만 명목화폐의 공급량($\overline{M}$)과 물가수준(P)이 똑같이 똑같은 비율로 변화한다면 실질통화량은 불변이 되는데 단기에는 이와 같은 관계가 성립되지 않는다고 보는 것이 일반적인 견해이다.

4. 화폐가 총수요에 미치는 영향

유동성선호설이 중요한 이유는 단기적으로 화폐는 투자지출(투자수요)에 영향을 미치고 이것이 총수요(총지출)를 변화시키기 때문이다. 바꾸어 말한다면 금융정책에 의한 화폐의 공급의 변화가 이자율에 영향을 미치고 이것이 투자지출을 변화시키기 때문에 총수요가 변화한다는 점이다. 다음의 설명은 정부(중앙은행)가 확장적인 금융정책에 의해서 명목통화량($\overline{M}$)을 증가시키는 경우 어떻게 총수요에 영향을 미치는가 하는 과정을 설명한 것이다. 긴축적인 금융정책에 의해서 명목통화량을 감소시키는 경우에는 이와는 반대로 해석하면 된다.

중앙은행이 확장적인 금융정책으로 명목통화량을 △M만큼 증가시켰다면 〔그림 6-6〕에서 보는 바와 같이 단기에는 물가수준이 일정하다고 가정할 수 있기 때문에 실질통화량이 $\frac{\overline{M_o}}{P}$에서 $\frac{\overline{M_1}}{P}$으로 증가하고 따라서 실질화폐의 공급곡선이 우측으로 평행이동한다.

[그림 6-6] 통화량 증가의 효과

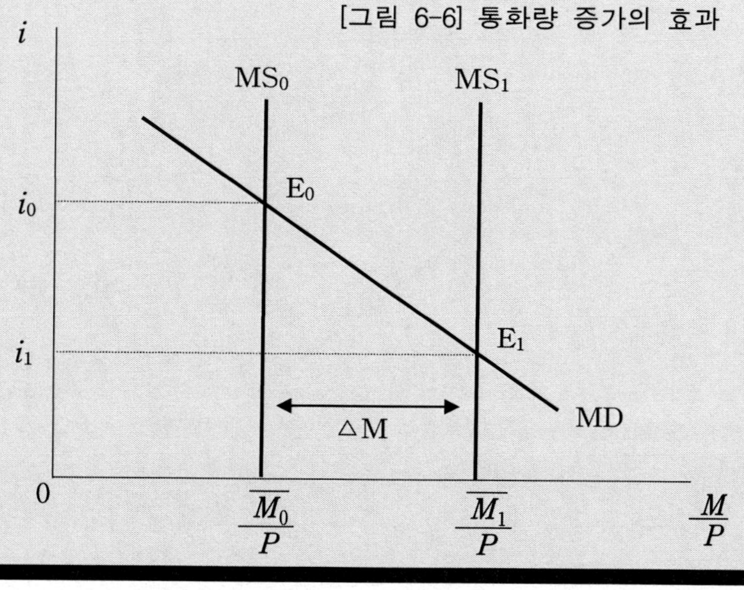

원래의 균형이자율 i_0 수준에서는 화폐의 초과공급이 발생하므로 채권가격이 상승하고 이자율이 새로운 균형이자율 i_1 수준까지 하락한다.

이자율이 하락하면 투자지출이 증가한다. 이미 설명한 바와 같이 투자지출은 생산설비에 대한 투자지출, 신설(신규)주택에 대한 투자지출, 재고에 대한 투자지출로 구분할 수 있는데 그 중에서 투자지출의 대부분을 차지하는 생산설비에 대한 기업의 투자지출이 이자율의 변화에 대해서 크게 변화되기 때문이다. 물론 주택이나 재고에 대한 투자지출도 생산설비에 대한 투자지출과 마찬가지로 변화된다.

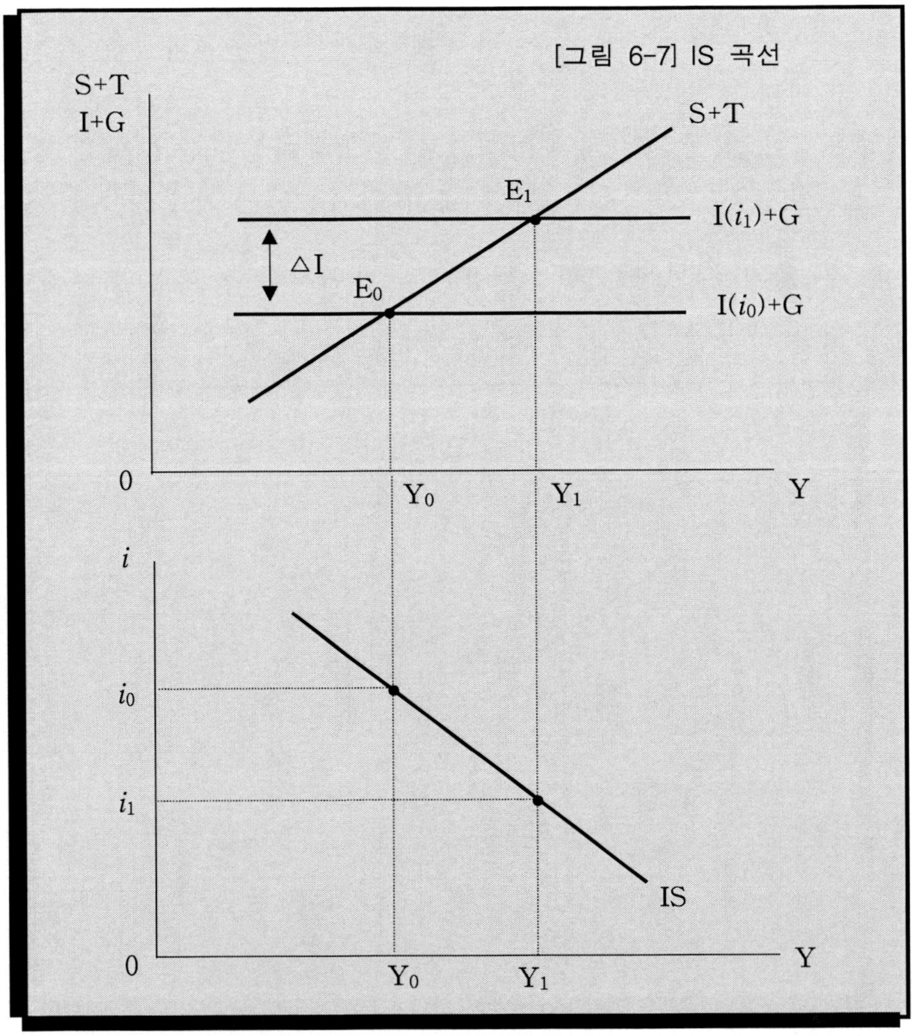

[그림 6-7] IS 곡선

〔그림 6-7〕에서 보는 바와 같이 정부의 확장적인 금융정책으로 통화량을 △M만큼 증가시킨 결과 이자율은 i_0에서 i_1으로 낮아졌고 투자지출은 I_0에서 △I만큼 증가하였다고 하자. 투자지출이 △I만큼 증가하면 총지출도 투자지출의 증가분만큼 증가한다. 따라서 승수원리에 의해서 수요측면의 국민소득은 투자지출의 증가분의 승수배만큼 증가하여 새로운 균형국민소득 수준은 Y_1이 된다.

이는 물론 생산을 증가시키고 고용을 증가시키는 경우에도 임금과 물가가 불변인 경우에 해당된다.

이자율이 하락하면 투자지출이 증가하고 균형국민소득 수준이 증가하므로 이자율과 균형국민소득 수준과의 관계는 역의 관계에 있다. 위의 설명에서 이자율은 i_0에서 i_1으로 낮아졌고 균형국민소득 수준은 Y_0에서 Y_1으로 증가하였는데 이를 그림으로 나타내면 〔그림 6-7〕과 같이 우하향하는 IS곡선을 얻을 수 있다. 즉 IS곡선이란 이자율과 균형국민소득 수준과의 역의 관계를 그림으로 나타낸 것을 말한다.

그런데 LM곡선 도출과정에서도 설명된 바와 같이 소득이 증가하면 이자율이 상승한다는 점이다. 따라서 IS곡선과 LM곡선은 이자율을 통해서 서로 연결되고 있으며 화폐가 총수요에 미치는 효과는 축소된다. 이와같은 2차적인 화폐시장의 조정문제를 분석하는 것을 IS-LM분석이라 한다. 바꾸어 말한다면 IS곡선은 생산물시장에서 결정되는 이자율과 국민소득과의 관계를 나타내는 곡선이며 LM곡선은 화폐시장에서 이자율과 국민소득과의 관계를 나타내는 곡선이기 때문에, 어느 하나의 곡선 그 자체만으로 이자율이나 국민소득이 결정되는 것이 아니라 두 곡선의 상호작용으로 이자율과 국민소득이 결정된다는 것이다.

5. IS-LM분석

위에서도 설명한 바와 같이 화폐의 수요와 공급에 의해서 이자율이 결정되는 시장을 화폐시장이라 한다면 저축(S)과 투자(I)에 의해서 균형국민소득의 결정되는 시장은 생산물시장(product market)이라 할 수 있다. 그리고 생산물시장을 금융의 측면에서 본 것이 대부자금시장이다.

생산물시장과 화폐시장(money market)은 상호 독립적인 것이 아니라 상호 의존적이다. 생산물시장에서 총지출이 변화해서 국민소득이 변화하면 거래적동기의 화폐수요가 변화하여 이자율이 변화되고 이것이 총지출과 국민소득을 변화시키기 때문에 생산물시장과 화폐시장을 동시에 분석하는 것을 IS-LM분석이라 한다. 바꾸어 말한다면 생산물시장에서 결정된 수요측면의 균형국민소득은 화폐시장을 통해서 2차적인 조정과정을 거치게 된다는 것이다.

생산물시장과 화폐시장이 〔그림 6-8〕에서 보는 바와 같이 E_0점에서 균형을 이루고 있었는데 정부지출이 증가로 IS곡선이 오른쪽으로 이동하였다고 하자. 정부지출 이외에 총지출을 증가시키는 다른 요인이 변화하더라도 똑같은 효과가 있기 때문에 IS곡선이 오른쪽으로 이동한다.

[그림 6-8] 정부지출증가의 효과

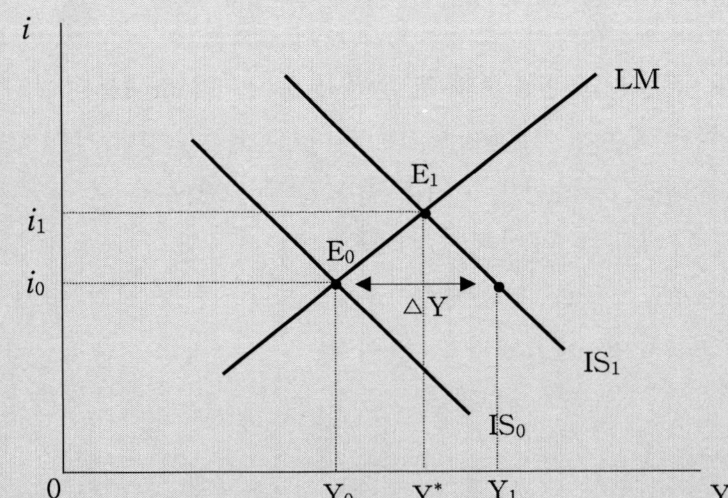

총지출을 감소시키는 요인이 변화한다면 이와는 반대방향으로 이동함은 물론이다. 그림에서 보는 바와 같이 총지출이 증가하면 주어진 이자율수준에서의 국민소득은 Y_0에서 Y_1으로 △Y만큼 증가한다.

생산물시장에서의 균형국민소득이 증가하면 거래적동기의 화폐수요의 증가로 화폐시장에서 화폐에 대한 초과수요가 발생한다. 따라서 이자율이 상승하고 투자지출이 감소하기 때문에 생산물시장에서의 균형국민소득은 감소한다. 화폐시장에서 이자율이 상승하고 생산물시장에서 균형국민소득이 감소해서 이루어지는 새로운 균형점은 E_1이다. 결국 정부지출이 증가로 민간투자가 감소하게 되었는데 이를 구축효과라 하며 이는 이미 설명한 바와 같다. 정부지출의 효과로서 승수과정을 통한 국민소득의 증가분은 △Y이고 구축효과에 의한 국민소득의 감소분은 $Y_1 - Y^*$이다. 이는 정부지출의 증가분이 구축효과로 인한 민간투자의 감소분보다 크다는 뜻이다.

LM곡선은 금융정책에 의해서 명목통화량이 변화하거나 물가수준이 변화하면 이동한다. 확장적인 금융정책에 의해서 명목통화량($\overline{M}$)이 증가했다고 하자. 화폐시장에서는 실질화폐의 초과공급으로 이자율이 하락한다.

이자율이 하락하면 투자지출과 총지출이 증가함으로 생산물시장에서의 균형국민소득은 증가하여 〔그림 6-9〕에서 보는 바와 같이 E_1점에서 새로운 균형을 이루게 된다. 끝으로 정부지출이나 조세의 변화를 통해서 IS곡선을 오른쪽으로 이동시키고 금융정책에 의해서 LM곡선을 동시에 오른쪽으로 이동시키면 화폐시장에서의 이자율을 변화시키지 않고도 생산물시장에서의 국민소득수준을 증가시킬 수 있는데 이와 같이 IS곡선과 LM곡선을 동시에 이동시키는 정책을 혼합정책이라 한다.

[그림 6-9] 화폐공급증가의 효과

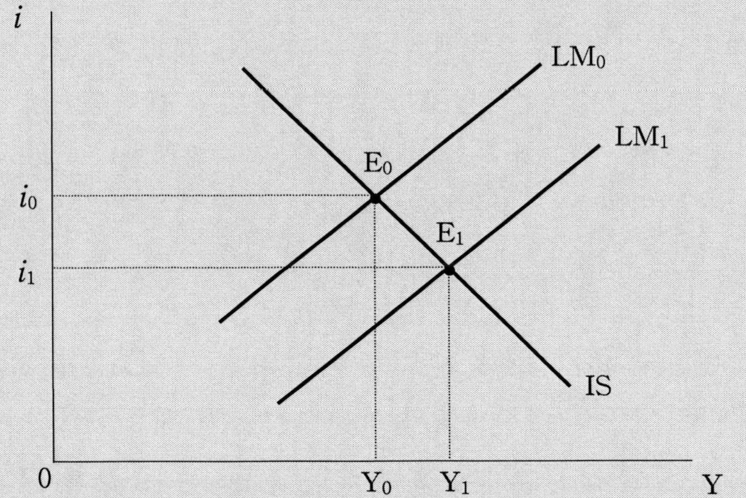

이상의 설명으로부터 우리가 알 수 있는 것은 우리 경제의 중앙은행인 한국은행의 정책적인 기능의 독립이 사실상 불가능하다는 점이다. 예를 들어 경기침체로 인한 확장적인 재정정책일 때 한국은행이 통화량을 감소시키기가 어렵고, 인플레이션으로 인한 긴축적인 재정정책일 때 한국은행이 확장적인 금융정책을 실시하기가 사실상 불가능하다. 바꾸어 말한다면 재정정책과 금융정책은 상호 의존적일 수밖에 없기 때문에 재정정책과 금융정책은 정부의 정책방향에 따라서 상호 보완적으로 결정된다고 할 수 있다. 다만 국가에 따라 독립성의 정도에 차이가 있음은 물론이다.

6. 명목화폐의 수요와 공급

유동성 선호설에 의한 화폐시장은 명목화폐의 수요와 공급으로 설명되는 경우도 있으니 유의할 필요가 있다. 명목화폐의 수요를 물가수준으로 나누어주면 실질화폐의 수요가 되고 명목화폐의 공급을 물가수준으로 나누어 주면 실질화폐의 공급이 되기 때문에 균형이자율의 결정원리는 어느 쪽으로 설명해도 똑같다고 할 수 있다.

예를 들어 중앙은행이 화폐의 공급을 증가시키면 [그림6-10]에서 보는 바와 같이 명목화폐의 공급곡선이 우측으로 이동하여 이자율이 하락한다. 명목화폐의 수요곡선이 우하향하는 이유도 실질화폐의 수요곡선이 우하향하는 이유와 똑같다. 즉 화폐 보유의 기회비용이 이자율이므로 이자율이 하락하면 명목화폐의 수요량이 증가하기 때문이다.

그리고 물가수준이 하락하면 주어진 이자율수준에서 명목화폐의 수요가 감소하므로 명목화폐 수요곡선이 좌측으로 이동한다. 따라서 이자율이 하락하고 투자지출과 총지출이 증가한다. 이상의 설명으로부터 우리가 알 수있는 것은 명목화폐의 수요와 공급에 의해서도 총수요곡선을 도출할 수 있고 재정·금융정책의 효과를 설명할 수 있다는 것이다. 차이점이 있다면 방법론상의 차이일 뿐이다. 이 책에서는 이론 전개의 편의상 실질화폐의 수요와 공급으로 설명하고 있다.

[그림 6-10] 명목화폐의 수요과 공급

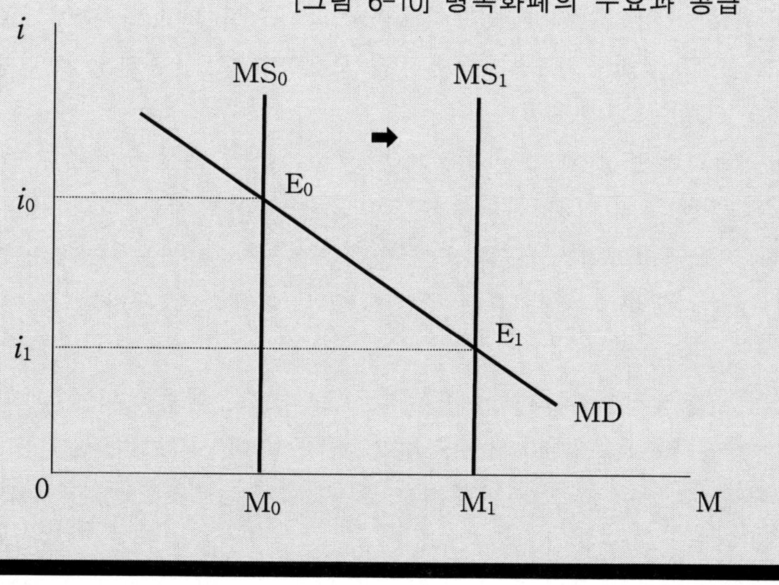

요 약

1. 유동성 선호설은 화폐의 기회비용과 가치저장수단을 강조하는 이론이라고 할 수 있다.
2. 단기에 물가는 주어져 있다고 가정할 수 있기 때문에 화폐의 수요를 결정하는 중요한 요인은 이자율과 실질소득이다.
3. 이자율은 화폐의 기회비용이기 때문에 이자율이 높으면 화폐의 수요가 감소하고 이자율이 낮으면 화폐의 수요가 증가한다. 따라서 화폐에 대한 개인의 수요곡선과 시장의 수요곡선은 우하향한다. 이를 편익의 개념으로 해석한다면 화폐의 수요곡선이란 화폐의 한계편익을 나타내는 곡선이라 할 수 있다.
4. 명목 화폐의 공급은 중앙은행의 금융정책에 의해서 결정되는 정책변수이기 때문에 이자율과 관계가 없다. 따라서 실질화폐의 공급곡선은 주어진 수준에서 수직이며 이자율은 실질화폐의 수요와 공급이 일치하는 수준에서 결정된다.
5. 실질소득이 증가하면 거래적 동기의 화폐수요가 증가하기 때문에 화폐수요곡선이 오른쪽으로 이동하고 이자율이 상승한다. 따라서 실질소득과 이자율과의 관계는 정의관계에 있는데 이를 그림으로 나타낸 것이 LM곡선이다. LM곡선은 실질통화량이 증가하면 오른쪽으로 이동하고 실질통화량이 감소하면 왼쪽으로 이동한다.
6. 이자율이 하락하면 투자지출과 총지출이 증가하기 때문에 수요측면의 국민소득은 증가한다. 따라서 이자율과 국민소득과의 관계는 역의 관계에 있는데 이를 IS곡선이라한다. IS곡선은 총지출을 증가시키는 요인이 발생하면 오른쪽으로 이동하고 총지출을 감소시키는 요인이 발생하면 왼쪽으로 이동한다.
7. IS곡선은 재정정책에 의해서 이동하고, LM곡선은 금융정책에 의해서 이동하며, 혼합정책은 IS곡선과 LM곡선을 동시에 이동시킨다.
8. 명목화폐의 수요와 공급에 의해서도 유동성 선호설을 설명할 수 있다.

중요개념

1. 유동성선호설, P. 119
2. 유동성, P. 119
3. 금융자산, P. 119
4. 화폐의 기회비용, P. 119
5. 금융자산 선택이론, P. 120
6. 분산투자, P. 120
7. 가치저장수단, P. 120
8. 화폐의 수요를 결정하는 요인, P. 120
9. 투기적 동기에 의한 화폐수요, P. 120
10. 거래적 동기에 의한 화폐수요, P. 120
11. 명목화폐에 대한 수요, P. 120
12. 실질화폐에 대한 수요, P. 120
13. 화폐의 한계편익, P. 121
14. 화폐에 대한 개인의 수요곡선, P. 121
15. 채권수익률, P. 123
16. 화폐시장의 균형, P. 123
17. 화폐의 초과수요, P. 123
18. 화폐의 초과공급, P. 123
19. 채권가격, P. 123
20. 명목화폐의 공급, P. 123
21. 실질통화량, P. 123
22. 실질화폐의 공급곡선, P. 124
23. 시장이 화폐수요, P. 124
24. LM곡선, P. 126
25. LM곡선의 이동, P. 126
26. IS곡선, P. 129
27. 화폐시장, P. 129
28. 생산물시장, P. 129
29. 대부자금시장, P. 129
30. IS-LM분석, P. 130
31. 구축효과, P. 131
32. 혼합정책, P. 132

제7장

화폐의 공급

1. 화폐공급의 변화와 은행의 기능
2. 예금은행의 대차대조표
3. 부분지불 준비율제도
4. 예금통화의 창조
5. 금융정책의 목표와 수단
6. 화폐공급함수
7. 대공황의 요인

1. 화폐공급의 변화와 은행의 기능

중앙은행(한국은행)이 확장적인 금융정책에 의해서 화폐의 공급량을 증가시키면 단기에는 고용과 산출량을 증가시킬 수 있으며 반대로 긴축적인 금융정책에 의해서 화폐의 공급을 감소시키면 그 반대의 효과가 발생할 것이다. 따라서 이론적으로 중요한 것은 화폐의 공급(통화량) 그 자체가 아니라 화폐공급의 변화이다. 물론 화폐공급의 변화를 측정하기 위해서는 화폐의 공급량(통화량)이 측정되어 있어야 함은 물론이다.

화폐의 공급(통화량)이란 일정시점에서 민간이 보유하는 현금통화와 예금통화를 말하는데 이는 유량이 아니라 저량이다. 예금통화란 요구불예금(demand deposits) 또는 당좌예금의 잔고(balances in checking account)로서 수표를 발행함에 의해서 교환수단으로 이용할 수 있는 예금을 말하며 현금통화는 중앙은행이 발행한 동전과 지폐를 말한다. 따라서 통화량 또는 화폐의 공급량이란 일반적인 지불수단으로 사용되는 현금통화와 예금통화이다.

예금통화가 존재하지 않는다면 민간이 보유하고 있는 현금통화가 화폐의 공급이 된다. 따라서 화폐의 공급의 변화를 측정하는 것도 매우 쉬울 것이다. 예를 들어 중앙은행이 증권시장에서 국채를 매입했을 경우에는 매입금액만큼 현금통화가 증가하므로 이것이 곧 화폐공급의 증가분이 되며, 국채를 판매했을 경우에는 그 금액만큼 통화량이 줄어들게 된다. 따라서 화폐공급의 측정의 문제를 어렵게 만드는 것은 전적으로 예금통화 때문이다.

중앙은행인 한국은행과 예금은행을 통화금융기관이라 하며, 한국은행은 현금통화를 공급하고 예금은행은 예금통화를 공급(창조)한다.

예금은행은 일반은행과 특수은행으로 분류된다. 일반은행은 은행법에 의해서 설립되고 상업금융을 주로 하는 금융기관을 말하며, 특수은행은 특별법에 의해서 설립되고 자금공급이 소외되기 쉬운 특수한 부분의 금융을 주요 목적으로 하는 은행으로서 중소기업은행, 국민은행, 농협, 수협 등이 이에 해당된다.

예금은행의 가장 기본적인 업무는 저축자로부터 예금을 받아 차입자에게 대출을 하는 것이다. 이를 흔히 간접금융이라 하며 은행을 금융중개기관(financial intermediary)이라 한다.

예금은행이 다른 금융기관과 구별되는 것은 예금은행만이 요구불예금을 받아 대출하는 과정에서 예금화폐인 요구불예금을 창출할 수 있다는 것이다. 비통화금융기관이나 증권회사는 이와 같은 기능이 없다. 즉 예금은행은 교환수단으로서 이용할 수 있는 특수한 자산인 수표를 발행하거나 발행할 수 있게 하기 때문에 예금통화를 창출할 수 있다는 것이다.

주식이나 채권도 과거의 저축으로 부를 축적하는 수단이 되지만 요구불예금같이 쉽게 교환수단으로 이용할 수 있는 자산이 되지는 않는다.

2. 예금은행의 대차대조표

이미 설명한 바와 같이 예금은행이 주된 업무는 저축을 하고자 하는 사람으로부터 예금을 받아 이 예금을 차입하고자 하는 사람에게 대출을 해주는 것이다. 이 과정에서 예금주에게는 예금에 대한 이자를 지급하고 차입자에게는 그보다 높은 이자를 부과함으로서 그 차액으로 은행의 비용을 커버하고 이윤을 얻는 것을 목적으로 한다는 점에서는 다른 기업과 차이가 없다.

대차대조표(balance sheet)란 일정시점에서 기업의 자산과 부채를 나타낸 표인데 그 차액을 순자산 또는 자본이라 하며 다음과 같이 나타낼 수 있다.

자산 = 부채 + 자본, 또는

자본 = 자산 − 부채

대차대조표의 각 항목은 시장가치 또는 역사적원가(historical cost)로 나타낸다. 역사적원가란 구입할 당시에 가격으로 나타낸 것을 말한다. 자산은 대차대조표상의 왼편인 차변에 기록되며 부채와 자본은 오른편의 대변에 기입되는데 양변의 합계는 위의 항등식에서 보이는 것처럼 언제나 일치하게 된다. 지금까지 설명은 기업의 대차대조표와 다를 바가 없다.

예금은행의 대차대조표가 다른 기업의 그것과 특별하게 다른 점은 지불준비금(reserves)이 자산항목에 있다는 점이다. 지불준비금이란 예금은행이 현금으로 보유하고 있는 시제금과 법정지불준비금으로 중앙은행에 예치된 것을 말한다. 대부분의 준비금은 법정지불준비금이며 법정지불준비금을 초과하는 초과지불준비금은 일부에 지나지 않는다.

중앙은행이 확장적인 금융정책으로 채권시장에서 국채를 10억원어치 매입했다고 하자. 이 대금을 받은 사람이 이를 모두 현금으로 보유한다면 화폐공급의 변화는 10억원이 될 것이다. 이 대금을 받은 사람이 거래은행인 A은행에 요구불예금으로 예금했는데 거래은행인 A은행이 이를 모두 지불준비금으로 보유했을 경우에도 화폐공급의 변화는 10억원으로 똑같이 된다.

이와 같은 경우를 100% 지불준비금 은행이라 하며 다음과 같이 나타낼 수 있다.

〔표 7-1〕 A은행 대차대조표

자 산	부 채
지불준비금 10억원	요구불예금 10억원

이 때 10억원의 현금은 은행의 금고 속에 지불준비금으로 보관되고 있으므로 화폐공급의 증가분은 10억원의 요구불예금이 된다. 따라서 100%의 지불준비금 하에서 예금은행은 화폐를 창조할 수 없다.

3. 부분지불준비율제도

부분지불준비율제도란 법정지불준비율이 100% 이하인 제도로서 예금의 일부분만을 지불준비금으로 은행이 보유하고 나머지는 대출할 수 있는 제도를 말한다. 예를 들어 법정지불준비율이 10%일 경우에는 예금 중 10%만 준비금으로 보유하고 나머지 90%는 대출할 수 있다. 위의 예에서 A은행은 요구불예금 중 10%인 1억원만을 지불준비금으로 보유하고 나머지 9억원은 대출할 수 있는데 갑에게 대출하였다고 하자. 이 때 A은행의 대차대조표는 다음과 같이 변화된다.

〔표 7-2〕 A은행의 대차대조표

자 산	부 채
준비금 1억원	요구불예금 10억원
대출금 9억원	
합 계 : 10억원	합 계 : 10억원

자산 중 일부가 대출되었다고 해서 부채를 변화시키는 것이 아니므로 부채는 종전과 똑같이 10억원이다. 다만 자산만이 변화되었는데 준비금으로 1억원을 보유하고 있고 대출금 9억원을 채권으로 보유하고 있다. 대출금은 차입자의 입장에서 보면 부채이지만 은행의 입장에서 보면 자산이다. 대출을 하고 난 다음에 화폐의 공급은 어떻게 변화되었는가?

대출을 하고 난 다음에 화폐공급은 증가한다. 왜냐하면 예금주는 여전히 요구불예금 10억원을 보유하고 있을 뿐만 아니라 차입자가 현금 9억원을 보유하게 되었기 때문이다.

따라서 예금 중 일부만을 지불준비금으로 보유할 경우에 예금은행은 항상 화폐를 창조할 수 있다. 예금은행은 이처럼 화폐를 창조하긴 하지마는 부(wealth)를 창조하는 것은 아니다.

즉 차입자는 현금을 가지게 되었지만 그만큼 부채를 지고 있기 때문에 대출에 의해서 종전보다 부자가 된 사람은 아무도 없다. 바꾸어 말한다면 예금은행이 화폐라는 자산을 창조할 때는 언제나 동액만큼이 부채를 창조한다는 점이다. 따라서 화폐창조로 인하여 종전보다 경제가 나아진 점은 없지만 교환수단이 많아졌다는 점에서 경제가 유동적인 구조로 바뀌었다고 할 수 있다.

4. 예금통화의 창조

예금은행이 예금을 기초로 한 대출과정을 통해서 얼마만큼의 화폐(예금통화)를 창출할 수 있을까? 이를 설명하기 위해서는 다음과 같은 3가지 가정이 필요하다.

첫째, 예금은행은 법정지불준비금만을 보유하고 나머지는 모두 대출의 형태로만 자금을 운용한다. 따라서 초과지불준비금도 없고 유가증권에 대한 투자도 하지 않는다. 실제로는 법정지불준비금 뿐만 아니라 시제금(초과지불준비금)도 가지고 있으며, 유가증권에 대한 투자도 하는 것이 일반적인 현상이다.

둘째, 요구불예금만 있고 저축성예금은 없다고 가정한다. 실제에 있어서는 저축성예금의 비중이 크다.

셋째, 예금은행조직 밖으로 현금누출이 없다고 가정한다. 이는 어떤한 예금은행으로부터 대출을 받은 사람은 전액을 그가 거래하는 다른 예금은행에 요구불예금형태로 예금한다는 것을 뜻한다. 현실적으로는 현금누출이 있을 수밖에 없다. 다만 이상의 3가정은 이론을 단순화하기 위해서이며 가정을 보다 완화하여 현실적인 예금통화의 창조과정을 설명할 수 있음은 물론이다.

위의 예에서 A은행으로부터 9억원의 대출을 받은 갑은 자신의 거래은행인 B은행에 위의 가정상 모두 요구불예금형태로 예금했다고 하면 B은행은 이를 기초로 해서 8억 1천만원을 대출할 수 있고 또 다른 C은행은 위의 가정상 7억 2천 9백만원을 대출할 수 있으므로 B은행과 C은행이 대차대조표는 다음과 같이 나타낼 수 있다.

〔표 7-3〕 B은행의 대차대조표

자 산	부 채
지불준비금 0.9억원	요구불예금 9억원
대 출 금 8.1억원	
합 계 : 9억원	합 계 : 9억원

〔표 7-4〕 C은행의 대차대조표

자 산	부 채
지불준비금 0.81억원	요구불예금 8.1억원
대 출 금 7.29억원	
합 계 : 8.1 억원	합 계 : 8.1억원

위의 승수과정은 국채를 매도한 자가 예금은행조직 밖에서 받은 10억원을 A은행에 예금하면서 시작되었는데 이와 같은 원래의 예금을 본원적 예금이라 한다. 승수과정은 이 본원적예금이 모두 법정지불준비금으로 변할 때까지 계속된다. 본원적예금을 △B라고 한다면 예금통화의 창조액은 다음과 같이 나타낼 수 있다.

$$\text{예금통화의 창조액} = \triangle B + \triangle B(1-r) + \triangle B(1-r)^2 + \cdots$$

$$= \frac{\triangle B}{1-(1-r)} = \frac{1}{r}\triangle B$$

이를 일반화하면

$$\text{예금통화의 창조액} = \frac{1}{\text{법정지불준비율}} \times \text{본원적예금}$$

따라서 본원적 예금의 법정지불준비율의 역수배만큼 화폐(요구불예금)를 창조하는데 법정지불준비율의 역수($\frac{1}{r}$)를 신용승수 또는 단순통화승수(money multiplier)라 한다. 위의 예에서는 법정지불준비율이 10%였으므로 단순통화승수는 10이며 예금통화의 창조액은 100억이다. 예금통화의 창조액 100억 중 10억은 본원적예금이며 나머지 90억은 파생적예금이 되는데 이 파생적예금은 대출금과 동일하다. 왜냐하면 파생적예금이 대출에 의해서 이루어지기 때문이다.

단순통화승수는 다음과 같이 해석될 수도 있다. 은행조직 전체로 지불준비금 10억원(본원적예금)을 가지고 있고 법정지불준비율이 10%라면 100억원의 예금통화를 창출할 수 있다. 바꾸어 말한다면 r은 예금에 대한 준비금의 비율이므로 은행조직 전체로서 준비금에 대한 예금의 비율은 $\frac{1}{r}$ 일 수밖에 없다.

법정지불준비율이 크면 클수록 승수는 작아진다. 예를 들면 법정지불준비율이 10%($\frac{1}{10}$)일 때는 승수는 10이며, 법정지불준비율이 20%($\frac{1}{5}$)일 때는 승수는 5이고, 법정지불준비율이 50%($\frac{1}{2}$)일 때는 승수는 2이다. 극단적인 경우로서 법정지불준비율이 100%일 때는 승수는 1인데 이는 예금은행이 요구불예금을 기초로 대출을 할 수 없다는 뜻이므로 화폐도 창출할 수 없는 경우이다.

끝으로 본원적예금(지불준비금)에 의해서 추가로 창출된 파생적예금을 Ds라고 하면 이는 다음과 같이 나타낼 수 있다.

$$Ds = \frac{1}{r} \triangle B - \triangle B = \left(\frac{1}{r} - 1\right) \triangle B = \frac{1-r}{r} \triangle B$$

여기서 $\frac{1-r}{r}$은 앞에서 정의한 신용승수와 구분하여 순신용승수라 하는 경우가 있다. 순신용승수는 본원적예금이 파생적예금을 얼마나 증가시켰는지 하는 배수로서 신용승수보다 작다.

5. 금융정책의 목표와 수단

금융정책의 목표는 재정정책과 마찬가지로 잠재적 GDP 수준에서 경제를 안정시키는데 있다. 따라서 경기가 침체되었을 때는 통화량을 증가시켜 이자율을 하락시킴으로서 투자를 증가시킬 필요성이 있으며 반대로 인플레이션이 문제가 되었을 때는 통화량을 감소시킬 필요성이 있다. 중앙은행이 통화량을 증감시킬 수 있는 수단은 공개시장조작과 지불준비율정책 및 재할인율정책으로 나눌 수 있는데 이를 순서대로 알아보기로 하자.

1) 공개시장 조작

이미 설명한 바와 같이 중앙은행이 확장적인 금융정책으로 통화량을 증가시키고자 한다면 채권시장에서 국채를 매입하는데 이 때 중앙은행이 발행한 현금을 민간이 보유하게 되며 이는 그만큼 현금통화를 증가시킨다. 그리고 신용승수(통화승수) 이론의 가정이 성립하는 조건에서는 통화승수배만큼 예금통화를 창출할 수 있다. 이와는 반대로 긴축정책으로 채권시장에서 국채를 매각하는 경우에는 매입하는 경우와 정반대의 효과가 있다. 즉 신용승수에 대한 가정이 성립하는 조건에서는 통화승수배만큼 화폐의 공급을 감소시킨다.

현실적으로는 중앙은행에 의해서 공급된 현금통화의 일부는 현금으로 보유하고 나머지 일부만이 예금은행에 요구불예금으로 예금된다. 이 경우 현금으로 보유되는 부분은 꼭 그만큼 통화량을 증가시키며, 은행에 예금되는 본원적예금은 예금통화를 승수배만큼 증가시키게 될 것이다. 다만 은행이 초과지불준비금을 시제금으로 보유할 때는 그렇지 않을 때보다 화폐의 공급은 상대적으로 작게 된다.

공개시장조작은 중앙은행이 필요하다고 생각할 때면 언제든지 일정한 비율로 서서히 통화량을 증가시킬 수 있는 정책수단이기 때문에 가장 널리 이용되는 정책수단이라고 할 수 있다. 통화안정증권을 매매함으로서 통화량을 조절하는 정책도 공개시장조작에 속한다.

2) 지불준비율정책

중앙은행이 화폐의 공급량을 증가시키고자 할 때는 지불준비율을 인하시키고 화폐의 공급량을 감소시키고자 할 때는 지불준비율을 인상시키는데 편의상 지불준비율을 인상시키는 경우를 보기로 하자.

이 경우에도 예금은행이 초과지불준비금을 보유하고 있지 않으며, 예금은행조직 밖으로 현금누출이 없다고 가정한다.

예를 들어 법정지불준비율이 20%일 때 예금은행 조직 전체가 1,000억원의 지불준비금을 기초로 5,000억원이 요구불예금을 창조하였다고 한다면 예금은행 조직 전체의 대차대조표는 다음과 같다.

〔표 7-5〕 예금은행 조직 전체의 대차대조표

자 산		부 채	
지불준비금	1,000억원	요구불예금	5,000억원
대 출 금	4,000억원		

법정지불준비율을 이제 20%에서 25%로 인상하였다면 통화승수가 5에서 4로 감소하여 1,000억원의 지불준비금을 기초로 4,000억원의 요구불예금을 예금은행 조직 전체가 가지게 되므로 대차대조표는 다음과 같이 변화된다.

〔표 7-6〕 예금은행 전체의 대차대조표

자 산		부 채	
지불준비금	1,000억원	요구불예금	4,000억원
내 출 금	3,000억원		
합 계 :	4,000억원	합 계	: 4,000억원

이는 곧 지불준비율 인상이 대출과 요구불예금을 승수적으로 감소시켰다는 것을 나타내는 것이기 때문에 화폐의 공급량도 급속하게 하락하게 된다. 법정지불준비율의 인하는 이와는 반대효과를 갖는다. 이처럼 지불준비율정책은 통화량을 일시에 급속하게 변화시키기 때문에 수시로 서서히 동일한 목적을 달성할 수 있는 공개시장조작이 더 선호되는 정책이라고 할 수 있다. 지불준비율정책의 경우에도 은행이 초과지불준비금을 보유하거나 은행조직 밖으로 현금누출이 있을 경우에는 화폐공급의 변화가 그만큼 작아진다.

3) 재할인율정책

재할인율이란 예금은행이 중앙은행으로부터 차입할 때 붙는 이자율을 말하는데 법정지불준비금을 메꾸기 위해서 차입하는 경우가 이에 해당된다. 중앙은행이 예금은행에 대출을 많이 해주었을 때는 그렇지 않았을 때보다 예금은행 조직 전체의 지불준비금이 많아지기 때문에 더 많은 화폐를 창조할 수 있게 된다. 따라서 중앙은행인 한국은행은 재할인율을 변화시키므로서 화폐의 공급을 증감시킬 수 있게 한다.

재할인율을 인상시키면 은행조직 전체의 차입금과 준비금이 감소하고 따라서 화폐의 공급이 감소하며 재할인율을 인하시키면 그 반대의 효과가 발생하게 된다. 재할인율정책은 금융시장이 불안정할 경우 및 특정은행을 지원할 필요성이 있을 경우에 흔히 사용되는 정책이다. 대표적인 예로 증권시장이 붕괴될 우려가 있을 경우에 한국은행이 개입하는 경우도 이에 해당한다고 할 수 있다.

6. 화폐공급함수

부분지불준비율제도 하에서는 현금누출과 초과지불준비금의 문제 때문에 중앙은행이 정책적으로 의도한 것만큼 정확하게 화폐공급을 변화시킬 수 없을 뿐만 아니라, 통화량(화폐의 공급량)을 정확하게 측정할 수도 없다는 문제가 있다. 예금은행이 법정지불준비율을 초과하여 초과지불준비금을 많이 가지고 있다는 것은 대출을 그만큼 줄인다는 뜻이다. 요구불예금(예금통화)은 예금은행의 대출에 의해서 공급(창조)되는 것이기 때문에 예금은행이 초과지불준비금을 늘리면 늘릴수록 화폐의 공급은 그만큼 줄어들게 된다.

예금은행 조직 밖으로 현금이 누출된다는 것은 가계가 현금의 비중을 늘리고 요구불예금의 비중을 줄인다는 뜻이다. 가계가 현금의 비중을 늘리면 예금은행 조직 전체의 지불준비금이 줄어들게 됨으로 예금통화가 줄어들게 된다. 가계가 얼마만큼 현금을 보유하고 예금은행이 얼마만큼 초과지불준비금을 보유할 것인가 하는 문제는 중앙은행이 통제할 수 있는 문제가 아닐 뿐만 아니라 경제적인 여건에 따라서 결정되는 문제이기 때문에 정확하게 측정될 수 있는 문제도 아니다. 그러나 통계자료에 의해서 근사치는 알 수 있을 것이다. 이하에서는 이를 알 수 있다고 가정을 하고 이론을 전개해 보기로 하자.

중앙은행이 발행해서 시중에 나온 현금을 본원통화라 한다.

본원통화(B)는 민간이 보유하는 현금통화(C)와 예금은행의 지급준비금(R)을 합계해 준 것이므로 다음과 같이 나타낼 수 있다.

$$B = C + R$$

그런데 화폐의 공급(M)은 그 정의상 민간이 보유하는 현금통화와 요구불예금(D)의 합계와 같기 때문에 다음과 같은 등식이 성립한다.

$$\frac{M}{B} = \frac{C+D}{C+R}$$

또는

$$\frac{M}{B} = \frac{C/D+1}{C/D+R/D}$$

여기에서 C/D는 요구불예금에 대한 현금통화의 비율(c)이며 R/D은 요구불예금에 대한 지불준비금의 비율(r)이다. 따라서 화폐공급함수는 다음과 같이 나타낼 수 있다.

$$M = \frac{c+1}{c+r} \times B$$

또는

$$M = m \times B$$

따라서 통화승수(m)는 $\frac{c+1}{c+r}$과 같으며 단순통화 승수보다 작다. 왜냐하면 요구불 예금에 대한 현금통화의 비율은 예금은행 조직 밖으로의 현금누출의 비율로서 민간이 보유하는 현금통화에 의해서 결정되기 때문이다. 그리고 여기에서 말하는 요구불예금에대한 지불준비금의 비율은 일반적으로 실제적인 지불준비율을 말하기 때문에 은행이 초과지불준비금을 많이 보유하고 있을 경우에는 통화승수가 크게 작아질 수 밖에 없는데 대표적인 경우가 1930년대의 미국의 대공황의 경우이다. 1929년부터 1933년까지 미국의 화폐공급(통화량)은 28%나 감소했는데 그 중요한 요인이 요구불예금에 대한 현금통화의 비율과 요구불예금에 대한 준비금의 비율이 모두 증가해서 통화승수(화폐승수)가 감소했기 때문이라는 것이다.

7. 대공황의 요인

이미 설명한 바와 같이 대공황의 주요 요인은 소비지출, 투자지출, 정부지출이 감소로 총지출이 감소했기 때문인데 이것이 일반론이며, 케인즈학파이론 또는 지출가설(spending hypothesis)이라고도 한다. 이에 대해서는 이미 설명이 되었기 때문에 더 이상의 설명이 필요없을 것이다.

이에 반해서 통화량이 감소로 인한 디플레이션(deflation)이 대공황의 주요요인이라고 주장하는 경제학자들을 가리켜 통화론자라고 하며 대표적인 경제학자가 프리드만(Friedman)이다. 이를 흔히 화폐가설(money hypothesis)이라고도 한다. 바꾸어 말한다면 대공황이 화폐(통화량의 감소)때문이라는 것이다.

위에서 설명한 바와 같이 당시에는 본원적 통화 또는 고성능 화폐가 감소한 것은 아니지만, 요구불예금에 대한 준비금의 비율인 지불준비율이 증가하였고, 요구불예금에 대한 현금통화의 비율도 증가하였기 때문에 통화승수(money multiplier)가 감소하여 화폐의 공급(통화량)이 감소했다는 것이다. 화폐의 공급이 감소하면 장기적으로 물가가 하락하여 디플레이션으로 인한 경기침체가 더욱 악화되게 된다. 따라서 이 문제는 인플레이션 이론에서 설명되어야 할 사항이지만 일반적으로 대공황은 케인즈 이론으로 설명되고 있기 때문에 IS-LM모델에서 설명되는 경우가 많은 것이다.

당시에 통화승수의 감소로 화폐공급이 단기간에 급속하게 감소했던 이유는 많은 은행이 파산으로 인한 은행의 위기(banking crisis)였기 때문이다. 이 때의 은행위기를 금융공황이라고도 한다. 따라서 2008년도의 미국의 금융위기나 1990년대 이후의 일본의 디플레이션과는 그 요인이 다르다고 볼 수 있을 것이다. 그리고 대공황이후 현재까지 당시와 같이 단기간에 화폐공급이 급격하게 감소하고 물가수준이 급속하게 하락한 예도 없었다.

대공황 당시의 디플레이션 요인이 1990년대 이후의 일본의 디플레이션의 요인과 서로 다르기는 하지만 두 경우 모두 확장적인 재정·금융정책이 필요했다는 점에서는 공통적이라고 할 수 있을 것이다. 이와 같은 경험을 바탕으로 2008년도 이후 미국의 금융위기로 인한 세계적인 경기침체를 성공적으로 극복하기 위해서 국제적인 정책공조(확장적인 재정·금융정책)가 이루어졌다고 할 수 있다. 이 문제는 이 책의 연구방법과 범위에서 벗어나는 문제이기 때문에 이 책에서는 더 이상 설명이 되지 않고 있다.

요 약

1. 화폐의 공급이란 일정시점에서 민간이 보유하고 있는 현금통화와 예금통화를 말하며, 예금통화는 예금은행이 대출과정에서 창조(공급)하기 때문에 100% 지불준비금은행에서는 예금통화를 창조할 수 없다.
2. 예금은행이 예금은행조직 밖에서 받은 원래의 예금을 본원적 예금이라 하는데 예금통화(요구불예금)의 창조과정(대출과정)은 본원적 예금이 모두 법정지불준비금으로 변할 때까지 계속된다.
3. 법정지불준비율을 r이라고 한다면 본원적 예금의 $\frac{1}{r}$ 배 만큼 예금은행이 예금통화를 창조하며, 법정지불준비율의 역수($\frac{1}{r}$)를 신용승수 또는 단순통화승수라 한다.
4. 중앙은행이 통화량을 증감시킬 수 있는 수단은 공개시장조작, 지불준비율정책, 재할인율정책등으로 구분되며, 공개시장조작은 중앙은행이 필요하다고 생각할 때면 언제든지 행할 수 있는 정책수단일 뿐만 아니라 동일한 목적을 수시로 서서히 달성할 수 있기 때문에 가장 널리 이용되는 정책수단이다. 이에 반해서 지불준비율정책은 일시에 통화량을 급속하게 변화시킬 필요성이 있을 때, 재할인율정책은 특수목적의 금융지원이 필요한 경우에 시행된다.
5. 예금은행은 법정지불준비금을 초과하여 초과지불준비금을 가지고 있는 것이 일반적인 현상이며, 현금 역시 예금은행조직 밖으로 누출되는 것이 일반적이기 때문에 중앙은행이 정확하게 의도한 것만큼 화폐공급량을 변화시킬 수 있는 것은 아니다. 다만 실제지불준비율과 현금통화비율의 근사치를 측정하여 화폐공급을 변화시키고 있다고 할 수 있다.
6. 실제지불준비율을 기초로 하고 현금이 누출된다는 현실적인 가정하에서는 은행이 그만큼 대출을 줄이고, 은행조직전체의 지불준비금이 또한 감소한다는 뜻이기 때문에 통화승수는 단순통화승수보다 작을 수 밖에 없다.
7. 미국의 대공황 당시에 화폐의 공급이 감소하였던 요인은 요구불예금에 대한 지불준비금의 비율과 요구불예금에 대한 현금통화의 비율이 모두 증가했기 때문이다.

중요개념

1. 화폐의 공급, P. 139
2. 현금통화, P. 139
3. 예금통화, P. 139
4. 요구불예금, P. 139
5. 당좌예금의 잔고, P. 139
6. 증권시장, P. 139
7. 국채, P. 139
8. 통화금융기관, P. 139
9. 예금은행, P. 139
10. 일반은행, P. 139
11. 특수은행, P. 139
12. 간접금융, P. 140
13. 금융중개기관, P. 140
14. 채권시장, P. 140
15. 주식시장, P. 140
16. 직접금융, P. 140
17. 대차대조표, P. 141
18. 자산, P. 141
19. 부채, P. 141
20. 순자산, P. 141
21. 자본, P. 141
22. 역사적 원가, P. 141
23. 차변, P. 141
24. 대변, P. 141
25. 지불준비금, P. 141
26. 시제금, P. 141
27. 법정지불준비금, P. 141
28. 초과지불준비금, P. 141
29. 100% 지불준비금은행, P. 141
30. 부분지불 준비율제도, P. 142
31. 법정지불준비율, P. 142
32. 화폐창조, P. 143
33. 예금통화의 창조, P. 143
34. 현금누출, P. 143
35. 승수과정, P. 144
36. 본원적 예금, P. 144
37. 신용승수, P. 145
38. 통화승수, P. 145
39. 파생적 예금, P. 145
40. 은행조직, P. 145
41. 순신용승수, P. 146
42. 공개시장조작, P. 146
43. 통화안정증권, P. 147
44. 지불준비율 정책, P. 147
45. 재할인율정책, P. 148
46. 본원통화, P. 149
47. 화폐공급함수, P. 149
48. 현금통화비율, P. 150

제 4 편

총수요와 총공급

제8장

총수요와 총공급의 이론

1. 이론의 개요
2. 총수요
3. IS-LM 분석과 총수요
4. 총공급
5. 거시경제의 단기균형과 장기균형
6. 경기 변동과 경제안정정책

1. 이론의 개요

한 경제의 산출량수준 즉 실질GDP는 기술수준이 불변이라면 자본저량과 노동량에 의해서 결정된다고 할 수 있으므로 거시경제의 생산함수는 다음과 같이 나타낼 수 있다.

$$Y = F(K, L)$$

이는 단순히 토지는 시간이 경과해도 불변이라고 할 수 있기 때문에 실질GDP는 자본저량과 노동량의 함수라는 뜻이다. 만약 기술이 진보한다면 생산요소 한 단위당 산출량 즉 생산성이 향상되기 때문에 생산함수 자체가 변화하며, 이는 규모에 대한 보수가 불변인 경우 다음과 같이 나타낼 수 있다.

$$Y = AF(K, L)$$

A는 노동 1단위와 자본 1단위가 생산할 수 있는 평균산출량수준으로 총요소생산성(total factor productivity)이라 하며, 기술수준을 나타낸다. 그리고 생산성의 향상이란 생산성의 증가율로 $\frac{\triangle A}{A}$로 나타낼 수 있다. 예를 들어 자본과 노동이 불변인데 총요소생산성이 5% 향상되었다면 실질GDP가 5% 증가했다는 뜻이며, 자본과 노동이 각각 4%씩 증가했는데 산출량 즉 실질GDP가 10% 증가했다면 나머지 6%가 기술의 진보로 인한 생산성이 향상된 결과라는 뜻이다. 지금까지 설명은 생산요소가 증가하거나 기술수준이 진보하면 경제가 성장한다는 경제성장이론을 요약한 것이다. 따라서 경제성장은 총수요와 관계없이 공급조건에 의해서만 결정된다는 고전적 이분법에 모순이 없게 된다.

그렇다면 1930년대의 대공황과 같이 경제가 침체하고, 실업률이 매우 높을 경우에도 고전적 이분법은 모순이 없는가? 오늘날에는 1930년대와 같은 대공황이 또다시 발생할 가능성이 없다고 할지라도 물가와 임금은 신축적이지 않고 단기적으로는 경직적이라고 볼 수도 있지 않는가? 오늘날 대부분의 경제학자들은 임금과 물가가 경직적이기 때문에 단기적으로는 총수요의 부족으로 실업이 증가하고 경제가 침체할 수도 있다고 보고 있다.

실업이 증가한다는 것은 고용이 감소하고 실질GDP가 감소한다는 뜻이다. 따라서 실질GDP는 단기적으로 고용수준에 따라서 결정되는데 이는 다음과 같이 나타낼 수 있다.

$$Y = F(\overline{K}, L) \text{ 또는 } Y = F(L)$$

즉, 단기적으로는 고용수준과 산출량수준이 총수요에 의해서 결정된다는 뜻이다. 총수요가 증가해서 고용수준이 증가하면 산출량수준도 증가한다. 다만 장기적으로는 공급조건에 의해서 산출량수준이 결정됨은 물론이다. 따라서 총수요와 총공급의 이론에서는 장기적인 조정과정이 중요한 문제가 되는데 잠재적GDP 또는 완전고용GDP를 기준으로 해서 분석되는 것이 일반적인 경향이다.

케인즈(Keynes)의 단순이론에서와 같이 단기에 물가가 완전 경직적이라면 총수요가 증가하더라도 물가는 불변이기 때문에 단기총공급곡선은 주어진 물가수준에서 수평이 되겠지만 총수요가 증가하면 일반적으로 물가가 상승하므로 총공급곡선은 우상향 하는 것이 일반적인 현상이며, 따라서 총공급곡선의 형태와 그 요인을 분석할 필요가 있다. 총공급곡선의 형태에 대해서는 다음 장에서 설명되며, 이 장에서는 단기적으로 왜 실질GDP가 잠재적GDP를 기준으로 해서 변동하는가 하는 기본적인 원리를 설명하는데 초점을 두었다.

2. 총수요

총수요(총지출)란 다른 요인이 일정할 경우 각각의 물가수준에서의 소비지출, 투자지출, 정부지출, 순수출을 합계해준 것을 말하며, 총수요곡선이란 다른 요인이 일정할 때 물가수준과 총지출과의 관계를 그림으로 나타낸 것을 말하는데 〔그림 8-1〕에서 보는 바와 같이 우하향 하고 있다.

그림에서 보는 바와 같이 물가수준이 P_0일 때는 가계와 기업과 정부와 해외부문이 구매하고자 하는 모든 재화와 용역의 총수요량은 Y_0이며 물가수준이 P_1으로 하락하면 총수요량(총지출)은 Y_1으로 증가한다. 이와는 반대로 물가수준이 상승하면 총지출이 감소함은 물론이다.

물가수준이 하락할 때 총지출이 증가하는 이유는 소비지출, 투자지출, 순수출이 증가하기 때문이다. 물가가 하락하면 소비자들이 보유하고 있

[그림 8-1] 총수요곡선

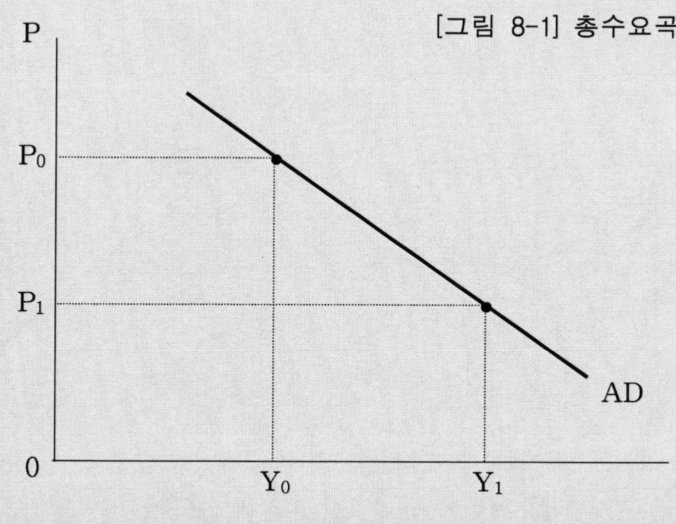

는 금융자산의 가치가 상승하기 때문에 주어진 금융자산으로 더 많은 재화와 용역을 구입할 수 있고 따라서 소비지출이 증가하는데 이를 부의 효과(wealth effect)라 한다. 물가가 하락 할 때 투자지출과 순수출이 증가하는 이유는 실질통화량의 증가로 이자율이 하락하고 원·달러의 실질환율이 상승하기 때문이다. 실질 환율의 상승효과에 대해서는 개방경제에서 설명하는 것이 일반론이다. 따라서 총수요와 총공급의 이론은 일반적으로 봉쇄경제를 분석의 대상으로 하고 있다. 끝으로 정부지출은 정책변수로서 물가수준과는 관계없이 경제정책에 의해서 결정된다.

물가수준과 총지출과의 관계에서 가장 중요한 것이 투자지출이다. 이미 설명한 바 있지만 물가수준이 하락할 때 투자지출이 증가하고 총지출이 증가하는 과정을 요약하면 다음과 같다.

(1) 물가수준이 하락하면 실질통화량이 증가한다.

(2) 실질통화량이 증가하면 이자율이 하락한다.

(3) 이자율이 하락하면 투자지출과 총지출이 증가한다.

[그림 8-2] 물가와 투자지출과의 관계

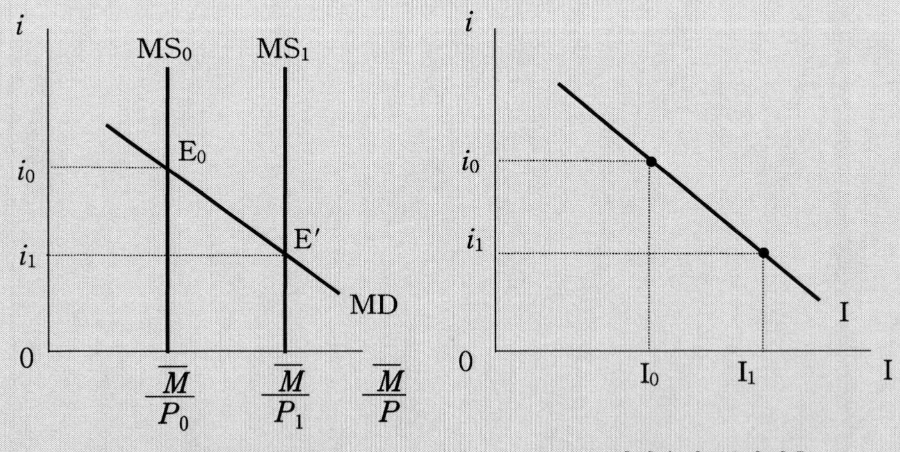

(a) 물가수준과 이자율 (b) 이자율과 투자지출

실질통화량은 명목통화량을 물가수준으로 나누어준 것이다. 〔그림 8-2〕에서 보는 바와 같이 주어진 명목통화량이 $\overline{M}$ 이고 물가수준이 P_0 에서 P_1으로 하락했다면, 실질통화량은 $\frac{\overline{M}}{P_0}$ 에서 $\frac{\overline{M}}{P_1}$ 로 증가하며 따라서 화폐의 공급곡선이 우측으로 이동한다.

그러므로 원래의 이자율수준 i_0에서는 화폐의 초과공급이 발생하게 된다. 화폐의 초과공급이 발생하게 되면 채권가격이 상승하고 이자율이 하락하는데, 실질화폐에 대한 수요량이 증가해서 화폐의 공급량과 일치할 때까지 하락하게 되며, 따라서 새로운 균형이자율은 i_1이 된다. 즉 새로운 균형은 새로운 공급곡선이 불변인 수요곡선과 교차하는 E'점에서 이루어진다.

이자율이 i_0에서 i_1으로 하락하게 되면 투자지출이 I_0에서 I_1으로 증가한다. 따라서 총지출이 증가하며, 물가수준과 총지출과의 관계는 역의 관계가 성립하여 우하향 하는 총수요곡선이 된다.

[그림 8-3] 총수요곡선의 이동

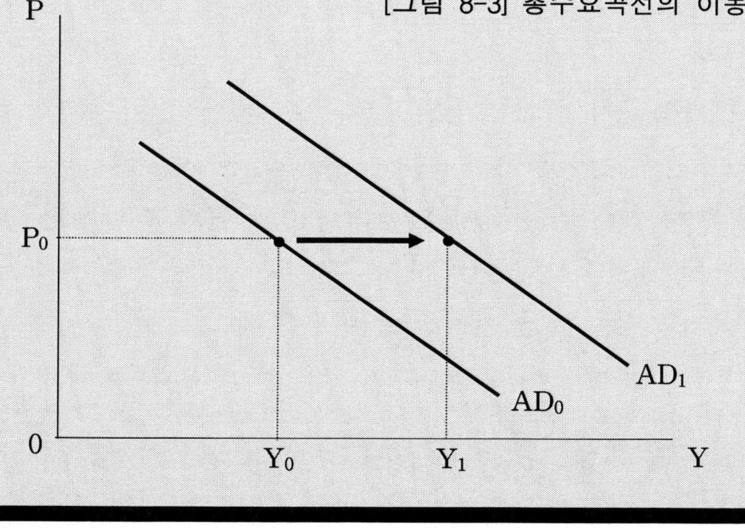

물가수준 이외에 총지출을 변화시키는 다른 요인이 변화하면 총수요곡선이 이동한다. 재정정책변수로서 정부지출이 증가하거나 조세가 감소하면 〔그림 8-3〕과 같이 오른쪽으로 이동하며 그 반대일 때는 왼쪽으로 이동한다. 금융정책변수인 통화량이 증가했을 때는 오른쪽으로 이동하고 그 반대일 때는 왼쪽으로 이동한다. 재정정책변수와 금융정책변수를 합하여 정책변수 또는 정책수단이라 한다. 정책변수 이외에도 총수요를 증가시키는 요인이 발생하면 총수요곡선이 오른쪽으로 이동하며, 그 반대일 때는 왼쪽으로 이동하는데 이를 흔히 외생적인 총수요의 변화(demand shock)라 한다. 정책 변수 이외에 총수요곡선을 이동시키는 요인은 예상의 변화, 부의 변화, 자본저량의 변화 등이다. 그 중에서 가장 중요한 것이 예상의 변화인데, 소비자와 기업이 미래에 대한 예상이 낙관적일 때는 소비지출과 투자지출이 증가하므로 오른쪽으로 이동하고 그 반대일 때는 왼쪽으로 이동한다.

3. IS-LM분석과 총수요

이미 설명한 바와 같이 물가수준이 하락하면 실질통화량이 증가하고 이자율이 하락해서 투자지출과 총지출이 증가하기 때문에 총수요곡선은 우하향 한다.

이는 실질통화량이 증가로 LM곡선이 우측으로 이동하기 때문에 수요측면의 국민소득수준이 증가한다는 것과 꼭같은 내용이다. LM곡선은 명목통화량의 변화로 발생한 것이든 물가수준이 변화로 발생한 것이든 실질통화량 그 자체가 변화하면 이동하게 되는데 실질통화량이 증가하면 오른쪽으로 이동하고 감소하면 왼쪽으로 이동한다.

주어진 명목통화량이 $\overline{M}$ 이고 물가수준이 P_0에서 P_1으로 하락했다면, 실질통화량은 $\frac{\overline{M}}{P_0}$에서 $\frac{\overline{M}}{P_1}$으로 증가한다. 실질통화량이 증가하면 화폐시장에서 이자율이 하락하는데 이는 주어진 소득수준에서 이자율의 하락을 뜻하므로 〔그림 8-4〕에서 보는 바와 같이 LM곡선이 우측으로 이동한다. 따

[그림 8-4] 총수요곡선의 도출

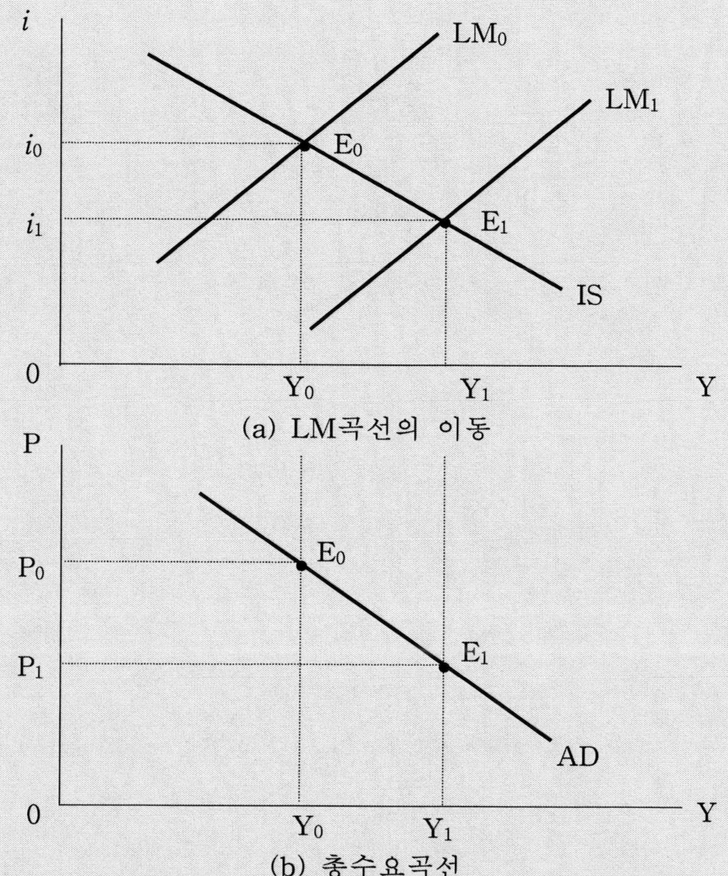

라서 물가수준이 P_0에서 P_1으로 하락하면, 균형국민소득수준은 Y_0에서 Y_1으로 증가하므로 이를 다른 직각좌표상에 나타내면 총수요곡선(AD)이 된다.

확장적인 재정정책 즉 정부지출이 증가하거나 조세가 감소해서 IS곡선이 〔그림 8-5〕에서 보는 바와 같이 우측으로 이동하고 수요측면의 국민소득이 Y_0에서 Y_1으로 증가했다면, 이는 주어진 물가수준 P_0에서의 국민소득이 Y_0에서 Y_1으로 증가했다는 뜻이므로 그림에서 보는 바와 같이 총수요곡선이 AD_0에서 AD_1으로 이동하게 된다.

[그림 8-5] 재정정책과 총수요곡선의 이동

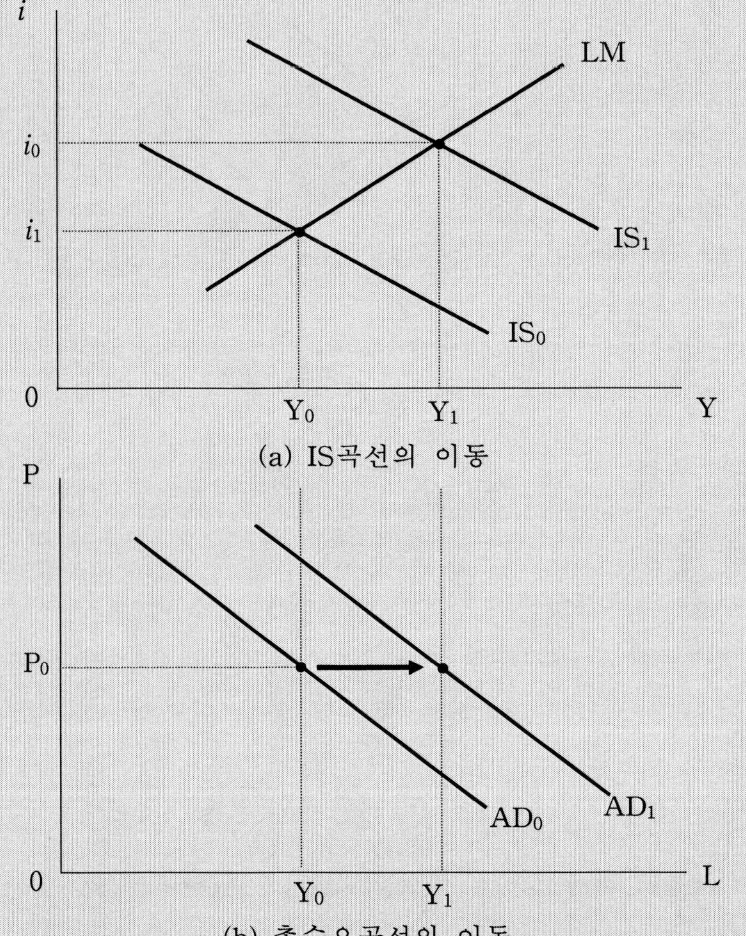

(b) 총수요곡선의 이동

이와는 반대로 긴축적인 재정정책으로 정부지출이 감소하거나 조세가 증가하는 경우에는 총수요곡선이 좌측으로 이동한다. 확장적인 금융정책으로 명목통화량이 증가해서 LM곡선이 〔그림 8-6〕에서 보는 바와 같이 우측으로 이동하고 수요측면의 국민소득이 Y_0에서 Y_1으로 증가했다면 이는 주어진 물가수준 P_0에서의 국민소득이 Y_0에서 Y_1으로 증가했다는 뜻이므로 총수요곡선이 AD_0에서 AD_1으로 이동하게 된다. 이와는 반대로 긴축적인 금융정책으로 명목통화량이 감소하는 경우에는 총수요곡선이 좌측으로 이동한다.

[그림 8-6] 금융정책과 총수요곡선의 이동

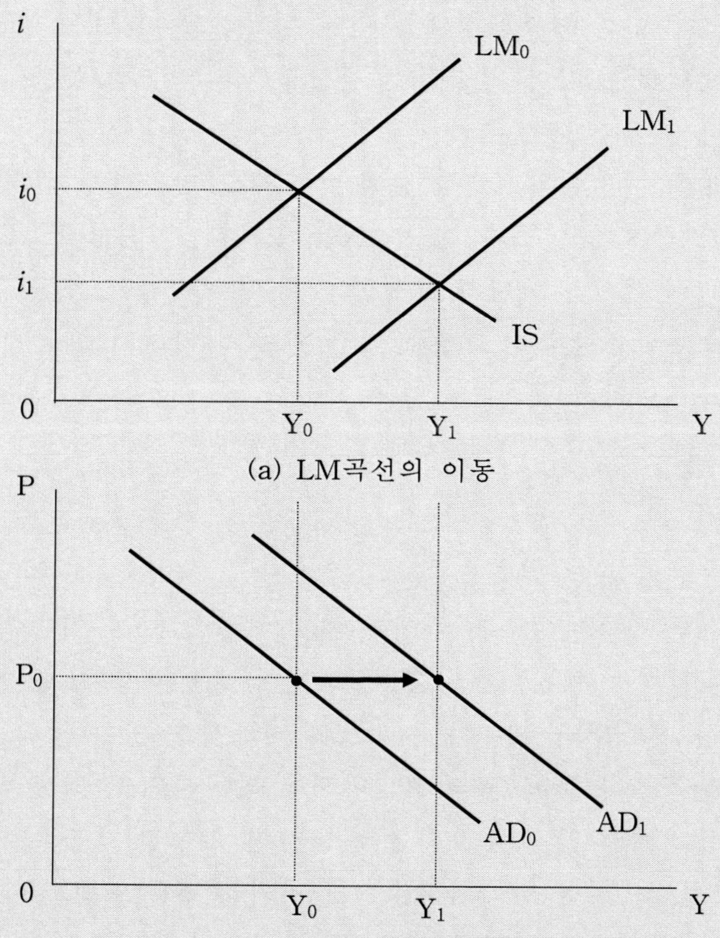

(a) LM곡선의 이동

(b) 총수요곡선의 이동

화폐수량설 측면에서 총수요를 생각할 수도 있다. 화폐의 유통속도(V)가 일정하고 화폐의 공급량(M)이 주어져 있다면 물가수준(P)과 총거래량(총수요)은 역의 관계가 있기 때문이다. 이는 화폐의 측면에서 총수요를 분석하고자 할 때 유용하게 이용할 수 있는 개념으로 또 하나의 총수요이론이라고 할 수 있다.

끝으로 IS-LM분석은 봉쇄경제를 분석의 대상으로 하고 있다. 왜냐하면 이론을 단순화하여 봉쇄경제를 먼저 설명하고 난 다음 이를 기초로 개방경제를 설명하는 것이 전통적인 거시경제의 연구방법론이기 때문이다. 뿐만 아니라 미국과 같은 경제대국인 경우에는 순수출보다 투자지출이 중요하기 때문에 이자율과 투자지출과의 관계를 명확하게 설명할 필요성이 있다는 점도 중요한 이유가 될 수 있을 것이다. 이처럼 IS-LM분석은 현실을 매우 단순화시킨 하나의 모델에 지나지 않지만 전통적인 총수요이론으로서 재정·금융정책을 설명하는 데 매우 편리하기 때문에 거시경제의 기본적인 모델이라고 할 수 있다.

4. 총공급

장기적으로 산출량수준은 주어진 자원(생산요소)과 기술수준으로 생산할 수 있는 생산능력(장기총공급)에 의해서 결정되지만, 단기적으로는 한 경제의 생산능력 뿐만 아니라 총수요에 의해서도 영향을 받는다는 점 때문에 단기총공급이 문제가 된다. 바꾸어 말한다면 장기총공급은 고전적 이분법의 논리에 따라 총수요와는 관계없이 주어진 생산요소와 기술수준에 의해서 결정되지만 단기적으로는 물가가 실질GDP에 영향을 미친다는 점이다. 따라서 장기총공급곡선은 물가와는 관계없이 〔그림 8-7〕에서 보는 바와 같이 주어진 잠재적 GDP수준에서 수직이다. 생산요소가 증가하거나 기술이 진보해서 경제가 장기적으로 성장하는 경우에는 장기총공급곡선이 우측으로 이동한다.

[그림 8-7] 잠재적 GDP(Y*)와 장기총공급곡선

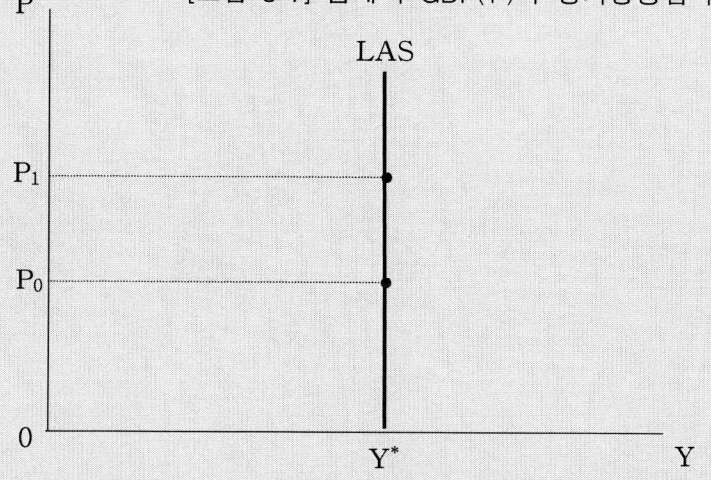

단기 총공급이 물가수준에 의해서 영향을 받는 가장 중요한 이유는 임금이 단기적으로 신축적이지 못하기 때문이다. 이에 대한 자세한 논의는 다음 장에서 설명되고 있다. 임금이 단기적으로 신축적이지 못하다는 것은 물가가 변화하는 경우 물가의 변화율과 똑같이 임금이 변화하지 않는다는 것으로 이를 화폐임금(명목임금)의 경직성이라 한다. 예를 들면 1년이나 2년 동안 일반적으로 임금은 노동계약이나 여러 가지 사회적인 제도 때문에 주어져 있다고 할 수 있다. 이론을 단순화하기 위해서 화폐임금 또는 명목임금이 단기적으로 완전히 고정되어 있다고 가정하기로 하자.

물가가 상승하는 경우 화폐임금(명목임금)이 고정되어 있다면 실질임금은 하락하는데, 실질임금이 하락하면 기업은 이윤을 극대화하기 위해서 고용을 늘리고 생산을 증가시킨다. 따라서 단기적인 총공급곡선은 [그림 8-8] 에서 보는 바와 같이 우상향 하게 된다.

단기총공급곡선은 화폐임금이 상승하거나 다른 요소비용이 상승하는 경우에는 왼쪽으로 이동하고 하락하는 경우에는 오른쪽으로 이동한다. 다른 요소비용으로 중요하게 논의되는 것이 원료와 원유가격이다. 그 외에

[그림 8-8] 단기 총공급곡선

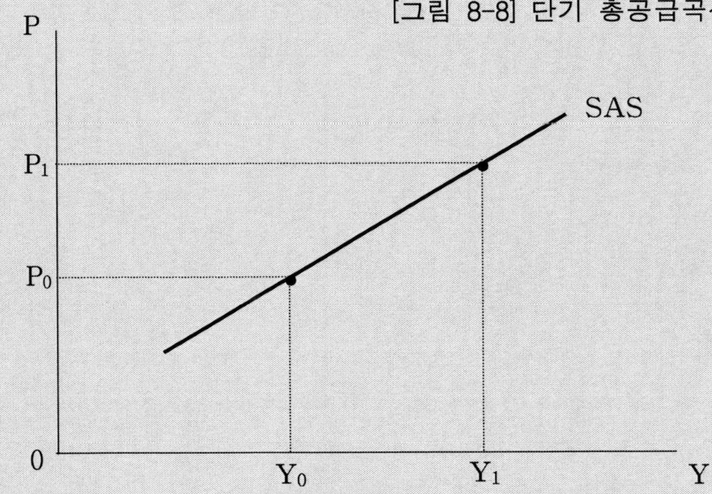

총공급곡선을 이동시키는 중요한 요인은 생산성이다. 생산성이 향상으로 노동단위당 산출량이 증가하면 총공급곡선이 오른쪽으로 이동한다.

단기총공급곡선이 우상향 한다는 것은 단기적인 측면에서 볼 때 실질 GDP는 생산능력(잠재적GDP)보다 클 수도 있고 작을 수도 있다는 뜻이다. 즉, 주어진 자원을 과도하게 이용해서 잠재적 산출량수준보다 많이 생산할 수도 있고 과소고용으로 잠재적 산출량수준보다 적게 생산할 수도 있다는 것이다. 따라서 단기총공급곡선의 위치를 결정하는 것은 예상물가수준이 일정할 경우 잠재적 산출량수준이며, 경제가 성장해서 〔그림 8-9〕에서 보는 바와 같이 잠재적산출량수준이 증가하고 장기총공급곡선이 오른쪽으로 이동하는 경우에는 단기총공급곡선도 따라서 이동한다.

잠재적산출량수준은 거시경제분석의 기준이 되는 산출량이며, 잠재적 산출량수준에서의 실업률은 자연실업률수준이 된다. 왜냐하면 자원을 과도하게 이용하지도 않고, 과소이용 즉 경기적 실업도 존재하지 않는 산출량수준이기 때문이다.

[그림 8-9] 장기 총공급곡선의 이동

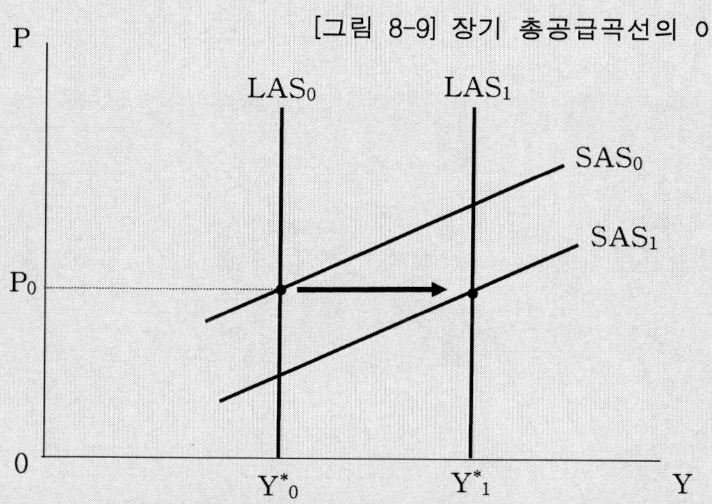

5. 거시경제의 단기균형과 장기균형

총수요와 총공급이 상호작용에 의해서 균형물가수준과 균형산출량(실질GDP)수준이 결정된다. 〔그림 8-10〕에서 보는 바와 같이 물가수준이 균형물가수준보다 높은 경우에는 가계와 기업과 정부와 해외부문이 구매하고자 하는 것보다 기업이 판매하고자 하는 수량이 더 많기 때문에 재고가 축적된다. 따라서 기업은 생산을 줄이고 물가는 하락한다. 물가가 하락함에 따라 소비자의 소비지출, 기업의 투자지출, 순수출 등이 증가함으로 총지출이 증가한다. 물가수준이 균형물가수준이 되면 기업은 판매하고자 하는 것만큼 모두 판매하였고 구매자는 구매하고자 하는 것만큼 모두 구매하였으므로 다른 요인이 변화가 없는 한 물가수준과 실질GDP수준은 변화되지 않는다.

물가수준이 균형물가수준보다 낮은 경우에는 기업이 판매하고자 하는 것보다 구매자가 구매하고자 하는 수량이 더 많기 때문에 상품부족(초과수요)현상이 발생하며, 따라서 모든 재화의 가격이 상품부족현상이 소멸할 때까지 상승한다.

[그림 8-10] 균형물가수준과 산출량수준의 결정

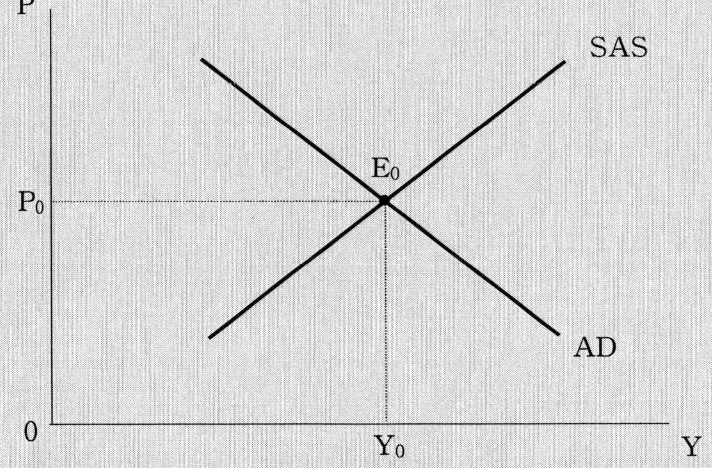

그림에서 균형물가수준은 P_0이고 균형산출량수준은 Y_0이다.

이론의 단순화를 위해서 Y_0의 실질GDP수준이 잠재적GDP라고 한다면 장기총공급곡선은 Y_0수준에서 수직이다. 따라서 E_0점은 단기균형일 뿐만 아니라 장기균형점이다.

그런데 〔그림 8-11〕에서 보는 바와 같이 외생적으로 총수요가 감소해서 총수요곡선이 AD_0에서 AD_1으로 이동했다면 새로운 단기균형은 E_1에서 이루어지게 된다. 여기에서 문제가 되는 것이 바로 임금의 경직성의 문제이다. 바꾸어 말한다면 임금이 경직적이기 때문에 E_1점은 단기적으로 균형점이 될 수 있고 따라서 물가수준은 P_1이고 실질GDP수준은 Y_1에서 결정된다는 것이다.

그러므로 실업이 증가하고 경기는 침체한다. 왜냐하면 잠재적GDP수준보다 실제적GDP(Y_1) 수준이 낮기 때문이다.

[그림 8-11] 단기균형과 장기균형

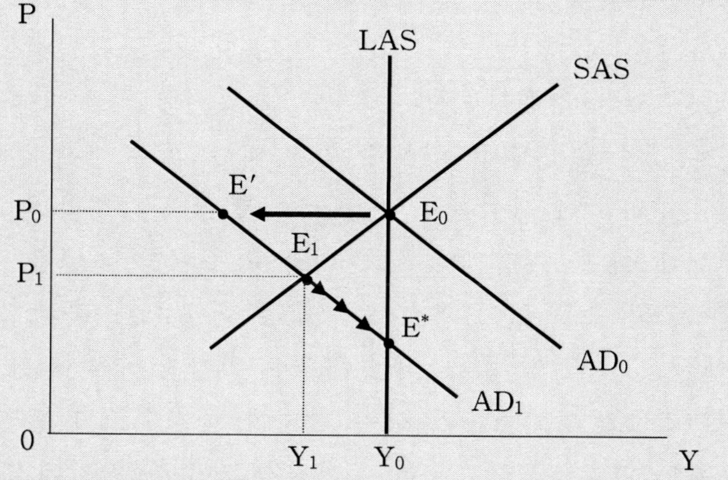

만약에 화폐임금이 장기적으로도 경직적이라면 E_1점은 장기균형이 될 수 있을 것이다. 그러나 장기적으로는 임금이 경직적이지 않고 신축적으로 변화된다. 장기적으로 화폐임금이 조정되어 실질임금이 원래의 실질임금수준으로 하락하게 됨에 따라 기업은 산출량을 늘리게 되므로 새로운 장기균형점은 E^*가 된다. 총수요가 변화되기 전의 장기균형과 변화된 후의 장기균형을 비교해 볼 때 물가만이 하락하였다. 바꾸어 말한다면 총수요의 변화는 단기적으로는 산출량과 고용수준에 영향을 미치지만 장기적으로는 물가와 임금이 신축적이기 때문에 산출량과 고용수준에는 영향을 미칠 수 없고 다만 물가수준에만 영향을 미친다는 점이다. 이는 주어진 자원과 기술수준으로 생산할 수 있는 잠재적GDP를 중심으로 경기가 변동한다는 것을 뜻한다.

그런데 문제가 되는 것은 이와 같은 장기조정이 경우에 따라서는 10년이 걸릴 수도 있다는 점이다. 1930년대의 대공황이 그랬다. 그리고 임금이나 유가가 매년 과도하게 장기적으로 상승하는 경우에는 단기총공급곡선이 위쪽으로 계속해서 이동하는 경우가 되기 때문에 인플레이션이

1970년대 이후 중요한 경제문제가 되었다고 할 수 있다. 그림에서 장기조정을 단기총공급곡선의 이동으로 표시하지 않고 화살표로 표시한 이유는 단순화하기 위한 것에 지나지 않으므로 단기총공급곡선이 점차적으로 이동하는 것으로 생각해도 좋다.

지금까지 설명에 의해서도 알 수 있는 바와 같이 거시경제의 단기분석은 잠재적GDP와 자연실업률을 기준으로 해서 생각한다면 거시경제이론을 이해하는데 매우 편리하다. 그 이유는 주어진 자원을 단기적으로는 과도하게 이용할 수도 있고 과소이용 할 수도 있으나 결국 경제가 생산할 수 있는 생산능력 즉 잠재적GDP수준으로 귀착될 수밖에 없기 때문이다. 끝으로 케인즈(Keynes)이론과 같이 단기에 물가수준이 완전히 고정되어 있는 경우에는 단기총공급곡선이 주어진 물가수준(P_0)에서 수평인 경우에 해당하므로 E' 점에서 균형을 이룬다. E' 점에서 균형을 이루는 경우에도 장기적인 조정과정은 단기총공급곡선이 우상향 하는 것과 다를 바가 없다.

6. 경기 변동과 경제안정정책

경기변동은 실제적인 산출량수준이 잠재적인 산출량수준보다 높거나 낮기 때문에 발생한다. 실제적인 산출량수준이 잠재적 산출량수준보다 낮을 경우를 경기침체라 하는데 경기가 침체하면 실업이 증가하기 때문에 문제가 된다. 이와는 반대로 실제적인 산출량수준이 잠재적 산출량수준보다 높다면 인플레이션이 문제가 되기 때문에 물가를 안정시킬 필요성이 있게 된다. 경제안정정책이란 이와 같은 경기변동폭을 줄이기 위한 재정·금융정책을 말한다. 이에 대한 자세한 내용은 제10장 "총수요 관리정책"에서 자세히 설명되고 있지만 거시경제의 장·단기 균형과 관련 시켜 보는 것은 이론적으로 매우 중요하다고 할 수 있다.

[그림 8-12] 경기변동과 경제안정정책

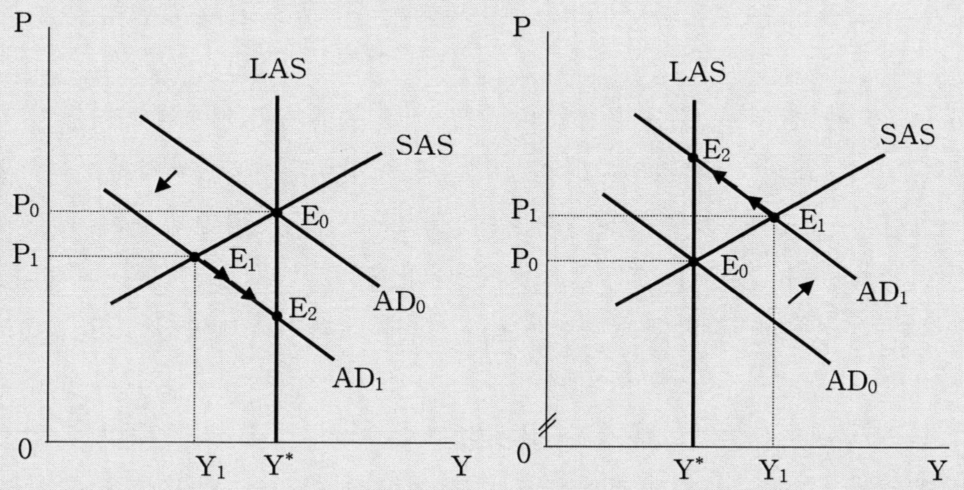

(a) 총수요가 외생적으로 감소한 경우 (b) 총수요가 외생적으로 증가한 경우

이론을 단순화하기 위해서 [그림 8-12]와 같이 잠재적 산출량 수준(Y^*)에서 장기균형을 이루고 있었는데, (a)에서 보는 바와 같이 총수요가 외생적으로 감소하여 경기가 침체한 경우와 (b)에서 보는 바와 같이 총수요가 외생적으로 증가하여 인플레이션이 문제가 되는 경우를 보기로 하자.

거시경제의 장·단기 균형이론에 의한다면 단기적으로 산출량 수준이 잠재적인 산출량 수준보다 낮아 실업이 증가하고 경기가 침체하는 경우에도 장기적으로는 물가가 하락하기 때문에 경제가 자동적으로 조정되어 산출량수준은 잠재적 산출량수준이 되고 실업률은 자연실업률 수준이 된다는 것이다. 그렇다면 왜 경기가 침체하면 확장적 재정·금융정책이 필요한 것일까? 그 이유는 단순히 경제가 자동적으로 조정되어 정상적인 상태가 되기까지는 장기를 필요로 하기 때문에 이에 대한 비용이 너무 크고 따라서 확장적인 재정·금융정책으로 총수요곡선을 오른쪽으로 이동시켜 경제를 안정시킬 필요성이 있다는 것이다.

이와는 반대로 그림(b)에서 보는 바와 같이 산출량 (실질GDP)수준이 잠재적 GDP수준보다 높은 경우는 실업률은 자연실업률 수준보다도 낮다.

그렇다면 왜 실질GDP수준이 높고 실업률이 매우 낮은 상태인데도 총수요를 감소시켜 원래의 균형상태에서 경제를 안정시킬 필요성이 있는 것일까? 그 이유는 물가안정이 중요한 경제적인 목표일 뿐만 아니라 실제적인 GDP수준은 잠재적 GDP수준보다 장기적으로 높은 수준일 수 없기 때문이다. 이에 대한 구체적인 내용은 인플레이션이론에서 설명하고 있다.

이상의 설명이 총수요의 외생적인 변화로 인한 경기변동이다. 경기변동은 총수요가 외생적으로 변화했을 때만이 아니라 총공급이 외생적으로 변화하는 경우에도 발생한다. 중요한 것이 스태그플레이션(stagflation)이다. 스태그플레이션은 총공급이 외생적으로 감소하여 총공급곡선이 왼쪽으로 이동하기 때문에 경기가 침체하고 물가가 상승하는 현상을 말한다.

바꾸어 말한다면 경기침체와 인플레이션이 동시에 발생하는 현상을 말한다. 스테그플레이션인 경우에는 총수요를 증가시켜 경제를 회복시키려고 하면 인플레이션이 더욱 악화되고, 총수요를 감소시켜 물가를 안정시키려고 한다면 경기가 더욱 침체하기 때문에 문제가 되는 것이다. 따라서 이는 정책상의 선택의 문제일 수 밖에 없다.

인플레이션이 장기화하여 물가상승률이 외국에 비해서 장기적으로 높은 경우에는 반인플레이션 정책으로 물가상승률을 하락시킬 필요성이 있게 된다. 이렇게 해서 물가상승률이 하락하는 현상을 디스인플레이션(disinflation)이라 한다. 따라서 산출량수준이 감소하고 실업률이 높게 되는데 이를 희생률(sacrifice ratio)이라 한다.

바꾸어 말한다면 물가상승률을 하락시키는데 따르는 비용이 희생률이다.

끝으로 경제성장이 주어져 있다면 단기총공급곡선의 위치를 결정하는 것은 예상물가수준(예상물가상승률)이다. 그림에서는 화살표로 표시되는 경우가 많은데 시간이 경과함에 따라 예상물가수준의 변화로 단기총공급곡선이 점진적으로 이동한다는 것을 뜻하는 것이다. 예상물가수준(예상물가상승률)은 인플레이션을 결정하는 중요한 요인이기 때문에 인플레이션이론에서 체계적으로 분석되고 있다.

이상의 설명에서 알 수 있는 바와 같이 총수요와 총공급이론에서 물가수준이 하락했다는 것은 장기적인 물가수준의 변화추세를 기준으로 물가가 하락했다는 뜻이며, 물가 수준이 상승했다는 것은 장기적인 물가수준이 변화추세로 볼 때 물가가 상승했다는 뜻이다. 예를 들어 장기적으로 매년 물가상승률이 3%가 정상인데 당해연도에 2%만 상승했다고 한다면 물가가 1% 하락했다는 뜻이다. 이것이 중요한 이유는 2차 세계대전 이후에는 일본을 제외하고는 실제적으로 물가가 하락한 경우가 거의 없기 때문이다. 바꾸어 말한다면 우리는 인플레이션 시대에 살고 있기 때문이다.

요 약

1. 경제성장은 총수요와 관계없이 공급조건에 의해서 결정되지만, 단기적으로는 물가와 임금이 경직적이기 때문에 고용수준과 산출량(실질 GDP)수준이 총수요에 의해서 결정된다.
2. 물가수준이 하락하면 소비지출, 투자지출, 순수출이 증가하기 때문에 총수요곡선은 우하향한다. 물가수준과 총지출과의 관계에서 가장 중요한 것이 투자지출이다. IS-LM곡선으로부터 도출된 총수요곡선은 이를 강조하고 있다.
3. IS-LM분석을 기초로 해서 도출된 총수요곡선이 널리 이용되는 이유는 전통적인 이론일 뿐만아니라 재정・금융정책을 논하는데 매우 편리하기 때문이다. IS-LM분석은 봉쇄경제를 분석의 대상으로 하고 있다.
4. 확장적인 재정정책과 금융정책은 총수요곡선을 오른쪽으로 이동시키며, 긴축적인 재정정책과 금융정책은 총수요곡선을 왼쪽으로 이동시킨다.
5. 장기적으로 총공급은 주어진 자원과 기술수준으로 생산할 수 있는 생산능력에 의해서 결정되기 때문에 주어진 잠재적 GDP수준에서 수직이지만, 단기적으로는 물가와 임금이 경직적이기 때문에 단기총공급곡선은 우상향한다.
6. 단기적으로 총수요는 산출량과 고용수준에 영향을 미칠 수 있지만 장기적

으로는 물가와 임금이 조정되기 때문에 물가수준에만 영향을 미친다.

7. 경기변동은 실제적인 산출량(실질GDP) 수준이 잠재적 GDP보다 높거나 낮기 때문에 발생하는 현상이다.

중요개념

1. 거시경제의 생산함수, P. 159
2. 총요소생산성, P. 159
3. 고전적 이분법, P. 159
4. 임금과 물가의 경직성, P. 159
5. 완전고용GDP, P. 161
6. 총공급곡선의 형태, P. 161
7. 총수요, P. 161
8. 총수요곡선, P. 161
9. 부(wealth)의 효과, P. 162
10. 정책변수, P. 164
11. 정책수단, P. 164
12. 총수요곡선의 이동, P. 164
13. IS-LM분석, P. 164
14. 총수요곡선의 도출, P. 165
15. 화폐수량설과 총수요, P. 165
16. 봉쇄경제, P. 168
17. 총공급, P. 169
18. 장기총공급, P. 169
19. 단기총공급, P. 169
20. 화폐임금의 경직성, P. 169
21. 단기총공급곡선, P. 169
22. 단기총공급곡선의 이동, P. 169
23. 단기총공급곡선의 위치, P. 171
24. 균형물가수준, P. 171
25. 균형산출량수준, P. 171
26. 단기균형, P. 172
27. 장기균형, P. 172
28. 장기조정, P. 174
29. 케인즈의 단기총공급곡선, P. 174

제9장

총공급곡선의 형태

1. 물가와 임금의 신축성
2. 화폐임금 경직성이론
3. 물가에 대한 노동자의 정보와 지식의 불완전성
4. 가격의 문제
5. 예상물가수준의 변화

1. 임금과 물가의 신축성

임금과 물가의 신축성이란 물가가 변화되는 경우 기업의 요소비용 중에서 가장 중요한 요소비용인 임금이 물가의 변화율만큼 변화하는 경우를 말한다. 임금이 물가의 변화율만큼 변화한다면 실질임금이 불변이기 때문에 노동시장에서 노동의 고용이 변화되지 않을 것이고 따라서 산출량(실질GDP)이 물가의 변화율과 관계없이 잠재적 GDP수준에서 일정하게 된다.

이미 설명한 바와 같이 장기에는 임금과 물가가 신축적이기 때문에 장기총공급곡선은 주어진 자원과 기술수준으로 생산할 수 있는 생산능력 즉 잠재적GDP수준에서 수직이다. 그렇다면 단기총공급곡선의 형태는 어떤가? 단기에는 그렇지 않다고 보는 것이 오늘날의 일반적인 견해이다.

단기에 임금과 물가가 신축적이지 않고 경직적인 요인은 다음과 같은 이유 때문이다. 첫째, 물가가 변화할 때 화폐임금(명목임금)이 물가의 변화율만큼 변하지 않기 때문이다. 이를 흔히 화폐임금 경직성모델(sticky wage model)이라 한다. 거시경제의 단기문제로서 가장 중요한 문제가 임금의 경직성의 문제이다. 단기에도 임금이 신축적이라고 주장하는 경제학자는 거의 없다고 할 수 있다.

임금은 직종과 직급 및 호봉에 따라서 일단 결정되고 나면 노동의 과부족이 발생하는 경우에도, 단기에는 임금이 조정되어 고용이 결정되는 것이 아니라 자격요건 등의 제도적 여건이 조정되어 고용이 결정되는 경우가 일반적이다. 그 이유는 임금을 조정하는데 많은 시간이 필요할 뿐만 아니라 공평성의 문제로 말미암아 노동자들의 불만을 야기시키는 경우가 많기 때문이다.

특히 노조에 의한 노동계약이 유효한 기간 동안에는 노동의 과잉공급이나 초과수요가 발생하더라도 임금이 조정되지 않는 것이 일반적인 현실이다. 그리고 노동조합의 노동자들은 실업이 발생하는 경우에도 균형임금보다 높은 수준의 임금을 요구하는 경우가 많다.

둘째요인은 노동자들이 물가의 변화를 정확하게 알 수 없는 것이 일반적이다. 이와 같은 이유때문에 예상물가 수준은 단기적으로 주어져 있다고 보고 이론이 전개되는 것이 일반적이다. 모든 노동자들이 소비자물가지수를 정확하게 알고 있다면 노동의 공급은 화폐임금을 물가수준(소비자물가지수)으로 나누어준 실질임금에 따라서 결정되겠지만, 물가지수를 정확하게 알 수 없기 때문에 화폐임금이 오르면 실질임금도 상승한 것으로 생각하는 경우가 일반적인 현상이다.

예를 들어 물가가 오르고 노동에 대한 수요가 증가해서 화폐임금이 상승하는 경우를 보기로 하자. 단기적으로 물가의 상승률만큼 화폐임금이 상승하지 않는다면 실질임금이 하락하고, 실질임금이 하락하면 기업은 고용을 늘리기 때문에 산출량(실질GDP)수준은 증가한다. 이는 노동자들의 물가수준에 대한 지식과 정보가 부족하기 때문에 발생하는 것이라 하여 화폐환상(money illusion) 또는 정보와 지식의 불완전성모델(worker misperception model)이라 한다.

임금과 물가의 경직성의 요인으로서 이상에서 설명한 두 가지 요인이 단기총공급곡선의 형태를 결정하는 중요한 요인이라 할 수 있다. 그런데 임금뿐만 아니라 기업의 생산비 중에서 중요한 항목이라고 할 수 있는 임대료, 전기, 가스, 수도 및 전화료 등도 단기에는 고정되어 있다. 뿐만 아니라 원료와 부품 등의 가격도 장기적인 계약에 의해서 공급되는 경우가 많다. 임금 이외에 다른 요소의 가격이 단기에 고정되어 있을 경우 또한 단기총공급곡선의 형태를 결정하는 중요한 요인이기는 하지만 일반적으로 거시경제학에서 중요하게 다루어지는 것이 임금의 경직성이론이라 할 수 있다. 다만 이론의 단순화를 위해서 케인즈이론과 같이 물가가 완전히 경직적이라고 보고 단기총공급곡선을 주어진 물가수준에서 수평이라고 가정한 후 이론이 전개될 수도 있다.

2. 화폐(명목)임금 경직성이론(sticky wage model)

기업의 생산비중에서 가장 중요한 것이 임금이다. 이미 설명한 바와 같이 임금은 단기적으로 물가가 변화하더라도 변화되지 않는 성격이 있다. 물론 부분적으로는 물가가 변화할 때 명목임금(화폐임금)이 조정되는 경우도 있지만 이론의 단순화를 위하여 단기적으로 명목임금은 완전히 고정되어 있다고 하자.

물가가 변화할 때 화폐임금이 변화되지 않는다면 실질임금이 변화하고 따라서 고용과 산출량(실질GDP)수준이 변화한다. 예를 들어 물가가 하락하는 경우 명목임금이 하락하지 않는다면 실질임금이 상승한다. 실질임금이 상승하면 기업은 고용을 줄일 것이기 때문에 기업이 생산해서 판매하고자 하는 산출량수준은 감소하고 따라서 단기총공급곡선은 우상향 한다.

실질임금(w)은 명목임금(W)을 물가수준(P)으로 나누어준 것이므로 물가가 상승할 때 명목임금이 불변이라면 실질임금은 물가의 상승률만큼 하락하게 된다. 예를 들어 물가가 2배로 상승했다면 실질임금은 반으로 줄어들게 된다.

이는 다음과 같이 나타낼 수 있다.

$$w = \frac{W}{P}$$

이와 같은 임금의 경직성의 결과로 단기에 총수요가 증가해서 물가가 상승하면 실질임금이 하락하기 때문에 기업은 이윤을 극대화하기 위해서 고용과 산출량을 증가시킨다. 따라서 물가와 산출량의 관계는 정의 관계에 있고 단기총공급곡선은 우상향 한다. 그러나 물가의 변화율만큼 임금이 변화하는 장기에는 고용과 산출량수준이 불변이다.

[그림 9-1] 단기총공급곡선

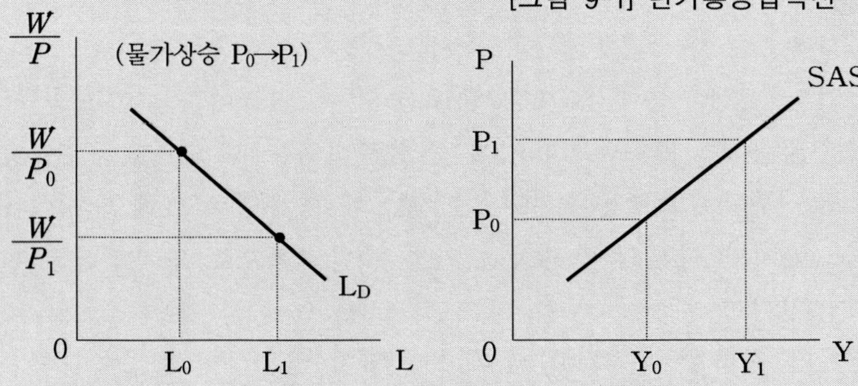

(a) 노동에 대한 총수요곡선 (b) 단기총공급곡선

결국 장기총공급곡선은 잠재적GDP수준에서 수직이지만 단기총공급곡선은 우상향 하는 형태가 된다는 것이다.

이상의 설명을 단기총생산함수와 노동시장을 분석함으로서 보다 더 구체적으로 알아보기로 하자. 이미 설명한 바와 같이 거시경제의 단기총생산함수는 다음과 같이 나타낼 수 있다.

$$Y = F(\overline{K}, L), \text{ 또는 } Y = F(L)$$

이는 단기적으로 산출량(실질GDP)수준은 물가의 상승으로 고용이 증가하면 증가한다는 뜻이며 그림으로 나타내면 〔그림 9-1〕과 같다.

거시경제의 단기총생산함수와 총산출량곡선은 〔그림 9-2〕에서 보는 바와 같이 미시경제의 어떤 한 기업(또는 한 재화)의 생산함수와 똑같은 성질을 갖고 있으며 총생산물곡선의 형태도 수확체감의 법칙이 작용하는 단계만 나타낸 것으로 전적으로 동일하다. 다만 차이가 있는 점이 있다면 한 경제의 모든 기업의 노동의 고용량과 산출량과의 관계를 나타낸다는 점에서 차이가 있을 뿐이다.

[그림 9-2] 단기총생산함수

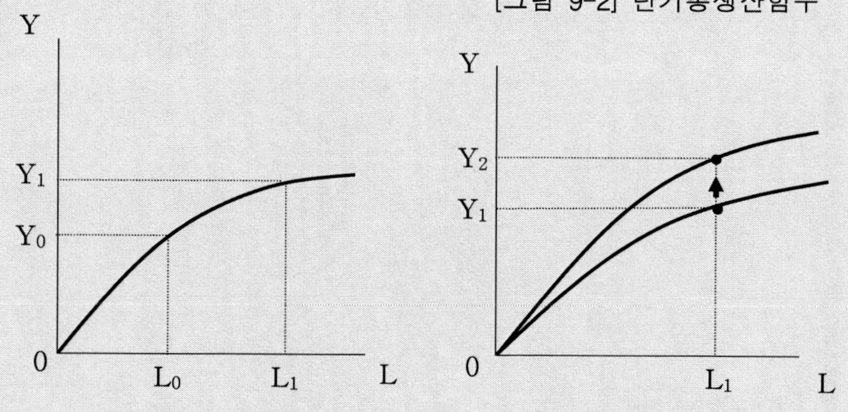

(a) 단기 총산출량곡선 (b) 단기총산출량곡선의 이동

수확체감의 법칙이 발생한다는 점도 똑같으며, 기술수준이 진보하거나 자본저량이 증가하면 총생산물곡선이 위쪽으로 이동한다는 점도 똑같다. 바꾸어 말한다면 생산요소의 증가와 기술진보의 효과는 거시경제에 있어서도 똑같이 작용한다. 이는 기술수준이 진보하거나 자본저량이 증가하면 노동의 생산성이 향상된다는 것을 뜻하는 것이다.

노동시장에서 노동의 수요와 공급에 의해서 결정되는 임금은 실질임금이다. 바꾸어 말한다면 실질임금이 조정되어 노동의 수요와 노동의 공급을 일치시키며 이 때의 고용수준은 완전고용수준이다. 이를 그림으로 나타내면 〔그림 9-3〕과 같다. 그런데 이는 임금이 신축적일 뿐만 아니라 노동자들이 물가(소비자물가지수)에 대한 정보와 지식이 완전한 경우에 해당한다. 물가에 대한 정보와 지식은 다음절에서 보기로 하고 여기서는 화폐임금이 경직적인 경우만을 보기로 하자.

노조와의 합의에 의해서 결정되는 화폐임금은 계약상 단기에는 고정되어 있을 뿐만 아니라, 공평성과 윤리성의 문제로 경제적인 요인에 의해서만 결정되는 것이 아니기 때문에 단기에는 주어져 있다고 할 수 있다.

[그림 9-3] 실질임금의 신축성과 고용의 결정

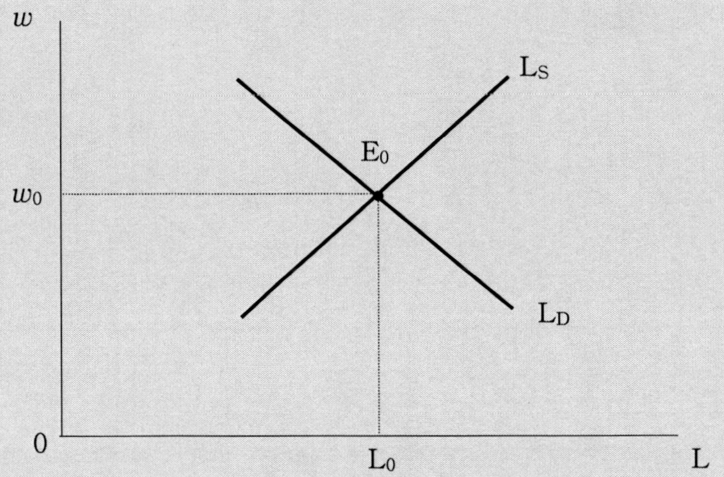

그리고 노조원 이외의 임금 역시 이에 따른다고 할 수 있기 때문에 단기에는 고정되어 있다. 따라서 기업은 일단 합의된 노동계약이 유효한 기간 동안에는 주어진 화폐임금수준에서 고용만을 늘리거나 줄일 수 있을 따름이다. 그러므로 단기에 고용수준은 노동에 대한 수요조건에 따라서 결정된다.

이상과 같은 가정 하에서 물가가 하락하여 실질임금이 상승하면 고용수준은 감소하고 물가가 상승하여 실질임금이 하락하면 고용수준은 증가한다. 이를 그림으로 나타내면 〔그림 9-4〕 와 같다. 그림에서 (a)는 물가가 P_0에서 P_1으로 상승할 경우 노동에 대한 수요곡선을 실질임금으로 나타낸 것이고, (b)는 노동시장에서 노동의 고용량이 결정되면 단기생산함수를 통해서 실질GDP가 결정된다는 것을 나타낸 것이며, (c)는 명목임금이 고정되어 있을 때 물가수준과 산출량(공급측면의 실질GDP)과의 관계인 단기총공급곡선(SAS)을 나타낸 것이다.

[그림 9-4] 화폐임금의 경직성과 단기총공급곡선

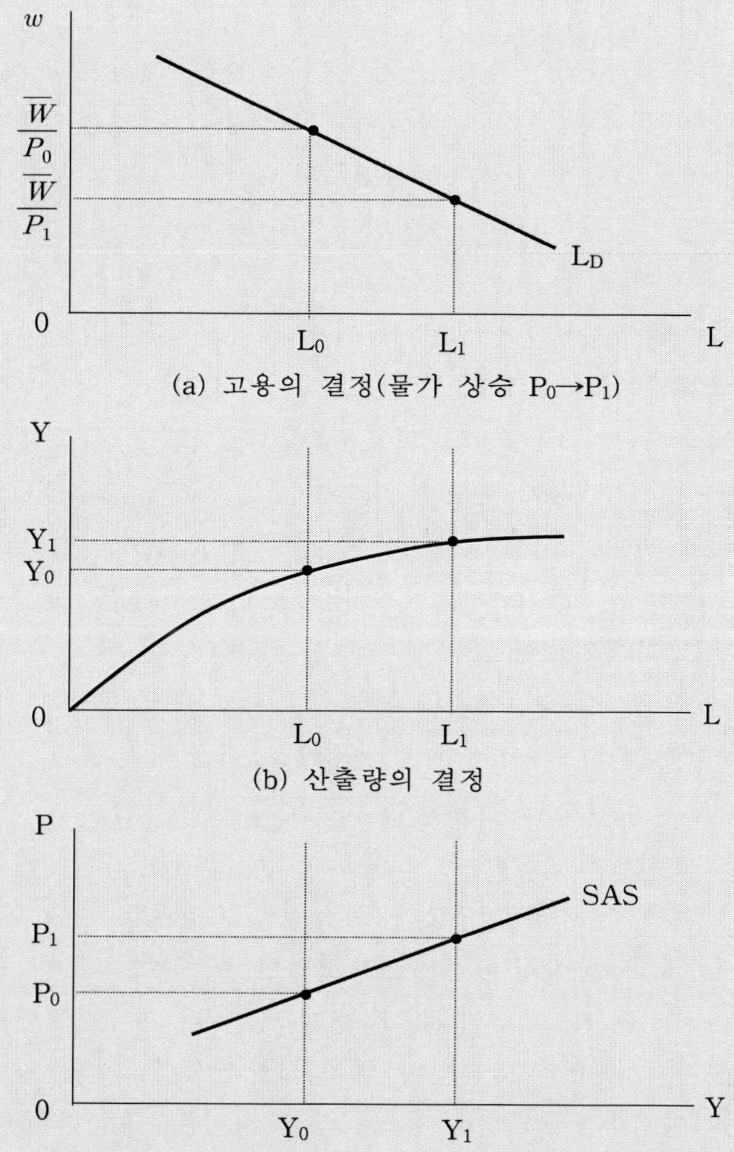

(c) 단기 총공급곡선

임금은 단기에는 경직적이므로 단기총공급곡선이 우상향 하지만, 장기에는 신축적이기 때문에 바꾸어 말한다면 물가가 변화할 때 물가의 변화율만큼 임금이 변화하기 때문에 장기총공급곡선은 주어진 잠재적GDP수준에서 수직이다. 따라서 실업은 자연실업만이 존재하는 완전고용상태이다. 이는 노동에 대한 수요와 공급이 일치하는 실질임금수준에서의 고용이 완전고용이라는 뜻이다. [그림 9-5] 의 (a)에서 보는 바와 같이 노동시장의 수요와 공급에 의해서 실질임금과 고용수준이 결정되는데 이는 이미 설명한 바와 같이 완전고용수준이다.

그림 (b)는 총산출량곡선으로, 주어진 자본저량과 기술수준에서 고용량과 산출량과의 관계를 나타낸 총생산함수이다. 즉 노동시장에서 장기적인 균형노동수준이 결정되면 이로부터 총생산함수를 통해서 장기적인 균형실질GDP가 결정되기 때문에 장기총공급곡선은 잠재적GDP수준에서 수직일 수밖에 없다. 그림 (c)에서 예를 들어 물가수준이 100일 때 시간당 임금이 10,000원이고 이 때 경제가 A점에 있었다면, 물가수준이 20% 상승했을 때는 화폐임금이 20% 상승해서 12,000원이 되고, 실질임금은 불변이 되기 때문에 고용과 실질GDP수준도 변하지 않게 된다. 따라서 물가만이 20% 상승하게 되어 경제가 B점으로 이동하게 된다. 이와는 반대로 물가가 20% 하락하는 경우에는 C점으로 이동한다.

예를들어 통화량이 증가해서 총수요가 증가할 경우에는 물가만이 통화량의 증가율만큼 상승하기 때문에 실질변수인 실질임금과 총산출량수준에는 화폐가 영향을 미칠 수 없다는 것이다. 따라서 고전적 이분법과 화폐의 중립성의 개념에 모순이 없다고 할 수 있다. 이에 반해서 단기에는 통화량의 증가로 총수요가 증가하면 물가가 상승하고 산출량수준이 증가하기 때문에 단기총공급곡선은 우상향하게 된다. 요약한다면 단기에는 화폐가 비중립적이기 때문에 단기총공급곡선이 우상향하고 장기에는 화폐가 중립적이기 때문에 장기 총공급곡선은 주어진 GDP 수준에서 수직이 되는 것이다.

[그림 9-5] 임금과 물가의 신축성 및 장기총공급곡선

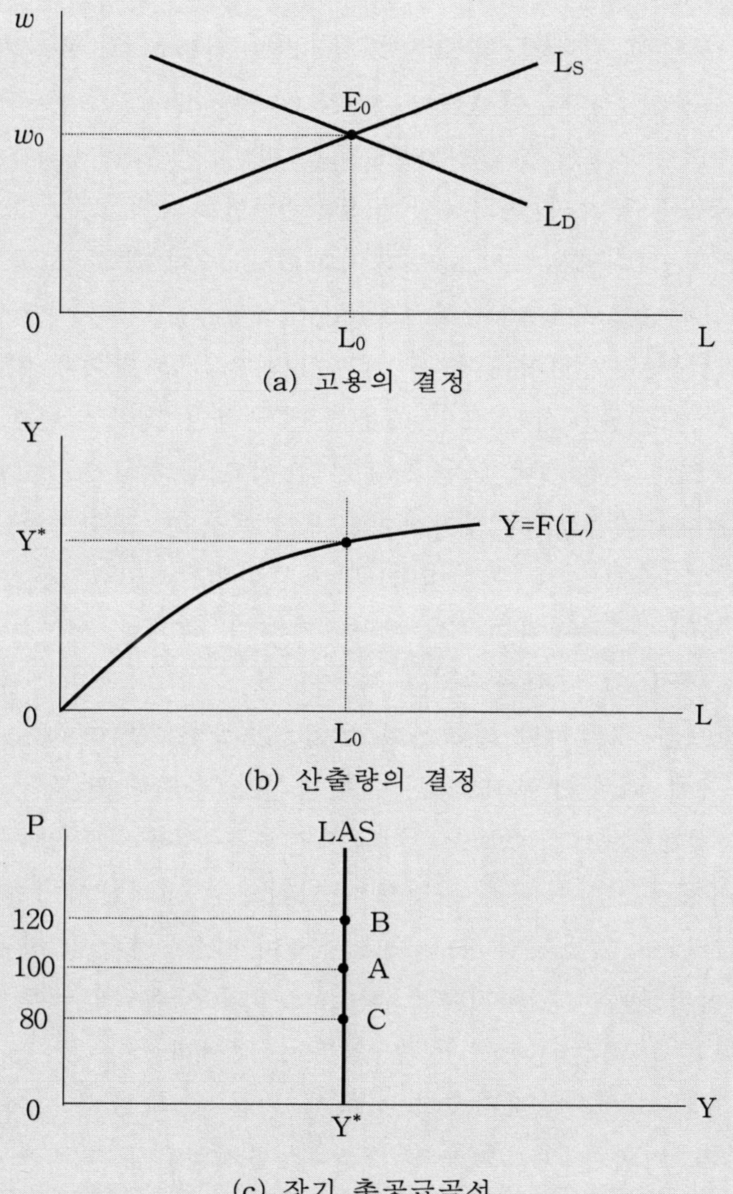

(a) 고용의 결정

(b) 산출량의 결정

(c) 장기 총공급곡선

3. 물가에 대한 노동자의 정보와 지식의 불완전성

기업의 생산비 중에서 가장 중요한 것이 임금이며, 물가가 변화할 때 물가의 변화율만큼 임금이 변화되지 않는다는 것이 단기총공급곡선의 형태를 결정하는 중요한 요인이라는 것은 이미 설명한 바와 같다. 지금의 시점에서 볼 때 물가의 변화율만큼 임금이 변화되지 않는 요인으로 설명되고 있는 것이 화폐임금의 경직성이론과 물가에 대한 노동자의 정보와 지식의 불완전성모델(worker misperception model)이다. 그 중에서 중요한 것이 임금의 경직성이론이다. 왜냐하면 임금은 단기에 경제적인 요인뿐만 아니라 사회윤리적인 요인 때문에 경직적인 것이 일반적인 현상이기 때문이다. 그러나 물가에 대한 노동자의 정보와 지식 또한 불완전하다고 볼 수 있기 때문에 임금의 경직성이론에 더해서 이 또한 하나의 이론으로 받아들여지고 있는 것이 현실이다.

기업이 고용을 결정하는 경우에는, 기업이 생산한 생산물의 한계생산물가치(P・MPL)에 의해서 결정하기 때문에, 기업의 측면에서 볼 때 물가에 대한 정보와 지식이란 완전하다고 할 수 있다. 그러나 노동자의 입장에서는 물가에 대한 정보와 지식이 불확실할 수밖에 없다. 왜냐하면 노동자(소비자)들은 단기적인 소비자물가지수를 정확하게 알 수 없기 때문이다. 소비자들뿐만 아니라 기업도 단기적인 소비자물가지수를 정확하게 알 수 없는 것이 일반적인 현상이다. 소비자물가지수를 정확하게 알 수 없다면 소비자물가지수를 기초로 해서 조정되는 실질임금은 물가가 상승하고 난 다음에 조정된다고 할 수 있다는 것이다.

노동자들이 소비자물가지수를 정확하게 알 수 없다면 적어도 단기적으로는 물가가 변화할 때, 노동의 공급이 화폐임금에 의해서 결정되는데 〔그림 9-6〕에서 보는 바와 같이 화폐임금으로 표시된 원래의 균형임금과 고용수준이 각각 W_0, L_0 라고 하자.

[그림 9-6] 화폐임금에 의해서 노동의 공급이 결정되는 경우

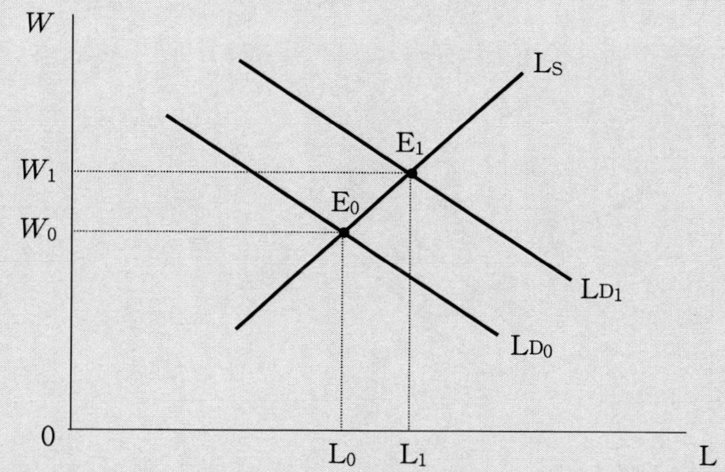

물가가 상승해서 노동에 대한 수요가 증가한다면 노동에 대한 총수요곡선이 오른쪽으로 이동하기 때문에 고용이 증가하고, 고용이 증가하게 되면 단기총생산함수 $Y = F(\overline{K}, L)$을 통해서 실질국민소득이 증가하므로 단기총공급곡선은 우상향 한다. 물론 이는 노동자들이 화폐임금에 의해서만 노동의 공급을 결정한다는 극단적인 가정임에 틀림없다. 모든 경제이론이 그렇듯이 가정 그 자체가 문제가 되는 것이 아니라 현실을 설명할 수 있느냐 없느냐 하는 것이 문제라고 한다면 소비자물가지수에 대한 정보와 지식이 불확실한 경우에는 적어도 이 이론이 이용될 수 있다고 할 수 있을 것이다.

다만 물가가 변화하는 경우에 소비자들이 실질임금에 따라서 노동의 공급을 결정한다 했을 경우에도 물가에 대한 정보와 지식이 불확실하다면 노동에 대한 총수요곡선이 이동하는 것만큼 노동에 대한 총공급곡선이 이동하지는 않을 것이다. 따라서 〔그림 9-7〕에서 보는 바와 같이 고용이 증가하고 이에 따라 실질국민소득이 증가하기 때문에 단기총공급곡선은 우상향 하게 된다.

[그림 9-7] 물가에 대한 노동자의 정보와 지식이 불확실성과 고용수준

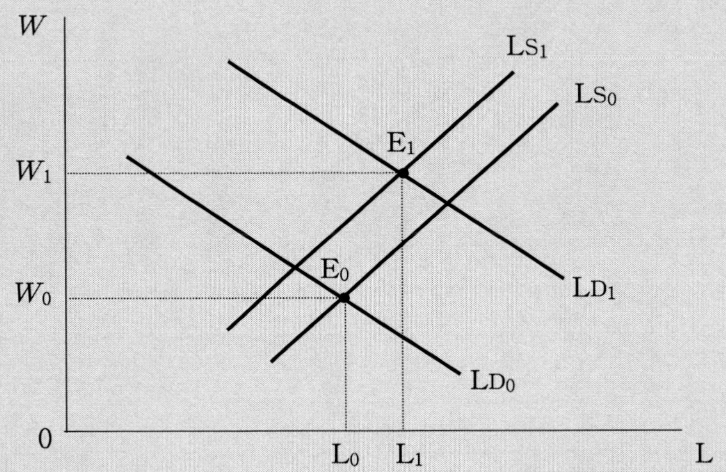

지금까지의 설명은 물가에 대한 정보와 지식이 불확실성을 전제로 하고 있다. 따라서 물가에 대한 정보와 지식이 단기에도 확실하다면 이 이론은 받아들일 수 없는 가설이 된다. 이와 같은 이유 때문에 임금의 경직성이론이 보다 더 타당성이 있다고 생각할 수 있다. 중요한 것은 기업의 요소비용 중에서 가장 중요한 것이 임금이며, 단기적으로 임금은 신축적이지 못하기 때문에 총공급곡선이 우상향 한다는 점이다.

물가에 대한 정보와 지식 또한 장기적으로는 완전하다고 할 수 있으므로 장기총공급곡선은 잠재적GDP수준에서 수직이다.

지금까지 설명에서도 알 수 있는 바와 같이 어떤 측면에서 보든 장기총공급곡선은 잠재적GDP수준에서 수직이다. 그러므로 이론상 문제가 되는 것은 단기총공급곡선이 되는데 대부분의 경제학자들이 단기총공급곡선의 형태가 우상향 한다고 보고 있으며, 그 요인에 대해서는 이론에 따라 다르다고 할 수 있다. 이를 뒤집어 해석한다면 단기총공급곡선이 우상향 하는 요인이 여러 가지가 있다는 것과 같은 뜻이 되며, 그 중에서도 중요한 것이 화폐임금의 경직성이론이라고 할 수 있다.

4. 가격의 문제

가격과 관련된 이론에는 상대가격에 대한 정보의 불완전성이론(imperfect information model)과 가격경직성이론(sticky-price model)이 있다.

기업의 산출량은 상대가격에 의해서 결정된다. 예를 들어 쌀 생산농가의 쌀의 산출량은 쌀의 상대가격이 상승하면 쌀의 생산량을 늘리고 상대가격이 낮다면 산출량을 줄인다. 그런데 쌀의 상대가격은 다른 재화와 용역에 대한 쌀의 가격을 뜻하기 때문에 농부가 다른 재화의 가격의 변화에 대한 정보와 지식이 불완전하다면 쌀의 상대가격의 변화에 대해서 확실하게 알 수 없게 된다. 그렇다면 쌀을 포함한 모든 가격이 상승할 때, 바꾸어 말해서 물가가 상승할 경우에는 어떠한가? 이와 같은 경우에 단기적으로는 예상에 의해서 쌀의 상대가격이 상승한 것으로 알고 쌀의 산출량을 증가시킨다. 한 경제의 모든 기업들이 단기적으로 이와 같이 생산량을 결정한다면 단기총공급곡선은 우상향 한다는 것이 상대가격에 대한 정보의 불완전성이론이다.

가격의 경직성이론은, 일부의 가격은 기업간 계약으로 결정되는 경우가 있고, 고객을 위해 가격을 일정하게 유지하는 경우도 있으며, 가격표나 메뉴표 등의 문제 때문에 가격을 변화시키는데 비용이 들어 기업은 단기적으로 가격을 변화시키지 않으며 따라서 단기총공급곡선이 우상향 한다는 이론이 가격의 경직성이론이다.

지금까지 설명한 여러 가지 이론들은 단기에 총공급곡선이 우상향 하는 요인을 설명하는 이론들이다. 따라서 단기에 총공급곡선은 우상향 한다고 보는 것이 일반적인 경향이지만 그 요인이 이론에 따라서 다르다고 할 수 있다. 그리고 케인즈의 단기총공급곡선은 이미 설명한 바와 같이 주어진 물가수준에서 수평이다.

이상의 모든 이론들의 장기적인 조정의 결과는 똑같기 때문에 장기총공급곡선은 주어진 잠재적GDP수준에서 수직이 된다는 것에 대해서는 이론의 여지가 없다.

5. 예상물가수준의 변화

지금까지 설명에 의해서 알 수 있는 바와 같이 단기 총공급곡선이 우상향하는 요인에 대해서는 이론에 따라서 다르다고 할 수 있으나 "우상향한다"는 것 자체에 대해서는 이론의 여지가 없다고 할 수 있다. 그런데 우상향하는 총공급곡선으로부터 인플레이션을 설명할 수 있고 따라서 단기 필립스곡선을 도출 할 수 있다. 이 문제는 실업과 인플레이션 이론에서 구체적으로 설명이 되고 있으나 어떻게 연관되는지를 설명하는 것은 거시경제 전체를 이해하는데 매우 중요하기 때문에 요약해서 알아보기로 하자.

단기총공급곡선으로부터 인플레이션을 설명하기 위해서는 "예상 물가수준"이라는 개념을 도입해야 한다. 예를들어 명목임금경직성 이론에서 계약에 의해서 명목임금이 결정되고 난 후 단기적으로 명목임금은 고정되어 있기 때문에, 계약체결 당시 예상했던 예상물가수준은 총수요가 증가해서 물가가 상승하는 경우에도 주어진 수준에서 불변이라는 것이다. 따라서 단기총공급곡선은 주어진 예상물가 수준에서 도출된 것이라고 할 수 있다. 그러나 장기에는 예상물가수준이 조정되기 때문에 명목임금이 물가의 상승률만큼 상승하고 따라서 단기총공급곡선이 위쪽으로 이동한다는 것이다.

이를 그림으로 설명하면 [그림 9-8]과 같다. 원래 경제가 장기균형상태에 있었는데 통화량이 증가해서 총수요곡선이 AD_0에서 오른쪽으로 이동하여 AD_1이 되었다고 하자. 원래의 균형점 E_0는 장기균형상태이기 때문에 실제적인 물가수준(P_0)과 예상물가수준(P_0^e)이 같고 실제적인 산출량수준과 잠재적인 산출량이 일치한다. 그러나 새로운 균형점 E_1에서의 실제적인 물가수준 P_1은 주어진 예상물가수준 P_0^e보다 높다. 왜냐하면 단기에는 예상물가 수준이 주어진 수준(P_0^e)에서 불변이기 때문이다. 따라서 단기에는 총수요가 증가해서 물가수준이 상승하면 실질임금이 하락하기 때문에 실제적인 산출량수준은 잠재적인 산출량수준을 초과할 수 있다는 것이다.

이상의 설명과 같이 "예상물가 수준"이라는 개념을 도입해서 단기총공급곡선을 수식으로 나타내면 다음과 같다.

$$Y=\overline{Y}+\alpha(P-P^e)$$

여기에서 Y는 실제적인 GDP, $\overline{Y}$는 잠재적 GDP, P는 실제적인 물가수준, P^e는 예상물가수준이다. 따라서 단기에 총수요의 증가로 실제적인 물가수준이 예상물가수준보다 높다면 실제적인 GDP수준이 잠재적 GDP수준을 초과하기 때문에 단기총공급곡선은 우상향한다는 것이다.

그러나 장기에는 예상물가수준이 상승하기 때문에 단기 총공급곡선 SAS_0가 위쪽으로 이동하여 SAS_1이 되며 E^*점에서 장기균형을 이룬다. 결국 장기에는 실제적인 산출량수준이 잠재적 산출량수준으로 되돌아 왔고 물가수준만이 상승하였다.

따라서 장기적인 화폐의 중립성과 단기적인 화폐의 비중립성의 개념은 모순이 없이 양립할 수 있게 된다. 그림에서 E_0점에서 E_1점으로의 이동은 단기적인 화폐의 비중립성을 나타내며, E_0점에서 E^*로의 이동은 장기적인 화폐의 중립성을 나타낸다. 바꾸어 말한다면 동시에 동일한 직각 좌표상에서 단기분석과 병행해서 장기적인 거시경제문제를 설명할 수 있게 된다는 것이다.

이상의 설명으로부터 우리가 알 수 있는 것은 단기총공급곡선은 주어진 예상물가수준에서 도출된 것이며 따라서 물가 상승률(인플레이션율)은 예상물가상승률과 경기적 실업 및 예상되지 않는 총공급의 변화에 의해서 결정된다고 할 수 있다.

[그림 9-8] 예상물가수준의 변화

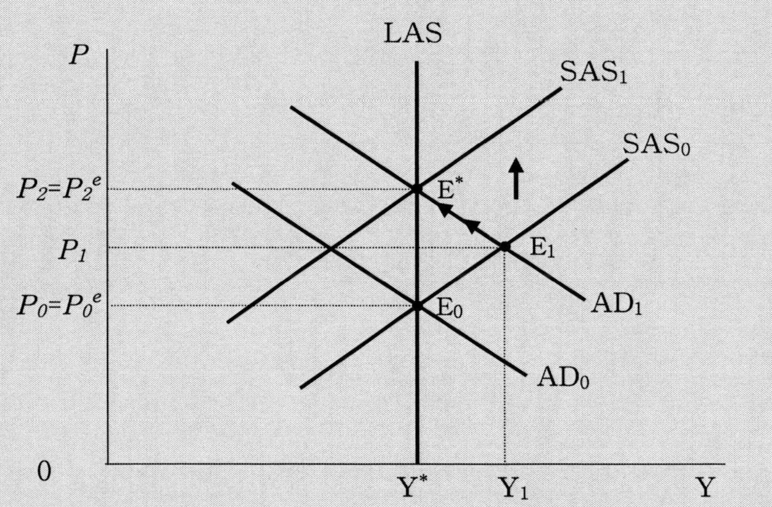

예상물가상승률(π^e)은 예상물가수준에서 전년도의 물가수준을 공제해준 것과 같고 실제적인 물가상승률은 당해년도의 물가수준에서 전년도의 물가수준을 공제해준 것과 같기 때문에 다음과 같은 등식이 성립한다.

$$\pi = \pi^e - \beta(u - u_n) + V$$

여기에서 u는 실제적인 실업률이며 u_n은 자연실업률이기 때문에 $u - u_n$은 경기적 실업이다. 따라서 경기적 실업에 의해 결정되는 실업률과 물가상승률과의 관계는 역의 관계에 있으며 이를 그림으로 나타낸 것이 단기필립스곡선이다. 그리고 V는 예상되지 않는 총공급의 변화로 비용인상인플레이션에 해당한다. 요약한다면 물가상승률은 관성인플레이션과 수요유인 인플레이션 및 비용인상인플레이션에 의해서 결정된다는 것이다.

관성인플레이션에 해당하는 예상물가상승률 π^e가 일정하고 비용인상인플레이션에 해당하는 V가 없다고 가정한다면 물가상승률 π는 전적으로 경기적 실업에 의해서 결정된다. 그림에서 알 수 있는 바와 같이 장기균형상태에서 총수요가 증가해서 실제적인 산출량(실질 GDP)수준이 잠재적 산출량수준을 초과하게 되면 실제적인 실업률은 자연실업률 수준보다 낮은 수준이 되기 때문에 물가상승률이 상승하게 된다는 것이다.

이상의 설명에서 알 수 있는 바와 같이 인플레이션을 설명하고자 할 경우에는 "예상물가수준"이라는 개념을 도입해서 단기총공급곡선과 장기총공급곡선을 설명한다면 인플레이션을 이해하는데 도움이 될 수 있다. 예상물가 상승률과 인플레이션에 대한 구체적인 내용은 제6편 "실업과 인플레이션"이론과 이 책 시리즈의 제4권 연구방법론의 입증자료에서 자세히 설명되고 있다.

요 약

1. 임금과 물가의 신축성이란 임금이 물가의 변화율만큼 변화되기 때문에 고용수준이 불변이고, 따라서 실질GDP가 물가의 변화와 관계없이 생산능력수준에서 일정하다는 것을 뜻한다. 장기에는 임금과 물가가 신축적이지만 단기에는 그렇지 않다.
2. 화폐임금경직성이론은, 단기에는 화폐임금이 경직적이기 때문에 물가가 상승하면 기업이 고용을 늘리고 산출량을 증가시켜 단기총공급곡선은 우상향한다는 이론이다
3. 물가에 대한 정보와 지식의 불완전성이론(model)은, 노동자들이 단기적으로는 소비자물가지수를 정확하게 알지 못하기 때문에 물가가 상승하면 고용이 증가하고 산출량이 증가하여 단기총공급곡선이 우상향한다는 이론이다.
4. 상대가격에 대한 정보의 불완전성이론은 기업의 상대가격에 대한 정보와 지식이 불완전하기 때문에 단기총공급곡선이 우상향한다는 이론이며, 가격경직성이론은 기업이 단기적으로는 여러 가지 이유로 가격을 변화시키기가 어렵기 때문에 단기총공급곡선이 우상향한다는 이론이다.
5. 케인즈이론과 같이 단기에 물가가 완전히 경직적이라고 가정하는 경우에는

단기 총공급곡선은 주어진 물가수준에서 수평이다. 케인즈이론이 선용되는 경우가 많은 것은 이론이 단순하기 때문이다.

6. 단기총공급곡선이 우상향한다는 것과 장기총공급곡선이 주어진 생산능력 즉 잠재적 GDP수준에서 수직이라는 것은 거시경제의 일반론이라 할 수 있다.

중요개념

1. 임금과 물가의 신축성, P. 181
2. 임금과 물가의 경직성, P. 181
3. 화폐임금경직성 모델, P. 183
4. 실질임금, P. 183
5. 명목임금, P. 183
6. 화폐임금, P. 183
7. 거시경제의 단기총생산함수, P. 184
8. 단기총공급곡선, P. 184
9. 노동에 대한 총수요곡선, P. 184
10. 장기총공급곡선, P. 189
11. 물가에 대한 정보와 지식의 불완전성 모델, P. 189
12. 상대가격에 대한 정보의 불완전성 모델, P. 193
13. 가격 경직성 모델, P. 193

제 10장

총수요 관리정책

1. 재정 · 금융정책의 개념과 수단
2. 금융정책과 화폐의 중립성
3. 재정정책
4. 구축효과와 적자재정
5. 재정 · 금융정책의 확실성과 유효성 및 시차문제

1. 재정·금융정책의 개념과 수단

거시경제정책(재정·금융정책)에 두 가지 목적이 있다면 하나는 경제안정이며, 다른 하나는 경제성장이다. 경제안정정책은 단기적으로 경제가 급격하게 변동하지 않도록 하는 정책이며, 경제성장정책은 경제가 장기적으로 성장을 촉진할 수 있도록 하는 정책을 말한다. 총수요관리정책은 경제안정정책으로 단기정책을 말하며, 총수요를 경제의 생산능력에 맞도록 관리하므로서 안정적으로 경제를 성장시키는 정책이라 할 수 있다.

단기적으로 완전고용상태(잠재적 GDP수준)에서 물가를 안정시키기 위해서는 공급능력(잠재적GDP)보다 총수요가 부족할 때는 총수요를 증가시킬 필요성이 있으며 총수요가 과도해서 인플레이션이 발생할 우려가 있을 경우에는 총수요를 감소시킬 필요성이 있다.

예를 들어 〔그림 10-1〕과 같이 실제적 GDP Y_0가 잠재적GDP Y^*보다 매우 낮아 경제가 침체상태에 빠졌다고 하자. 실업이 증가하고 생산시설이 유휴상태에 빠진 상태이기 때문에 정부가 정책수단을 사용하여 자원을 활용할 수 있게 한다면 실업이 감소하고 소득이 증가한다. 즉 총수요를 증가시키므로서 경제를 E_0에서 E^*로 이동시킬 수 있게 된다.

이를 뒤집어 생각한다면 공급은 스스로 수요를 창출할 수 없기 때문에 단기간에 경제가 E_0에서 E_1으로 이동할 수 없어 총수요관리정책이 필요하다는 점이다. 왜냐하면 단기적으로는 임금이 고정되어 있고 임대료가 고정되어 있을 뿐만 아니라 기업간에 거래되는 각종 부품이나 자본재의 가격 역시 단기적으로는 고정되어 있는 것이 일반적인 현상이기 때문이다. 뿐만 아니라 노동자들이 소비자물가지수를 정확하게 알지 못한다는 점도 정부가 단기적으로 경제를 안정시킬 필요성을 제공하는 요인이 된다.

총수요관리정책 즉 재정·금융정책의 기준은 잠재적GDP수준이며, 잠재적GDP수준에서의 실업률과 물가상승률은 경제적으로 볼 때 가장 안정적인 물가수준과 실업률수준이다.

[그림 10-1] 생산능력과 총수요관리정책

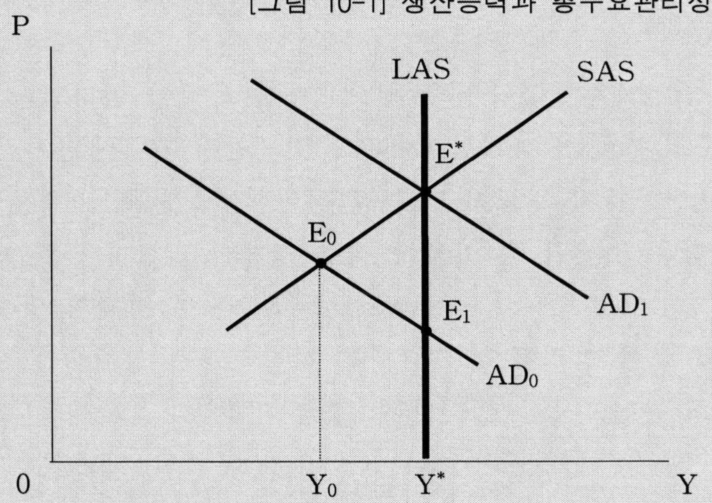

예를 들어 우리 경제의 잠재적GDP성장률이 매년 5%이고, 이 때의 물가상승률이 3%이며, 실업률 또한 3%라고 한다면 이것이 거시경제정책의 기준이 된다는 것이다.

총수요관리정책의 수단은 재정정책의 수단과 금융정책의 수단으로 나눌 수 있다. 재정정책의 수단은 정부지출과 조세이며 금융정책의 수단은 통화량이다. 다만 금융정책의 수단은 통화량 대신 이자율을 이용할 수도 있다. 왜냐하면 통화량은 화폐의 유통속도가 일정하지 않기 때문에 정확한 정책수단이 될 수 없지만 이자율은 비교적 정확한 정책수단이 될 수 있다는 이점 때문이다.

끝으로 정책수단 중에서 정부지출은 직접적으로 총수요를 증가시키지만, 통화량은 투자지출을 통해서, 조세는 소비지출을 통해서 간접적으로 총수요를 변화시킨다는 점에 차이가 있다. 따라서 정부지출이 가장 효과적이지만 민간투자를 구축하고 재정적자를 발생시킨다는데 문제가 있다. 특히 완전고용상태에서 정부지출을 증가시키는 경우에는 장기적으로 민간투자를 완전히 구축할 수도 있기 때문에 오히려 경제성장에 부작용을 초래할 수도 있다.

2. 금융정책과 화폐의 중립성

금융정책의 수단은 통화량이다. 이미 설명한 바와 같이 통화량은 이자율을 통해서 총수요에 영향을 미치기 때문에 이자율을 정책의 수단으로 사용할 수도 있다. 총수요가 부족할 때는 통화량을 증가시키는데 이를 확장적인 금융정책이라 하며 반대로 총수요가 과도할 때는 통화량을 감소시키는데 이를 긴축적인 금융정책이라 한다. 이론을 단순화하기 위해서 통화량을 증가시키는 경우의 효과를 보기로 하자. 통화량을 감소시키는 경우에는 물론 그 반대로 생각하면 된다.

실업이 자연실업률 이상이어서 화폐공급을 증가시킬 필요성이 있다고 하자. 〔그림 10-2〕에서 보는 바와 같이 실재적GDP(Y_0)가 잠재적GDP(Y_1)보다 적어서 경제가 E_0점에서 단기균형을 이루고 있을 때가 이에 해당된다. 이 때의 물가수준은 P_0이고 이자율수준은 i_0이다. 중앙은행의 화폐공급의 증가로 총수요곡선이 AD_0에서 AD_1으로 이동했을 경우 물가수준이 변화되지 않는다면 실질국민소득은 Y_2로 증가하고 이자율수준은 i_2로 하락하겠지만 총수요가 총공급을 초과하기 때문에 물가가 상승한다.

물가의 상승은 새로운 균형물가수준이 될 때까지 지속된다. 물가수준이 상승하면 실질통화량이 감소하기 때문에 LM곡선이 좌측으로 이동하게 된다. 따라서 통화량증가의 효과는 총수요와 총공급에 의해서도 설명될 수 있고 IS-LM분석에 의해서도 설명될 수 있다. 차이가 있는 점이 있다면 IS-LM분석은 공급측면을 무시한 수요측면의 분석이라는 점이다.

가정상 Y_1의 실질국민소득수준이 완전고용GDP라고 하였으므로 화폐공급을 증가시키므로서 잠재적GDP수준을 달성하게 되었고, 물가수준은 상승하였으며, 이자율은 하락하여 투자가 증가하였고, 소득이 증가하였으므로 소비지출 역시 증가하였다.

[그림 10-2] 확장적 금융정책의 효과

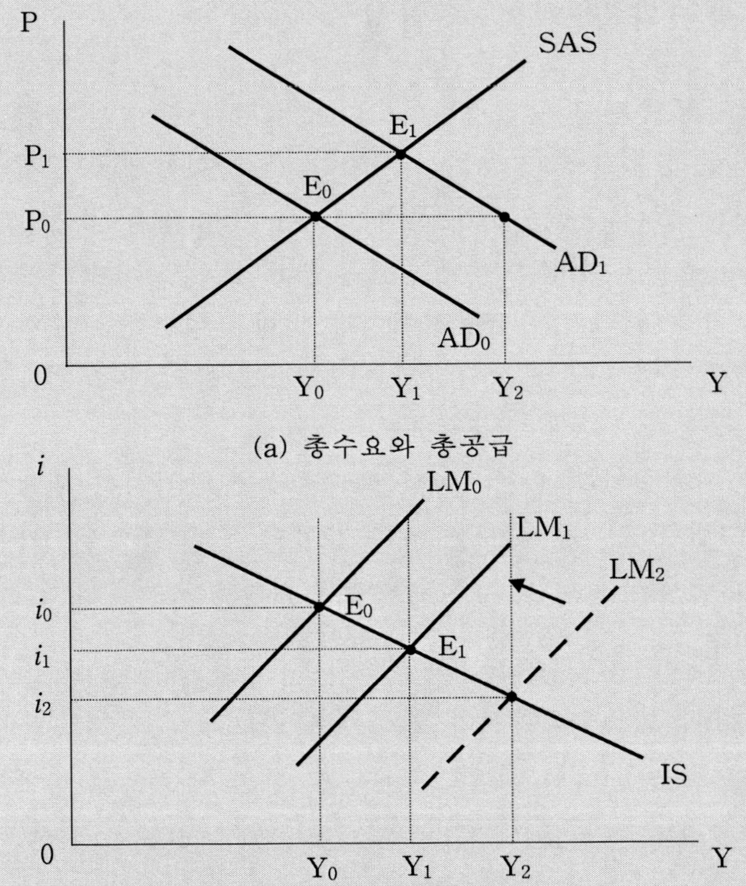

(a) 총수요와 총공급

(b) IS-LM 분석

지금까지의 설명은 확장적 금융정책의 단기적인 효과를 설명한 것이다. 그렇다면 확장적 금융정책의 장기적인 효과는 어떻게 설명될 수 있을까? 확장적 금융정책의 장기적인 효과는 화폐의 중립성의 개념으로 설명되는 것이 일반적이다.

이론을 단순화하기 위해서 [그림10-3]에서 보는 바와 같이 경제가 E_0 점에서 장・단기 균형을 이루고 있었는데 확장적인 금융정책의 결과로 총수요곡선이 오른쪽으로 이동하여 E_1점에서 단기균형을 이루고 있다고 가정하기로 하자. 잠재적 산출량 수준은 Y_0이기 때문에 새로운 단기균형상태에서의 산출량 수준 Y_1은 잠재적 산출량수준보다 높다. 따라서 명목임금이 상승하고 물가가 상승하기 때문에 단기 총공급곡선이 시간의 경과와 더불어 점차적으로 좌측으로 이동하여 SAS_1이 되며 E_2점에서 장기 균형을 이루게 된다. 결국 확장적인 금융정책은 장기적으로 산출량수준에는 영향을 미칠 수 없고 물가수준에만 영향을 미친다. 바꾸어 말한다면 실질변수에는 영향을 미칠 수 없고 명목변수에만 영향을 미치는데 이를 화폐의 중립성이라 한다.

[그림 10-3] 화폐의 중립성

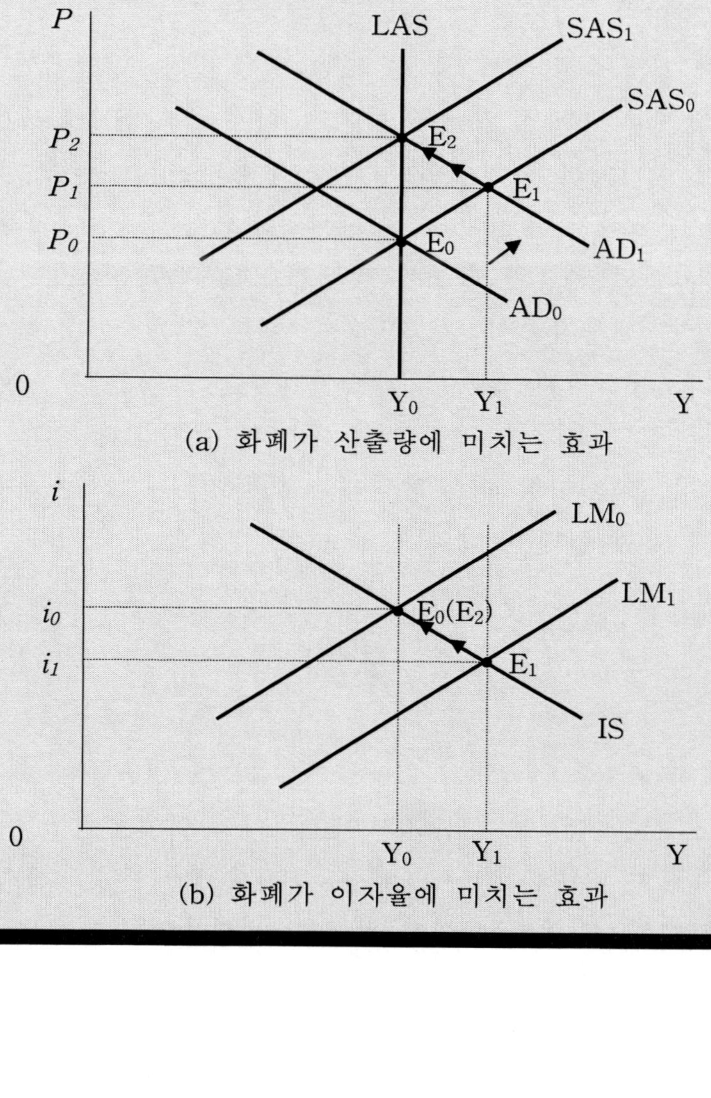

화폐는 장기적으로 중립적이기 때문에 이자율에도 영향을 미칠 수 없다. 명목통화량이 증가하면 장기적으로 물가수준이 명목통화량의 증가율만큼 상승하기 때문에 실질통화량에 변화가 없고 따라서 이자율에 영향을 미칠 수 없기 때문이다. 이는 IS-LM분석에 의해시 설명될 수 있다. 명목통화량이 증가하면 그림에서 보는 바와 같이 LM곡선이 단기에는 우측으로 이동하여 이자율이 하락하고 투자지출과 소득수준(산출량수준)이 증가하지만 장기에는 물가수준이 명목통화량의 증가율만큼 상승하기 때문에 LM곡선이 원래의 수준으로 되돌와온다는 것이다. 요약한다면 화폐는 장기적으로 중립적이기 때문에 산출량뿐만 아니라 이자율에도 영향을 미칠 수 없다는 것이다.

지금까지 설명에 의해서 알 수 있는 바와 같이 단기에는 화폐가 이자율에 영향을 미치지만 장기에는 화폐가 이자율에 영향을 미칠 수 없다.

그렇다면 장기에는 이자율이 어떻게 결정되는 것일까? 장기에는 대부자금시장이 주도하기 때문에 대부자금의 수요와 공급에 의해서 이자율이 결정되며 이 때의 산출량 수준이 잠재적 산출량수준이라는 것이다. 따라서 화폐시장이 대부자금시장을 따를 수 밖에 없게 된다. 즉 잠재적 산출량수준에서의 통화량과 물가에 의해서 화폐시장의 이자율이 결정되는데 이 때의 이자율은 대부자금시장에서 결정된 이자율과 같게 된다. 요약한다면 단기에는 화폐시장에서, 장기에는 대부자금시장에서 이자율이 결정되기 때문에 이미 설명한 바와 같이 주도적 역할이 기간에 따라 서로 바뀌게 된다는 것이다.

3. 재정정책

재정정책의 수단은 조세와 정부지출이다. 실업률이 자연실업률 이상이어서 총수요가 부족할 때는 조세를 감소시키거나 정부지출을 증가시켜 경제를 안정시킬 수 있는데 이를 확장적 재정정책이라 하며, 총수요가 과도해서 인플레이션이 문제가 될 때는 조세를 증가시키거나 정부지출을 감소시켜 경제를 안정시킬 필요성이 있는데 이를 긴축적인 재정정책이라 한다. 조세는 소비지출을 통해서 총수요에 영향을 미치지만 정부지출은 그 자체가 총수요를 구성하는 요소이기 때문에 직접적으로 총수요를 변화시킨다.

이미 설명한 바와 같이 조세와 정부지출은 상호 독립적이어서 조세수입이 증가하지 않는 경우에도 정부지출을 증가시킬 수가 있는데 이와 같은 경우에는 재정적자가 문제가 된다. 이론전개의 편의상 총수요가 부족해서 정부지출만이 증가하는 경우를 보기로 하자. 정부지출 감소의 효과는 정부지출 증가의 효과와 반대로 생각하면 된다.

통화량과 조세가 불변인데 정부지출만이 증가했다면 총수요곡선과 IS곡선이 오른쪽으로 이동해서 물가와 이자율이 상승하고 실질국민소득수준이 증가한다. 〔그림 10-4〕에서 보는 바와 같이 원래의 단기 균형국민소득이 Y_0여서 완전고용국민소득수준 Y_1보다 작기 때문에, 정부가 정부지출을 증가시켜, 총수요곡선이 오른쪽으로 이동하였고 IS곡선도 오른쪽으로 이동하였다고 하자. 물가수준이 상승하지 않는다면 실질국민소득은 Y_2가 될 것이다. 그러나 초과수요로 인하여 물가가 P_0에서 P_1으로 상승하며, 물가가 상승하면 실질통화량이 감소하기 때문에 LM곡선이 좌측으로 이동하게 된다. 따라서 새로운 균형점은 E_1점으로 물가와 이자율이 상승하였고 실질국민소득수준이 증가하였다.

이상에서 설명한 정부지출증가의 효과를 요약하면 다음과 같다.

1) IS곡선과 총수요곡선이 오른쪽으로 이동하였다.
2) 이자율과 물가수준이 상승하였다.
3) 물가의 상승으로 LM곡선이 왼쪽으로 이동하였다.
4) 실질국민소득이 증가하였다.

조세를 감소시키는 경우에도 정부지출의 증가와 똑같은 효과가 있지만 조세는 소비지출을 통해서 간접적으로 총수요에 영향을 미친다. 예를 들어 세율을 내리면 가처분소득이 증가하고 가처분소득이 증가하면 소비지출과 총지출이 증가한다. 이와 같은 차이점을 제외하면 조세감소효과와 정부지출증가효과는 똑같다.

[그림 10-4] 확장적 재정정책의 효과

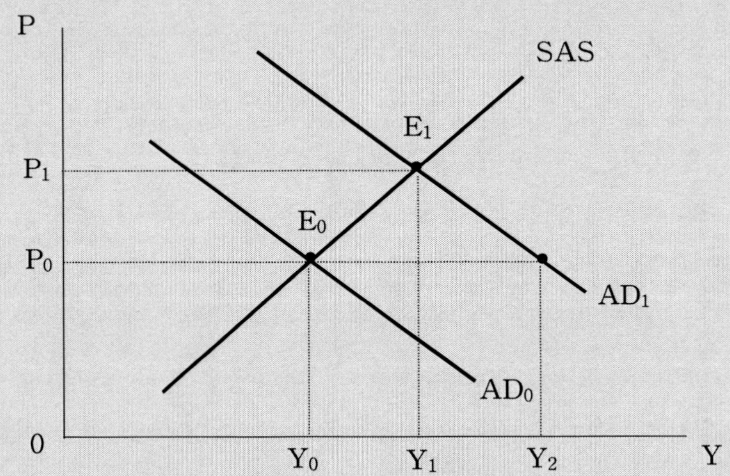

(a) 총수요와 총공급

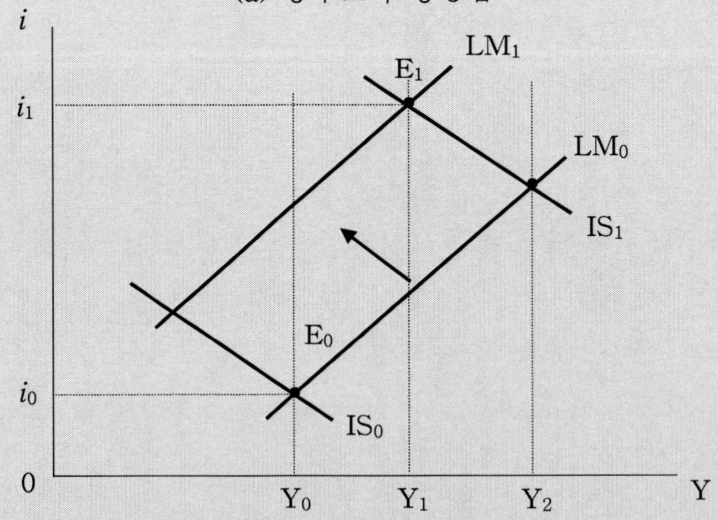

(b) IS-LM 분석

〔그림 10-4〕에서 원래의 국민소득수준이 Y_0, 물가수준이 P_0, 이자율수준이 i_0인데 정부지출 대신 조세의 감소를 통해서 총지출을 증가시켰다고 하자. 이는 총수요곡선이 오른쪽으로 이동하고 IS곡선도 오른쪽으로 이동한다는 것을 뜻하므로 정부지출효과와 똑같이 새로운 균형점은 E_1점으로 물가와 이자율이 상승하고 실질국민소득이 증가한다.

4. 구축효과와 적자재정

정부지출을 증가시키거나 조세를 감소시키는 경우에는 이자율을 상승시키기 때문에 투자를 감소(구축)시키는데, 이를 구축효과라고 한다는 것은 이미 설명한 바와 같다. 총수요관리정책을 부정적으로 보는 시각의 중요한 요인 중에 하나가 바로 이 구축효과 때문이며, 투자가 감소하면 장기적으로 경제성장을 억제시키는 요인으로 작용할 수 있다. 특히 완전고용상태에서 정부지출 증가로 총수요를 증가시키는 경우에는 장기적으로 정부지출만큼 투자지출을 완전히 구축할 수도 있다.

경제가 〔그림 10-5〕에서 보는 바와 같이 E_0점에 있어 완전고용상태에서 균형을 이루고 있었는데 정부지출이 증가하여 총수요가 AD_0에서 AD_1으로 이동하였다고 하자. 단기적으로는 E_1점에서 균형을 이루겠지만 생산능력을 초과하는 상태에 있기 때문에 요소가격이 상승하고 물가가 상승하여 장기에는 E'점에서 균형을이루게 된다. 결국 장기적으로 산출량수준은 불변이고 물가만이 상승하게 된다.

물가가 상승하면 LM곡선이 좌측으로 이동하며 그림에서 보는 것처럼 IS-LM균형은 E'로 이동한다. 따라서 이자율이 상승하고 투자가 감소하게 되는데 투자의 감소분은 정부지출의 증가분과 똑같게 된다. 즉 정부지출의 증가는 꼭 그만큼 투자지출을 감소시켜 총수요는 종전과 똑같게 된다. 완전고용상태(잠재적 GDP수준)에서 정부지출을 증가시키는 경우는 정책의 실패와 같은 특수한 경우에 해당하며, 불완전고용상태에서 경제를 안정시키기 위해서 정부지출을 증가시키는 것이 일반적인 현상이다. 즉, 정부지출의 증가는 투자를 완전히 구축하지 않고 일부만을 구축하는 것이 일반적이라 할 수 있다.

[그림 10-5] 구축효과

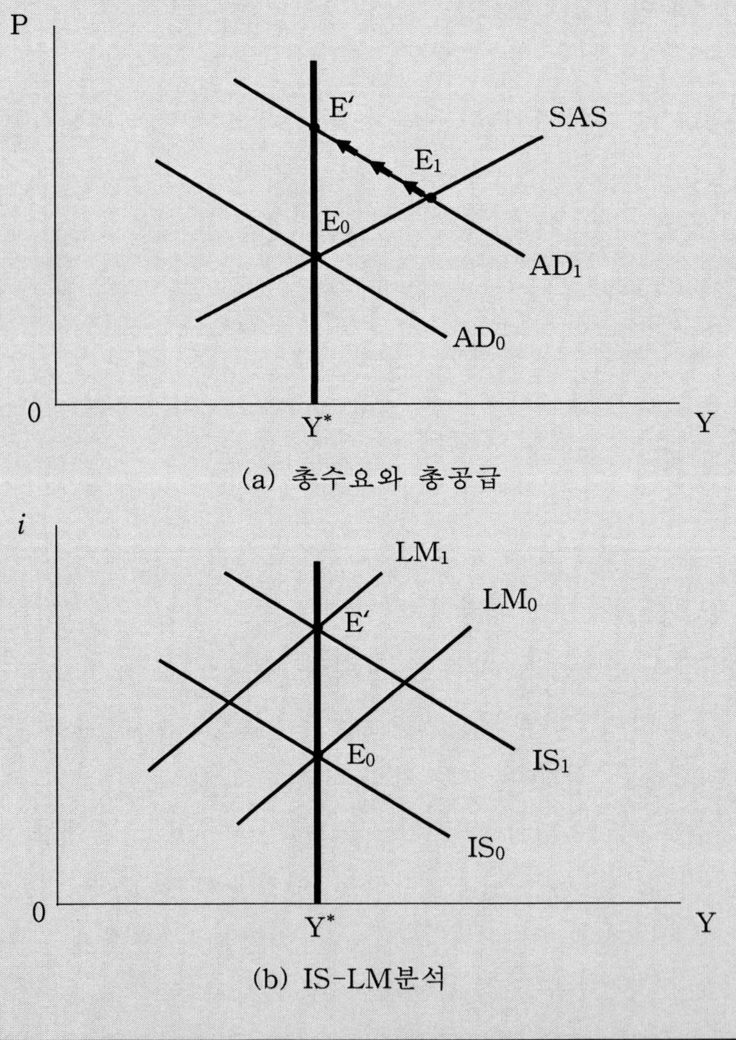

실업이 과도하고 경제가 침체했을 경우의 장기적인 조정과정은 물가가 하락하고 단기 총공급곡선이 아래쪽으로 이동하는 경우에 해당한다. 이와 같은 조정과정이 장기적이기 때문에 정부가 정부지출을 증가시켜 경제를 안정시키는 과정에서 소득이 증가하고 물가가 상승하게 된다. 이 경우 소득이 증가했다는 것은 정부지출의 일부분만이 투자를 구축했다는 뜻이다. 만약 정부지출만큼 투자지출을 구축했다면 국민소득이 증가할 수가 없다. 따라서 문제가 되는 것은 구축효과 그 자체가 아니라 정책 당시의 경제여건이 문제가 된다.

이상의 설명에서 알 수 있는 것처럼 잠재적 GDP 수준에서 정부지출을 증가시키거나 조세를 감소시키는 확장적 재정정책(적자재정정책)은 장기적으로 산출량수준을 증가시킬 수 없을 뿐만아니라 구축효과로 투자와 자본저량을 감소시키기 때문에 경제성장을 둔화시키는 요인으로 작용한다. 바꾸어 말한다면 경제성장 이론의 측면에서 볼 때 잠재성장률이 하락할 수 있다는 뜻이다. 뿐만아니라 잠재적 GDP수준에서의 확장적 재정정책은 국민저축을 감소시키기 때문에 경상수지 적자와 외채를 증가시켜 외환위기(금융위기)에 빠지게 할 수도 있다. 따라서 장기적인 적자재정으로 정부부채・GDP비율(정부부채/GDP)이 높으면 재정위기가 발생할 수도 있기 때문에 긴축적인 재정정책이 필요하게 되는데 이와 같은 경우에는 위에서의 설명과는 정반대로 설명해주면 되지만 매우 중요하기 때문에 요약해서 알아보기로 하자.

예를들어 잠재적 산출량수준에서 정부지출만을 감소시키는 경우를 보기로 하자. 정부지출이 감소하면 총수요가 감소하기 때문에 단기적으로는 실제적인 산출량수준이 잠재적 산출량 수준보다 낮은 수준에서 균형을 이룬다. 따라서 시간이 경과함에 따라 물가수준이 하락하기 때문에 실질통화량이 증가하고 이자율이 하락하여 투자지출이 증가한다. 장기적으로 투자지출은 정부지출의 감소분만큼 증가하기 때문에 산출량 수준은 잠재적 산출량 수준으로 되돌아 오게 되고, 긴축적인 재정정책으로 재정적자와 정부부채문제를 해결할 수 있게 된다.

이상의 설명은 봉쇄경제를 분석의 대상으로 한 것이다. 개방경제에서는 실질통화량이 증가하고 이자율이 하락하면 투자지출뿐만 아니라 순수출도 증가한다. 특히 소국개방경제에서는 투자지출은 증가하지 않고 순수출만이 증가할 수도 있다. 소국이 외환위기에 빠졌을 때 신속하게 위기를 극복할 수 있는 이유가 바로 이와 같은 이유 때문이다. 이에 대한 구체적인 내용은 제5편 「개방경제」에서 자세하게 설명되고 있다.

끝으로 긴축적인 재정정책에 의한 경기침체를 막기 위해서는 확장적인 금융정책이 필요하다고 할 수 있다. 바꾸어 말한다면 경기침체를 막으면서 재정적자를 줄이기 위해서는 혼합정책 즉, 긴축적인 재정정책과 확장적인 금융정책을 동시에 실시할 필요성이 있다는 것이다. 지금까지 설명한 것은 "개방경제의 거시이론" 뿐만 아니라 2010년 유럽의 재정위기(금융위기)를 설명하는데에도 도움이 될 수 있을 것으로 생각한다.

5. 재정 · 금융정책의 확실성과 유효성 및 시차문제

총수요관리정책의 수단 즉 정부지출, 조세, 통화량의 변화 중 가장 확실한 것은 정부지출의 변화이다. 이미 설명한 바와 같이 조세의 변화는 소비지출의 변화를 통해서, 통화량은 이자율과 투자지출의 변화를 통해서 총수요에 영향을 미치지만 정부지출은 그 자체가 총수요를 구성하는 요소이기 때문에 직접적으로 총수요에 영향을 미친다.

조세의 변화는 간접적으로 총수요에 영향을 미치기 때문에 세율을 인하해서 조세를 감소시키는 경우에도 소비지출이 증가하지 않을 수도 있다. 예를 들어 조세가 감소되었을 경우 똑같이 저축이 증가한다면 소비지출이 증가하지 않는다. 이를 흔히 리카도의 등가이론(Recardian equivalence theorem)이라고 하는데 그 이유는 미래의 조세부담에 대비하기 위해서 저축을 증가시킬 수도 있다는 것이다.

[그림 10-6] 재정 · 금융정책의 유효성

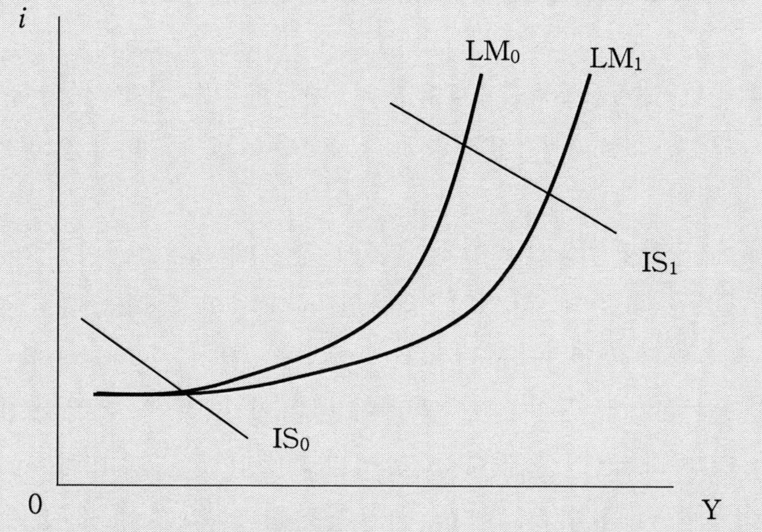

화폐공급의 변화의 경우에는 두 단계 즉 이자율과 투자지출의 변화를 통해서 총수요에 영향을 미치기 때문에 가장 불확실한 정책수단이라고 할 수 있다. 따라서 정부가 의도하는 수준에서 총수요를 안정시키고자 할 경우 조세는 일시적인 변화보다는 지속적으로, 화폐공급은 일정한 비율로 단계적으로 변화시키는 것이 확실성의 측면에서 보다 확실하다고 할 수 있다.

이자율이 너무 낮을 경우에는 금융정책의 효과가 발생하지 않을 수가 있으며, 이자율이 너무 높은 경우 확장적인 재정정책은 투자지출을 완전히 구축할 수도 있으므로 이자율이 낮을 경우에는 재정정책이 효과적이어서 유효하며, 이자율이 높을 경우에는 금융정책이 효과적인데 이를 재정금융정책이 유효성이라 한다.

IS-LM곡선에 의해서 설명하면 이자율이 매우 낮은 수준에서는 LM곡선이 [그림 10-6] 에서 보는 바와 같이 수평에 가깝고, 이자율이 높은 구간에서는 수직에 가깝기 때문에, 경제가 이자율이 낮은 상태에서 균형을 이룰 때는 재정정책이 효과적이며, 이자율이 높은 상태에서 경제가 균형을 이룰 때는 금융정책이 효과적이다. 예를 들어 이자율이 매우 낮은 상태에서 경제가 균형을 이루고 있는데 확장적인 금융정책으로 통화량을 증가시킨다면 모두 화폐로 보유하기 때문에 더 이상 이자율이 하락하지 않아 금융정책이 효과가 발생하지 않을 수도 있는데 이를 흔히 유동성 함정이라고 한다.

재정·금융정책이 실시되어 그것이 경제에 영향을 미치기 위해서는 상당한 기간이 필요한데 이것이 정책의 시차성의 문제이다. 예를 들어 확장적인 금융정책은 이자율을 하락시키고 그것이 투자지출을 증가시킨 후 승수과정을 통해서 총수요에 영향을 미치기 때문에 적어도 6개월 이후에나 그 효과가 나타날 수 있다는 것이다. 따라서 경기침체 시에 경기를 회복시키기 위해서 화폐공급량을 증가시켰는데 그 효과가 경기회복기에 나타난다면 경제를 안정시키는 정책이 아니라 경기변동을 더욱 심화시키는 정책이 될 수도 있다는 것이다. 이와 같은 이유 때문에 재량적인 금융정책보다는 준칙적인 금융정책이 선호되고 있다고 할 수 있다. 이상에서 설명한 것과 같이 정책의 실시에서부터 그 효과가 발생하기까지 시차를 외부시차라 하여 정책이 실시되기까지 발생하는 내부시차와 구분하고 있다.

내부시차의 문제는 재정정책에서 흔히 발생한다. 이는 제도적인 이유 때문에 발생하는 것으로서 정부지출이나 조세를 변화시키기 위해서는 국회의 심의를 거쳐 정부의 정책으로 실시되는 것이기 때문에 시간이 필요하다는 것이다. 즉 입법과정과 행정과정을 거치기 위해서는 수개월이 필요할 수도 있다는 점이다. 따라서 재정정책이 실시되는 시기에는 이미 경제적 여건이 변화되어 있어서 채택된 정책을 실시할 필요성이 없을 경우도 있다.

지금까지 설명에서 알 수 있는 바와 같이 총수요 관리정책은 여러 가지 측면에서 부작용이 있기는 하지만 총수요가 과도하게 부족해서 경제가 장기적으로 침체하는 경우 및 총수요가 지나치게 과도해서 장기적으로 인플레이션이 문제가 되는 경우에는 이를 안정시키는 것이 무엇보다도 중요한 경제과제가 된다는 것은 대부분의 경제학자들이 인정하는 일반론이라 할 수 있다. 끝으로 외환위기나 환율위기와 관련된 경제안정화 정책에 대해서는 제21장 "거시경제 정책상의 문제"와 이 책 시리즈의 제4권 연구방법론의 입증자료에서 자세히 설명되고 있다.

요 약

1. 총수요를 경제의 생산능력(잠재적 GDP)에 맞게 안정시키는 단기적인 거시경제정책을 경제안정정책 또는 총수요관리정책이라하며 재정정책과 금융정책으로 구분된다. 금융정책의 수단은 통화량이고 재정정책의 수단은 조세와 정부지출이다.
2. 잠재적 GDP(완전고용GDP)수준에서의 실업률과 물가상승률이 안정적인 실업률과 물가수준이기 때문에 경제안정정책은 잠재적 GDP를 기준으로하고 있다.
3. 경제를 안정시키기 위해서 통화량을 증가시키면 이자율이 하락하여 투자가 증가하고, 소득과 소비가 증가하며, 물가수준이 상승한다. 통화량을 감소시키는 경우에는 이와는 반대방향으로 작용한다. 이상의 설명은 총수요와 총공급에 의해서도 설명될 수 있고 IS-LM분석에 의해서도 설명될 수 있다.
4. 총수요를 안정시키기 위해서 정부지출을 증가시키거나 조세를 감소시키면 물가수준과 이자율이 상승하고 소득과 소비지출이 증가한다. 정부지출을 감소시키거나 조세를 증가시키는 경우에는 이와는 반대방향으로 작용한다.
5. 확장적인 재정정책은 투자를 감소시키는데 이를 구축효과라 하며 완전고용상태에서는 투자를 완전히 구축할 수도 있다. 구축효과는 자본축적과 경제성장을 억제하는 요인이 되기 때문에 재정정책이 부정적으로 평가되는 경우가 많다.
6. 완전고용상태에서의 확장적인 재정정책은 경상수지를 악화시키기 때문에 쌍둥이 적자요인이 되며, 재정적자가 누적되면 정부의 부채 즉 국채가 증가하여 재정위기가 발생할 수도 있다.

7. 구축효과와 재정적자문제 외에도 경제안정정책의 확실성과 유효성 및 시차 문제 등으로 인하여 경제안정화정책에 대한 견해차이가 있기는 하지만 총수요가 과도하게 변화하는 경우에는 이를 안정시켜야한다는 것이 일반론이다.

중요개념

1. 거시경제정책, P. 201
2. 재정·금융정책, P. 201
3. 경제 안정정책, P. 201
4. 경제성장정책, P. 201
5. 총수요관리정책, P. 201
6. 단기정책, P. 201
7. 경제의 공급능력, P. 201
8. 재정·금융정책의 기준, P. 201
9. 재정정책수단, P. 202
10. 금융정책수단, P. 202
11. 확장적 금융정책, P. 203
12. 긴축적 금융정책, P. 203
13. 통화량 증가의 효과, P. 203
14. 확장적 재정정책, P. 207
15. 긴축적 재정정책, P. 207
16. 정부지출증가의 효과, P. 207
17. 조세감소의 효과, P. 208
18. 구축효과, P. 209
19. 정부부채, P. 211
20. 국채, P. 211
21. 재정·금융정책의 확실성, P. 212
22. 「라카도」의 등가이론, P. 213
23. 재정·금융정책의 유효성, P. 213
24. 정책의 시차성, P. 214
25. 외부시차, P. 214
26. 내부시차, P. 214

제 5 편

개방경제(Open economy)

제 11 장

개방경제의 저축과 투자

1. 환율과 경상수지 및 해외투자
2. 개방경제의 저축과 투자
3. 자본의 국제적이동
4. 실질환율과 명목환율 결정이론
5. 구매력 평가설

1. 환율과 경상수지 및 해외투자

국가간의 경제적 거래는 재화와 용역의 거래와 자산의 거래로 크게 구분될 수 있는데 국제수지표는 이와 같은 대외거래를 회계원리(복식부기)에 따라 매년 기록되는 것을 말한다. 외환(외국화폐)의 수입을 발생시키는 항목은 왼편에 기록되며 외환의 지급을 나타내는 거래항목은 오른편에 기록된다. 예를 들면 재화와 용역의 수출은 외환의 수입을 발생시키는 거래이며, 재화와 용역의 수입은 외환의 지급을 발생시키는 거래이다.

재화의 수출과 수입의 차액을 무역수지라 하고 용역의 수출과 수입의 차액을 무역외수지라 해서 구분되지만 이를 하나로 묶어 구분하지 않을 경우 재화와 용역의 수출과 수입의 차액을 순수출(X - M)이라 한다. 따라서 거시경제학에서 말하는 순수출은 경상수지에 해당한다.

봉쇄경제(closed economy)와는 다르게 개방경제에서는 한 경제의 국내지출이 반드시 재화와 용역의 산출량과 일치할 필요가 없다. 즉 차입에 의해서 지출을 늘릴 수도 있고 지출을 줄여 해외투자를 증가시킬 수도 있다. 따라서 개방경제의 거시이론에서 중요한 것은 순수출(X - M)이 어떠한 의미를 가지고 있으며, 어떻게 결정되고, 거시경제에 어떠한 영향을 미치는가 하는 것이라고 할 수 있다.

재화와 용역의 수입이 수출보다 커서 경상수지가 적자일 경우에는 외국으로부터 차입을 하거나 자산을 매각하는 경우에 해당한다. 바꾸어 말한다면 채권을 발행해서 차입을 하거나 자산을 매각해서 적자분에 대한 지급이 이루어지는 경우이다. 이와 같은 자산의 거래 즉 채권과 주식 등의 금융자산의 거래에 대한 기록을 자본계정(capital account)이라 한다. 기록하는 방법은 경상계정의 경우와 똑같다. 즉 외환의 수입을 발생시키는 거래는 왼편에 기록되며 외환의 지급을 발생시키는 거래는 오른편에 기록된다. 예를 들면 자산을 외국인에게 매각하는 경우는 외환의 수입을 발생시키기 때문에 왼편에 기록되며 한국인이 해외자산을 매입하는 경우는 외환을 지급하는 거래이기 때문에 오른편에 기록된다. 자산의 매각이 자산의 매입을 초과했을 때 이를 자본수지흑자(capital account surplus)라 하며 그 반대일 경우는 자본수지적자라 한다.

어떤 한 가계가 소득을 초과해서 지출을 하는 경우, 초과지출(경상수지적자)에 대해서는 차입을 하거나 자산을 매각해서 그 대금(자본수지흑자)을 마련하는 것과 똑같은 원리가 국가의 대외거래에도 적용된다. 즉 중앙은행(정부)이 개입하지 않는다면 경상수지흑자는 자본수지적자와 일치하고 경상수지적자는 자본수지흑자와 일치한다.

환율이란 외환의 상대가격을 말한다. 예를 들면 원・달러환율은 달러화의 상대가격 즉 달러화의 가치를 뜻하므로 달러 1단위와 원화 1,000원이 교환된다면 이는 달러와 원화의 교환비율 즉 달러화의 상대가격(₩/$)이다. 상품의 수요와 공급에 의해서 상품의 가격이 결정되는 것과 똑같이 환율도 외환의 수요와 공급에 의해서 결정된다.

〔그림 11-1〕과 같이 외환의 공급곡선은 우상향 하는데 이는 외환의 수입을 나타내는 곡선이며 외환의 수요곡선은 외환의 지급을 나타내는 곡선이다.

환율이 상승할 경우는 재화와 용역의 수출이 증가해서 외환의 수입이 증가할 뿐만 아니라 외국인의 국내 투자도 증가하기 때문에 외환의 수입(공급)이 증가해서 외환의 공급곡선은 우상향 한다. 외환의 수요곡선이 우하향 하는 이유는 환율이 하락하면 수입이 증가하고 한국인의 해외투자가 증가하기 때문이다.

환율은 외환의 수요와 공급이 일치하는 수준에서 결정되며, 이렇게 해서 결정된 환율을 균형환율이라 한다. 그림에서 보는 바와 같이 환율이 균형환율보다 낮을 경우에는 외환의 초과수요가 발생하기 때문에 환율은 상승하고 환율이 균형환율보다 높을 경우에는 외환의 초과공급이 발생하기 때문에 환율이 하락한다.

외환의 수요량과 공급량이 일치하는 수준에서의 환율은 다른 요인이 변화하지 않는 한 변동하지 않으므로 균형환율이다. 외환수요곡선과 공

[그림 11-1] 균형환율의 결정

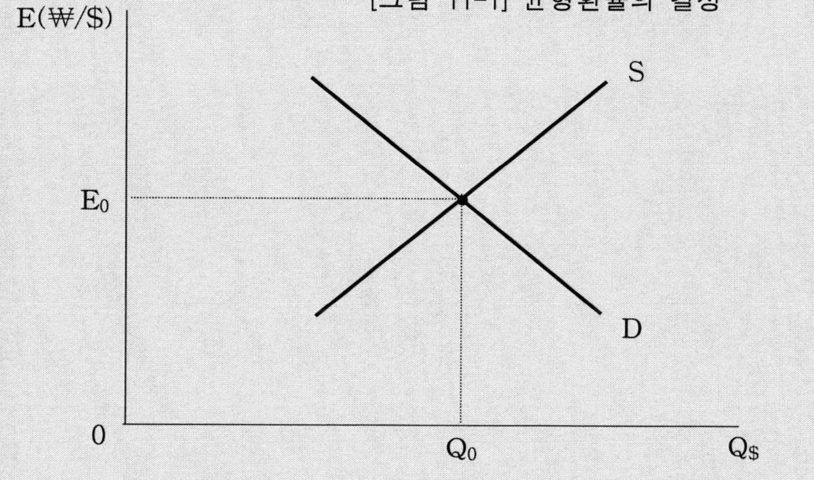

급곡선을 이동시키는 다른 요인이 변화하면 수요곡선과 공급곡선이 이동하는데 그 중 중요한 것이 이자율과 물가수준이다. 이자율이 상승하면 타국에 비해서 이자율이 높다는 뜻이므로 높은 이자수익률을 얻기 위해서 해외자금이 유입되어 원·달러환율이 하락하고, 이자율이 하락하면 외환의 유출로 인한 수요가 증가함으로 〔그림 11-2〕와 같이 외환의 수요곡선이 우측으로 이동해서 환율이 상승한다. 다만 이는 이론을 단순화하기 위한 것이며 이에 대한 구체적인 내용은 이 책 시리즈의 제3권 경제학의 조류와 제4권 입증자료에서 자세히 설명하고 있다.

이자율은 단기에도 환율에 영향을 미치지만 물가수준은 장기적인 환율의 변화를 결정하는 중요한 요인이다. 물가가 상승하면 국내상품이 타국에 비해서 비싸다는 뜻이며 물가가 하락하면 타국에 비해서 국내상품이 저렴하다는 뜻이다. 외국의 물가상승률이 우리 경제의 물가상승률을 초과해서 우리가 생산한 재화와 용역이 상대적으로 저렴해졌다면 수출이 증가하고 수입이 감소함으로 외환의 공급곡선이 우측으로 이동하고 외환의 수요곡선이 좌측으로 이동해서 환율은 하락한다. 이와는 반대로 우리경제의 물가상승률이 더 높은 경우에는 수출이 감소하고 수입이 증가함으로 환율은 상승한다.

[그림 11-2] 이자율 하락이 원・달러 환율에 미치는 영향

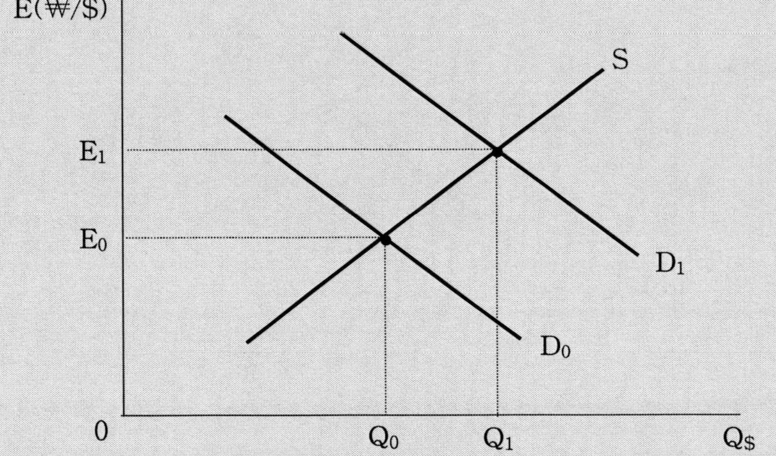

이처럼 장기적으로는 물가가 명목 환율을 결정하는 중요한 요인이 되는데 이와 같은 이론을 구매력 평가설(purchasing power parity doctrine)이라고 한다. 바꾸어 말한다면 양국화폐의 구매력 즉 화폐가치가 장기적인 명목환율을 결정하는 중요한 요인이라는 것이다.

2. 개방경제의 저축과 투자

거시경제이론에서는 경제를 크게 폐쇄경제 또는 봉쇄경제(closed economy)와 개방경제(open economy)로 구분해서 이론을 전개하고 있다. 이렇게 양분해서 이론을 전개하는 이유는 이론을 단순화하기 위해서이다. 뿐만 아니라 선진국의 경우에는 무역의존도가 일반적으로 낮기 때문에 봉쇄경제가 보다 더 중요하다는 것도 하나의 요인이 될 수 있다. 그러나 우리 경제에서와 같이 무역의존도가 높은 국가에서는 개방경제가 보다 더 중요하다고 보아야 할 것이다.

봉쇄경제는 순수출(X - M)이 제로이지만 개방경제는 순수출이 제로가 아닌 것이 일반적이다. 바꾸어 말한다면 봉쇄경제의 지출은 소비지출, 정부지출, 투자지출로 구분되지만 개방경제의 지출은 소비지출, 정부지출, 투자지출, 순수출로 구분된다. 이는 국내에서 생산한 재화와 용역 중의 일부는 수출되고 외국에서 생산한 재화와 용역의 일부가 수입된다는 뜻이다. 이를 GDP항등식으로 나타내면 다음과 같은 등식이 성립한다.

$$Y = (C - C_f) + (I - I_f) + (G - G_f) + X$$

이를 고쳐 쓰면,

$$Y = C + I + G + (X - M)$$

즉 소비지출, 투자지출, 정부지출 중에 일부는 수입상품에 대한 지출이 포함되어 있기 때문에 이를 집계해준 것이 수입이며 수출에서 수입을 공제해준 것이 순수출이다. 이와는 반대로 봉쇄경제는 국내에서 생산된 모든 상품이 국내에서 판매되고, 수입되는 것도 없다. 바꾸어 말한다면 개방경제에서는 국내상품에 대한 소비지출과 해외상품에 대한 소비지출을 집계해준 것(C_d+ C_f)이 가계의 소비지출(C)이며, 국내 상품에 대한 투자지출과 해외상품에 대한 투자지출을 집계해준 것(I_d + I_f)이 기업의 투자지출(I)이고, 국내상품에 대한 정부지출과 해외상품에 대한 정부지출을 집계해준 것(G_d + G_f)이 정부지출(G)이라는 것이다. 따라서 국내에서 생산된 재화와 용역에 대한 지출항목만을 분석의 대상으로 한다면 다음과 같은 GDP항등식이 성립한다.

$$Y = C_d + I_d + G_d + X$$

또는 $Y = C + I + G + (X - M)$

경제를 거시적으로 볼 때 경제전체의 저축 즉 국민저축은 민간저축과 정부저축으로 구분된다. 민간저축은 국민소득(Y)에서 조세와 소비지출을 공제해준 것과 같고 정부저축은 조세에서 정부지출은 공제해준 것과 같다. 바꾸어 말한다면 민간저축이란 가처분소득에서 소비지출을 공제해준 것을 말하며, 공공저축(정부저축)이란 재정흑자 또는 정부예산의 흑자를 말한다.

따라서 다음과 같은 항등식이 성립한다. 이는 단순히 개방경제의 GDP 항등식을 저축과 투자의 형태로 나타낸 것에 지나지 않는다.

$$(Y - T - C) + (T - G) = I + (X - M)$$

또는

$$(X - M) = (Y - C - G) - I$$

이를 고쳐쓰면,

$$(X - M) = S - I$$

여기에서 S는 민간저축(가계저축)을 뜻하는 것이 아니라 정부저축을 포함한 총저축을 뜻하며 S-I를 순해외 투자라한다. 따라서 순수출은 국민저축에서 국내 투자를 공제한 것과 같으므로 경상수지적자가 문제가 될 경우는 소비지출, 정부지출을 줄이고 국민저축을 증대시키거나 투자지출을 줄여야 한다.

순해외투자(S-I)는 자본의 순유출로서 국내 투자를 초과하는 저축이 해외로 유출된다는 뜻이며, 자본수지적자에 해당한다. 바꾸어 말한다면 순해외투자값이 플러스이면 자본의 유출을 뜻하고 순해외투자값이 마이너스이면 자본의 유입을 뜻한다. 따라서 자본수지가 적자(S-I 값이 플러스)일 때는 경상수지는 흑자이고 자본수지가 흑자일 때는 경상수지는 적자가 된다는 국제수지의 일반원칙(국제수지 항등식)이 성립한다.

순해외투자는 국제적인 개방경제의 대부자금시장에 의해서 결정된다고 보는 것이 일반론이다. 국내이자율이 외국의 이자율보다 낮으면 자본이 유출되고 국내이자율이 외국의 이자율보다 높으면 자본이 유입된다는 것이다. 따라서 순해외투자는 환율과 관계없이 결정된다.

다른 요인이 일정할 때 원·달러환율이 상승하면 수출이 증가하고 수입이 감소하기 때문에 순수출이 증가한다. 따라서 순수출은 원·달러 환율과 정의관계에 있는데 이를 외환시장 안정조건이라 한다. 결국 외환시장 안정조건이 주어져 있다면 환율은 자본의 유출입 즉 순해외투자에 의해서 결정된다는 것이다. 자본이 유출되면 외환의 수요가 증가하기 때문에 원·달러 환율이 상승하고 따라서 순수출이 증가하며, 자본이 유입되면 외환의 공급이 증가하기 때문에 원·달러 환율이 하락하고 따라서 순수출이 감소한다는 것이다. 이것이 개방경제의 거시이론의 일반론이다.

이상의 설명은 이미 설명한 바와 같이 단순한 외환시장을 도입해서도 설명이 가능하고, 순해외투자와 순수출의 개념을 통해서도 설명이 가능하다. 거시경제를 체계적으로 분석하기 위해서는 후자의 방법이 적합하다고 볼 수 있기 때문에 이 책에서도 후자의 방법에 따르고 있다. 다만 거시경제와 국제금융론을 통합하는 방법론에서 단순한 외환시장을 도입하면 검증이 가능하기 때문에 이책의 시리즈의 제3권 「경제학의 조류」와 제4권 「연구방법론」에서는 외환시장을 도입해서 설명하고 있다.

그렇다면 다른 요인이 변화하면 어떻게 될까? 다른 요인중 중요한 것이 물가수준이다. 물가수준이 상승하여 국내물가 상승률과 외국의 물가상승률이 차이가 있을 경우에는 환율이 조정되어야 한다. 이를 설명하기 위해서 도입된 개념이 실질환율과 명목환율이다. 개방경제의 장기분석은 실질환율과 명목환율이 장기에 어떻게 결정되는가하는 것을 설명하는데 그 목적이 있다고 할 수 있다.

3. 자본의 국제적 이동

위에서 설명한 바와 같이 개방경제에서는 자본이 국제적으로 이동하기 때문에 국민저축(Y - C - G)이 국내투자와 일치하는 수준에서 실질이자율이 결정되지 않는다. 바꾸어 말한다면 실질이자율이 조정되어 국민저축과 국내투자를 일치시키지 않는다는 것이다.

이론을 단순화하기 위해서 소국의 개방경제(small open economy)를 분석의 대상으로 하기로 하자. 소국의 개방경제란 세계의 이자율에 영향을 미칠 수 없어 세계의 이자율을 주어진 것으로 받아들이는 경제를 말한다.

이 소국의 개방경제에 자본의 국제적이동(international flows of capital)이 완전히 자유롭게 이루어진다면 이 경제의 실질이자율은 세계의 실질이자율과 같을 수밖에 없다. 왜냐하면 세계의 실질이자율 수준에서 외국으로부터 항상 차입이 가능하기 때문에 세계의 실질이자율보다 더 높은 이자율로 차입할 필요가 없고, 세계의 실질이자율 수준에서 대부도 가능하기 때문에 세계의 실질이자율보다 낮은 이자율로 대부할 필요성도 없기 때문이다.

이상의 설명으로부터 소국개방경제의 투자를 결정하는 것은 세계의 실질이자율이라는 것을 알 수 있다. 세계의 실질이자율이 낮으면 투자는 증가하고 세계의 실질이자율이 높으면 투자는 감소한다. 이에 반해서 국민저축은 국민소득이 주어져 있을 경우에는 이자율과 관계없이 일정하다고 할 수 있다. 결국 세계의 이자율이 낮으면 투자가 증가하기 때문에 국민저축에서 투자를 공제해준 값(S - I)이 마이너스가 되고 세계의 이자율이 높으면 투자가 감소하기 때문에 (S - I)값이 플러스가 된다. 여기에서 S는 국민저축(Y - C - G)을 말한다.

이미 설명한 바와 같이 국민저축에서 투자를 공제해준 것(S - I)을 순해외투자라 한다. 사후적인 개념으로서의 GDP항등식에 의하면 순해외투자와 순수출(X - M)은 항상 일치하지만 사전적인 개념으로서의 순해외투자와 순수출은 세계의 이자율 수준에서만 균형을 이루게 된다. 따라서 순수출은 세계의 이자율 수준에서 국민저축과 투자의 차액에 의해서 결정된다. 이는 저축이 부족할 경우는 차입에 의해서 투자를 하고 저축이 남아돌 때는 외국에 대부를 해준다는 것과 같은 뜻이다.

[그림 11-3] 소국의 개방경제의 저축과 투자

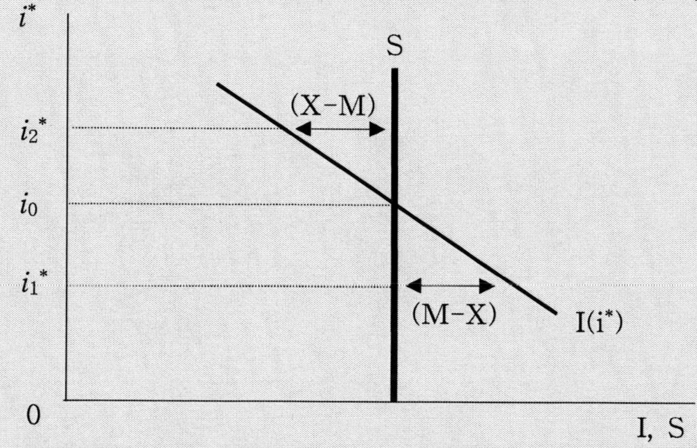

지금까지 설명을 그림으로 나타내면 〔그림 11-3〕과 같다. 만약 이 경제가 봉쇄경제라면 국민저축(S)과 투자가 일치하는 수준에서 실질이자율이 결정된다. 그러나 이 소국의 경제가 개방되었을 때는 자본이 자유롭게 이동하기 때문에 외국의 이자율이 낮을 경우에는 차입에 의해서 국내투자를 늘리고 외국의 이자율이 높을 때는 대부를 해주기 때문에 국내투자는 줄어든다.

그림에서 보는 바와 같이 세계의 이자율이 봉쇄경제의 균형이자율보다 높아 i_2^*일 때는 순해외투자가 플러스이기 때문에 순수출도 플러스이지만 세계의 이자율이 봉쇄경제의 균형이자율보다 낮아 i_1^*일 때는 수입이 수출을 초과하여 경상수지가 적자를 나타내고 있다.

지금까지 설명에 의해서 알 수 있는 바와 같이 경상수지가 균형이고 국민저축과 투자가 일치한다면 세계의 이자율은 봉쇄경제의 균형이자율과 일치한다. 이와 같은 경우에 투자 활성화 정책으로 투자수요가 증가하면 이자율은 상승하지 않고, 〔그림 11-4〕와 같이 경상수지가 적자가 된다. 이는 순해외투자가 마이너스이기 때문에 외국으로부터 차입에 의해서 투자자금이 조달된다는 것과 같은 뜻이다. 규제를 풀고 부동산 투자를 증가시키는 경우에도 같은 효과가 있다.

[그림 11-4] 투자수요 증가효과

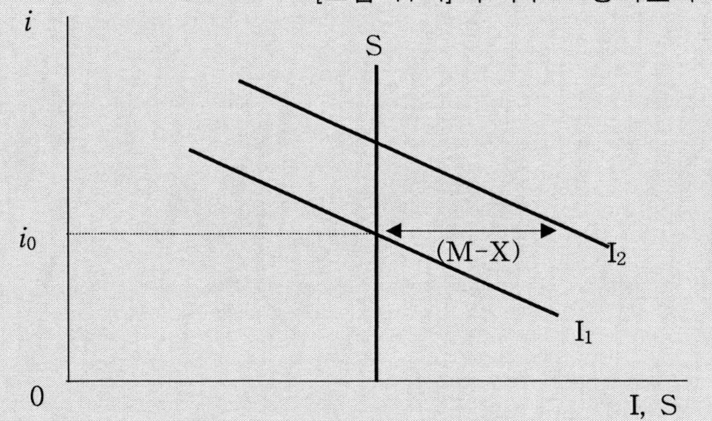

이상의 설명으로부터 알 수 있는 것은 자본이 부족한 후진국의 경우에는 외국으로부터 차입에 의해서 자본이 축적되고 경제가 성장할 수밖에 없는데, 이것이 1980년대 이후 후진국의 GDP 대비 외채비율이 급증한 중요한 요인 중에 하나였으며 외환위기의 요인이었다고 볼 수도 있을 것이다.

이번에는 투자수요는 불변인데 국민저축이 변화하였다고 하자. 국민저축이 변화하면 저축곡선이 이동한다. 예를 들어 정부지출이 증가하던가 조세가 감소하면 국민저축이 감소해서 저축곡선(S)이 왼쪽으로 이동하므로 확장적인 재정정책은 〔그림 11-5〕에서 보는 바와 같이 경상수지 적자의 발생요인이 된다. 따라서 잠재적 산출량 수준에서 확장적인 재정정책을 실시하게 되면 재정적자를 발생시킬 뿐만 아니라 경상수지 적자를 발생시키기 때문에 쌍둥이 적자의 요인이 된다. 재정정책이 제한적인 총수요관리정책으로 사용될 수밖에 없는 이유가 바로 이 때문이다.

지금까지 설명에서도 알 수 있는 바와 같이 자본의 국제적 이동은 봉쇄경제의 대부자금시장을 기초로 하고 있을 뿐만 아니라 대부자금의 형태로만 자본이 이동하고 있다는 가정하에서 이론이 전개되고 있다. 따라서 해외직접투자와 해외부동산투자 및 해외주식투자는 이론을 단순화하기 위해 무시되고 있다는 점에 유의할 필요가 있다. 이에 대한 구체적인 내용은 이 책시리즈의 제4권 입증자료에서 자세히 설명되고 있다.

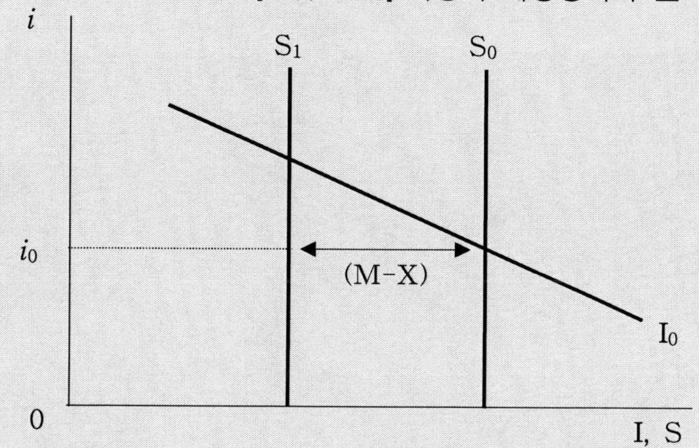

[그림 11-5] 확장적 재정정책의 효과

4. 실질환율과 명목환율 결정이론

원 · 달러의 실질환율은 외국상품의 상대가격을 말한다. 따라서 원 · 달러의 실질환율이 상승하면 국내상품에 비해서 외국상품이 비싸다는 뜻이므로 수입은 감소하고 수출은 증가한다. 그러므로 순수출을 결정하는 것은 실질환율이며 원 · 달러의 실질환율(e)과 순수출과의 관계는 〔그림 11-6〕과 같이 정의 관계에 있다. 즉 순수출곡선은 우상향 한다. 다만 환율은 자국화폐의 가치로 표시할 수도 있는데 이 경우에는 순수출곡선이 우하향 한다. 우리가 흔히 말하는 원 · 달러환율은 원화가치로 나타낸 것이 아니라 외환 즉 달러가치로 나타낸 것이다.

이론을 단순화하기 위해서 국민저축과 국내 투자가 일치해서 순해외투자가 0이고 경상수지가 균형인 상태에서 출발하기로 하자. 순해외투자는 실질환율과 관계없이 결정된다고 할 수 있기 때문에 〔그림 11-6〕에서 보는 바와 같이 수직으로 표시되어 있다. 실질환율은 순수출곡선과 순해외투자곡선이 교차하는 수준에서 결정되므로 균형실질환율은 e_0이다. 순해외투자는 외국에 투자한다는 뜻이므로 달러의 수요와 같고 순수출은 달러의 공급과 같기 때문이다.

[그림 11-6] 균형실질환율의 결정

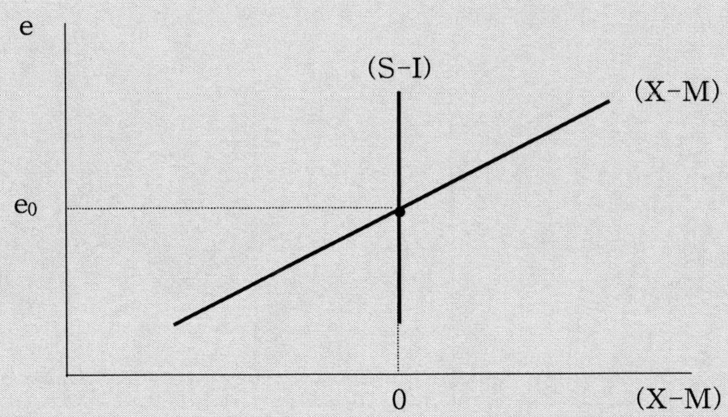

만약 국민저축이 증가해서 국내투자를 초과하는 저축자금이 외국에 투자되기 위해서 달러화로 교환된다면 원·달러의 실질환율이 상승하기 때문에 순수출은 증가하고 그 반대일 경우는 순수출이 감소해서 경상수지 적자가 된다.

예를 들어 확장적인 재정정책으로 정부지출을 증가시키던가 조세를 감소시키면 순해외투자곡선이 왼쪽으로 이동하기 때문에 원·달러의 실질환율은 하락하고 경상수지는 적자가 되며 긴축적인 재정정책일 때는 국민저축이 증가하기 때문에 순해외투자곡선이 오른쪽으로 이동해서 원·달러의 실질환율은 상승하고 경상수지는 흑자가 된다.

투자촉진정책으로 국내투자수요가 증가할 때는 순해외투자곡선이 왼쪽으로 이동하기 때문에 〔그림 11-7〕과 같이 원·달러의 실질환율은 하락하고 경상수지적자는 확대된다. 예를들어 정부가 세법을 개정하거나 규제를 완화해서 설비투자와 부동산투자를 증가시킬 경우가 이에 해당한다. 지금까지 설명에 의해서 알 수 있는 바와 같이 경상수지적자를 확대시키는 요인은 정부지출이 증가하거나 조세가 감소하거나 투자수요가 증가하는 경우이다.

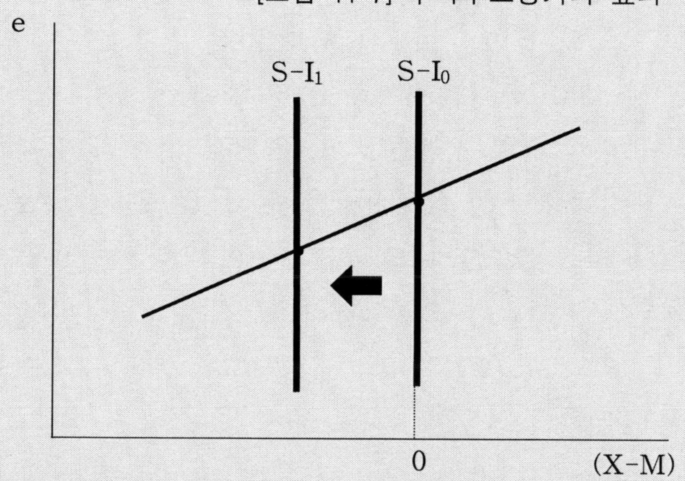

[그림 11-7] 투자수요증가의 효과

그렇다면 1990년대와 같이 원·달러의 실질환율이 하락하고 경상수지적자가 확대된 요인은 무엇일까? 지금의 시점에서 생각해 본다면 정부의 재정부문에서는 큰 문제가 없었다고 생각할 수 있다. 왜냐하면 외환위기 이후 구조조정으로 공적자금이 대규모로 투입될 수 있었을 뿐만 아니라 아직도 우리 경제의 재정건전성은 외국에 비해서 양호하다고 할 수 있기 때문이다.

따라서 우리 경제의 이자율이 높았기 때문에 외국으로부터의 차입에 의한 국내투자가 과도해서 경상수지적자가 확대되었다고 할 수 있다. 즉 경상수지가 적자이면서도 원·달러의 실질환율이 하락했다는 것이 중요한 요인이 되었다고 생각할 수 있다는 것이다.

끝으로 명목환율이란 달러와 원화의 교환비율로 외환의 상대가격을 말한다. 예를 들어 달러 한 단위와 1,000원이 교환되었다면 원·달러의 명목환율은 달러당 1,000원이 된다. 이는 달러의 가치를 원화로 표시한 것이다. 물론 이 경우에도 원화의 가치를 외화로 나타낼 수 있다.

실질환율을 결정하는 요인은 불변인데 통화량이 증가로 물가수준만이 변화한다면 실질환율은 불변이고 명목환율만이 변화한다. 바꾸어 말한다면 명목환율과 실질환율은 양국의 상대적인 물가수준이 불변이라면 항상 일치하지만 양국의 물가상승률이 서로 다를 경우에는 실질환율(e)에 외국의 물가(P*)에 대한 국내물가지수(P)를 곱해준 것이 명목환율(E)이다.

예를 들어 미국의 물가수준(P*)은 불변인데 우리 경제의 물가수준만이 상승해서 2배가되었다면 실질환율은 불변이지만 원・달러의 명목환율은 조정되어 2배가된다는 것이다. 이를 수식으로 나타내면 다음과 같이 나타낼 수 있다.

$$E = e \times (\frac{P}{P^*})$$

즉, 실질환율과 명목환율과의 관계는 양국의 물가상승률을 고려해준 것에 지나지 않는다. 이를 변화율로 나타내면 다음과 같다.

E의 변화율 = e의 변화율 + (국내물가상승률 − 외국의 물가상승률)

국내물가상승률에서 외국의 물가상승률을 공제해준 것을 실질환율의 변화율에 더해주면 명목환율의 변화율이 된다. 이상의 설명은 외환의 상대가격으로 환율을 설명한 것이므로 원화의 상대가격으로 설명하는 경우에는 반대로 생각하면 된다.

지금까지 설명한 소국개방경제의 실질환율과 명목환율 결정이론이 오늘날 장기환율결정이론의 일반론이다. 그 이유는 고전적 이분법과 화폐수량설의 논리적 기초에 적합하기 때문이다. 예를 들어 외국의 물가 수준이 일정한 상태에서 명목환율이 10% 상승하고 우리 경제의 물가상승률이 5% 상승했다고 한다면 실질환율은 5% 상승한 셈이다. 이때 장기적인 물가 상승률 5%는 화폐수량설에 의해서 결정된 것이고 실질환율은 저축과 투자에 의해서 결정된 것이다. 따라서 위에서 설명한 장기적인 명목환율은 고전적 이분법에 의해서 결정된것이라고 할 수 있기 때문에 장기이론의 일반론이 되는 것이다. 이상에서 설명한 장기 환율 결정 이론은 대국의 개방경제에도 그대로 적용할 수 있다. 다만 차이점이 있다면 대국인 경우에는 세계의 실질이자율에 영향을 미칠 수 있다는 점에 지나지 않는다. 따라서 대국의 이자율과 자본의 순유출과의 관계는 역의 관계가 성립한다.

요약한다면 양국의 상대적인 물가수준이 불변이라면 실질환율과 명목환율은 항상 일치하지만 상대적인 물가수준이 변화되는 경우에는 양국의 물가상승률이 차이만큼 명목환율이 조정되어야 한다는 것이다.

5. 구매력 평가설

구매력 평가설에는 절대적 구매력 평가설과 상대적 구매력 평가설이 있다. 일반적으로 구매력 평가설이라고 할 때는 상대적 구매력 평가설을 말하지만 구매력 평가설을 이해하기 위해서는 절대적 구매력 평가설도 필요하기 때문에 절대적 구매력 평가설부터 먼저 알아보기로 하자.

절대적 구매력 평가설이란 장기적인 명목균형환율은 양국의 상대적인 물가수준과 일치한다는 이론이다. 예를 들어 원・달러의 장기명목균형환율(E)은 미국의 물가수준(P*)에 대한 한국의 물가수준(P)으로 다음과 같이 나타낼 수 있다.

$$E = \frac{P}{P^*}$$

이 이론은 일물일가의 법칙(law of one price)을 전제로 한 것이다. 국가간에도 전매(arbitrage)에 의해서 한 상품에는 하나의 가격만이 있다는 일물일가의 법칙이 작용한다면 장기적인 균형환율은 상대적인 물가수준에 따라서 결정된다는 것이다. 예를들어 한국의 자동차 1대의 가격이

1,000만원이고, 동일한 자동차가 미국에서는 10,000달러라고 한다면 원·달러의 장기적인 균형환율은 달러당 1,000원이 된다는 것이다. 결국 구매력 평가환율은 장기적으로 경상수지가 균형을 이루는 환율이라고 할 수 있기 때문에 자본수지는 무시되고 있는 것이다. 따라서 자본이 유출되는 국가의 국제수지는 적자가 되며 자본이 유입되는 국가의 국제수지는 흑자가 된다는 것이 이 이론이 가장 큰 단점이라고 할 수 있다. 그 외에도 대부분의 서비스와 수송비가 높은 재화는 무역이 되지 않기 때문에 구매력 평가환율은 경상수지도 균형을 이룰 수 있는 환율이 될 수 없다는 문제가 있게 된다. 이와같은 절대적 구매력 평가설의 단점을 어느정도 보완해 줄 수 있는 이론이 상대적 구매력 평가설이다.

상대적 구매력 평가설이란 일정한 기간동안의 장기적인 환율의 변화는 양국의 상대적인 물가수준의 변화에 비례한다는 것이다. 기준연도의 환율을 E_0, 비교연도의 환율을 E_1이라 하면 위에서 설명한 원·달러환율은 다음과 같이 나타낼 수 있다.

$$E_1 = [\frac{P_1}{P_0} / \frac{P_1^*}{P_o^*}] \cdot E_0$$

예를 들어 미국의 물가수준은 기준연도에 비해서 변화하지 않았는데 우리 경제의 물가수준만이 기준연도에 비해서 50% 상승했다면 원·달러환율은 기준연도에 비해서 50%상승해야한다는 것이다. 절대적 구매력 평가설이 성립하면 당연히 상대적 구매력 평가설도 성립하지만 상대적 구매력 평가설이 성립한다고 해서 절대적 구매력 평가설이 성립하는 것은 아니다. 예를들면 자본이 국제적으로 이동하는 경우 절대적 구매력 평가설은 부정되지만 상대적 구매력 평가설은 부정될 수 없고, 다만 자본의 국제적 이동이 구조적으로 변화되었을 경우에만 부정된다는 것이다. 그 외에 선진국에서는 무역되지 않은 상품의 가격이 상대적으로 후진국보다 높다는 데에도 문제가 있다.

이상과 같은 구매력 평가설의 약점에도 불구하고 "장기적으로 구매력 평가환율은 실제적인 명목환율의 변화를 예측하는 기준의 될 수 있는 환율이 된다"는 점에서 중요하다. 바꾸어 말한다면 실제적인 명목환율은 구매력 평가환율을 중심으로 해서 변화된다는 것이다.

이상의 설명을 실질환율의 개념으로 본다면 구매력 평가환율에서는 실질환율이 변화되지 않는다는 것이다. 바꾸어 말해서 지수로 나타낸다면 그 값은 항상 1이고 명목환율의 모든 변화는 물가수준이 변화하기 때문에 변화한다는 것이다. 따라서 장기에 실질환율이 변화하드래도 1을 중심으로 제한적으로 변동해야한다는 하나의 이론적 근거를 마련할 수 있다는데 매우 중요한 의미가 있는 것이다. 외환위기 이후 우리 경제의 현실을 설명하려고하는 경우 구매력 평가설에 의한 적정환율을 장기환율로 보고 현실을 설명할 수 있는 이유가 바로 이 때문이다.

요 약

1. 외환의 수요와 공급이 일치하는 수준에서 균형환율이 결정된다. 국내이자율이 하락하면 외환의 수요가 증가하므로 원·달러환율은 상승하고 국내이자율이 상승하면 외환의 공급이 증가해서 원·달러 환율은 하락한다. 물가수준은 장기에 명목환율을 결정하는 중요한 요인이 되는데 이를 강조하는 이론이 구매력 평가설이다.
2. 봉쇄경제와는 다르게 개방경제에서는 한 경제의 국내지출이 반드시 재화와 용역의 산출량과 일치할 필요가 없기 때문에 지출을 줄이면 해외투자를 증가시킬 수 있다. 결국 GDP 항등식으로부터 순해외투자는 순수출과 일치한다는 항등식이 성립한다.
3. 소국개방경제의 순해외투자는 세계의 이자율에 따라서 결정되며, 순해외투자와 일치하는 수준에서 순수출이 결정된다. 따라서 국내투자수요가 증가하거나, 확장적인 재정정책은 경상수지적자의 발생요인이 된다.

4. 원 · 달러의 실질환율은 순수출과 순해외투자가 일치하는 수준에서 결정된다. 따라서 국내투자가 증가하면 순해외투자가 감소하기 때문에 원 · 달러의 실질환율이 하락해서 순수출이 감소하고, 국민저축이 증가하면 순해외투자가 증가하기 때문에 원 · 달러의 실질환율이 상승하고 경상수지도 증가한다.
5. 원 · 달러의 명목환율은 실질환율에 외국의 물가수준에 대한 국내물가수준의 상대적인 비율을 곱해준 것과 같다. 이것이 장기환율결정이론의 일반론이 되는 이유는 고전적 이분법과 화폐수량설의 논리적 기초에 적합하기 때문이다.
6. 상대적인 구매력 평가환율은 실제적인 명목환율의 변화를 예측하는 기준이 될 수 있다.

중요개념

1. 국제수지표, P. 221
2. 외환의 수입, P. 221
3. 외환의 지급, P. 221
4. 재화와 용역의 수출, P. 221
5. 재화와 용역의 수입, P. 221
6. 무역수지, P. 221
7. 무역외수지, P. 221
8. 경상수지, P. 221
9. 해외투자, P. 221
10. 자본계정, P. 221
11. 자본수지 흑자, P. 222
12. 자본수지 적자, P. 222
13. 원 · 달러 환율, P. 222
14. 달러화의 상대가격, P. 222
15. 외환의 수요, P. 222
16. 외환의 공급, P. 222
17. 외환의 공급곡선, P. 222
18. 외환의 수요곡선, P. 222
19. 한국인의 해외투자, P. 222
20. 외국인의 국내투자, P. 222
21. 균형환율, P. 222
22. 장기적인 환율의 변화, P. 222
23. 구매력 평가설, P. 222
24. 봉쇄경제, P. 224
25. 개방경제, P. 224
26. 봉쇄경제의 지출, P. 225
27. 개방경제의 지출, P. 225
28. 국민저축, P. 226
29. 민간저축, P. 226
30. 정부저축, P. 226
31. 순해외투자, P. 226
32. 자본의 국제적 이동, P. 228
33. 소국 개방경제, P. 228
34. 세계의 실질이자율, P. 228
35. 소국개방경제의 저축과 투자, P. 228
36. 투자수요증가효과, P. 230
37. 확장적 재정정책의 효과, P. 231
38. 실질환율, P. 231
39. 순수출곡선, P. 232
40. 순해외투자곡선, P. 232
41. 균형실질환율, P. 232
42. 명목환율, P. 234

제 12 장

개방경제의 단기분석(개방경제의 IS-LM모델)

1. 환율제도와 거시경제 정책
2. 개방경제의 IS-LM분석
3. 금융정책의 효과
4. 재정정책의 효과
5. 소국개방경제의 먼델 · 플레밍모델(Mundell - Fleming Model)
6. 국가위험성(country risk)과 외환위기

1. 환율제도와 거시경제 정책

명목환율이란 이미 설명한 바와 같이 양국간 화폐의 상대가격을 말하는 것으로 외국화폐의 가치(상대가격)로 나타낼 수도 있고 자국화폐의 가치로 나타낼 수도 있다. 우리가 흔히 말하는 원·달러(₩/$) 환율은 달러의 상대가격 즉 외국화폐의 가치를 뜻한다. 달러의 가치 또는 원·달러 환율을 E라고 한다면 원화의 가치 즉 달러·원 환율은 $\frac{1}{E}$이다. 예를 들어 원·달러 환율이 1,000원/$일 경우는 원화의 가치 또는 달러·원 환율은 0.001(달러/원)이다.

우리가 일반적으로 사용하는 원·달러 환율은 외국화폐의 가치로 환율을 나타낸 것이지만 이론적으로는 자국화폐의 가치로 환율을 나타내는 경우가 많다. 특히 거시경제이론에서 이와 같은 경우가 많은데 이렇게 표시될 때에는 우리가 일반적으로 사용하는 원·달러 환율(E)의 역수($\frac{1}{E}$)로 생각해 주는 것이 거시경제이론을 이해하는데 매우 편리하다.

예를 들어 원화의 상대가격이 상승하는 경우에는 자국화폐가치로 표시한 환율이 상승(appreciation)하는 경우인데 이를 달러의 가치로 표시했을 때에는 환율이 하락하는 경우에 해당한다. 환율상승「appreciation」과 환율하락「depreciation」이라는 용어가 많이 쓰이는데 이는 단순히 환율을 자국화폐의 가치로 나타내는 경우에 해당하므로 우리가 일반적으로 사용하는 원·달러 환율과는 역의 관계에 있다는 것에 유의할 필요가 있다.

이 책에서는 우리가 일반적으로 사용하는 원·달러 환율의 개념과 일치시키기 위하여 외국화폐의 가치로 환율이 설명되고 있다. 따라서 원·달러 환율이 상승할 경우에는 "환율이 상승"하고 원·달러 환율이 하락할 경우에는 "환율이 하락"한다 라는 개념으로 환율이라는 용어를 사용하기로 하자.

단기에는 물가가 주어져 있다고 할 수 있으므로 이론전개의 편의상 물가수준은 불변이라고 하자. 양국의 물가수준이 불변일 경우 즉, 단기에는 자본의 유입과 유출이 이자율에 의해서 결정된다. 이미 설명한 바와 같이 자국의 이자율이 외국의 이자율보다 높다면 자본이 유입되므로 환율(원・달러 환율)은 하락하고 자국의 이자율이 상대적으로 낮을 경우 즉, 외국의 이자율이 상대적으로 높을 경우에는 자본이 유출되므로 환율은 상승한다. 이처럼 단기적으로 환율이 이자율에 따라 외환시장에서 수시로 변동할 수 있는 제도를 변동환율제도라 한다. 바꾸어 말한다면 외환의 수요와 공급에 의해서 환율이 결정되는 제도이다.

이에 반해서 환율이 고정되어 있는 제도를 고정환율제도라 한다. 환율이 고정되어 있다는 것은 자국의 화폐가치가 일정하다는 것을 뜻하므로, 이자율이 높아 자본이 유입되고 자국화폐의 가치가 상승할 경우에는 중앙은행이 화폐의 공급을 증가시켜야 하고, 그 반대일 경우는 화폐의 공급을 감소시켜야 한다. 따라서 통화량은 경제안정화정책으로서의 금융정책에 의해서 결정되는 것이 아니라 환율에 따라 결정되기 때문에 고정환율제도에서는 재정정책만이 사용될 수 있다고 할 수 있다.

결국 고정환율제도의 금융정책의 유일한 목적은 환율을 주어진 고정환율로 유지하는데 있으므로, 화폐가치인 환율을 안정시킬 수 있다는 장점이 있는 반면, 위에서 설명한 바와같이 경제안정화 정책으로서의 금융정책을 실시할 수 없다는 단점이 있다. 이에 반해서 변동환율제도는 금융정책은 사용할 수 있지만 화폐가치인 환율이 불안정(위험)하다는 데 단점이 있다. 예를들어 오늘의 1달러가 외환시장에서 1,000원이었는데 1년후에는 1,500원이 될 수도 있다는 것이다.

고정환율제도에서 환율을 주어진 고정환율로 유지시키는 방법에는 중앙은행의 외환시장개입, 금융정책을 통해서 안정시키는 방법, 외환시장을 통제하는 방법등이 있다. 그리고 고정환율제도에서도 평가절상이나 평가절하를 통해서 변동환율제도에서의 금융정책과 같은 효과를 얻을 수 있다. 뿐만 아니라 완전한 변동환율제도나 완전한 고정환율제도는 존재하지 않는다. 다만 1970년대 이후 현재까지 세계 각국의 환율제도가 변동환율제도로 전환되는 추세에 있으며, 대부분의 경제학자들이 변동환율 제도를 선호하고 있다는 점에서 볼 때 앞으로는 중앙은행의 시장개입이 정도가 점진적으로 낮아질 것으로 생각한다.

지금까지 설명한 환율제도상의 문제는 정부(중앙은행)가 외환시장에 개입하지 않는 단순한 외환시장을 도입해서 설명하는 것이 보다 효과적이기 때문에 이에 대한 구체적인 내용은 이 책의 제3권 「경제학의 조류」와 제4권 「연구방법론」에서 자세하게 설명되고 있다.

2. 개방경제의 IS-LM분석

봉쇄경제에서는 순수출(X - M)이 0이기 때문에 IS곡선을 따라서 경제가 이동하더라도 순수출의 값은 항상 0일 수밖에 없다. 그러나 개방경제인 경우에는 소득이 증가하면 수입이 증가하므로 IS곡선이 〔그림 12-1〕의 (a)에서 보는 바와 같이 봉쇄경제에서 보다 비탄력적이다. 왜냐하면 국민소득이 증가하면 수입이 증가해서 순수출이 감소하기 때문이다.

이는 해외부문을 고려하지 않았을 때의 지출승수보다 해외부분이 고려된 개방경제에서의 승수인 해외무역승수(foreign trade multiplier) 또는 개방경제승수(open economy multiplier)가 작다는 것과 같은 뜻이다.

예를 들어 이자율이 하락해서 투자지출이 증가했다고 하자. 투자지출이 증가하면 승수과정을 통해서 총지출이 증가하고 주어진 물가수준에서의 실질GDP가 증가한다. 그러나 개방경제에서는 추가되는 지출 중에 일부가 수입상품으로 유출되기 때문에 개방경제의 승수는 봉쇄경제에서의 승수보다 더 작을 수밖에 없다.

즉, 봉쇄경제에서의 승수는 $\frac{1}{MPS}$이지만 개방경제의 승수는 $\frac{1}{MPS + MPM}$이며, 결과적으로 그림에서 보는 바와 같이 이자율의 변화분($\triangle i$)에 대한 의도된 총지출의 변화분($\triangle$Y)은 작게되어 IS곡선이 폐쇄경제의 IS곡선보다 비탄력적이 된다는 것이다.

[그림 12-1] IS 곡선의 형태

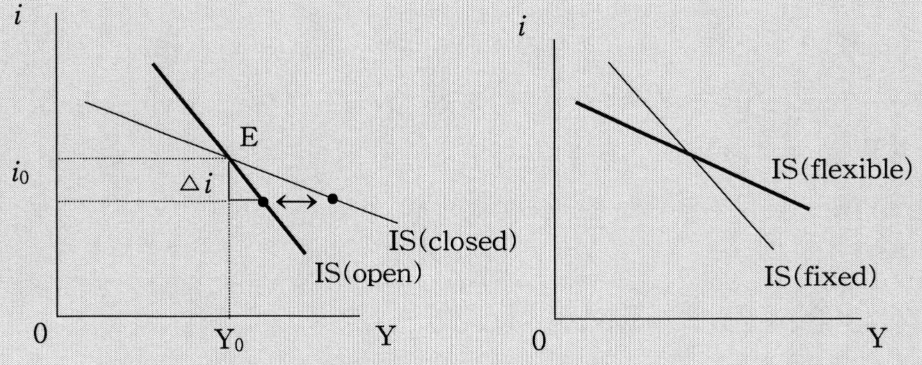

(a) 봉쇄경제와 개방경제 (b) 고정환율제도와 변동환율제도

여기에서 MPM은 한계수입성향($\frac{\triangle M}{\triangle Y}$)을 가리킨다. 그리고 그림에서 봉쇄경제의 IS곡선과 개방경제의 IS곡선의 교차점 E점에서는 수출과 수입이 일치해서 순수출이 0이 된다. 이상의 설명은 고정환율제도의 IS곡선에 대한 설명인데, 일반적으로 개방경제의 IS곡선이라고 할 때의 IS곡선은 이를 가리키는 말이다.

변동환율제도의 IS곡선은 그림 (b)에서 보는 바와 같이 고정환율제도의 IS곡선보다 탄력적이다. 이자율이 하락하면 투자지출을 증가시킬 뿐만 아니라 원·달러 환율이 상승하여 수출을 증가시키고 수입을 감소시켜 순수출이 증가되기 때문이다. 이는 실질환율의 개념을 이용해서 설명될 수 있다. 이미 설명한 바와 같이 실질환율이란 양국상품의 상대가격을 나타내는 개념으로 양국의 물가수준과 명목환율에 의해서 결정된다. 단기에는 양국의 물가수준은 불변이라고 가정할 수 있으므로 이자율이 하락하면 외국의 이자율이 상대적으로 높아지기 때문에 자본이 유출(지급)되며 자본이 유출된다는 것은 외환의 수요가 증가해서 실질환율이 상승한다는 것을 뜻한다. 실질환율의 상승은 우리상품(자국상품)이 저렴하다는 뜻이므로 수출이 증가하고 수입이 감소한다. 이처럼 물가가 불변일 경우 명목환율이 상승하면 실질환율은 명목환율의 상승률만큼 상승하므로 명목환율 자체가 실질환율을 반영하는 것이라고 할 수 있다. 위에서 설명한 변동환율제도의 IS곡선은 고정환율제도의 IS곡선의 이동으로 설명될 수도 있는데 이에 대해서는 이 책의 종결편 「경제학의 조류」에서 자세하게 설명되고 있다.

개방경제의 IS곡선은 (1) 정부지출과 조세, (2) 외국의 실질소득과 이자율, (3) 물가수준 등이 변화하면 이동한다. (1) 정부지출이 증가하거나 조세가 감소할 경우, (2) 외국의 실질소득이 증가하거나 외국의 이자율이 상승할 경우, (3) 자국의 물가수준이 하락할 경우는, IS곡선이 오른쪽으로 이동하고, 그 반대일 경우는 왼쪽으로 이동한다.

외국의 실질소득이 증가하면 수출이 증가하며, 외국의 이자율이 상승하면 원·달러 환율이 상승하여 순수출이 증가하고, 물가수준이 하락하면 외국상품에 대한 자국상품의 가격이 저렴해지기 때문에 순수출이 증가하여 IS곡선을 오른쪽으로 이동시킨다. 확장적 재정정책으로 정부지출이 증가하거나 조세가 감소했을 경우 IS곡선이 오른쪽으로 이동한다는 사실은 봉쇄경제와 같으나 승수가 봉쇄경제에서 보다 작다는데 차이가 있다.

개방경제에서는 외국화폐도 부의 축적수단이 될 수 있다는 점에서 봉쇄경제의 LM곡선과 그 기울기가 다소간의 차이가 있다고 할 수 있겠으나 이론전개의 편의상 차이가 없다고 가정하기로 하자.

개방경제의 장기분석에서도 설명한 바와 같이 단기분석에서도 최근 들어 자본이 완전히 자유롭게 이동하는 소국개방경제의 단기 분석이 강조되고 있다. 대국의 개방경제(large open economy)와는 다르게 소국의 개방경제(small open economy)는 세계의 이자율을 주어진 것으로 받아들여야 하기 때문에 [그림12-2]에서 보는 바와같이 주어진 세계의 이자율 수준에서 생산물시장과 화폐시장이 균형을 이루어야 한다.

예를 들어 우리경제의 이자율(i)이 주어진 외국의 이자율(i^*)보다 높은 수준에 있을때는 자본이 유입되기 때문에 원·달러환율이 하락하고 낮은 수준에 있을 때는 자본이 유출되기 때문에 원·달러환율이 상승한다.

[그림 12-2] 소국개방경제의 생산물시장과 화폐시장

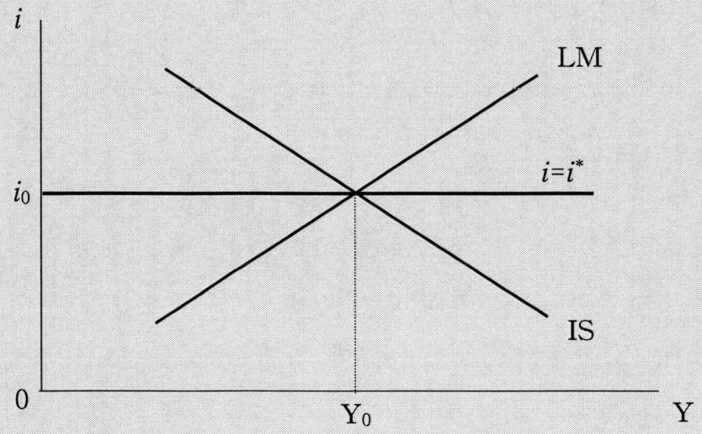

따라서 자본이 자유롭게 이동하는 소국개방경제의 변동환율제도에서는 통화량이 증가했을 때 투자가 증가하지 않고 순수출만이 증가해서 총수요를 증가시킨다.

이상의 설명으로부터 우리가 알수 있는 것은 소국개방경제의 단기분석의 경우 개방경제의 IS-LM곡선으로 설명될 수도 있고 환율과 국민소득과의 관계를 나타내는 새로운 IS곡선과 LM곡선을 도출해서 설명할 수도 있다. 이 책에서는 두가지 방법이 모두 사용되고 있다.

3. 금융정책의 효과

고정환율제도에서는 화폐의 공급이 환율에 의해서 결정되기 때문에 경제안정화 정책으로서의 금융정책이 불가능하다. 다음의 설명은 변동환율제도에서의 확장적인 금융정책의 효과를 설명한 것이다. 긴축적인 금융정책의 효과는 그 반대로 생각해주면 된다.

중앙은행(한국은행)이 침체상태에 있는 경제를 회복시키기 위해서 통화량을 증가시켰다면 〔그림12-3〕에서 보는 바와 같이 이자율이 하락하고 주어진 물가수준에서 실질국민소득이 증가한다. 변동환율제도에서 이자율이 하락하면 외환의 상대가격(원・달러 환율)이 상승하기 때문에 순수출이 증가한다. 따라서 변동환율제도에서 이자율이 하락할 때 국민소득이 증가하는 이유는 투자지출뿐만 아니라 순수출이 증가하기 때문이다. 그런데 만약 이 경제가 소국의 개방경제라면 세계의 이자율에 영향을 미칠 수 없기 때문에, 같은 뜻이지만 이자율이 하락압력이 작용하는 한 자본이 유출되어 이자율이 하락할 수 없기 때문에, 외환의 상대가격(원・달러 환율)이 상승해서 순수출만이 증가한다. 따라서 소국개방경제의 IS곡선은 주어진 원래의 세계의 이자율(i_0)수준에서 수평이다.

이상에서 설명한 변동환율제도의 IS곡선은 고정환율제도의 IS곡선의 이동으로도 설명될 수 있다. 소국인 경우에는 세계의 이자율에 영향을 미칠 수 없기 때문에 원래의 세계의 이자율이 될 때까지 IS곡선이 이동하지만 대국인 경우에는 국내이자율이 하락하기 때문에 그렇게 크게 이동하지 않는다는 것이다. 이에 대한 구체적인 내용은 이 책의 제3권 종결편에서 자세하게 설명되고 있다.

이상의 설명을 기초로 고정환율제도에서는 왜 금융정책이 불가능한지 알아보기로 하자. 예를들어 확장적인 금융정책으로 통화량이 증가하면 그림에서 보는 바와 같이 LM곡선이 우측으로 이동하고 외환의 상대가격(원・달러환율)이 상승한다. 외환의 상대가격이 상승하면 중앙은행은 주어진 고정환율을 유지하기 위해서 통화량을 감소시켜야하기 때문에 경제는 원래의 상태로 되돌아 오게되어 확장적인 금융정책이 불가능하다는 것이다. 이는 긴축적인 금융정책인 경우에도 그대로 적용할 수 있다. 요약한다면 고정환율제도에서는 통화량이 변동하면 환율이 변동하기 때문에 금융정책이 불가능하다는 것이다.

변동환율제도에서 통화량이 증가할 때 순수출이 증가하는 이유는 순해외투자(자본의 순유출)의 증가로 외환의 상대가격(원・달러환율)이 상승하기 때문이다. 원・달러환율이 상승하면 순수출이 순해외투자의 증가분만큼 증가한다.

[그림 12-3] 변동환율제도에서의 확장적 금융정책의 효과

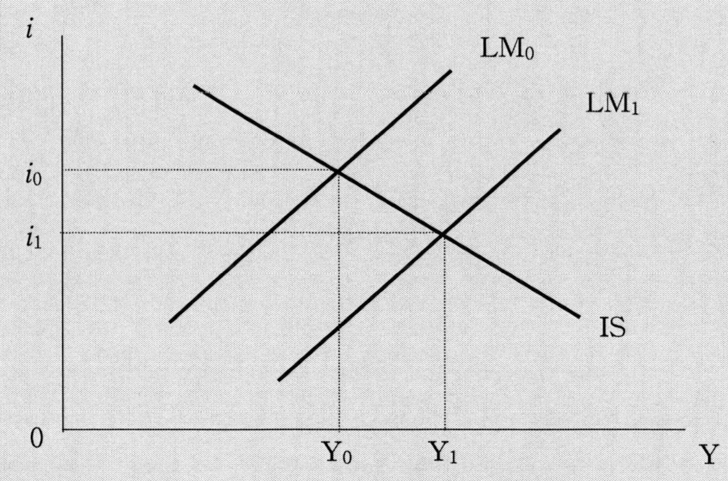

순해외투자는 한국인의 해외투자(자본의 유출)에서 외국인의 국내투자(자본의 유입)를 공제해 준 것과 같다. 따라서 통화량이 증가할 때, 같은 뜻이지만 이자율이 하락할 때, 순해외투자의 증가로 원·달러 환율이 상승하고 순수출이 증가되기 위해서는 채권시장을 통해서 자본이 이동(유·출입)되어야 한다. 주식시장을 통해서 자본이 이동되는 경우에는 이자율이 하락할 때 주가와 부동산 가격이 상승하기 때문에 원·달러 환율이 하락하여 원화의 가치가 과대평가될 수도 있기 때문이다. 바꾸어 말한다면 환율이 거꾸로 갈 수도 있기 때문이다.

4. 재정정책의 효과

금융정책과는 달리 재정정책은 환율제도와 관계없이 정부가 어떤 정책목표를 달성하기 위해서 독립적으로 실시할 수 있다. 정부가 확장적인 재정정책으로 정부지출을 증가시키거나 조세를 감소시키는 경우 고정환율제도와 변동환율제도에서 그 효과가 어떻게 다른지에 대해서 보기로 하

자. 긴축적인 재정정책의 효과는 그 반대가 됨은 물론이다. 오늘날의 대부분의 선진국은 변동환율제도를 채택하고 있지만 고정환율제도에서의 효과 역시 거시경제이론을 이해하는데 필요하다고 할 수 있다.

고정환율제도에서 정부지출을 증가시키거나 조세를 감소시키면 [그림 12-4] 에서 보는 바와 같이 IS곡선이 오른쪽으로 이동하기 때문에 이자율이 원래의 세계의 이자율 i^*보다 높아 i_1이 될 수 있다. 그러나 이 경제가 소국의 개방경제라면 세계의 이자율에 영향을 미칠 수 없기 때문에 이 경제의 이자율이 세계의 이자율 i^*와 일치할 때까지 자본이 유입된다. 자본이 유입되면 환율이 주어진 고정환율 수준이 될 수 있도록 화폐의 공급이 증가되고 따라서 LM곡선이 LM_0에서 LM_1으로 이동한다.

확장적 재정정책의 효과로서 주어진 물가수준에서의 실질GDP가 Y_0에서 Y_1으로 증가하였고, 자본유입의 효과 때문에 구축효과는 발생하지 않았다. 소득이 증가하면 수입이 증가하므로 확장적인 재정정책은 재정적자와 경상수지적자를 발생시키는 요인으로 작용할 수 있다. 이는 소국개방경제를 개방경제의 IS곡선과 LM곡선으로 설명한 것이다.

[그림 12-4] 고정환율제도에서의 확장적 재정정책의 효과

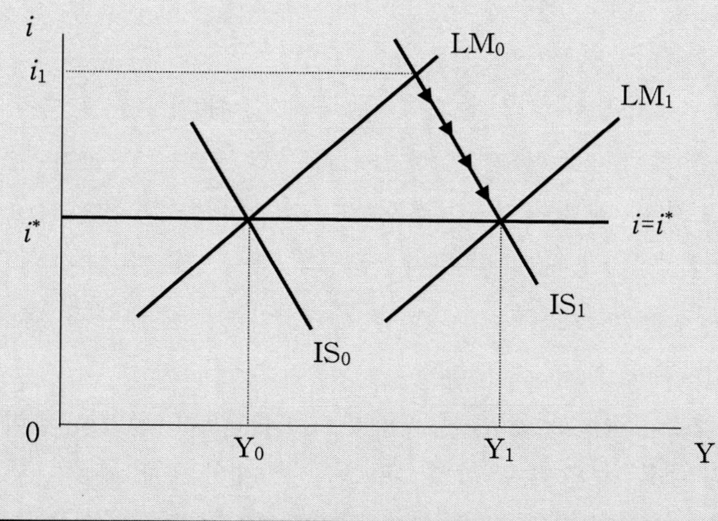

변동환율제도에서 확장적인 재정정책으로 IS곡선이 우측으로 이동하면 〔그림 12-5〕에서 보는 바와 같이 이자율이 상승한다. 이자율이 상승하면 자본이 유입되기 때문에 원·달러환율이 하락하고 따라서 순수출이 감소한다. 만약 이 경제가 소국이라면 원래의 세계의 이자율(i_0)보다 자국의 이자율이 높은한 자본이 유입되기 때문에 이자율이 세계의 이자율과 일치할 때까지 환율이 하락하고 순수출이 감소한다. 이는 IS곡선이 원래의 IS곡선(IS_0)으로 되돌아 온다는 것을 뜻하므로 국민소득에도 영향을 미칠 수 없어 재정정책이 전혀 효과가 없게된다. 즉 소국개방경제의 경우 확장적 재정정책은 경상수지 적자만 확대시키는 요인으로 작용한다.

지금까지 설명에서 알 수 있는 바와 같이 개방경제의 확장적 재정정책은 환율제도에 관계없이 재정적자와 경상수지적자 즉, 쌍둥이 적자(twin deficits)를 발생시키는 요인이 된다. 바꾸어 말한다면 정부부채와 해외부채의 요인이 확장적인 재정정책 때문이라는 것이다.

따라서 개방경제에서 확장적 재정정책이 지속되면 재정위기(금융위기)에 빠질 수 있다. 이와 같은 재정위기(금융위기)를 극복하기 위해서는 긴축적인 재정정책이 필요하다. 그런데 긴축적인 재정정책만으로 재정위기를 극복하기 위해서는 총수요의 감소로 물가가 하락하고 실질통화량이 증가해서 투자지출과 순수출이 증가되어야만 한다. 이는 장기적으로 경기가 침체할 수도 있다는 뜻이다.

경기침체를 막으면서 재정위기를 극복하기 위해서는 긴축적인 재정정책과 동시에 확장적인 금융정책을 실시해야만 한다. 바꾸어 말한다면 경기침체를 막으면서 재정위기를 극복하기 위해서는 혼합정책이 필요하다는 것이다. 그런데 재정위기에 빠진 국가의 환율제도가 고정환율제도라면 확장적인 금융정책을 실시할 수 없게 된다. 이는 또 하나의 변동환율제도의 장점이기도 하다.

대부분의 선진국이 재정적자로 인한 GDP 대비 정부부채비율(국채·GDP 비율)이 매우 높은 수준이다. 유럽은 재정위기에 빠져있는 상태이고 일본도 국제적으로 문제가 되고 있는 것이 현실이다. 따라서 유럽의 재정

[그림 12-5] 변동환율제도에서의 확장적 재정정책의 효과

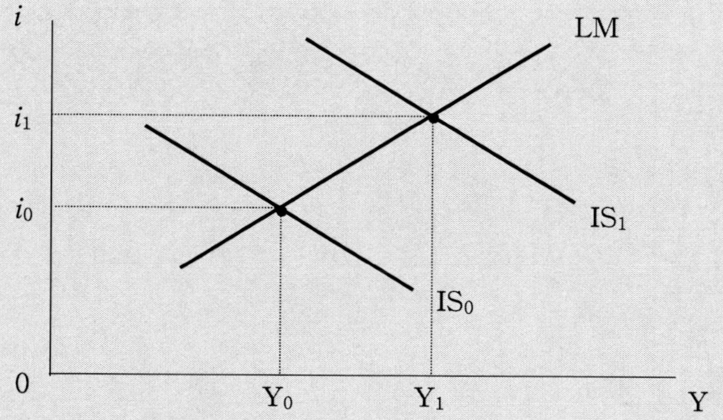

위기는 이론적으로 뿐만 아니라 실제적으로도 중요한 세계경제 문제가 되고 있는 것이 현실이다.

지금까지 설명한 개방경제의 IS-LM모델을 먼델 · 플레밍모델(Mundell-Fleming Model)이라고도 한다. 소국개방경제의 먼델 · 플레밍모델은 최근 들어 매우 강조되고 있는 모델일 뿐만 아니라 우리 경제의 입장에서 매우 중요한 모델이라고 생각되기 때문에 다음 절에서는 이미 설명한 바와 같이 새로운 IS곡선과 LM곡선을 도출해서 설명하고 있다.

5. 소국개방경제의 먼델 · 플레밍 모델(Mundell – Fleming Model)

이미 설명한 바와같이 소국개방경제의 먼델 · 플레밍 모델은 개방경제의 IS곡선과 LM곡선으로 설명할 수도 있고 환율과 국민소득과의 관계를 나타내는 새로운 소국개방경제의 IS곡선과 LM곡선을 도출해서도 설명될 수 있다. 환율효과를 명확하게 설명하기 위해서는 후자의 방법을 이용하는 것이 더 좋은 방법이 될 수 있기 때문에 여기에서는 이 방법으로 자본이 자유롭게 이동하는 소국개방경제의 먼델 · 플레밍 모델을 설명하고 있다.

[그림 12-6] 소국개방경제의 IS곡선

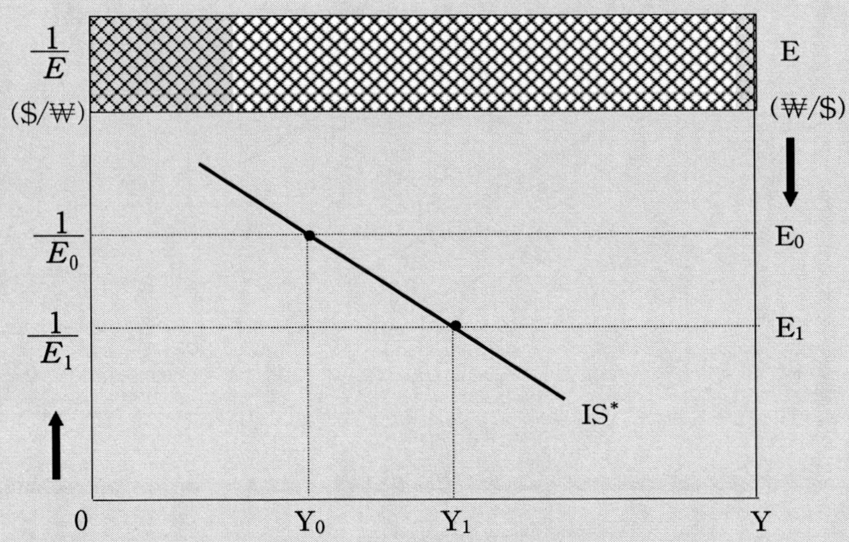

이 방법을 이용할수 있는 이유는 화폐가 이자율을 통해서 총 수요에 영향을 끼치는 것이 아니라 환율을 통해서 총 수요에 영향을 미치기 때문이다. 예를 들어 화폐의 공급이 증가했다고 하자. 화폐의 공급이 증가하면 폐쇄경제에서는 이자율이 하락하고 투자지출이 증가하기 때문에 총지출이 증가하지만 소국의 개방경제에서는 이자율이 하락 압력이 지속되는 한 자본(외환)이 유출되기 때문에 이자율이 하락하지 않는다. 바꾸어 말한다면 화폐의 공급이 증가하더라도 국내이자율은 종전과 똑같이 세계의 이자율 수준에서 일정하다. 따라서 투자지출은 증가될 수 없다.

그러나 자본이 유출되면 원·달러 환율이 상승하기 때문에 국내상품이 상대적으로 저렴하고 외국상품이 비싸지게 된다. 바꾸어 말한다면 수입상품의 상대가격은 상승하고 수출상품의 상대가격은 하락한다. 따라서 수출은 증가하고 수입은 감소하기 때문에 순수출이 증가한다. 순수출이 증가하면 의도된 총지출을 증가시키기 때문에 화폐가 총수요에 미치는 영향은 이자율을 통해서가 아니라 전적으로 환율을 통해서인데 이를 그림으로 나타낸 것이 새로운 소국개방경제(small open economy)의 IS*곡선이다.

IS*곡선은 환율이 자국화폐의 상대가격으로 설명되고 있다. 우리가 흔히 말하는 원·달러 환율은 외환(외국화폐)의 상대가격이다. 자국화폐의 상대가격으로 표시된 환율은 이미 설명한 바와 같이 외환의 상대가격으로 표시된 환율(E)의 역수 ($\frac{1}{E}$)와 같다. 이를 설명하기 위해 외환의 상대가격인 원·달러 환율은 〔그림 12-6〕에서 보는 바와 같이 뒤집어 표시되어 있다. 즉, 소국개방경제의 IS*곡선을 따라 오른쪽 아래로 이동할수록 원·달러 환율은 상승하고 그 결과 주어진 물가수준에서 소득과 산출량은 증가한다.

국민소득이 증가하면 봉쇄경제에서는 이자율이 상승한다. 그러나 소국개방경제에서는 이자율이 상승압력이 작용하는 한 자본(외환)이 유입되기 때문에 이자율이 상승할 수 없다. 자본이 유입되면 자국화폐가치가 상승하고 원·달러 환율은 하락한다. 그러므로 원래의 소득의 증가분이 구축되기 때문에 소득수준은 불변이다. 따라서 환율과 관계없이 수요측면의 국민소득수준은 원래의 수준에서 불변인데 이를 그림으로 나타낸 것이 〔그림 12-7〕에서 보는 바와 같은 새로운 소국개방경제의 LM*곡선이다.

그림에서 보는 바와 같이 원래의 화폐시장이 봉쇄경제의 LM곡선과 세계의 이자율(i^*)수준이 일치하는 점에서 균형을 이루고 있었다고 하자.

소득이 Y_0이상으로 증가하면 봉쇄경제에서는 이자율이 상승해서 LM곡선이 우상향 하지만 소국의 개방경제에서는 이자율이 상승하면 자본이 유입되어 원·달러 환율이 하락하고 순수출이 감소하기 때문에 소득수준은 원래의 소득수준 Y_0수준에서 불변이다. 따라서 소국개방경제의 LM*곡선은 원래의 소득수준에서 환율과 관계없이 불변이므로 Y_0에서 수직이다.

IS*곡선과 LM*곡선이 교차하는 수준에서 생산물시장과 화폐시장은 동시에 균형을 이루며 이 때의 환율수준과 국민소득수준은 균형환율과 균형국민소득 수준이다. 봉쇄경제의 IS곡선과 마찬가지로 소국개방경제의

[그림 12-7] 소국개방경제의 LM곡선

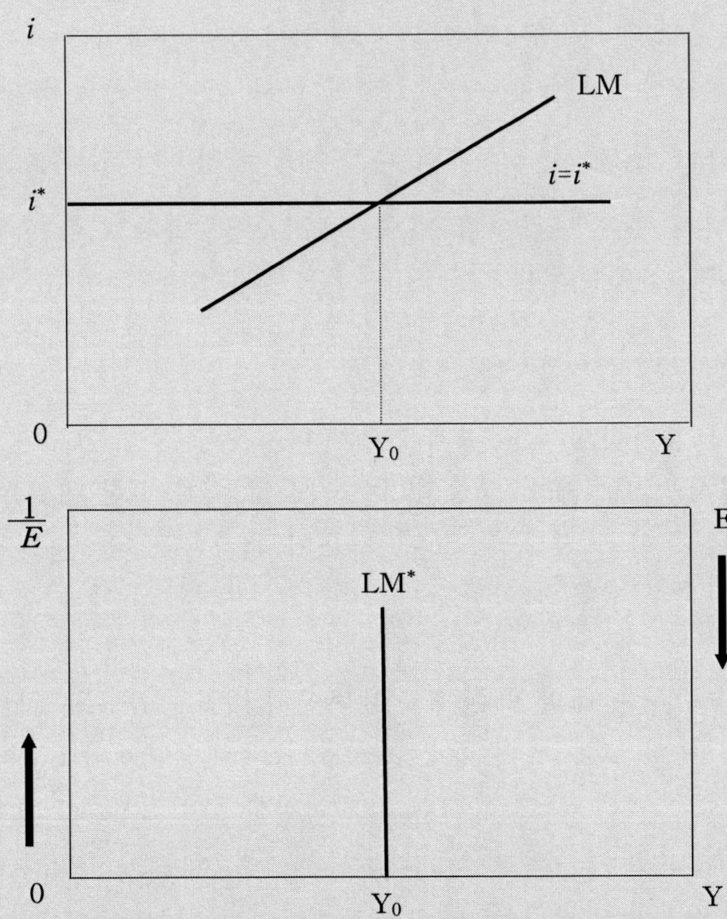

IS*곡선도 조세를 감소시키거나 정부지출을 증가시키는 확장적인 재정정책은 IS*곡선을 〔그림 12-8〕에서 보는 바와 같이 오른쪽으로 이동시킨다.

따라서 수요측면의 국민소득을 증가시키기 위해서 실시된 확장적 재정정책은 원・달러 환율만 하락시키고 경상수지만 악화시키는 요인이 된다. 이는 원・달러 환율이 하락으로 순수출이 감소해서 확장적 재정정책의 효과를 완전히 구축했기 때문이다.

이와는 반대로 통화량을 증가시키는 금융정책은 LM*곡선을 〔그림 12-9〕에서 보는 바와 같이 오른쪽으로 이동시키므로 원·달러 환율이 상승하고 우리 화폐의 가치가 하락하며 순수출과 국민소득을 증가시킨다. 따라서 봉쇄경제에서와 같은 효과가 있으나 그 과정이 다르다고 할 수 있다. 봉쇄경제에서의 확장적인 금융정책은 이자율을 하락시키고 투자와 소득을 증가시키는 반면 개방경제에서는 원·달러 환율을 상승시키고 따라서 순수출과 소득을 증가시킨다는데 차이가 있다고 할 수 있다. 바꾸어 말한다면 화폐공급의 증가로 이자율의 하락압력이 작용하는 한 자본이 유출되기 때문에 외환이 상대가격만이 상승하고 이자율은 하락하지 않게 된다.

이상의 설명으로 알 수 있는 바와 같이 변동환율제도에서는 확장적인 재정정책이 원·달러 환율만을 하락시키고 재정정책의 효과를 구축하지만 확장적인 금융정책은 원·달러 환율을 상승시켜 순수출을 증가시키기 때문에 효과적이라 할 수 있다.

[그림 12-8] 확장적 재정정책의 효과

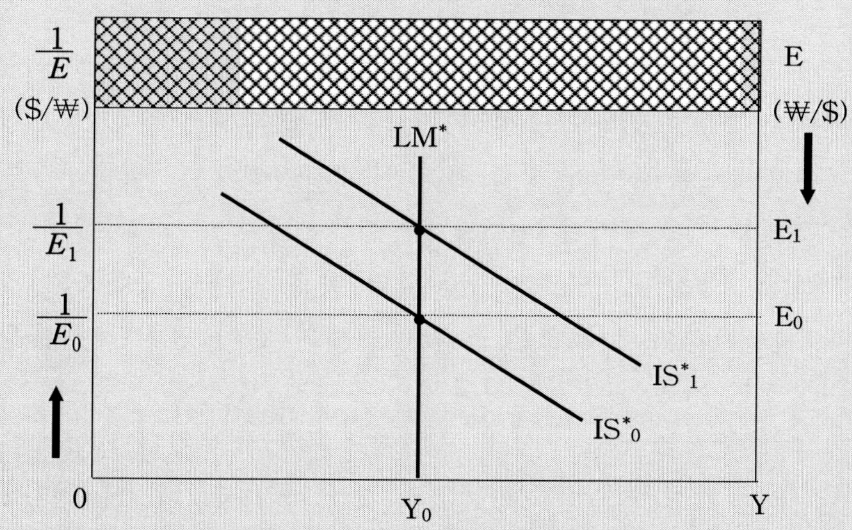

[그림 12-9] 확장적 금융정책의 효과

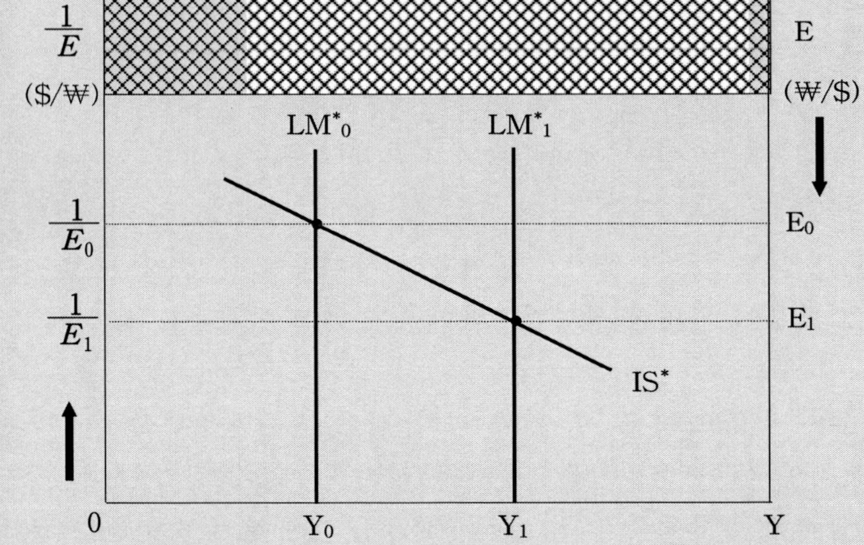

이에 반해서 고정환율제도에서는 금융정책은 불가능하고 재정정책만이 효과가 있다는 것은 이미 설명한 바와 같다. 그 이유는 정부(중앙은행)가 주어진 고정환율을 유지하기 위해서 외환을 구입할 때는 통화량이 늘고 외환을 방출(매각) 할 때는 통화량이 감소하여 주어진 고정환율 수준에서 자동적으로 화폐공급량이 결정되기 때문이다.

고정환율제도에서 정부가 확장적인 재정정책으로 정부지출을 증가시키거나 조세를 감소시키면 〔그림 12-10〕에서 보는 바와 같이 IS^*곡선이 오른쪽으로 이동한다. 따라서 원·달러 환율(외환의 상대가격)은 하락하고 원화의 화폐가치가 상승할 수 있다. 이와 같이 원·달러 환율이 하락하는 경우에는 외환을 중앙은행에서 구입하기 때문에 통화량이 증가한다.

통화량의 증가는 LM^*곡선을 오른쪽으로 이동시킨다. 이처럼 고정환율제도에서는 확장적재정정책이 단순 승수배의 크기만큼 국민소득을 증가시키며 따라서 효과적이라 할 수 있다.

[그림 12-10] 고정환율제도에서의 확장적 재정정책

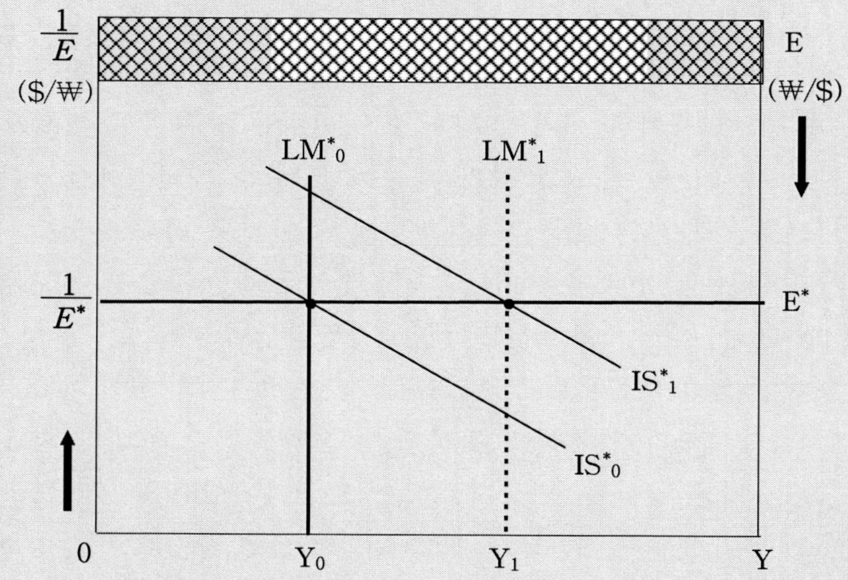

고정환율제도에서는 이미 설명한 바와 같이 확장적인 금융정책을 실시하면 외환의 상대가격인 환율이 상승하고 자국화폐의 가치가 하락하기 때문에 확장적인 금융정책을 실시하는 것이 불가능하다. 이처럼 고정환율제도에서는 재량적인 금융정책을 실시하기가 불가능하다는데 그 특색이 있다. 지금까지 설명한 소국개방경제의 먼델·플레밍 모델은 자본이 완전히 자유롭게 이동하기 때문에 경제소국의 이자율은 세계의 이자율 수준에서 주어져 있고 따라서 총수요를 결정하는 중요한 요인이 순수출이라는 것이다. 이처럼 소국개방경제의 먼델·플레밍 모델은 환율과 순수출을 강조했다는 점에서 의미가 있다고 할 수 있다.

6. 국가위험성(country risk)과 외환위기

국가위험성이라는 개념을 도입하면, 소국 개방경제의 먼델·플레밍 모델은 국가간의 이자율 차이와 외환위기를 설명할 수 있다는 점에서 중요하다. 이하에서는 이 책 시리즈의 제4권 연구방법론의 입증자료에서 "국가위험성과 금융위기" 내용을 요약해서 설명하고 있다.

자본이 완전히 자유롭게 이동하는 소국 개방경제의 먼델·플레밍 모델에 의하면 세계의 여러 소국(후진국)의 이자율은 세계의 이자율과 일치해야한다. 왜냐하면 세계의 이자율보다 높은 이자율로 차입할 필요도 없고 낮은 이자율로 대부할 필요도 없기 때문이다. 이는 개방경제의 대부자금 시장에서도 일물일가의 법칙이 작용한다는 뜻이기도 하다.

그렇다면 왜 여러 소국의 이자율, 특히 후진국의 이자율은 서로 일치하지 않는가? 그 이유는 첫째 국가간에 국가위험성이 다르고, 둘째 예상환율의 변화의 위험성 때문이다. 국가위험성이란 정치적인 혁명이나 혼란으로 인한 채무불이행의 위험성을 뜻하며, 예상환율이란 미래의 환율에 대한 예상 그 자체를 말한다. 입증자료에서는 국가위험성을 중심으로 이론이 전개되고 있기 때문에 여기에서도 국가위험성을 중심으로 설명하고 있다. 다만 국제금융론에서는 예상환율의 변화를 강조하는 것이 일반적인 경향이다.

국가간에 국가위험성이 다르다면 각각의 소국의 이자율은 위험성 프레미엄만큼 세계의 이자율보다 높게 된다. 물론 이 경우 예상 환율이 변화한다면 이에 대한 위험성도 포함해야 한다.

위험성 프레미엄이 주어져 있다면 각각의 소국의 이자율은 세계의 이자율보다 꼭 그 만큼 높을 것이기 때문에 이에 따라 IS^*곡선과 LM^*곡선이 일치하는 수준에서 균형국민소득과 균형환율수준이 결정된다. 그렇다면 정치적인 혼란으로 국가위험성이 증가하는 경우에는 이자율이 상승하게 되는데 그 효과는 어떠한가? 이를 설명하는 것이 외환위기 내용이다.

국가위험성이 증가로 이자율이 상승하면 IS^*곡선이 왼쪽으로 이동하고, LM^*곡선은 오른쪽으로 이동한다. 따라서 이론적으로 소국의 화폐가치는 하락(원·달러환율의 상승)하고 국민소득은 증가한다. 그런데 실제적으로는 국민소득이 증가하지 않고 감소한다고 한다. 그 이유는 첫째 중앙은행이 화폐공급을 감소시킬 수도 있고, 둘째 화폐가치의 하락으로 물가가 상승할 수도 있으며, 셋째 화폐는 가장 안전한 자산이기 때문에 국가위험성이 증가할 때 화폐의 수요가 감소하는 것이 아니라 화폐의 수요가 증가할 수도 있다는 것이다. 이상과 같은 3가지요인이 작용한다면 LM*곡선을 좌측으로 이동시킬 수도 있다는 것이다.

따라서 국가위험성의 증가로 인한 외환위기시에는 이자율과 원·달러환율이 급등하고, 국민소득이 감소하며, 투자가 감소하는데 이것이 외환위기의 단기적인 효과이다. 장기적으로는 투자의 감소로 인해서 자본축적이 감소하기 때문에 경제성장률(잠재성장률) 또한 감소한다고 할 수 있다.

입증자료에서는 멕시코의 금융위기와 동아시아의 금융위기로 나누어 설명되고 있다. 멕시코의 금융위기는 위에서 설명한 바와 같은 정치적인 혼란으로 인한 국가위험성으로 설명되고 있으나 우리나라를 포함한 아시아의 금융위기는 정치적인 요인으로 인한 은행시스템(banking system)의 문제로 설명되고 있다. 즉 정부가 은행의 대부자금의 배분에 개입해서 정치적으로 유착관계에 있는 기업에게 대부를 해주기 때문에 부도율(default rates)이 높아지게 된다는 것이다.

이상과 같이 은행시스템에 문제가 있게 되면 부도율의 상승으로 인한 위험성 프레미엄과 이자율이 상승으로 세계의 이자율보다 이자율이 높을 수 밖에 없게 된다.

그 결과 자산가치가 하락하고 은행의 담보가치가 하락해서 은행의 대부자금 부도율은 더욱 상승하게 된다. 은행의 대부자금부도율이 상승하게 되면 은행시스템의 문제를 더욱 악화시키게 되므로 악순환의 위기로 인한 외환위기가 발생한다는 것이다.

이에 더해서 은행시스템의 또다른 문제가 정치적인 부정부패의 문제이다. 따라서 1997년의 아시아의 금융위기는 정경유착과 관치금융 및 부정부패의 악순환의 문제였다고 할 수 있다. 보다 더 자세한 내용은 이 책시리즈의 제4권 연구방법론의 입증자료에서 자세히 설명되고 있다.

그런데 과거 우리경제는 한강의 기적이라고 할 만큼 경제성장률이 외국의 경제성장률보다 장기적으로 높았고 그 결과 오늘의 우리경제는 후진국경제라고 하기보다는 선진국경제에 가깝다고 할 수 있다. 이처럼 우리경제의 경제성장률이 높았던 이유는 투자기회와 투자수익률이 타국에 비해 장기적으로 높았기 때문이다. 장기적으로 투자수익률과 투자기회가 타국에 비해서 높다면 결국 이자율 역시 타국에 비해서 높을 수 밖에 없게 된다. 이상과 같이 우리경제의 이자율이 외국에 비해서 높았던 요인은 정치적인 요인으로 인한 국가위험성 때문이 아니라 경제적인 요인 때문이며 따라서 외환위기도 경제성장론이나 발전론적인 측면에서 분석하는 것이 타당하다고 할 수 있다. 경제이론과 현실 시리즈는 이와 같은 아이디어를 기초로 해서 쓰여진 것이다.

장기적으로 투자수익률과 투자기회가 높을 때 이자율 역시 타국에 비해서 높을 수 밖에 없는 가장 중요한 이유는 자본이 완전히 자유롭게 이동하지 않기 때문이다. 즉 세계의 이자율과 일치할 때까지 해외 자본을 차입해서 투자하지는 않을 것이기 때문이다. 그리고 실제로 자본자유화가 이루어지기 시작한 것이 1990년대부터이고 개방경제의 거시이론이 체계화되기 시작한 것도 1990년대부터이며, 아직까지도 경제학자들마다 연구방법이 다르고 내용 또한 다르다는 점도 중요한 요인이 될 수 있다. 이와 같은 이유 때문에 이 책 시리즈는 경제성장론과 경제발전론적인 측면에서 외환위기를 설명하고 있다. 끝으로 세계의 이자율이란 세계의 저축과 투자가 일치하는 수준에서 결정되는 균형이자율을 말한다. 따라서 세계경제는 봉쇄경제이기 때문에 글로벌 금융위기라는 말을 사용할 경우에는 유의할 필요가 있다.

주식시장과 부동산시장 및 외환시장

외국인의 선호와 취미의 변화로 이자율이 하락해도 외국인의 자본이 유출되지 않고 주가가 상승하고 있기 때문에 주식시장으로 유입된다고 하자. 주가가 상승해서 주식투자 수익률이 채권투자수익률보다 높을 때는 유입되는 것이 당연한 일이다.

이자율이 하락하면 부동산 가격도 상승한다. 부동산 가격이 상승해서 부동산투자수익률이 높다면 한국인의 자본도 유출될 수 없다. 따라서 이자율이 하락할 때 주가와 부동산가격이 과도하게 상승하면 자본이 유출(순유출)되는 것이 아니라 유입되게 되어 원·달러환율이 하락한다.

결국 자본의 국제적 이동이 채권시장을 통해서 이동하는 것이 아니라 주식시장을 통해서 이동하는 경우에는 외환시장이 거꾸로 갈 수도 있기 때문에 원화의 가치가 과대평가되어 환율위기에 빠질 수 있다.

이상에서 설명한 바와 같이 주가는 외국인의 자본의 유·출입과 관계가 있고, 부동산가격은 한국인의 해외투자(자본의 유·출입)와 직접적으로 관계가 있다고 할 수 있다.

따라서 이자율이 하락할 때 자본의 유출(순유출)로 환율이 상승하고 순수출이 증가되기 위해서는 주식시장과 부동산시장 및 외환시장을 통합조정할 필요성이 있다. 이에 대한 구체적인 내용은 이 책 시리즈의 제4권「연구방법론」에서 자세하게 설명되고 있다.

요 약

1. 고정환율제도에서는 환율을 주어진 고정환율로 고정시켜야하기 때문에 경제안정화정책으로서 금융정책을 실시할 수 없다. 다만 평가절상이나 평가절하를 통해서는 가능하다.
2. 이자율이 하락하면 투자지출뿐만 아니라 순수출도 증가하기 때문에 변동환율제도의 IS곡선이 고정환율제도의 IS곡선보다 더 탄력적이다.
3. 확장적인 재정정책은 환율제도에 관계없이 쌍둥이 적자를 발생시키는 요인으로 작용한다.
4. 변동환율제도에서의 확장적 금융정책은 환율효과에 의해서 경상수지를 지속적으로 개선시키는 효과가 있는데 소국개방경제의 먼델·플레밍모델은 환율효과를 강조하는 이론이다.

5. 소국개방경제의 먼델·플레밍 모델의 IS*곡선은 일반적인 IS곡선과 같이 우하향하지만 LM*곡선은 주어진 수준에서 수직이다.
6. 환율효과만이 작용하는 소국개방경제의 먼델·플레밍모델의 세계에서는 확장적 재정정책이 전혀 효과가 없고 금융정책만이 효과가 있다. 다만 고정환율제도에서는 그렇지 않다.
7. 소국개방경제의 먼델·플레밍모델에 의하면 국가간 이자율격차가 존재할 수 없지만 정치적 혼란으로 인한 국가위험성 때문에 후진국의 이자율이 일반적으로 높고, 특히 외채비율이 높을 경우에는 외환위기에 직면할 수도 있다.
8. 경제를 안정시킬 수 있는 중요한 수단은 투자지출과 순수출인데 대국인 경우에는 투자지출이, 소국인 경우에는 순수출이 보다 더 중요한 수단이 된다.

중요개념

1. 달러·원 환율, P. 241
2. 원·달러 환율, P. 241
3. 변동환율제도, P. 242
4. 고정환율제도, P. 242
5. 평가절상, P. 242
6. 평가절하, P. 242
7. 해외무역승수, P. 243
8. 개방경제승수, P. 243
9. 봉쇄경제의 IS곡선, P. 244
10.개방경제의 IS곡선, P. 244
11.변동환율제도의 IS곡선, P. 244
12. 고정환율제도의 IS곡선, P. 244
13. 개방경제 IS곡선의 이동, P. 245
14. 소국의 개방경제, P. 245
15. 소득효과, P. 248
16. 환율효과, P. 248
17. 쌍둥이 적자, P. 250
18. 확장적 재정정책, P. 250
19. 먼델·플레밍 모델, P. 252
20. 소국개방경제의 IS곡선, P. 252
21. 소국개
방경제의 LM곡선, P. 253
22. 국가위험성, P. 258
23. 외환위기, P. 258
24. 이자율 격차, P. 258
25. 채무상환불능, P. 259
26. 정치혼란, P. 259
27. 정경유착, P. 259

제 6 편

실업과 인플레이션

제 13장

노동력과 실업

1. 인구와 노동력 및 실업
2. 실업의 형태
3. 자연실업과 경기적실업
4. 최저임금제도와 노동조합
5. 효율적임금이론(Efficiency Wage Theory)

1. 인구와 노동력 및 실업

사람들이 일할 능력이 있는 나이인가 혹은 그렇지 않은가 하는 기준은 15세이다. 즉, 15세 이상이면 일할 능력이 있는 나이로 간주된다. 그래서 15세 이상의 인구를 생산연령인구 또는 노동가능인구라 한다.

생산연령인구라 하여 모두 수입이 있는 노동을 하는 것은 아니다. 일반적으로 주부는 가사노동으로 수입이 있는 일을 하지 않고 학생도 공부를 해야 하기 때문에 수입이 있는 노동을 하지 않을 뿐만 아니라 수입이 있는 일을 찾지도 않는다. 이처럼 수입이 있는 일을 할 능력이 있으면서도 일을 찾지 않는 사람들을 제외한 15세 이상의 인구를 노동력이라 하며 노동력은 실업자와 취업자로 구분된다. 따라서 15세 이상의 인구는 누구든지 취업자, 실업자, 비경제활동인구 중 어느 하나에 포함된다.

취업자란 통계청에서 실업에 관한 설문조사가 실시되는 시점을 기준으로 해서 지난 1주일 동안 1시간 이상 수입이 있는 일에 종사한 사람을 말하며, 실업자란 일할 능력과 일할 의사를 가지고 있음에도 불구하고 직업이 없어 일자리를 지난 4주 동안 찾고 있는 사람 즉, 지난 4주 동안 구직활동을 하고 있는 사람을 말한다. 따라서 통계청에서 실업에 대한 설문조사가 실시되는 시점을 기준으로 해서 지난 4주동안 직업이 없으면서도 구직활동을 하지 않았던 15세 이상의 인구가 비경제활동인구에 속한다. 2001년 8월 현재 한국의 취업자는 2,176만명이며, 실업자는 76만명, 비경제활동인구는 1,398만명이다. 바꾸어 말하면 15세 이상의 인구 중 2,252만명이 노동력 또는 경제활동인구이며 1,398만명이 비경제활동인구이다.

실업률이란 실업자를 노동력으로 나누어 준 것을 말하므로 다음과 같이 구할 수 있다.

$$\text{실업률} = \frac{\text{실업자(수)}}{\text{노동력}} = \frac{\text{76만명}}{\text{2,252만명}} = 3.4\%$$

[그림 13-1] 노동시장의 흐름

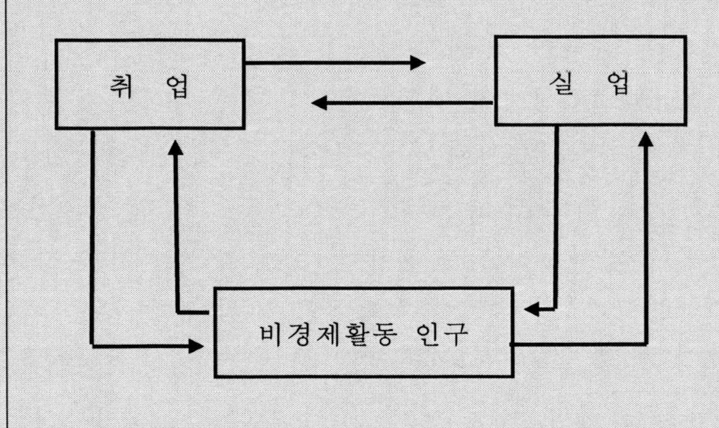

그 후 2009년도까지도 우리 경제의 실업률은 3.5% 내외에서 크게 변화하지 않았다.

〔그림 13-1〕에서 알 수 있는 바와 같이 실업자로 편입되는 사람의 수와 실업자로부터 빠져나오는 사람의 수가 같을 때는 실업률이 변화되지 않지만, 서로 다를 때는 변화된다. 실업자로부터 빠져나가는 사람의 수가 더 많을 때는 실업률은 감소하며, 실업자로 편입되는 사람의 수가 더 많을 때는 실업률이 증가한다.

실업자로부터 빠져나가는 경로는 두 가지가 있는데 하나는 취업이 되는 경우이고 다른 하나는 노동력에서 빠져나가서 비경제활동인구가 되는 경우이다. 문제가 되는 것은 실업자로부터 비경제활동인구로 편입되는 경우인데 그 이유는 취업을 할 수가 없다고 믿기 때문에 구직활동을 포기하는 경우가 이에 해당하며 이들을 흔히 실망노동자(discouraged workers)라고 한다.

따라서 실업자는 결국 취업이 되거나 실망노동자로 비경제활동인구에 편입된다. 다만 실망노동자가 되었다가도 또 다시 구직활동을 한다면 실업자가 됨은 물론이다.

실업자로 편입되는 경로 역시 두 가지가 있을 수 있다. 하나는 취업자가 실업자로 변하는 경우이고 다른 하나는 비경제활동인구로부터 편입되는 경우이다. 비경제활동인구로부터 바로 취업할 수도 있겠지만 일반적으로는 구직활동의 결과 취업되므로 이들이 비경제활동인구로부터 실업자로 편입되는 경우에 해당된다. 따라서 문제가 되는 것은 취업자가 실업자가 되는 경우인데 다음과 같이 3가지 형태로 나눌 수 있다. 첫째는 기업이 파산으로 직업을 잃게 되는 경우이며, 둘째는 불경기로 해고되었을 때이고, 셋째는 보다 더 나은 직업을 얻기 위해서 실업을 선택했을 경우이다.

노동참가율이란 생산연령인구 중에서 노동력이 차지하는 비중으로 위에서 예시한 2001년 8월의 통계자료에 의하면 다음과 같이 구할 수 있다.

$$\text{노동참가율} = \frac{\text{노동력}}{\text{생산연령인구}} = \frac{2{,}252\text{만명}}{3{,}650\text{만명}} = 62\%$$

노동참가율을 여성과 남성으로 나누면 남성이 훨씬 높다. 그 이유는 주부는 일반적으로 비경제활동인구에 속하기 때문이다. 그런데 여성이 경제활동이 점진적으로 높아지는 추세에 있는데 이와 같은 이유 때문에 실업률이 점차 증가되고 있는 것이 오늘날 선후진국을 막론하고 일반적인 현상이라 할 수 있다.

2. 실업의 형태

노동시장의 구조를 설명하기 위해서 전통적으로 경제학자들은 거시경제의 실업의 형태를 마찰적실업, 구조적실업, 경기적실업으로 나눈다.

1) 마찰적 실업

마찰적실업(frictional unemployment)이란 보다 더 나은 직업을 구하기 위해서 실업을 자발적으로 선택하는 경우의 실업을 말한다. 보다 더 나은 직업을 선택하기 위해서는 시차가 발생할 수 있기 때문에 이와 같은 실업이 존재한다. 그리고 학생이 졸업 후 구직활동 기간에는 실업자일 수밖에 없으며, 주부가 어린이를 키우고 난 다음에 취업을 하고자 하는 경우에도 구직활동 기간에는 실업자일 수밖에 없다. 이처럼 노동시장의 구조 때문에 발생하는 실업자가 아니라 실업자 자신의 문제 때문에 발생하는 자발적 실업이 마찰적 실업에 해당한다.

자발적 실업과 비자발적 실업을 구분하는 기준은 실업자 자신이 실업을 자의적으로 선택한 것인가 그렇지 않은가 하는데 있으며 이는 미시경제적 이론을 기초로 하는 것이라고 할 수 있다. 바꾸어 말한다면 주어진 임금수준에서 일을 하고자 찾는데도 일자리가 없어 실업자가 된 것이 아니라 다른 이유 예를 들면 대학을 졸업한 후 처음으로 직업을 구하는 사람, 어린이를 키운 후 재취업 하려는 주부, 보다 더 좋은 직업을 구하기 위해서 실업을 선택하는 사람, 여가를 선호하는 자 등이 여기에 속한다.

[그림 13-2] 완전경쟁시장의 자발적 실업

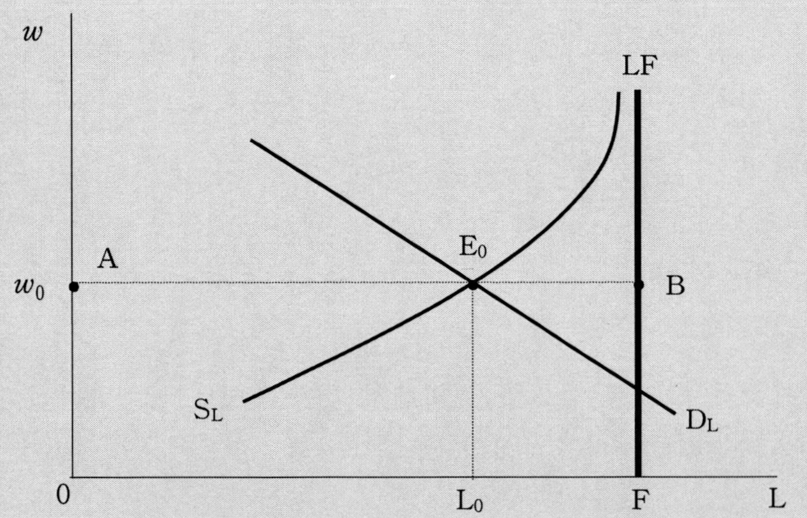

자발적 실업(voluntary unemployment)을 그림으로 나타내면 〔그림 13-2〕 와 같다. 이는 물론 경제전체를 대표할 수 있는 대표적인 노동시장을 전제로 한 것이다. 그림에서 보는 바와 같이 노동의 공급은 한계가 있기 때문에 공급곡선은 노동력 수준에서 비탄력적이다. 노동시장이 완전경쟁시장이라면 E_0점에서 균형을 이루며, 균형임금수준은 w_0 이다. 따라서 주어진 임금수준에서 일을 하고자 하는 사람은 모두 취업을 하였고, 기업은 고용을 하고자 하는 만큼 고용한 상태이다. 취업은 AE_0로 나타낼 수 있고, 노동력 중 일부인 E_0B는 보다 더 나은 임금수준에서 일을 하고자 하는 실업으로 자발적 실업에 해당된다. 노동시장이 완전경쟁시장일 경우 구조적 실업은 존재하지 않는다.

이상에서 설명한 바와 같이 노동시장이 완전경쟁시장이어서 임금이 신축적으로 상승하거나 하락한다면 자발적 실업만이 존재하고 다른 실업이 존재하지 않는다. 따라서 경제는 효율적일 뿐만 아니라 실업자도 빈자리가 생기면 곧 취업을 하기 때문에 이상적인 사회가 될 것이다.

바꾸어 말한다면 생산을 위해서 재고가 필요하고, 자동차에도 스페어타이어가 필요하듯이, 경제 역시 스페어로서의 실업이 필요하다고 볼 수도 있기 때문이다. 왜냐하면 빈자리가 생기면 이를 메꾸어 줄 수 있는 사람이 필요할 것이기 때문이다.

마찰적 실업은 사실상 완전고용상태에서도 항상 존재하는 실업이기 때문에 이를 자연실업이라고도 한다. 따라서 완전고용 GDP 또는 잠재적 GDP는 자연실업률 수준에서의 GDP라고 할 수 있다. 다만 구조적 실업을 고려할 경우에 자연실업률은 마찰적 실업률과 구조적 실업률을 합계해 준 것이 된다.

2) 구조적 실업

노동시장의 불균형, 바꾸어 말한다면 노동의 수요와 공급의 불균형으로 발생하는 실업이 구조적 실업이다.

노동시장도 장기적으로는 실질임금이 조정되어 노동의 수요와 공급을 일치시키는 것이 일반적이다. 그러나 장기적으로도 실질임금이 경직적이기 때문에 실업이 발생하는 경우가 있는데 대표적인 것이 최저임금제도와 노동조합의 독점력 때문에 발생하는 고전적 실업이다. 바꾸어 말한다면 노동의 초과공급이 발생하면 기업은 임금을 하락시킬 수 있지만 최저임금은 법규적인 요인 때문에, 노동조합과 협상에 의해서 결정되는 임금은 노동조합이 노동의 공급을 독점하고 있기 때문에 임금을 하락시킬 수 없어 주어진 임금수준에서 구조적 실업이 발생한다.

마찰적 실업과 구조적 실업을 합하여 자연실업이라 한다. 자연실업은 장기적인 실업으로서 실업률이 주어진 수준에서 일정한 실업률이기 때문에 다음에 설명하는 경기적 실업과는 대비되는 개념이다.

구조적 실업은 최저임금제도와 노동조합의 독점력 이외의 다른 요인 때문에 발생할 수도 있다. 기업경영의 효율성(효율적 임금) 때문에 구조적 실업이 발생할 수도 있고, 특정지역이나 기술부문에서 노동의 초과공급으로 구조적 실업이 발생할 수도 있다. 최저임금제도와 노동조합 및 효율적 임금에 의한 구조적 실업은 자연실업과 경기적 실업과의 관계를 설명하고 난 다음에 보다 구체적으로 설명하고 있다.

3) 경기적실업

노동에 대한 총수요가 부족할 때, 바꾸어 말한다면 노동에 대한 총공급이 과잉일 때 발생하는 실업을 경기적실업이라 한다. 경기가 침체해서 총지출과 산출량 수준이 감소하게 되면 경제의 모든 부문과 모든 지역에서 경기적실업이 발생한다. 마찰적 실업과 구조적 실업은 전체적인 노동시장이 균형일 경우에도 발생할 수 있을 뿐만 아니라 장기적 실업이라는 점에서 경기적실업과 구별된다. 이와 같은 이유 때문에 구조적 실업은 자연실업에 포함된다.

마찰적 실업은 노동시장이 균형일 경우에 발생하는 실업이며, 구조적 실업은 노동시장의 불균형으로 말미암아 발생하는 실업이고, 경기적실업은 전반적인 노동시장의 불균형 즉 노동에 대한 총수요와 총공급이 불균형으로 말미암아 발생하는 실업이다. 이처럼 노동시장인 경우는 다른 시장과는 달리 불균형인 경우가 일반적이다. 이와 같은 이유 때문에 구조적 실업과 경기적실업을 비자발적 실업(involuntary unemployment)이라 한다. 경제학자들은 비자발적 실업이 존재하는 근본적인 이유가 임금이 신축적이지 못하기 때문이라고 보는 것이 일반적이다. 이론의 설명을 단순화하기 위해서 명목임금이 경직적일 경우 바꾸어 말해서 임금이 신축적이지 못할 경우 어떻게 경기적실업이 발생하는가를 보기로 하자. 이는 구조적 실업의 경우에도 적용될 수 있음은 물론이다.

〔그림 13-3〕에서 보는 바와 같이 실제적인 임금수준은 균형임금수준 W_0 가 아니라 불균형 임금수준인 W_1 이다. 이는 총수요의 감소로 말미암아 노동에 대한 총수요가 감소했는데 명목임금이 경직적이기 때문에 주어진 임금수준 W_1 수준에서 AB만큼이 노동의 초과공급으로 말미암아 비자발적 실업인 경기적실업이 발생한 경우이다.

[그림 13-3] 경기적 실업

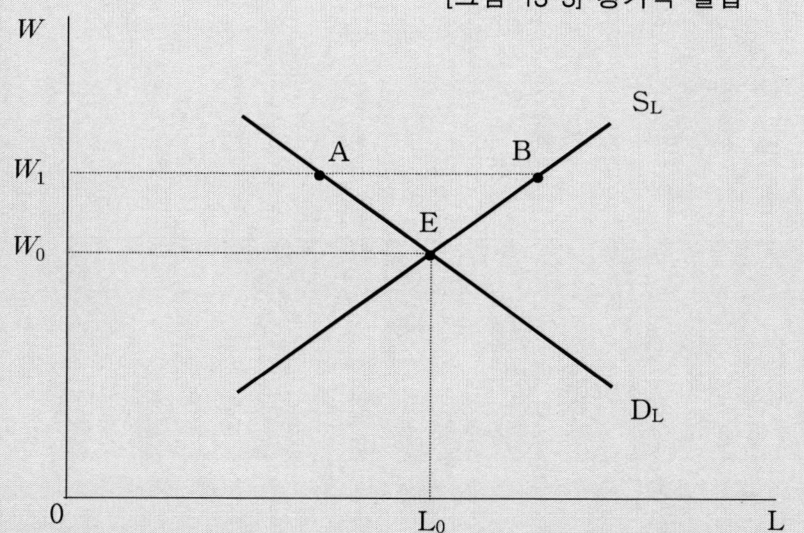

3. 자연실업과 경기적실업

자연실업률이란 경제가 실질적으로 완전고용상태에 있을 때의 실업률을 말한다. 바꾸어 말한다면 노동력을 불변이라고 가정했을 때 실업자의 수가 불변이고 장기적으로 실업률이 일정한 상태에 있을 때의 실업률이 자연실업률이다. 물론 현실적으로는 여러 가지 요인으로 노동력은 항상 변화하며 이와 같은 경우에는 자연실업률도 변화된다.

이상의 설명에서 알 수 있는 바와 같이 자연실업은 장기적으로 실업률이 일정한 수준에 있을 때의 실업으로서 총수요의 변화로부터 발생하는 경기적실업은 자연실업을 중심으로 해서 변화한다고 할 수 있다.

노동력(L)은 실업(U)과 고용 또는 취업(E)으로 구분됨으로 노동력이 일정할 때 장기적으로 실업률이 불변이기 위해서는 실업자의 취업과 취업자의 실업이 일치해야만 한다. 즉 실업자의 취업율(f)에 실업(수)을 곱해준 것과 취업자의 실업률(s)에 취업 또는 고용(수)을 곱해준 것은 일치해야만 하기 때문에 다음과 같은 등식이 성립한다.

$$fU = sE$$

이를 고쳐 쓰면,

$$fU = s(L - U)$$

따라서 자연실업률(U/L)은 다음과 같이 구할 수 있다.

$$f\frac{U}{L} = s(1 - \frac{U}{L})$$

또는

$$\frac{U}{L} = \frac{s}{s+f}$$

위 등식에서 알 수 있는 바와 같이 자연실업률은 노동력이 일정하다고 가정했을 경우 취업자의 실업률(s)과 실업자의 취업율(f)에 의해서 결정된다. 실업자의 취업률이 낮고 취업자의 실업률이 높은 경제의 자연실업은 높으며 그 반대의 경우는 자연실업률이 낮다고 할 수 있다. 예를 들어 취업자의 1%가 매달 직업을 잃고 실업자의 20%가 매달 취업을 한다면 자연실업률은 다음과 같이 계산될 수 있다.

$$\frac{U}{L} = \frac{0.01}{0.01 + 0.20} = 4.8\%$$

이상에서 설명한 자연실업률이론(model of the natural rate of unemployment)은 경기적실업 이외의 다른 모든 형태의 장기적실업을 모두 포함한다. 실업의 형태로서 볼 경우에는 구조적실업과 마찰적실업을 합계해준 것이 자연실업이다. 구조적실업은 이미 설명한 바와 같이 노동시장의 불균형으로 인해서 발생하는 실업이기 때문에 비자발적실업에 속하며, 마찰적실업과는 근본적으로 다른 성격을 갖고 있는 실업이다. 그러나 경기변동으로 발생하는 실업과 그렇지 않는 실업을 구분하기 위해서, 바꾸어 말한다면 단기적인 실업과 장기적인 실업을 구분할 필요성이 있기 때문에 구조적실업을 자연실업에 포함시키고 있다고 할 수 있다. 뿐만 아니라 구조적실업은 경제성장이나 경제발전과정에서 발생하는 실업이기 때문에 장기적으로 불가피한 실업의 형태라고 할 수도 있다는 점이다.

지금까지 설명에 의해서 알 수 있는 바와 같이 실제적으로 실업률이 변동하는 이유는 장기적인 실업인 자연실업률을 중심으로 해서 변동하는 단기적인 실업인 경기적 실업률 때문이다. 왜냐하면 시장경제적 여건이 변화되지 않은 이상 자연실업률은 장기적으로도 일정한 실업률이기 때문이다. 따라서 다음과 같은 등식이 성립한다.

실제적인 실업률 = 자연실업률 + 경기적 실업률

또는

경기적 실업률 = 실제적 실업률(u) - 자연실업률(u_n)

경기적 실업률 $u-u_n$은 0보다 클 수도 있고 작을 수도 있다. 실제적인 실업률이 자연실업률과 같을 때는 경기적 실업률이 0이다. 이는 경제가 장기균형상태에 있을 때이므로 실제적 GDP도 잠재적 GDP와 일치한다. 따라서 총수요가 증가해서 실제적인 GDP수준이 잠재적 GDP수준보다 높다면 실제적 실업률이 자연실업률보다 낮기 때문에 경기적 실업률은 마이너스이고, 총수요가 감소해서 실제적 GDP수준이 잠재적 GDP수준보다 낮을 때는 실제적인 실업률은 자연실업률보다 높기 때문에 경기적 실업률 $u-u_n$은 플러스가 된다. 따라서 경기적 실업률 $u-u_n$은 전적으로 실제적인 GDP와 잠재적 GDP의 차이에 따라 결정된다.

실제적인 GDP와 잠재적 GDP의 차이를 백분률로 나타낸 것을 GDP 갭 또는 산출량 갭(output gap)이라 한다. 총수요가 증가해서 실제적인 GDP가 잠재적 GDP보다 크다면 GDP 갭은 플러스이고 총수요가 감소해서 실제적 GDP가 잠재적 GDP보다 낮은 수준일 때는 GDP 갭이 마이너스이다. 플러스의 GDP 갭을 인플레이션 갭이라 하고 마이너스의 GDP 갭을 디플레이션갭 또는 경기침체갭(recessionary gap)이라고 하는 경우도 있으니 유의할 필요가 있다. 이상의 설명으로 알 수 있는 바와 같이 경기적 실업은 GDP갭으로 나타낼 수 있으므로 다음과 같은 등식이 성립하는데 이를 오쿤의 법칙(Okun's law)이라 한다.

실제적인 실업률 = 자연실업률 – 0.5 × (output gap)

결국 실업률(실제적인 실업률)과 GDP(실제적 GDP)는 서로 역의 관계에 있다. 실제적 GDP수준이 잠재적 GDP수준보다 높다면 실제적인 실업률은 자연실업률 수준보다도 낮은 수준이 되고, 실제적 GDP 수준이 잠재적 GDP수준보다도 낮은 수준일 때는 실제적인 실업률은 자연실업률보다 높게 된다. 오쿤(Okun)은 1960년대초 이와 같은 실제적인 실질GDP(산출량)수준과 실업률과의 관계를 처음으로 경제이론에 도입한 미국의 경제학자이다.

확장적인 재정·금융정책으로 실제적인 실질GDP가 잠재적 GDP수준보다 높게되면 GDP갭이 2%증가할 때마다 실제적인 실업률은 자연실업률보다 1%씩 감소한다는 것이 오쿤의 법칙이다. 이 때 오쿤의 계수 0.5는 미국의 오쿤의 법칙 계수인데 일본인 경우는 0.1이라고 한다.

일본의 오쿤의 법칙계수가 낮은 이유는 일본은 경기가 침체했을 경우에도 노동자를 보호하기 위해서 고용을 줄이지 않기 때문이다. 따라서 경기침체가 고용과 실업률에 미치는 효과는 일본의 경우 매우 낮은 수준이다. 바꾸어 말한다면 일본인 경우에는 경기침체시에도 실업이 크게 증가하지 않는다는 것이다.

한국의 오쿤의 법칙 계수도 미국보다는 일본에 가깝다고 보는 것이 타당할 것이다. 일본이 그랬던 것처럼 한국도 실업률에 의해서 경기변동을 설명하기가 어려운 이유가 이와 같은 이유때문이다. 따라서 우리 경제의 경기변동을 설명하고자하는 경우에는 실업률보다도 잠재성장률을 이용하는 것이 보다 더 적합하다고 할 수 있다.

오쿤의 법칙을 그림으로 나타내면 〔그림 13-4〕과 같다. 그림에서 잠재적GDP(Y^*)에 대한 실제적인 GDP(Y)의 비율(Y/Y^*)이 100%일 경우의 실업률 u_n이 자연실업률에 해당한다.

[그림 13-4] 오쿤의 법칙(Okun's law)

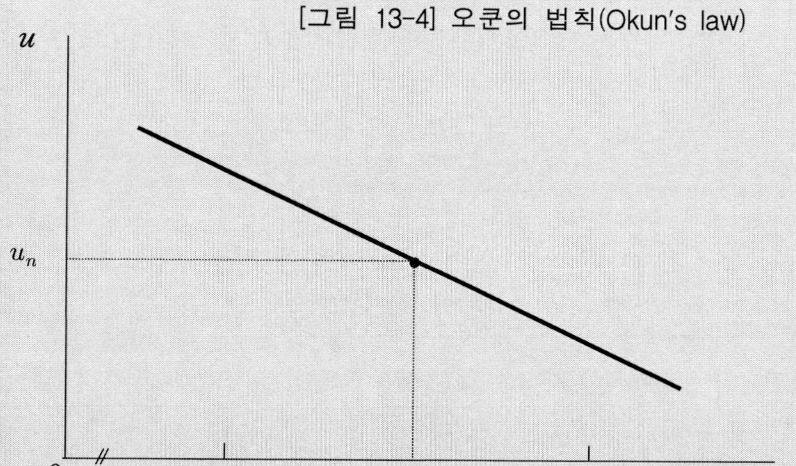

오쿤의 법칙이 중요한 이유는 다음장에서 설명하는 필립스곡선과 직접적으로 관계가 있기 때문이다. 총수요가 증가해서 산출량이 잠재적 산출량 수준보다 높게 되면 물가상승률이 상승하기 때문에 인플레이션이 문제가 된다. 그런데 이는 실제적인 실업률이 자연실업률보다 낮다는 뜻이므로 실업률과 물가상승률은 역의 관계가 성립하는데 이를 필립스곡선이라 한다. 바꾸어 말한다면 경기적 실업인 $u-u_n$이 마이너스가 되면 물가상승률이 상승한다는 것이다. 다만 우리 경제의 경우 실업률에 의해서 경기변동을 설명하기가 어려운 것과 똑같은 이유 때문에 실업률에 의해서 인플레이션을 설명하기도 어렵다. 따라서 인플레이션을 설명하고자 하는 경우에도 잠재적 GDP를 기준으로 해서 경제성장률로 인플레이션을 설명하는 것이 보다 더 적합하다고 할 수 있다.

4. 최저임금제도와 노동조합

최저임금제도와 노동조합에 의한 실업은 경기적실업과 구분하여 고전적실업(classical unemployment)이라고도 한다. 왜냐하면 이는 1930년대 이전의 경제이론, 바꾸어 말한다면 미시경제이론으로도 설명될 수 있는 실업이기 때문이다.

[그림 13-5] 시장임금과 최저생계비

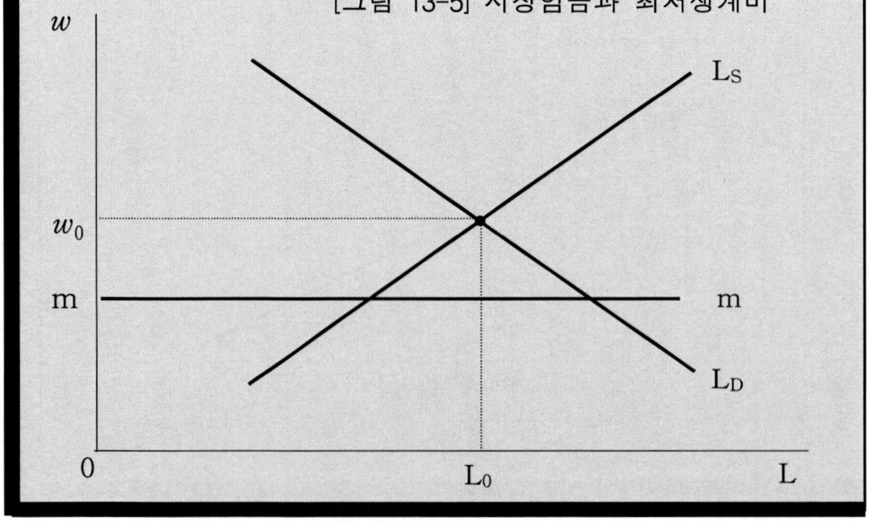

제1권 미시경제에서도 이미 설명한 바와 같이 최저임금제는 원래 노동자의 최저생계비를 보장하는데 그 목적이 있었다. 과거의 역사적 경험에 비추어 볼 때 시장에서 결정되는 임금이 최저생계비에도 못미치는 경우가 많았기 때문이다. 말사스(Malthus)의 인구론이나 마르크스의 실업예비군(reserve army of the unemployed)의 문제는 최저생계비 수준에서 임금이 결정된다는 것을 전제로 한 것이었다.

그러나 우리 경제를 포함하여 대부분의 선진국 경제는 이와 같은 문제가 발생하지 않을 것으로 보고 있다.

〔그림 13-5〕에서 보는 바와 같이 시장에서 결정되는 임금이 대부분 최저생계비(m) 이상이라면 문제가 될 것이 없기 때문이다.

다만 어떤 분야의 균형임금이 정부가 설정한 최저임금보다 낮은 수준에 있다면 〔그림 13-6〕에서 보는 바와 같이 최저임금(m)수준에서 실업이 AB만큼 발생하게 된다. 일반적으로 10대의 실업이 여기에 해당한다고 할 수 있다. 그 외에도 은퇴 후의 노년기의 노동자임금, 여성의 임금, 미숙련 노동자의 임금 등이 최저임금제에 묶여 있을 수 있으며, 최저임금을 정부가 올렸을 때는 이와 같은 분야의 노동자들의 실업이 증가된다.

노동조합이 임금을 인상시키는 방법은 (1) 조합노동의 공급을 제한하는 방법, (2) 임금협상방법, (3) 조합노동의 수요를 증가시키는 방법 등이 있을 수 있다. 이 문제 역시 미시경제이론에서 다루어지고 있는 문제들이지만 이해를 돕기 위해서 그림으로 설명하면 〔그림 13-7〕와 같이 나타낼 수 있다.

(a)는 조합원의 수를 제한하는 방법이며, (c)는 광고나 로비에 의해서 조합노동의 수요를 증가시키는 방법이므로 임금협상에 의한 임금인상만이 직접적으로 실업을 증가시킨다고 할 수 있으며 그 효과는 정부가 최저임금을 w_1으로 설정했을 때와 똑같다고 할 수 있다. 최저임금이나 노동조합의 임금협상에 의한 고전적실업을 대기실업(wait unemployment)이라고도 한다.

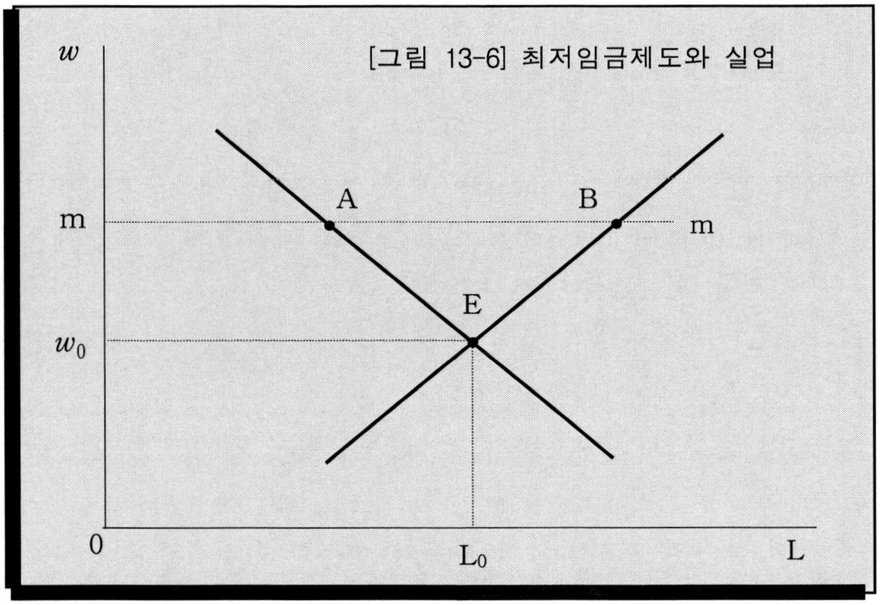

[그림 13-6] 최저임금제도와 실업

대기실업은 자신의 능력에 가장 알맞은 직업을 구하고자 하기 때문에 발생하는 실업이 아니라 노동의 공급이 노동의 수요를 초과하기 때문에 발생하는 실업으로서, 실업노동자들은 주어진 임금수준에서 단순히 빈자리가 생길 때까지 기다릴 수밖에 없게 된다. 이상의 설명에서 알 수 있는 바와 같이 실업과 관련해서 중요한 것은 노조원의 임금은 수요와 공급에 의해서 결정되는 것이 아니라 단체교섭에 의한 임금협상으로 일반적으로 균형임금보다 높은 수준에서 결정된다는데 있다. 이와 같은 고전적실업 또는 대기실업은 실제적인 임금이 균형임금수준보다 높은 한 장기에도 발생하는 실업이다. 따라서 이는 경기적실업이라기 보다는 구조적 실업으로서 자연실업에 속한다고 할 수 있다.

끝으로 이상에서 설명한 미시경제적 실업은 실질임금의 경직성으로 말미암아 발생하는 실업이다. 따라서 이 또한 임금이 신축적이지 못하기 때문에 발생하는 실업으로서 비자발적 실업에 해당한다고 할 수 있다.

[그림 13-7] 노조에 의한 임금상승의 효과

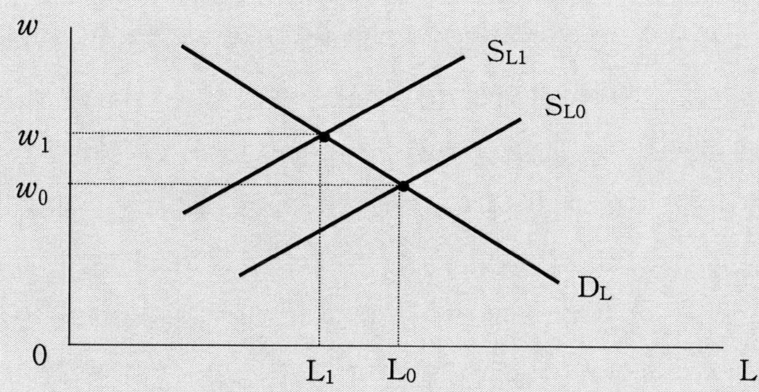

(a) 조합 노동공급의 감소효과

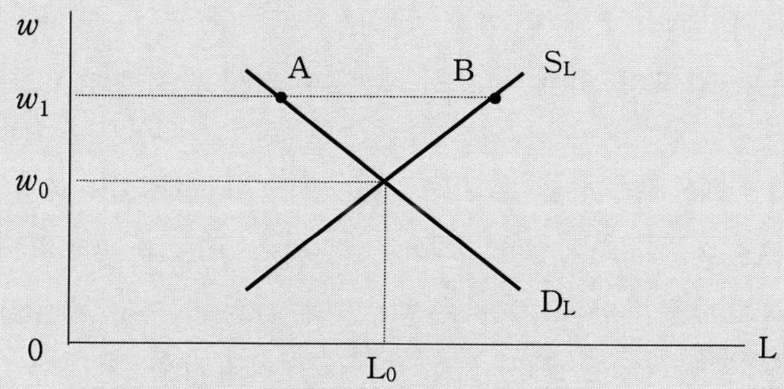

(b) 임금협상의 효과

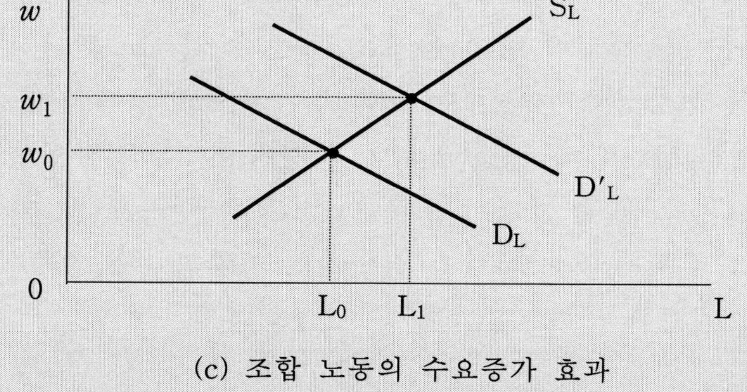

(c) 조합 노동의 수요증가 효과

5. 효율적 임금이론(Efficiency wage theory)

임금의 경직성문제와 관련해서 최근에 발전된 이론이 효율적 임금이론이다. 이 이론은 경제이론이라기 보다는 경영이론이라고 보는게 좋을 것이다. 즉 경영상의 문제로 인해서 균형임금보다 더 높은 임금을 기업이 지급하는 것이 경영의 측면에서 효율적이라는 것이다. 예를 들면 노동자들이 얼마만큼 열심히 일을 하고 있는지는 알기가 어렵기 때문에 임금을 올려줌으로 해서 열심히 일을 하게 하고 따라서 노동자의 생산성이 향상된다는 것이다. 이렇게 본다면 임금과 생산성은 정의관계가 있다고 가정할 수 있고, 따라서 임금은 경쟁적인 균형임금보다 높은 수준에 있으며 실업은 임금과 정의 관계에 있게 된다.

이론을 단순화하기 위해서 모든 노동시장이 완전경쟁시장이라고 가정하기로 하자. 이와 같은 경우에 기업이 노동을 감시할 수 있다고 하더라도 노동자들은 열심히 일할 동기가 없어 일을 태만할 수 있게 된다. 왜냐하면 게으름으로 직장을 잃게 되어도 주어진 임금수준에서 다른 직장을 구할 수 있기 때문이다. 이를 흔히 도덕적 해이(moral hazard)라 한다. 그런데 시장의 균형임금보다 높은 임금을 지급하면 기업이 도덕적 해이 문제를 줄일 수 있고 따라서 생산성이 향상된다는 것이다. 그렇다면 모든 기업이 똑같이 균형임금보다 높은 임금을 지급하는 경우에는 어떠한가? 이 경우에도 도덕적 해이 문제는 줄일 수 있다고 한다. 이론 전개의 편의상 노동의 총공급은 주어져 있다고 가정하고 이를 알아보기로 하자.

효율적인 임금(efficiency wage)이 완전경쟁시장의 균형임금보다 높아 노동의 수요가 노동의 공급보다 적다면, 근무태만으로 해고되었을 때 곧 다른 직장을 구하는 것이 아니라 실업자로 전락할 수도 있기 때문에 자신이 맡은 바 직업에서 최선을 다한다는 것이다.

[그림 13-8] 효율적 임금과 실업

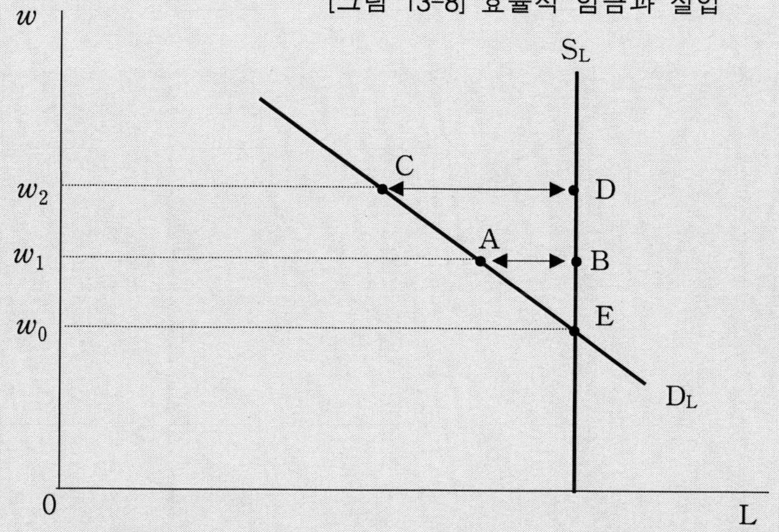

따라서 효율적인 임금은 [그림 13-8]에서 보는 바와 같이 완전경쟁시장의 균형임금 w_0보다 높은 수준에서 결정되게 되며 효율적 임금이 높으면 높을수록 실업은 증가하게 된다. 예를 들어 효율적 임금이 w_1일 때는 실업은 AB이고 효율적 임금이 w_2일 때는 실업은 CD로 증가하게 된다. 이와 같은 실업은 근무태만을 방지하기 위해서 필요한 실업이라는 것이다.

시장의 균형임금보다 높은 수준에서 효율적인 임금의 결정원리를 설명하기 위해서는 노동자들이 근무를 태만하지 않는 최적제약곡선(no-shirking constraint curve)을 도입할 필요가 있다. 이 곡선은 [그림 13-9]에서 보는 바와 같이 우상향 한다. 이는 각각의 임금수준에서 근무태만을 방지하는데 필요한 실업수준을 나타내는 곡선이다. 효율적인 임금은 이 곡선과 노동의 수요곡선이 교차하는 수준에서 결정되기 때문에 w_0가 효율적인 임금수준이다. 따라서 시장의 균형임금수준 w^*보다 높고 실업은 EF가 되는데 이는 근무태만을 방지하기 위해서 필요한 실업이다.

[그림 13-9] 효율적 임금의 결정원리

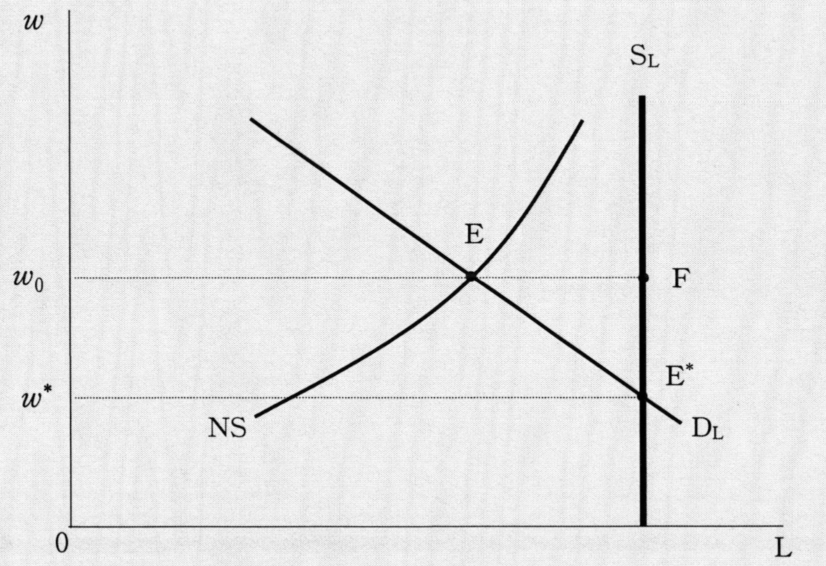

그 이유는 임금이 w_0보다 낮을 때는 실제적인 실업이 근무태만을 막는데 필요한 실업보다 더 적기 때문에 임금을 올리고 실업을 늘리며 그 반대일 경우는 임금을 내리고 실업을 줄이기 때문이다.

임금이 노동자의 생산성에 영향을 미친다는 효율적 임금이론은 이외에도 여러 가지가 있다. 모두가 임금의 경직성의 요인과 실업의 요인이 된다는 점에서는 똑같다고 할 수 있다. 바꾸어 말한다면 노동이 초과공급이 발생할 경우에도 기업이 임금을 하락시키지 않는 중요한 이유는 임금을 하락시키면 생산성이 낮아지고 이윤이 줄어들기 때문이라는 것이다. 요약한다면 노동자의 건강상태가 생산성에 영향을 미칠 수 있기 때문에 필요한 생계비 이상의 임금이 생산성을 향상시킬 수 있으며, 높은 임금이 전직을 막을 수 있기 때문에 생산성 향상에 영향을 미치고, 높은 임금이 질적으로 우수한 노동자의 이직을 막을 수 있어 기업이 스스로 높은 임금을 지급한다는 것이다. 이상의 설명에서 알 수 있는 바와 같이 효율적 임금이론은 여러 가지가 있을 수 있으나 모두다 균형임금보다 기업이 높은 임금을 지급하는 요인 즉, 임금의 경직성요인을 설명하는 이론들이라 할 수 있다. 따라서 효율적 임금에 의한 실업도 구조적 실업으로써 자연실업에 해당한다고 할 수 있다.

자연실업률과 인플레이션 및 디스인플레이션

이미 설명한 바와 같이 인플레이션이란 물가수준이 상승하는 현상을 말한다. 따라서 인플레이션은 물가상승률이 상승하는 경우와 물가상승률이 하락하는 경우로 나눌 수 있다. 물가상승률이 하락하는 경우를 물가상승률이 상승하는경우와 구분하기 위해서 이를 디스인플레이션이라 한다.

일반적으로 인플레이션 이론은 물가상승률이 상승하는 경우를 중심으로해서 설명이 되고 있다. 자연실업률의 개념이 중요한 이유는 물가상승률이 상승하는 요인을 설명할 수 있기 때문이다. 인플레이션의 개념으로 자연실업률을 정의한다면 물가상승률을 상승시키지 않는 실업률 또는 물가상승률이 가속화하지 않는 실업률(NAIRU)을 자연실업률이라 한다. 실업률이 자연실업률 수준이고 실제적인 GDP가 잠재적 GDP수준에 있다고 한다면 물가상승률은 상승하지 않는다는 것이다. 따라서 물가상승률을 상승시키는 요인은 정부(정책결정자)가 확장적인 재정・금융정책으로 실업률을 자연실업률 이하로 유지시키려고 하기 때문이다. 이는 규제를 풀고 확장적 재정・금융정책으로 실제적인 실질 GDP를 잠재적 GDP수준이상으로 유지시키려고 하기 때문이라는 것과 같은 뜻이다.

이상에서 설명한 인플레이션이론을 자연실업률이론 또는 자연률이론이라한다. 자연률이론은 통화론자들뿐만 아니라 케인즈학파를 포함한 모든 거시경제학자들이 인정하는 일반론이다. 왜냐하면 1970년대와 1980년대 초반의 인플레이션을 정확히 예측하고 설명할 수 있었기 때문이다.

그런데 1980년대 후반기부터 현재까지는 세계각국의 물가상승률이 하락하는 디스인플레이션 시대에 있다고 할 수 있다. 그렇다면 디스인플레이션 현상은 어떻게 설명할 수 있을까? 일반적인 인플레이션을 설명하는 방법과 똑같이 자연률이론으로 설명될 수 있다. 다만 높은 물가상승률을 하락시켜 물가를 안정시키기 위해서는 실업률은 자연실업률이상이어야하고 실제적인 GDP수준은 잠재적 GDP수준이하이어야 한다. 바꾸어 말한다면 확장적인 재정·금융정책으로 실제적인 실질GDP를 잠재적 GDP수준보다 높게 유지하려고 한다면 물가를 안정시킬 수 없다는 것이다. 따라서 디스인플레이션시기에는 경기가 침체하고 실업이 증가하는데 이를 흔히 희생률이라 한다. 이상에서 설명한 디스인플레이션이론도 모든 경제학자들이 인정하는 일반론이다.

디스인플레이션이론은 외환위기 극복과정을 설명하는데 매우 적합한 이론이다. 왜냐하면 인플레이션에 의해서 환율이 장기적으로 조정되지 않아 자국화폐가치가 과대평가되어 발생하는 현상이 외환위기이기 때문이다. 따라서 외환위기 극복과정에서는 장기적으로 물가상승률이 하락하고 경기가 침체하게 된다. 1998년이후 우리경제의 물가상승률이 지속적으로 하락하고 경제성장률도 지속적으로 하락한 중요한 이유가 이와 같은 이유 때문이다.

이상에서 설명한 바와 같은 자연률이론은 일반론이다. 따라서 자연률이론으로 거시경제를 통합하고 개방경제의 IS-LM모델을 검증하면 현실을 설명할 수 있다. 이 책 시리즈의 연구방법론은 이와 같은 방법론을 기초로 한 것이다. 이에 대해서는 이 책 시리즈의 제4권 연구방법론에서 자세히 설명되고 있다. 이론전개의 편의상 인플레이션에 대한 구체적인 내용은 다음장에서 설명되고 있으며 디스인플레이션은 그 다음장에서 설명하고 있다.

요 약

1. 총수요가 부족했을 때의 실업인 경기적 실업은 단기실업이며, 실제적인 실질GDP가 잠재적 GDP보다 2% 감소할때마다 실업은 1%씩 증가하는 경향이 있는데 이를 오쿤의 법칙(Okun's law)이라 한다.
2. 자연실업은 노동력이 일정하다고 가정했을 때 실업률이 불변인 실업으로 장기적인 실업이다. 결국 실업자의 취업과 취업자의 실업이 일치할 때의 실업이 이에 해당한다.
3. 노동시장이 완전경쟁시장이라면 장기적인 실업은 마찰적 실업과 일치한다. 그러나 구조적 실업도 장기적으로 항상 존재하는 실업이기 때문에 장기적인 실업인 자연실업은 마찰적실업과 구조적 실업을 모두 포함하는 개념이다.
4. 노동시장이 불균형으로 말미암아 발생하는 실업을 구조적 실업이라한다. 구조적 실업은 최저 임금제와 노동조합의 독점력 및 기업경영의 효율성 등의 요인에 의해서 발생하는 실업이다.
5. 최저임금제와 노조에 의한 실업을 고전적실업 또는 대기실업(wait unemployment)이라 한다. 거시경제에서 이것이 중요한 이유는 장기적 실업에 속하기 때문이다.
6. 임금의 경직성을 대변하는 또하나의 이론인 효율적 임금이론은, 노동시장의 균형임금보다 높은 임금을 기업이 지급하는 중요한 이유가 노동자의 도덕적 해이를 줄일 수 있을 뿐만 아니라 전직도 막을 수 있기 때문에 생산성이 향상된다는 이론이다.

중요개념

제 14장

인플레이션과 실업

1. 인플레이션의 정의
2. 인플레이션의 요인
3. 단기 필립스 곡선(Short-run Phillips curve)
4. 자연률이론(Natural rate theory)
5. 고전적 이분법과 자연률이론

1. 인플레이션의 정의

일반 물가수준이 상승하는 현상을 인플레이션이라 하며, 일반 물가수준이 하락하는 현상을 디플레이션이라 한다. 그런데 2차세계대전 이후에는 각국이 케인즈(Keynes)이론에 의한 적극적인 경제안정화정책을 실시하였기 때문에 디플레이션 현상은 찾아보기 어렵고 오로지 물가가 상승하는 현상, 바꾸어 말한다면 경기침체 시에도 물가가 상승하고 확장기에는 물가가 더욱 더 상승하는 현상만을 볼 수 있게 되었다. 따라서 물가와 관련된 거시경제문제는 인플레이션 문제에 국한된다.

물가수준은 재화와 용역의 가격의 가중평균치를 지수로 나타낸 것을 말하므로 물가상승률 또는 인플레이션률은 다음과 같이 나타낼 수 있다.

$$t\text{ 연도의 물가상승률} = \frac{t\text{ 연도의 물가지수} - (t-1)\text{연도의 물가지수}}{(t-1)\text{ 연도의 물가지수}} \times 100$$

물가지수에는 소비자물가지수, GDP디플레이터, 생산자물가지수 등이 있다. 그 중에서 가장 널리 이용되는 물가지수가 소비자물가지수이며, 측정방법은 소비지출의 상대적인 중요도(소비지출비중)에 따라서 각종 소비재의 가중치를 계산해서 구한다. 바꾸어 말한다면 어떤 물가지수이던지 간에 물가지수를 구할 경우 문제가 되는 것은 가중평균치 계산이다. 가장 단순한 예로 500원 하는 상품과 1,500원 하는 상품의 단순평균은 1,000원이지만, 1,500원 하는 상품의 거래량은 6단위여서 거래 금액이 9,000원이고 500원 하는 상품의 거래량은 2 단위여서 거래 대금이 1,000원이라면 1,500원 하는 상품의 가중치는 0.9이고 500원 하는 상품의 가중치는 0.1이다. 따라서 이 경우의 가중평균치는 1,400원이다.

인플레이션이 어떻게 측정되는가를 알아보기 위해서 단순한 예를 통해서 보기로 하자. 소비자들이 구입하는 재화가 식량과 옷 밖에 없다고 하고 용역은 임대주택 밖에 없다고 하자. 식대가 소비지출에 차지하는 비중이 20%, 주택임대료가 소비지출에 차지하는 비중이 50%, 피복비가 소비지출에 차지하는 비중이 30%라고 하고, 2008년도를 기준 연도라고 하자. 개념상 기준 연도의 각종 상품의 가격지수와 소비자물가지수는 각각 100인데 이는 다음과 같이 나타낼 수 있다.

기준 연도의 소비자물가지수 = 0.2×100 + 0.5×100 + 0.3×100 = 100

2008년도에 비해서 2009년도에 식품의 가격은 2%가 상승하여 가격지수가 102이고, 주택임대료는 6%가 상승해서 가격지수가 106이며, 옷의 가격은 10%가 상승하여 가격지수가 110이라고 했을 때의 2009년도의 소비자물가지수(CPI)는 다음과 같이 나타낼 수 있다.

2009년도의 CPI = (0.2 × 102) + (0.5 × 106) + (0.3 × 110) = 106.4

따라서 2009년도의 소비자물가지수는 106.4이며 연간 인플레이션률(소비자물가상승률)은 6.4%이다. 가중치는 기준 연도가 바뀌지 않는한 고정되어 있으므로 가격이 변화하더라도 변화되지 않는다. 이는 이미 설명한 바와 같이 기준 연도의 각종 재화의 가격지수를 100으로 했을 때 비교 연도의 가격지수의 가중평균치가 소비자물가지수이기 때문이다. 바꾸어 말한다면 기준 연도의 가중치를 기준으로해서 비교 연도의 가격지수의 평균치를 구하는 방법으로, 이와 같이 물가지수를 구하는 방법을 라스파이레스(Laspeyres)식이라고 한다는 것은 이미 미시이론에서 설명한 바와 같다.

GDP 디플레이터(deflator)란 당해 연도의 가격으로 나타낸 명목GDP를 기준 연도의 가격으로 나타낸 실질GDP로 나누어준 것을 말하므로 GDP를 구성하는 모든 상품을 대상으로 해서 계산되며 비교 연도의 거래비중을 가중치로 사용한다는 점에서 소비자물가지수와 차이가 있다. 이와 같은 계산방법을 파세(Passche)식이라 한다는 것도 이미 설명한 바와 같다.

이상의 설명을 기초로 한 소비자물가지수와 GDP 디플레터의 차이점은 다음과 같이 3가지로 요약할 수 있다. 첫째는 GDP 디플레이터는 국내에서 생산된 모든 재화와 용역의 가격을 기초로 해서 계산되며 소비자물가지수는 소비자가 구매하는 재화와 용역의 가격만을 대상으로 해서 계산된다. 따라서 기업이나 정부에 의해서 구매되는 재화의 가격이 상승했을 경우 소비자물가지수에는 반영되지 않는다.

둘째, 수입상품은 GDP에 포함되지 않기 때문에 수입상품의 가격이 상승했을 경우 GDP deflator에는 영향을 마치지 않지만 소비자물가지수에는 반영된다. 이 또한 소비자들이 구매하는 상품이기 때문이다.

끝으로 소비자물가지수의 계산에 이용되는 가중치는 기준 연도가 바뀌지 않는 한 변하지 않지만 GDP 디플레이터 계산에 사용되는 가중치는 매년 바뀐다. 따라서 라스파이레스 지수인 소비자물가지수는 물가가 상승하는 경우 인플레이션을 과대평가하는 경향이 있으며 GDP 디플레이터는 인플레이션을 과소평가하는 경향이 있다. 왜냐하면 소비자들은 인플레이션 시기에 비싼 재화 대신 저렴한 재화로 대체하는 경우가 일반적인 현상이기 때문이다. 이상과 같은 차이가 있기는 하지만 소비자물가지수와 GDP 디플레이터의 실제적인 차이는 그리 크지 않다고 한다.

물가상승률의 정도에 따라서 인플레이션을 분류하면 물가상승률이 낮은 것을 완만한 인플레이션(moderate inflation), 물가상승률이 높은 것을 갤롭핑 인플레이션(galloping inflation), 물가상승률이 지나치게 높은 것을 초인플레이션(hyperinflation)이라 한다. 한 자리 수의 인플레이션을 완만한 인플레이션이라고 한다면 두 자리와 세 자리 수의 인플레이션을 갤롭핑 인플레이션 그 이상을 초인플레이션이라 한다. 일반적으로 완만한 인플레이션은 필립스곡선으로 설명되고 갤롭핑 인플레이션과 초인플레이션 및 장기적인 인플레이션은 이미 설명한 바와 같이 화폐수량설에 의해서 설명되어진다는 점에서 초인플레이션 또한 거시경제이론에서 중요하게 다루어지고 있다고 할 수 있는데 자세한 내용은 다음 장에서 설명되고 있다. 다면 10%대의 인플레이션도 완만한 인플레이션에 포함되는 경우가 일반적이다. 왜냐하면 이는 1970년대와 1980년대의 일반적인 인플레이션 현상이었기 때문이다.

2. 인플레이션의 요인

1930년대 이전까지는 총수요가 증가하면 물가는 상승하고 총수요가 감소하면 물가는 하락하는 것이 일반적인 현상이었다. 그런데 2차세계대전 이후에는 경기침체 시에도 물가가 상승하기 때문에 지속적으로 매년 물가가 상승하여 왔다고 할 수 있다. 그 이유는 관성적 요인때문이다. 바꾸어 말한다면 일단 물가가 상승하기 시작하면 물가상승에 지속적인 성격 또는 관성적인 성격이 존재하기 때문이다. 관성적인 요인에 의한 인플레이션을 예상된 인플레이션(anticipated inflation) 또는 관성 인플레이션(inertial inflation)이라 한다.

다른 요인에 의한 인플레이션이 없고 주어진 과거의 관성 인플레이션만이 존재한다면 어떻게 될가? 매년 똑같은 비율로 관성 인플레이션만큼 물가가 상승한다.

예를 들면 2008년도, 2009년도, 2010년도 및 그 이후에도 매년 똑같은 비율로 물가가 상승하는 것이다. 그 이유는 기업과 노동자 모두가 앞으로도 임금과 물가가 일정한 비율로 상승을 계속할 것이라고 예상하고 기계적이고 자동적으로 모든 가격과 임금의 결정에 반영하기 때문이다. 즉, 인플레이션에 대한 예상이 한결같이 모든 사람들에게 있어서 똑같다면 매년 똑같은 비율로 물가가 상승할 수밖에 없는 것이다. 예를 들어 모든 사람들이 임금과 물가가 똑같이 매년 4%씩 상승할 것이라고 예상한다면 총수요곡선과 총공급곡선이 똑같이 위쪽으로 4%씩 이동할 것이기 때문에 물가수준이 매년 4%씩 상승하게 된다.

관성 인플레이션을 그림으로 나타내면 〔그림 14-1〕과 같다. 예상물가상승률이 4%라고 했을 때 총지출이 4%만큼 증가할 것이므로 총수요곡선이 위쪽으로 4%만큼 이동하고, 기업의 생산비도 4%만큼 증가할 것이므로 총공급곡선도 위쪽으로 4%만큼 이동하기 때문에 물가는 매년 사람들이 예상하는 것만큼 상승한다.

[그림 14-1] 관성 인플레이션

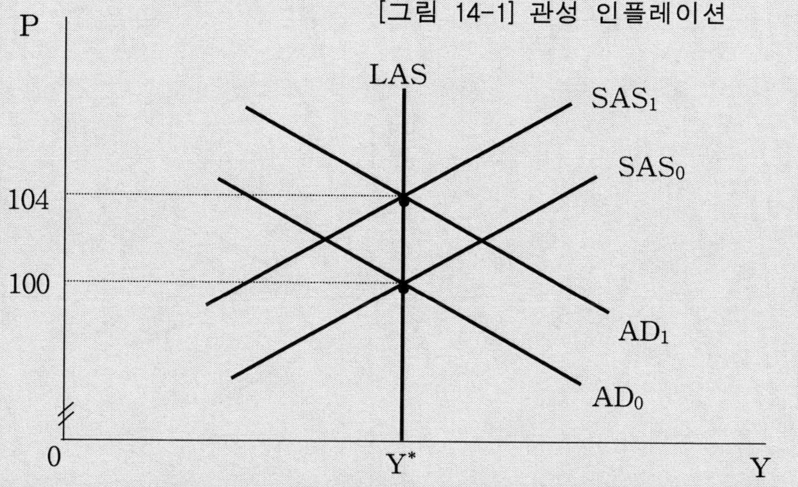

인플레이션은 관성적인 요인에 의해서만 발생하는 것이 아니라 예상되지 않은 총수요와 총공급의 변화에 의해서도 발생하는데 이를 예상하지 못한 인플레이션(unanticipated inflation)이라 한다.

물가상승률을 변화시키는 가장 중요한 요인은 총수요의 변화이다. 즉, 총수요를 구성하는 요인인 소비지출, 투자지출, 정부지출, 순수출이 증가해서 총수요가 잠재적산출량 수준보다 빨리 증가하고 물가수준을 상승시킬 때 인플레이션이 발생하는데 이를 수요유인 인플레이션(demand-pull inflation)이라 한다.

이론을 단순화하기 위해서 관성적 요인에 의한 물가의 변화가 존재하지 않아 예상물가상승률이 0%라고 하고, 통화량이 4% 증가하였다고 하자.

통화량이 4% 증가하면 〔그림 14-2〕에서 보는 바와 같이 총수요곡선이 위쪽으로 4%만큼 이동한다. 이는 예상되지 않았던 총수요의 증가이기 때문에 임금은 종전과 똑같고 따라서 단기총공급곡선 SAS_0는 이동하지 않는다.

[그림 14-2] 수요유인 인플레이션

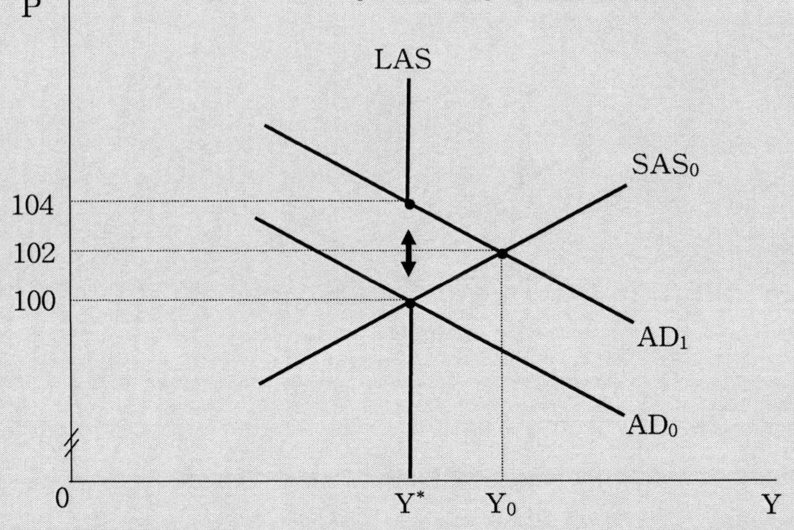

새로운 균형은 총수요곡선 AD_1과 단기총공급곡선 SAS_0가 교차하는 점에서 이루어지므로 원래의 균형과 비교해 볼 때 물가수준은 2% 상승하였고 실질GDP는 잠재적GDP(Y^*)수준을 초과하였다.

따라서 예상된 인플레이션과는 다르게 실질GDP가 단기적으로 잠재적GDP수준을 초과하고 있으며, 예상 인플레이션을 고려한다면 인플레이션이 증가(물가상승률의 상승)하고 있다고 할 수 있다.

이와는 반대로 총수요가 감소하면 물가수준은 하락하고 실질GDP는 잠재적산출량 수준보다 낮아 실업이 증가한다. 이미 설명한 바와 같이 2차대전 후에는 경제가 침체하는 시기에도 물가가 하락하는 현상은 찾아보기가 어렵다. 그 이유는 경기침체기에도 관성적인 요인에 의해서 물가가 상승하기 때문이다. 따라서 경기침체 시에는 물가상승률이 낮아지고 실업이 증가하는 것이 오늘날의 일반적인 경기변동현상이라고 할 수 있을 것이다. 바꾸어 말한다면 경기침체 시에도 물가가 상승하는 것이 일반적인 현상인데 이는 실제적으로 총수요가 감소한 것이 아니라 예상한 것만큼 총수요가 증가하지 않았기 때문이다.

이상의 설명은 〔그림 14-2〕를 반대로 생각하면 쉽게 이해할 수 있을 것이다.

총공급의 감소에 의한 인플레이션을 비용인상 인플레이션(cost-push inflation)이라 한다. 주요한 요인은 임금과 수입원료(예를 들면 석유)의 가격상승이라 할 수 있다. 재정적자나 통화량의 증가에 의한 수요측면의 인플레이션을 일반적인 인플레이션을 설명하는 고전적 인플레이션 이론이라 한다면 비용인상 인플레이션은 1970년대 인플레이션 현상의 특징이라 할 수 있다. 왜냐하면 그 주요한 요인이 생산비에 있었기 때문이다. 이와 같은 현상을 스태그플레이션(stagflation)이라고도 한다. 바꾸어 말한다면 물가가 상승하고 경기가 침체하는 현상을 스태그플레이션이라 하는데 비용인상 인플레이션과 같은 뜻으로 쓰여지고 있다고 할 수 있다.

[그림 14-3] 비용인상 인플레이션

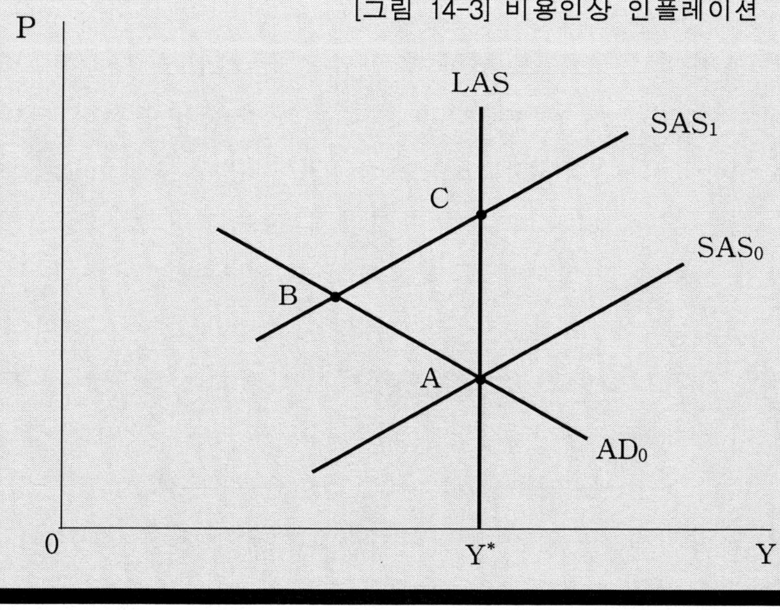

대표적인 스태그플레이션 현상은 1970년대의 석유파동에 의한 경기침체였다. 즉, 석유는 대부분 산유국 특히 중동지역에서 생산되며 전세계의 대부분의 국가들이 이를 수입하기 때문에 수입원료인 유가가 상승하면 이를 원료로 사용하는 기업의 생산비가 상승하고 따라서 생산과 소득수준이 줄어드는데도 물가는 급속하게 상승하는 스태그플레이션 현상이 세계적인 경제문제로 부상하게 된 것이다. 생산비가 상승할 때는 단기총공급곡선이 좌측으로 이동하기 때문에 물가는 상승하고 실질GDP는 감소한다. 이 이외에도 총공급곡선을 좌측으로 이동시키는 요인으로 중요한 것은 흉작으로 인한 농산물가격의 인상, 환경보호정책으로 인한 기업의 생산비인상 등이 여기에 해당한다고 할 수 있다. 이상과 같은 요인들은 경제의 어떤 부분에만 영향을 미치는 것이 아니라 경제 전반적인 비용인상이라는 점에서 단기총공급곡선을 좌측으로 이동시키는 요인으로 작용하게 되는 것이다.

비용인상 인플레이션을 그림으로 나타내면 〔그림 14-3〕과 같다. 원래 경제가 A점에서 균형을 이루고 있었는데 기업의 생산비가 상승해서 총공급곡선이 좌측으로 이동했다면 새로운 균형점은 B점이 된다. 따라서 물가는 상승하였고 실질GDP는 잠재적GDP수준보다 낮아 실업이 증가한다. 이와 같은 경우 총수요를 증가시키지 않는다면 장기적인 조정을 통해서 물가가 하락하고 원래의 균형점에서 완전고용을 이룩할 수 있겠지만 장기적인 조정과정에 대한 대가가 지나치게 크다고 할 수 있다. 그렇다고 총수요를 증가시킨다면 경제가 B점에서 C점으로 이동해서 단기적으로 실업의 문제를 해결할 수 있지만 인플레이션 현상이 장기화 할 수밖에 없게 된다. 따라서 스태그플레이션이 발생했을 경우에는 총수요를 조정해서 경제를 안정시킬 수 있는 방법이 없어 문제가 되는 것이다. 특히 생산비가 상승하면 장기총공급곡선까지도 좌측으로 이동하기 때문에 장기적인 경제성장률에도 영향을 미친다.

3. 단기필립스 곡선

지금까지 설명에 의해서 알 수 있는 바와 같이 실제적인 물가상승률(π)은 예상물가상승률(π^e)과 예상되지 않는 총수요의 변화로 인한 경기적 실업 및 예상되지 않는 총공급의 변화에 의해서 결정된다. 따라서 다음과 같이 나타낼 수 있다.

$$\pi = \pi^e - \beta(u - u_n) + V$$

여기에서 $u - u_n$은 실제적인 실업률에서 자연실업률을 공제한 것으로서 이를 경기적 실업이라 한다. 예를 들어 경제가 장기균형상태에 있었는데 총수요가 증가해서 실제적인 GDP가 잠재적 GDP보다 크게 되면 실제적은 실업률은 자연실업률보다 낮게 되기 때문에 경기적 실업($u - u_n$)은 마이너스가 되며, 반대로 총수요가 감소하게 되면 실제적인 실업률(u)이 자연실업률(u_n)보다 크게되어 경기적 실업은 플러스가 된다. 그리고 V는 예상되지 않는 총공급의 변화(supply shock)이다.

이론을 단순화하기 위해서 예상물가상승률이 일정하고 예상되지 않는 총공급의 변화가 없다고 하자. 그러면 물가상승률(π)은 총수요의 변화로 인한 경기적 실업($u - u_n$)에 의해서 결정된다. 즉 총수요가 증가해서 실업률(u)이 낮아지면 물가상승률은 상승하고 총수요가 감소해서 실업률이 높게 되면 물가상승률은 하락하기 때문에 물가상승률과 실업률과의 관계는 [그림 14-4]와 같이 역의 관계로 나타낼 수 있는데 이를 단기 필립스곡선(short-run Phillips curve)이라 한다.

그림에서 (a)는 총수요의 변화를 그림으로 나타낸 것이고, (b)는 이로부터 도출된 필립스곡선을 나타낸 것이다. (a)에서 보는 바와 같이 원래 경제가 장기균형상태인 E_0점에 있었는데 이 때의 물가상승률을 0%라고 하자.

[그림 14-4] 단기필립스곡선의 도출

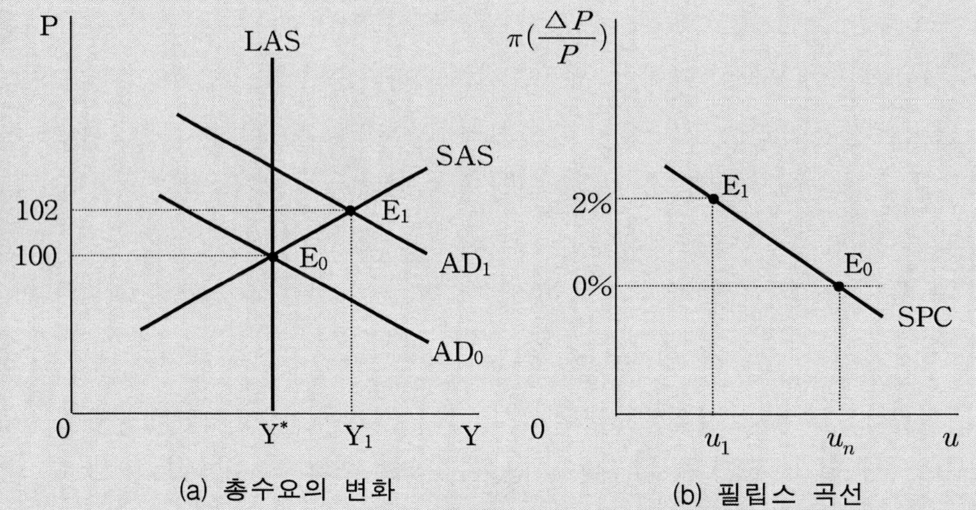

장기균형상태이기 때문에 실제적인 물가상승률 $\pi(\frac{\Delta P}{P})$는 예상물가상승률 π^e와 같고, 실제적인 실업률 u도 자연실업률 u_n과 같다. 그런데 총수요가 증가해서 총수요곡선이 오른쪽으로 이동하면 실제적인 GDP가 잠재적 GDP를 초과하기 때문에 실제적인 실업률(u_1)은 오쿤의 법칙에 의해 감소해서 자연실업률(u_n)보다 낮고, 실제적인 물가상승률은 예상물가상승률 0%보다 높게 된다. 이를 다른 직각좌표상에 나타낸 것이 필립스곡선이다. 따라서 필립스곡선은 총공급곡선을 실업률과 물가상승률의 역의 관계로 나타낸 것이라고 할 수 있다.

[그림 14-5]는 예상물가상승률이 4%인 경우를 나타낸 것이다. 단기총공급곡선은 매년 관성인플레이션(예상물가상승률)만큼만 이동해서 주어져 있다고 하고, 총수요곡선만이 예상하지 못한 변화로 인해서 이동했다고 했을 경우에 해당한다.

장기총공급곡선은 잠재적GDP 수준에서 수직이고 자연실업률을 u_n이라고 한다면 이는 장기적인 실업률을 나타내기 때문에 장기필립스 곡선은 자연실업률 u_n 수준에서 수직이다.

[그림 14-5] 예상물가 상승률과 필립스곡선

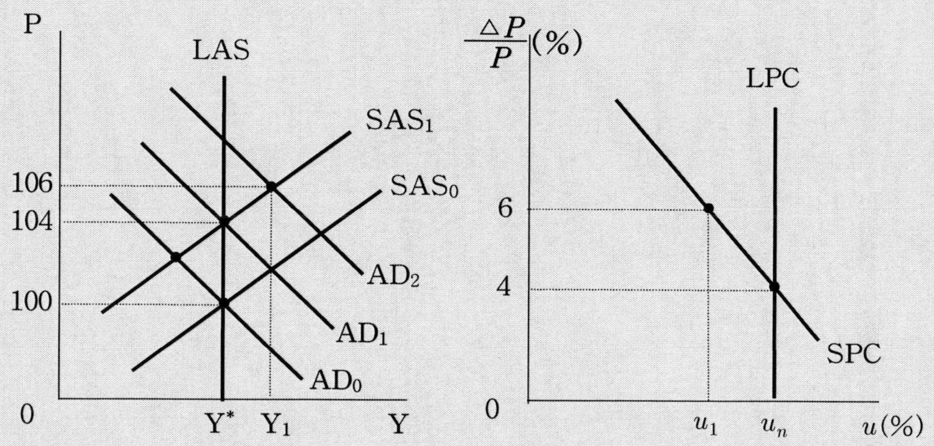

그림에서 보는 바와 같이 제2기에 총수요가 증가해서 총수요곡선이 우측으로 이동했다면 실질GDP가 잠재적 GDP를 초과하고, 실업률이 감소하며, 물가상승률은 상승한다. 즉 물가상승률은 4%에서 6%로 상승하고 실질GDP는 Y^*에서 Y_1으로 증가하는데 이 때의 실업률은 u_1으로 감소한다. 이를 다른 직각좌표상에 나타낸 것이 예상물가상승률이 4%일 때의 단기필립스 곡선이다.

그러나 사람들이 예상을 변화시키고 임금을 변화시키기 때문에 총공급이 이와 같은 변화를 반영하게 되면 관성 인플레이션이 변화한다. 따라서 단기필립스 곡선은 이동한다. 바꾸어 말한다면 단기필립스 곡선의 위치는 예상 물가상승률에 따라서 결정되는데 예상 물가상승률이 변화하면 이동한다는 것이다. 이를 그림으로 나타낸 것이 〔그림 14-6〕 이다. 그림에서 단기필립스 곡선 SPC_1는 예상 물가상승률이 4%일 경우이고 예상 물가상승률이 상승해서 6%일 때의 단기필립스 곡선은 SPC_2이다.

[그림 14-6] 단기필립스곡선의 이동

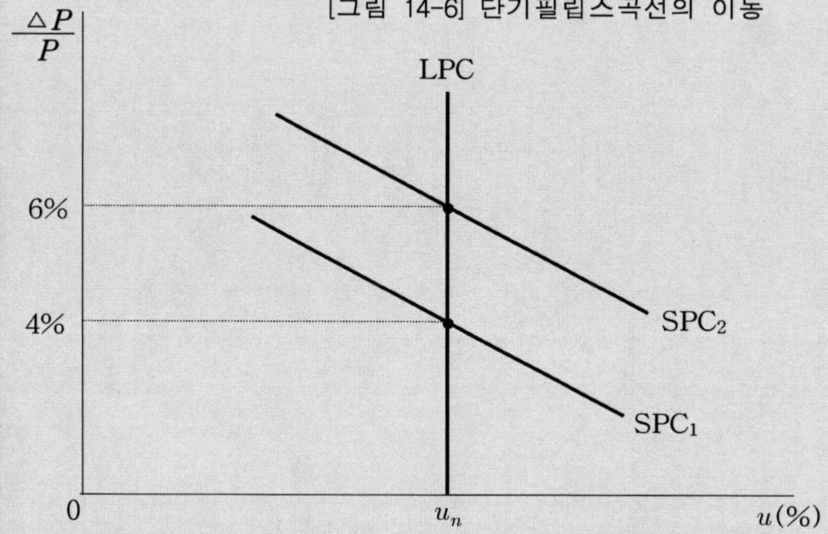

4. 자연률 이론(natural-rate theory)

프리드만(Milton Friedman)과 펠프스(Edmund Phelps)에 의해서 전개된 이 이론은 자연실업률 수준에서 장기필립스 곡선은 수직이라는 이론으로 거시경제의 장기분석이 이에 해당된다.

이 이론이 특히 중요한 이유는 자연실업률 수준에서는 물가가 안정적이기 때문이다. 다만 관성 인플레이션은 일반적으로 항상 존재하는 것이 현실이기 때문에 물가의 안정은 물가상승률이 0%라는 뜻이 아니라 물가상승률이 일정한 수준에서 안정적이라는 뜻이다. 따라서 물가를 안정시키면서 장기적으로 최대한의 고용수준을 유지할 수 있는 실업률이 자연실업률이며 이 때의 GDP 수준이 잠재적GDP 수준이다.

예를 들어 우리 경제가 자연실업률 상태에 있다고 한다면 예상 물가상승률은 주어져 있으며 생산능력을 초과하는 초과수요가 없을 뿐만 아니라 기업의 생산비를 인상시키는 총공급측면이 변화도 없는 상태를 말한다.

따라서 실질임금은 불변이다. 실질임금이 불변인 상태에서는 물가와 임금이 똑같은 비율로 상승한다. 바꾸어 말한다면 임금 역시 예상 물가상승률만큼 상승한다.

이는 물론 총수요와 총공급이 똑같이 똑같은 비율로 위쪽으로 이동한다는 뜻이다. 〔그림 14-6〕에서 보는 바와 같이 예상 물가상승률이 4%일 경우 단기필립스 곡선은 SPC_1인데 이는 예상 물가상승률과 실제적인 물가상승률이 모두 4%일 때는 물가상승률이 안정적이어서 매년 4%씩 물가가 상승한다는 것이다.

예상 물가상승률이 변화되는 이유는 실제적인 물가상승률이 예상 물가상승률보다 높거나 낮을 경우에는 예상 물가상승률이 조정되기 때문이다. 바꾸어 말한다면 예상물가상승률은 과거의 물가상승률에 의해서 결정된다는 것이다. 이와 같은 이유 때문에 예상물가상승률(π^e)은 전년도의 물가상승률과 같다고 보고 이론이 전개되는 경우가 일반적이다. 따라서 실업률이 자연실업률 수준이고 예상되지 않는 총공급의 변화가 없다면 물가수준은 과거(전년도)의 물가상승률만큼 상승한다. 그 이유는 전년도 물가상승률이 예상을 결정하고 이와같은 예상에 의해서 임금과 가격이 결정되기 때문이다.

미국의 경우 1960년대에는 베트남 전쟁으로 실업률이 낮았고, 실제적인 물가상승률이 상승하게 되자 결국 예상 물가상승률이 변화되었고, 1970년대에는 석유파동으로 예상 물가상승률이 변화되었으며, 1980년대에는 반인플레이션 정책으로 실제적인 물가상승률이 하락하게 되자 예상 물가상승률도 결국 하락하게 되었다는 것이다. 이상의 설명에서 알 수 있는 바와 같이 예상 물가상승률은 단기적으로 변화하는 것이 아니라 장기적으로 변화되며, 생산과 고용이 조정에 의해서 장기필립스 곡선은 자연실업률 수준에서 수직이 된다. 따라서 장기적으로는 명목변수만이 변화되고 실질변수는 불변이다.

매년 물가상승률이 상승하는 경우에는 자연실업률보다 실제적인 실업률이 낮은 경우이고 이와는 반대로 실업률이 자연실업률보다 높은 경우에는 실업률이 자연실업률이 될 때까지 물가상승률은 매년 하락한다. 따라서 경제가 자연실업률에 있을 경우에만 물가상승률은 안정적이다. 이상과 같은 자연실업률 이론은 거시경제정책상 다음과 같은 중요한 두 가지 의미가 있다고 할 수 있다. 첫째, 경제가 장기적으로 유지할 수 있는 최저한도의 실업률이 자연실업률이다. 만약 장기적으로 실업률을 자연실업률 이하로 유지하려고 한다면 물가상승률이 장기적으로 계속해서 상승할 수밖에 없게 된다. 둘째, 단기적으로는 단기필립스 곡선을 따라 실업률을 자연실업률 이하로 유지할 수 있으나 인플레이션의 대가를 치러야 하며, 인플레이션을 수습하기 위해서는 실업을 감수해야만 한다.

이상의 설명에서 알 수 있는 바와 같이 실제적인 실업률이 자연실업률보다 낮은 상태에서는 물가상승률이 가속화되기 때문에 자연실업률보다 낮은 실업률은 장기적으로 지속될 수 없는 실업률이다. 따라서 인플레이션 측면에서 자연실업률을 본다면 자연실업률이란 물가상승률이 가속화되지 않는 실업률로서 마찰적 실업과 구조적 실업을 합계해 준것이라고 할 수 있다. 이와 같은 이유 때문에 자연실업률을 NAIRU (nonaccelerating inflation rate of unemployment)라고 한다.

[그림 14-7] 자연률이론

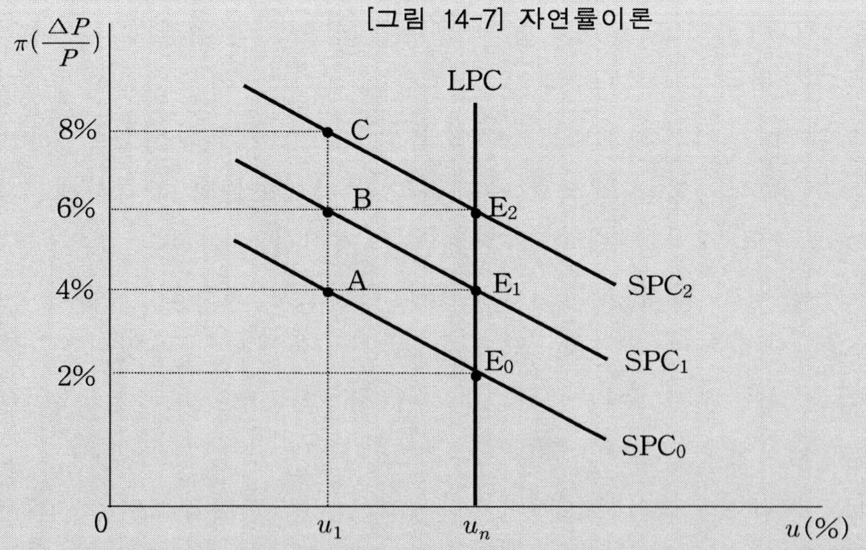

지금까지 설명을 그림으로 나타내면 [그림 14-7]과 같다. 그림에서 보는 바와 같이 원래 경제가 장기균형 상태인 E_0에 있어서 실제적인 물가상승률이 예상물가상승률과 같다고 하자. 그런데 정부가 확장적인 재정·금융정책으로 실업률을 자연실업률이하인 u_1으로 유지시키려고 한다면 실제적인 물가상승률이 예상물가상승률 2%보다 높게되어 4%가 된다. 따라서 시간이 경과하게 되면 예상물가상승률이 상승하게 되어 4%가 되며, 단기필립스곡선은 위쪽으로 이동하여 SPC_1이 된다. 이와 같은 새로운 단기필립스곡선이 주어진 상태에서도 실업률을 자연실업률이하인 u_1으로 유지하려고 한다면 실제적인 물가상승률은 6%로 예상물가상승률 4%보다 높게 된다. 결국 시간이 경과함에 따라 예상물가상승률은 조정되어 6%가 되며 단기필립스곡선은 또다시 위쪽으로 이동하게 된다.

따라서 자연실업률보다 낮은 실업률을 지속적으로 유지하려고 한다면 시간이 경과함에 따라 물가상승률이 가속화하기 때문에 실제적인 실업률을 높여 실제적인 물가상승률이 예상물가상승률과 일치하도록 해야만 물가상승률이 가속화를 막을 수 있다는 것이다. 따라서 자연실업률은 시간이 경과해도 물가상승률이 변화되지 않는 실업률, 바꾸어 말한다면 물가상승률이 가속화하지 않는 실업률이라는 것이다.

시간이 경과함에 따라 노동력 구성이 변화하거나, 마찰적 실업과 구조적 실업이 변화되거나, 실업에 대한 경제정책이 변화하면 자연실업률이 변화한다. 예를 들어 여성의 노동참가율이 증가하거나 10대의 노동참가율이 증가하면 자연실업률은 증가한다. 예상 물가상승률이 불변인 상태에서 자연실업률이 증가하면 장·단기 필립스 곡선이 모두 오른쪽으로 이동한다.

5. 고전적 이분법과 자연률이론

이미 설명한 바와 같이 고전적 이분법이란 실질변수와 명목변수를 구분해서 거시경제를 설명하는 방법으로 고전적 거시경제이론이라고도 한다. 이에 대한 대표적인 개념이 화폐의 중립성이다. 즉 통화량이 증가하드래도 장기에는 실질변수에 영향을 미칠 수 없고 물가수준만 상승시킨다는 이론이다.

고전적 이분법의 개념을 명확하게 설명하기 위해서는 단기 총공급곡선을 도입할 필요가 있다. 왜냐하면 단기에는 화폐가 비중립적이기 때문이다. 이론을 단순화하기 위해서 우리 경제가 장기균형상태에 있었는데 통화량의 증가로 총수요곡선이 오른쪽으로 이동했다고 하자. 총수요가 증가하면 단기에 물가는 상승하고 실질GDP는 증가한다. 그러나 장기에는 명목임금이 물가의 상승률만큼 상승하기 때문에 화폐가 실질GDP에 영향을 미칠 수 없다. 결국 화폐가 단기에 비중립성인 이유는 단기총공급곡선이 우상향하기 때문이다.

단기필립스곡선은 단기총공급곡선으로부터 도출된 것이다. 따라서 단기필립스곡선은 화폐의 비중립성을 반영하는 것이다. 즉 정부가 통화량을 변화시키면 단기에는 실업을 늘리거나 줄일 수 있다. 그러나 장기에는 화폐가 중립적이어서 산출량과 고용에 영향을 미칠 수 없고 물가상승률에만 영향을 미치기 때문에 장기필립스곡선은 자연실업률 수준에서 수직이다. 요약한다면 정부가 확장적 재정·금융정책으로 총수요를 변화시키면 단기에는 고용과 산출량에 영향을 미칠 수 있지만 장기에는 영향을 미칠 수 없기 때문에 장기필립스곡선은 자연실업률 수준에서 수직이라는 것이다. 이는 고전적 이분법의 또다른 개념이다.

지금까지 설명에서 알 수 있는 바와 같이 자연률이론은 물가상승률이 상승하는 인플레이션을 중심으로 이론이 전개되고 있다. 물가상승률이 하락하는 디스인플레이션도 이상의 설명과는 반대로 설명하면 되기 때문에 자연률이론을 그대로 적용할 수 있다. 예를들면 매년 물가상승률이 10%씩 상승하는 인플레이션을 잡기위해서는 긴축적인 재정·금융정책으로 물가상승률을 적정물가상승률까지 하락시켜야한다. 따라서 장기적으로 산출량과 고용이 감소하고 실업률이 증가한다. 이를 희생률이라고 하는데 이에 대해서는 다음장에서 구체적으로 설명되고 있다.

이처럼 물가상승률이 하락하는 디스인플레이션은 물가상승률이 상승하는 인플레이션과 반대방향으로 설명하면 되기 때문에 이를 생략하고 이론을 구성할 수 있다. 사실상 이와 같은 방법론이 일반론적인 방법론이다. 이 책도 이와 같은 점을 감안하여 디스인플레이션은 다음장에서 구체적으로 설명되고 있다.

그러나 디스인플레이션은 매우 중요하다. 왜냐하면 외환위기를 성공적으로 극복하기 위해서는 물가상승률을 하락시켜야하기 때문이다. 뿐만 아니라 아직까지도 세계경제는 디스인플레이션시대에 있다고 할 수 있다. 우리 경제가 장기적으로 침체하는 중요한 이유가 이와 같은 이유 때문이다. 결국 자연률 이론을 이용한다면 거시경제이론의 혼란기에 이를 통합할 수 있고 개방경제의 IS-LM모델을 검증할 수 있다는 결론을 얻을 수 있다.

요 약

1. 인플레이션이란 일반물가수준이 상승하는 현상을 말하며, 일반물가수준이 하락하는 현상을 디플레이션이라고 하지만 2차세계대전 이후에는 인플레이션현상만이 나타나는 것이 현실이기 때문에 물가에 대한 거시경제문제는 인플레이션 문제에 국한된다.
2. 인플레이션에 대한 관성적요인 때문에 발생하는 인플레이션을 예상된 인플레이션이라 한다. 경기침체시에도 물가가 상승하는 이유는 관성적요인 때문이다. 따라서 물가의 안정이란 물가수준의 안정을 뜻하는 것이 아니라 물가상승률의 안정을 뜻한다.
3. 수요유인 인플레이션이란 총수요가 증가했을 때 물가상승률이 상승하는 현상을 말하며, 비용인상인플레이션이란 기업의 생산비의 상승으로 물가상승률이 상승하는 현상을 말한다.
4. 실업률과 물가상승률과의 관계는 역의 관계에 있는데 이를 그림으로 나타

낸 것을 단기필립스곡선(short-run Phillips curve)이라 한다.

5. 예상된 인플레이션만이 존재한다면 실업률은 자연실업률수준이고 산출량 수준은 잠재적 산출량수준이다. 총수요가 증가하면 단기적으로는 실업률이 감소하고 물가상승률이 상승하지만, 장기적으로는 예상물가상승률이 변화하기 때문에 단기필립스곡선이 이동하며 실업률은 자연실업률수준에서 불변이고 물가상승률만이 상승한다.
6. 자연률이론이란 장기필립스곡선이 자연실업률수준에서 수직이라는 이론이다. 따라서 실업률을 자연실업률이하로 유지하려고 한다면 물가상승률이 지속적으로 상승할 수 밖에 없기 때문에 장기적인 최저한도의 실업률이 자연실업률이다. 단기에 자연실업률이하로 실업률을 줄이려고 한다면 인플레이션의 대가를 치러야 한다.
7. 자연실업률이 증가하면 장・단기 필립스곡선이 우측으로 이동한다. 중요한 요인으로 들 수 있는 것이 10대와 여성의 노동참가률이 증가하는 경우이다.

중요개념

1. 일반물가수준, P. 291
2. 인플레이션, P. 291
3. 디플레이션, P. 291
4. 물가상승률, P. 291
5. 인플레이션률, P. 291
6. 소비자 물가지수, P. 291
7. GDP 디플레이터, P. 291
8. 생산자 물가지수, P. 291
9. 라스파이레스(Laspeyres)식, P. 292
10. 파세(Passche)식, P. 292
11. 예상된 인플레이션, P. 294
12. 관성인플레이션, P. 294
13. 예상하지 못한 인플레이션, P. 295
14. 수요유인인플레이션, P. 295
15. 비용인상 인플레이션, P. 297
16. 고전적 인플레이션, P. 297
17. 스태그플레이션, P. 297
18. 단기필립스곡선, P. 299
19. 장기필립스곡선, P. 301
20. 예상물가상승률, P. 302
21. 자연률이론, P. 302
22. 단기필립스곡선의 이동, P. 305
23. 자연실업률의 변화, P. 305
24. 여성의 노동참가율, P. 305
25. 10대의 노동참가율, P. 305
26. 장・단기 필립스곡선의 이동, P. 305

제 15장

인플레이션의 비용

1. 화폐와 인플레이션
2. 화폐의 기회비용
3. 인플레이션 조세(inflation tax)와 초인플레이션
4. 예상된 인플레이션의 사회적 비용
5. 예상되지 않은 인플레이션의 사회적 비용
6. 인플레이션의 정도와 한계

1. 화폐와 인플레이션

화폐시장이 균형일 때는 실질화폐에 대한 수요와 실질화폐의 공급은 일치한다. 그런데 실질화폐의 공급은 명목화폐의 공급을 물가수준으로 나누어 준 것을 말하므로 화폐시장이 균형일 때는 다음과 같은 등식이 성립한다.

$$\text{실질화폐에 대한 수요} = \frac{\text{명목화폐의 공급}}{\text{물가수준}}$$

또는

$$\text{물가수준} = \frac{\text{명목화폐의 공급}}{\text{실질화폐에 대한 수요}}$$

이것이 중요한 이유는 만약 실질화폐에 대한 수요가 일정하다면 물가는 명목통화량의 증가율만큼 상승한다는 점이다. 그런데 실질소득이 변화하고 이자율이 변화하면 실질화폐에 대한 수요도 변화한다. 따라서 다음과 같은 등식이 성립한다.

$$\text{물가상승률} = \text{명목통화량의 증가율} - \text{실질화폐수요의 증가율}$$

이상의 설명은 유동성선호설을 기초로 했을 때 화폐와 물가와의 관계를 설명한 것이다. 그런데 우리가 잘 알고 있는 바와 같이 화폐와 물가와의 관계를 설명하고자 할 경우 일반적으로 널리 이용되는 것이 화폐수량설이다. 그 이유는 적어도 500년이나 된 전통적인 이론일 뿐만 아니라 장기적인 물가의 변화를 설명하는데 화폐수량설이 적합하기 때문이다. 화폐수량설(quantity theory of money)이란 이미 설명한 바와 같이 화폐의 유통속도(velocity of money)가 일정하다면 물가는 명목통화량의 증가율만큼 상승한다는 이론으로 다음과 같이 나타낼 수 있다.

$$M\overline{V} = PY, \text{ 또는 } M\overline{V} = PQ$$

여기에서 P는 물가수준으로서의 GDP 디플레이터를 말하며 Y(Q)는 실질GDP를 말하고, PY는 명목GDP에 해당된다. 그런데 실질 GDP는 생산요소와 기술수준에 의해서 결정되기 때문에 경제성장이 주어져 있다고 한다면 화폐공급의 변화는 물가만 변화시키는 요인이 된다는 것이다.

물론 실제적으로는 경제가 성장함에 따라 실질GDP가 증가하기 때문에 물가는 통화량의 증가율만큼 상승하지 않는다. 이는 다음과 같은 수식을 통해서 알 수 있다.

$$M\overline{V} = PY$$

이를 고쳐 쓰면

$$P = \frac{M\overline{V}}{Y}$$

또는

$$\frac{\triangle P}{P} = \frac{\triangle M}{M} - \frac{\triangle Y}{Y}$$

즉, 물가상승률($\frac{\triangle P}{P}$)은 명목통화량의 증가율($\frac{\triangle M}{M}$)에서 실질GDP의 증가율($\frac{\triangle Y}{Y}$)를 공제해준 것과 같다. 바꾸어 말한다면 실질GDP의 증가율에 물가상승률을 더해준 것이 통화량의 증가율이라는 것이다.

결국 화폐수량설에서 우리가 알 수 있는 것은 실질화폐에 대한 수요는 실질소득에 의해서 결정되기 때문에 실질소득의 증가율만큼 실질화폐수요가 증가한다는 점이다. 이는 화폐의 유통속도가 일정하고 이자율이 불변이라면 유동성선호설이나 화폐수량설이 같은 결론이 된다는 뜻이다.

화폐수량설을 설명하고자 할 때 흔히 사용되는 개념이 거래방정식 또는 수량방정식(quantity equation)인데 다음과 같이 나타낼 수 있다.

$$MV = PT$$

여기에서 M은 통화량으로 일반적으로 말하는 화폐수량설과 똑같지만 V는 화폐의 거래유통속도(transactions velocity of money)를 뜻한다. 거래의 유통속도란 화폐 1단위가 주어진 기간동안 평균적으로 몇 번 손을 바꾸면서 순환(지출)하는가를 뜻하는 개념으로 화폐단위가 거래에 사용된 평균적인 회수를 뜻한다.

그리고 P는 거래를 대표할 수 있는 상품의 평균적인 가격을 뜻하며, T는 주어진 기간동안의 총거래량을 말한다. 따라서 PT는 주어진 기간동안(보통 1년)의 총거래대금이다. 예를 들어 우리 경제가 식량만을 생산한다고 했을 때 년간 거래량이 1만 단위이며 단위당 가격을 1,000원이라고 한다면 총거래대금은 1,000만원이 된다.

이상의 설명에 의한다면 MV는 거래에 사용된 화폐이고 PT는 거래대금을 뜻하므로 $MV = PT$ 는 항상 성립하는 항등식이다. 이는 단순히 화폐는 거래(교환)에 이용된다는 뜻에 지나지 않는다. 이와 같은 이유 때문에 거래방정식을 거래형 교환방정식(equation of exchange)이라고도 한다. 따라서 화폐의 거래유통속도 또는 거래속도(V)는 다음과 같이 나타낼 수 있다.

$$V = PT \ / \ M$$

예를 들어 우리 경제가 쌀만을 생산한다고 했을 때 년간 쌀거래량이 1만단위이고 쌀가격이 3,000원이라고 한다면 거래대금은 3,000만원이다. 이에 반해서 통화량(화폐공급량)이 1,000만원이라고 한다면 화폐는 평균적으로 쌀의 거래(교환)에 3번 사용했다는 뜻인데 이것이 화폐의 거래유통속도이다.

거래형 교환방정식에서 문제가 되는 것은 국민경제의 총거래량을 측정하기가 어렵다는 데 있다. 왜냐하면 중고자동차의 거래와 중간재 거래 등 이중거래도 총거래량에 포함되기 때문이다. 그런데 총거래량과 경제 전체의 산출량(실질GDP)과의 관계는 밀접한 관계가 있다. 왜냐하면 한 경제의 산출량이 증가하면 증가힐수록 거래량도 늘어나기 때문이다. 따라서 총거래량 대신 실질GDP를 사용할 수 있게 되는데 다음과 같이 나타낼 수 있다.

$$MV = PY$$

여기에서 Y는 실질GDP를 나타내기 때문에 P는 GDP 디플레이터이며, V는 화폐의 소득유통속도(income velocity of money)로서 일반적으로 화폐수량설에서 말하는 화폐의 유통속도는 이를 가리키는 말이다. 화폐의 유통속도는 화폐의 거래유통속도와 화폐의 소득유통속도로 구분할 수 있지만 거래형 교환방정식은 일반적으로 사용되지 않기 때문이다. 그리고 거래형 교환방정식과 구분하기 위해서 위 식을 소득형 교환방정식 또는 현금잔고방정식이라고도 하는데 이것이 일반적으로 화폐수량설에서 사용되는 방정식이다.

요약한다면 화폐수량설의 근원을 알고자 할 경우에는 거래형 교환방정식이 필요하지만 화폐수량설로서 현실을 설명하고자 하는 경우에는 소득형 교환방정식으로 충분하다고 할 수 있다.

실질화폐의 수요를 결정하는 요인으로 가장 중요한 것이 실질소득이다. 화폐수량설은 화폐수요를 결정하는 요인으로서 실질소득을 강조하는 이론이다. 실질화폐에 대한 수요는 실질소득이 증가하면 증가하므로 다음과 같이 나타낼 수 있다.

$$(\frac{M}{P})_D = kY$$

실질화폐에 대한 수요와 공급($\frac{M}{P}$)이 일치하는 수준에서 화폐시장이 균형을 이루므로 균형상태에서는 다음과 같은 조건이 성립한다.

$$\frac{M}{P} = kY, \text{ 또는 } M(\frac{1}{k}) = PY$$

따라서 $\frac{1}{k}$은 V와 같고 이것이 일정하다면 교환방정식은 하나의 이론이 되는데 이를 일반적으로 화폐수량설이라 한다.

2. 화폐의 기회비용

실질화폐의 수요를 결정하는 또 하나의 중요한 요인은 화폐보유의 기회비용인 이자율이다. 만약 물가상승률($\frac{\triangle P}{P}$)이 불변이라면 명목이자율은 실질이자율이 변화하는 것만큼 변화되기 때문에 화폐보유의 기회비용을 명목이자율로 설명하든 실질이자율로 설명하든 관계가 없다. 예를 들어 물가상승률이 5%일 때 100만원의 화폐를 보유하는 대신 10%의 이자율로 채권을 구입하거나 저축성예금으로 예금하면 1년 후에 명목이자는 10만원이고 실질이자는 5만원이 된다. 이 때 명목이자율이 10%에서 12%로 변화했다면 실질이자율이 5%에서 7%로 변화되었다는 뜻이므로 화폐보유의 기회비용의 변화는 실질이자율로 설명하든 명목이자율로 설명하든 똑같이 2%이다. 따라서 문제를 복잡하게 만드는 것은 물가상승률이 변화하기 때문이다.

이미 설명한 바와 같이 명목이자율과 실질이자율과의 관계는 다음과 같이 나타낼 수 있다.

$$i = r + \frac{\triangle P}{P}(\%)$$

여기에서 i는 명목이자율, r는 실질이자율, $\frac{\triangle P}{P}$는 물가상승률(인플레이션률)이다. 위 식을 피셔방정식(Fisher equation)이라고 하는데 피셔(Irving Fisher, 1867-1947)는 이 개념을 도입한 경제학자이다.

실질이자율은 저축과 투자에 의해서 결정되고 물가상승률은 장기적으로 화폐수량설에 의해서 결정되기 때문에 이 두 이론을 종합한다면 또 다른 하나의 이론으로서 명목이자율 결정이론이 될 수 있다. 바꾸어 말한다면 피셔방정식은 명목이자율을 설명하는 하나의 이론으로서 대부자금시장이론과 화폐수량설을 종합한 것이다.

예를 들어 화폐공급량이 10% 증가하면 물가수준이 10% 상승하고 따라서 명목이자율도 10% 상승한다. 이와 같은 물가상승률과 명목이자율의 1:1 관계를 피셔효과(Fisher effect)라 한다.

명목이자율 중에서 물가상승률에 해당하는 부분($i - r$)은 인플레이션에 대한 보상으로서 인플레이션 프레미엄(할증률)이라고도 한다. 피셔효과가 성립하기 위해서는 사람들이 물가에 대한 예상이 정확해서 예상물가상승률이 명목이자율에 반영되는 경우에 한한다. 그런데 채권자와 채무자가 계약을 할 당시에는 일반적으로 미래의 계약기간동안 물가상승률을 알 수 없다는데 문제가 있다.

바꾸어 말한다면 물가에 대한 예상이 확실하지 않은 것이 일반적인 현상이라는 점이다.

예상물가상승률이 확실하지 않다면 사전적으로 채무자와 채권자가 예상한 실질이자율인 사전적 실질이자율(ex ante real interest rate)과 사후적으로 실현된 실질이자율인 사후적 실질이자율(ex post real interest rate)은 서로 다를 수밖에 없다. 이는 전적으로 미래의 물가상승률을 모르기 때문에 발생하는 현상이다. 그러나 장기에는 미래에 대한 예상이 정확하다고 가정할 수 있으므로 피셔방정식은 다음과 같이 나타낼 수 있다.

$$i = r + \text{예상물가상승률}$$

실질이자율이 변화하지 않는다고 할지라도 예상물가상승률이 변화하면 화폐의 기회비용인 명목이자율을 변화시키며, 이것이 화폐수요를 변화시키는 요인으로 작용한다. 이는 다음과 같이 나타낼 수 있다.

$$\left(\frac{M}{P}\right)_D = L\,(i,\ Y\,)$$

이것이 중요한 이유는 인플레이션시기에는 명목이자율이 화폐의 수요를 결정하는 중요한 요인으로 작용하기 때문이다. 중앙은행인 한국은행이 미래에 화폐의 공급을 증가시킨다고 했을 때 사람들이 이를 예상하고 있다면 예상물가상승률이 상승하고 따라서 명목이자율을 상승시키고 실질화폐에 대한 수요를 감소시키기 때문에 물가상승률이 상승한다. 따라서 오늘의 화폐공급뿐만 아니라 미래의 화폐공급도 명목이자율을 통해서 오늘의 물가수준을 결정하는 중요한 요인이 될 수 있다.

[그림 15-1] 대부자금시장과 명목이자율

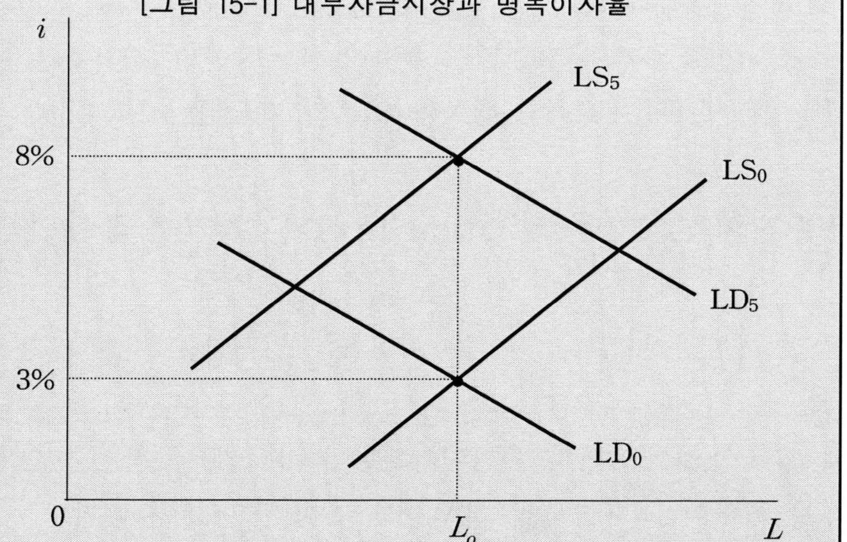

위에서 설명한 피셔효과에 의하면 대부자금시장에 의해서도 명목이자율의 결정원리를 설명할 수 있게 된다. 예상물가 상승률이 1% 상승하면 명목이자율도 1% 상승한다는 것이 피셔효과이다. 따라서 예상물가상승률이 0%일 때 대부자금시장에서 결정되는 이자율은 실질이자율일뿐만 아니라 명목이자율이기도 하다. 그런데 예상물가상승률이 상승하게 되면 대부자금의 수요곡선과 공급곡선이 예상물가상승률이 상승한 것만큼 위쪽으로 이동하여 명목이자율도 예상물가상승률만큼 상승한다.

[그림 15-1]에서 보는 바와 같이 예상물가상승률이 0%일때의 대부자금의 수요곡선과 공급곡선을 LD_0와 LS_0라고 하고 이때의 명목이자율을 3%라고 하자. 이와 같은 경우에 예상물가상승률이 5%로 상승한다면 대부자금시장의 수요곡선과 공급곡선도 5%만큼 위족으로 이동하여 LD_5와 LS_5가 될 것이고 명목이자율은 8%가 될 것이다. 따라서 예상물가상승률이 변화하더라도 실질이자율은 불변이다.

그렇다면 물가수준이 하락하는 디플레이션인 경우는 어떻게 될까? 명목이자율이 하락하기는 하지만 0%이하로는 하락하지 않는다. 왜냐하면 마이너스의 명목이자율로 돈을 대부해주기 보다는 보유하는 것이 유리하기 때문이다. 이를 명목이자율의 0%한계(zero bound)라고 하며 이와 같은 영역에서는 금융정책이 효과가 없고 재정정책만이 효과적인데, 이와같은 영역을 유동성함정이라 한다. 대표적인 경우가 일본의 디플레이션이다.

3. 인플레이션 조세(inflation tax)와 초인플레이션

확장적 재정정책으로 인한 적자재정은 경기침체 시에는 타당한 정책이지만, 일단 적자재정정책이 도입되면 확장기에도 지속되는 성격이 있기 때문에 결국 인플레이션의 요인이 될 뿐만 아니라 이 적자를 만약 화폐를 발행해서 메꾸어 준다면 인플레이션의 직접적인 요인이 된다.

인플레이션 조세란 화폐를 발행해서 적자예산을 조달했을 때 인플레이션으로 인하여 화폐 보유자가 부담하는 비용이 실질적으로는 조세 형태가 되는데 이를 가리키는 말이다.

적자재정으로 인한 화폐발행 인플레이션이 조세 형태가 되는 이유는 조세를 부과시키지 않고도 정부는 정부지출을 충당할 수 있는 재원을 마련할 수 있는 반면에 화폐 보유자인 민간부문은 화폐가치 하락으로 말미암아 화폐 발행액만큼 조세를 부담하는 것과 같기 때문이다.

정부가 적자재정을 충당하기 위해서 자금을 조달하는 방법은 국채(government bonds)를 발행해서 민간인들로부터 차입하는 방법과 화폐를 발행해서 세입을 늘리는 방법이 있을 수 있다. 채권시장이 발달한 오늘날의 대부분의 국가는 국채 발행이 적자재정의 주요한 수단이 되고 있기 때문에 인플레이션 조세는 특수한 경우에만 시행되는 정책수단이며 그 비중도 매우 낮다고 할 수 있다. 국가에 따라서 인플레이션 조세 비중이 서로 다른 것은 물론이며 특히 초인플레이션의 중요한 요인이 인플레이션 조세라 할 수 있다.

초인플레이션이란 물가가 급속하게 상승하는 현상으로 연간물가상승률이 1,000% 이상 되는 경우를 말한다. 혁명이나 전쟁 등의 결과로 발생하는 특수한 경우에 해당하지만 좋은 예가 될 수 있기 때문에 거의 대부분의 거시경제이론에서 이를 소개하고 있다. 결국 화폐수량설은 장기적인 인플레이션 현상 뿐만 아니라 단기적인 초인플레이션도 설명할 수 있는 수단이 되는 셈이다. 초인플레이션이 발생해서 물가가 급속하게 상승하는 경우에는 화폐가치가 급속하게 하락하기 때문에 단 하루동안 큰 돈을 갖고 있다 할지라도 실물자산을 갖고 있는 경우에 비해서 상당한 손실을 보게 된다. 사람들은 이와 같은 손실을 줄이려고 하기 때문에 실질화폐에 대한 수요가 감소한다.

이상의 설명에서 알 수 있는 바와 같이 인플레이션 시기에 실질화폐에 대한 수요가 감소하는 중요한 이유는 화폐가치가 물가상승률만큼 하락하기 때문이다. 바꾸어 말한다면 화폐를 보유하고 있으면 예상 물가상승률이 변화한 만큼 손실을 보기 때문이다.

실질화폐에 대한 수요가 감소한다는 것은 화폐의 유통속도가 증가한다는 것과 같은 뜻이다. 왜냐하면 화폐보유량을 줄인다는 것은 화폐 단위가 평균적으로 여러번 지출(회전) 된다는 뜻이기 때문이다. 신용카드가 대량으로 보급될 경우에도 실질화폐에 대한 수요는 감소하고 유통속도는 증가한다.

4. 예상된 인플레이션의 사회적 비용

일반적으로 거시경제학에서는 인플레이션의 요인과 그 비용을 분석하기 위해서 인플레이션을 예상된 인플레이션과 예상되지 않은 인플레이션으로 구분하고 있다. 이미 설명한 바와 같이 예상된 인플레이션을 관성인플레이션이라고 하는데 모든 가격과 임금이 똑같이 똑같은 비율로 상승하는 경우를 말한다. 예를 들어 물가가 매년 10%씩 상승할 경우 모든 사람들이 이를 알고 있기 때문에 임금도 10% 상승하고, 이자도 10% 상승하며, 조세도 10% 상승하는 경우가 이에 해당된다.

따라서 임금, 이자, 지대, 이윤 등도 똑같이 똑같은 비율로 상승하기 때문에 명목소득도 똑같이 똑같은 비율로 상승한다. 바꾸어 말한다면 상대가격 뿐만 아니라 실질소득도 불변이다. 그리고 명목조세도 똑같이 똑같은 비율로 상승하기 때문에 실질조세부담도 똑같다.

인플레이션의 문제를 논의할 때 주로 논의되는 것이 부의 재분배문제이지만 예상된 인플레이션인 경우에는 부의 분배에 영향을 미치지 않는다. 왜냐하면 채권의 형태로 부를 소유하는 경우에도 화폐가치가 하락한 것만큼 이자를 더 받을 수 있기 때문에 실물자산의 형태로 부를 소유하는 경우와 똑같아지기 때문이다. 예상되지 않은 인플레이션인 경우에는 이상에서 설명된 것과는 반대로 상대가격이 변화되고 부와 소득의 재분배에 영향을 미친다.

예상된 인플레이션인 경우에도 인플레이션의 사회적 비용이 존재한다. 왜냐하면 화폐가치가 하락할 뿐만 아니라 가격을 자주 바꾸어 주어야 하기 때문이다. 화폐가치 하락으로 사회적 비용이 발생하는 이유는 화폐의 기회비용이 명목이자율이기 때문이다.

예를 들어 평균 화폐보유량이 100만원인 어떤 가계의 화폐 보유비용은 물가가 불변이고 이자율이 3%라면 연간 3만원이지만, 물가상승률이 7%일 경우에는 이자율은 10%가 될 것이기 때문에 연간 화폐보유비용이 10만원이 된다. 이 경우 7만원이 인플레이션으로 말미암아 발생하는 비용이다.

이상에서 설명한 바와 같이 물가상승률이 상승 할 것이라고 사람들이 예상하면 화폐의 기회비용이 증가하기 때문에 화폐보유량을 줄이고 은행의 저축성예금이나 채권의 보유량을 늘리고자 할 것이다. 그래서 화폐가 필요할 때마다 현금화해서 지출을 할 것이기 때문에 은행이나 증권회사를 찾는 경우가 많아지게 된다. 사회 전체적으로 볼 때도 사람들이 은행이나 증권회사를 자주 드나들게 된다는 것은 비용에 해당하므로 이를 흔히 신발비용(shoe-leather costs)이라 한다. 바꾸어 말한다면 신발비용이란 화폐보유의 기회비용을 사회적인 관점에서 본 개념이라 할 수 있다.

물가가 상승하는 경우에는 가격표(price tags)와 메뉴(menus)도 자주 바꾸어 주어야 하는데 이를 메뉴비용이라 한다. 그러기 위해서는 인쇄를 다시 해야 되기 때문에 이것이 사적인 비용일 뿐만 아니라 사회적인 관점에서도 유용한 자원의 낭비라는 시각이다. 동전 대신에 토큰이 사용되는 이유가 여기에 있다고 한다. 이상의 설명과는 반대로 가격을 바꾸어 주지 않는다면 인플레이션시기에는 상대가격이 크게 변동하기 때문에 미시적인 측면에서 볼 때 자원배분의 비효율성으로 인한 사회적 비용이 될 수 있다.

5. 예상되지 않은 인플레이션의 사회적 비용

예상되지 않은 인플레이션인 경우에는 인플레이션으로 말미암아 부와 소득이 재분배 된다는데 문제가 있다. 2차대전후 지금까지 우리는 인플레이션 시대에 살고 있다. 예상되지 않는 총수요와 총공급의 변화에 의한 인플레이션이 예상되지 않은 인플레이션이며 1970년대의 석유파동으로 인한 인플레이션이 대표적인 것이였다.

예상되지 않은 인플레이션으로 인하여 부와 소득이 재분배되는 이유는 화폐가치가 하락하면 금융자산의 소유자(채권자)인 소비자가 손해를 보고 채무자인 기업이 이익을 보기 때문이다. 바꾸어 말한다면 누구든지 예상되지 않은 인플레이션 시기에는 차입을 해서 실물을 구입하면 이익이 된다. 부동산 구입으로 막대한 이익을 보는 경우가 많은 이유도 여기에 있다.

예를 들어 물가가 10% 상승할 것이라고 모든 사람들이 예상하고 그것이 정확했다면 물가상승률 10%가 이자율에 반영되겠지만, 물가가 3%만 상승할 것이라고 예상했는데 사후적인 물가상승률이 10%였다면 7%가 이자율에 반영이 되지 않기 때문에 채무자는 이익을 보고 채권자는 손실을 본다.

인플레이션과 반대되는 현상을 디플레이션이라 하는데 예상하지 않은 디플레이션이 발생했을 경우에는 예상되지 않은 인플레이션의 효과와 반대 방향으로 작용한다. 즉, 채권자가 이익을 보고 채무자가 손해를 본다. 대표적인 경우가 1930년대의 금융공황이었다. 1920년대에 많은 농부들이 차입으로 토지를 구입했는데 1930년대초 물가는 하락하여 농부들의 소득은 줄어들었으나 부채와 이자는 하락하지 않았기 때문에 농부들은 농업을 포기할 수밖에 없었고 은행은 도산할 수밖에 없었다. 기업이 차입으로 투자했을 경우에도 똑같은 원칙이 적용된다.

일반적으로 금융자산의 채권자는 고령자들인데 반해서 채무자는 젊은이들인 경우가 많다. 따라서 물가가 상승하는 시기에는 고령자들로부터 젊은이들에게 부와 소득이 재분배된다고 할 수 있다. 끝으로 매년 물가상승률이 예상외로 상승하는 경우에는 불확실성이 더욱 증대되어 위험에 노출되는 사람들이 많게 되는데 이 또한 인플레이션의 비용에 속한다고 할 수 있다.

6. 인플레이션의 정도와 한계

어느 정도 인플레이션까지 우리가 감당할 수 있는가를 설명하기 위해서 인플레이션의 정도에 따라서 완만한 인플레이션(moderate inflation), 갤롭핑 인플레이션(galloping inflation), 초인플레이션(hyperinflation)으로 구분하는 경우가 일반적이다. 물가상승률이 한자리 수일 경우의 인플레이션을 완만한 인플레이션이라 하며, 물가상승률이 2~3자리 수일 경우의 인플레이션을 갤롭핑 인플레이션이라 하고, 3자리 이상의 인플레이션을 초인플레이션이라 한다.

연간 물가상승률이 10% 이내인 완만한 물가상승률은 2차대전 이후 전 세계의 공통적인 현상이었다. 이와 같은 경우에는 1달 후의 화폐가치와 현재의 화폐가치가 거의 똑같기 때문에 사람들은 화폐를 믿고 그것을 보유하고자 할 것이고, 그들의 부를 실물자산에만 투자하려고 하지는 않을 것이다. 왜냐하면 화폐는 가장 안정적인 자산일 뿐만 아니라 교환수단으로서 다른 어떤 자산보다도 거래에 편리하게 이용 할 수 있기 때문이다.

1970년대의 인플레이션은 갤롭핑 인플레이션으로 물가상승률이 10% 이상이 되는 경우가 많았다. 이는 거시경제학적으로 상당히 많은 변화를 초래하였을 뿐만 아니라 세계가 변화되는 결과를 초래하였다고 해도 과언이 아니다. 일반적으로 1970년대의 인플레이션은 다른 갤롭핑 인플레이션보다 물가상승률이 낮았기 때문에 반드시 갤롭핑 인플레이션에 포함되는 것은 아니다. 대표적인 갤롭핑 인플레이션의 예로는 1970년대와 '80년대에 중남미에 있는 아르헨티나와 브라질에서 있었는데 이 때의 연간 물가상승률이 50%에서 700%까지였다고 한다.

물가상승률이 매월 급속하게 상승하는 갤롭핑 인플레이션인 경우는 화폐가치가 급속하게 하락하게 된다. 따라서 매일 매일 거래에 이용되는 화폐보유량을 극단적으로 줄일 것이고, 금융시장의 마비로 대부자금시장에서는 이자율에 의해서 자금이 배분되는 것이 아니라 배급으로 자금이 배분될 수밖에 없을 것이다.

초인플레이션은 전쟁이나 혁명으로 인하여 사회가 극단적인 혼란에 빠졌을 때 발생한다. 대표적인 예로 들 수 있는 것이 1920년대의 독일의 초인플레이션이다. 이와 같은 초인플레이션이 발생한다면 화폐의 모든 기능이 소멸할 것이기 때문에 물물교환 경제가 결국 화폐경제를 대신하게 될 것으로 보는 것이 타당할 것이다. 초인플레이션이 인플레이션의 비용의 문제에서 자주 거론되는 이유는 극단적인 경우를 가정하는 것이 설명에 편리하기 때문이다.

지금까지 설명에 의해서 알수 있는 바와같이 인플레이션의 정도는 완만한 인플레이션이어야 하며 낮을수록 안정적인데, 일반적으로 연간 물가상승률이 2-3% 수준인 것이 바람직한 것으로 알려지고 있다.

그런데 이미 설명한 바와 같이 1970년대에는 한국뿐만 아니라 미국이나 영국도 물가상승률이 두자리수로서 영국은 1975년도에 연간 물가상승률이 26%였고 미국은 1970년대 말부터 1980년대초까지 연간물가상승률이 10%를 넘었다. 전세계적인 측면에서 볼 때 물가상승률이 하락하기 시작한 것은 미국이 반인플레이션 정책으로 강력한 긴축적인 금융정책을 실시하면서부터였다고 할 수 있다. 따라서 1980년대 중반 이후 지난 30년동안은 디스인플레이션시대였다고 보는 것이 좋을 것이다.

정부가 인플레이션을 잡기 위해서 긴축적인 금융정책을 선택하게 되면 경기가 침체하고 물가상승률은 하락한다. 시간이 경과함에 따라 예상이 조정되어 예상물가 상승률이 하락하게 되면 단기필립스곡선이 아래쪽으로 이동한다. 결국 반인플레이션 정책으로 물가를 안정시키기 위해서는, 장기적으로 실제적인 실질GDP수준이 잠재적 GDP 수준보다 낮아야하고, 실제적인 실업률은 자연실업률 수준보다 높아야 한다. 바꾸어 말한다면 실제적인 성장률이 잠재적 성장률보다 장기적으로 낮은 수준에 있어야한다는 뜻이다. 이처럼 디스인플레이션시기에는 실제적인 GDP는 잠재적 GDP 수준보다 낮고, 실업률은 자연실업률보다 높은데, 이를 가리켜 물가를 안정시키기 위한 디스인플레이션의 비용 또는 희생률(sacrifice ratio)이라 한다.

보다 구체적으로 희생률을 정의한다면 관성인플레이션을 1% 하락시키기 위해서 포기해야하는 연간 실질GDP의 비율을 희생률이라 한다. 바꾸어 말한다면 예상되지 않는 총공급의 변화가 없고 실업률이 자연실업률일 때의 연간 물가상승률을 1%만큼 하락시키기 위해서 포기해야하는 연간 실질GDP 비율이 희생률이다. 이 책 시리즈의 제4권 연구방법론의 입증자료에서도 알 수 있는 바와 같이 이를 연구하는 경제학자들마다 이에 대한 추정치가 다르다. 이하에서는 입증자료의 내용을 요약해서 설명한 후 그 의미가 무엇인지를 알아보기로 하자.

이론을 단순화하기 위해서 실업률이 자연실업률일 때의 물가상승률이 6%라고 하자. 이는 관성인플레이션이 6%라는 뜻이기도 하다. 그런데 중앙은행이 관성인플레이션을 2%로 하락시키기 위해서 긴축적인 금융정책을 사용한다면 산출량과 고용이 감소하고 실업이 증가하는데 이때 포기해야 하는 연간 실질 GDP의 비율을 알아야지만 몇 년동안 얼마만큼의 실질GDP를 포기할 것인지를 알 수 있다는 것이다.

경제학자들마다 희생률 추정치가 다르므로 대표적인 추정치가 5라고 하자. 이는 관성인플레이션 6%를 2%로 하락시키기 위해서는 연간 실질

GDP의 20%를 감소시켜야 한다는 것이다. 그렇다면 얼마나 오랫동안(몇년동안) 얼마만큼씩 실질GDP와 고용을 감소시키고 실업률을 증가시켜야 하는가? 이는 낮은 인플레이션으로 전환되는 기간, 바꾸어 말한다면 디스인플레이션 기간에 따라서 다르다고 할 수 있다. 2년동안에 인플레이션 목표치인 2%의 관성인플레이션을 달성하기 위해서는 2년동안 실질GDP를 10%만큼씩 감소시켜야하고, 4년동안에 목표치를 달성하기 위해서는 매년 실질GDP를 5%만큼씩 감소시켜야한다. 이는 경제성장률을 그만큼 감소시켜야한다는 것을 뜻하기 때문에 4년동안에 목표를 달성하기도 어렵다고 할 수 있다. 이는 또한 디스인플레이션 비용이 너무나 높다는 뜻이기도 하다.

이상의 설명과 같이 단기간에 물가를 안정시키기가 어렵기 때문에 디스인플레이션 기간을 짧게 할 필요성은 없을 것이다. 위의 경우 10년동안 실질GDP를 2%만큼씩 감소시킨다면 년간 물가상승률을 2%로 안정시킬 수 있다. 1997년 외환위기이후 우리경제의 물가상승률이 장기적으로 하락하고 경기가 장기적으로 침체하는 중요한 이유중에 하나가 이와 같은 이유 때문이다.

이상의 내용을 실업률로 설명하기 위해서는 오쿤의 법칙을 적용하면 된다. 오쿤의 법칙계수는 국가에 따라서 다르기는 하지만 미국과 같이 0.5라고 하자. 오쿤의 법칙계수가 0.5라면 디스인플레이션 기간동안 10%만큼 실업이 증가해야한다. 우리 경제의 디스인플레이션은 실업률보다는 실질 GDP로 설명하는 것이 타당하다고 할 수 있다. 왜냐하면 필립스곡선으로 인플레이션을 설명하기가 어렵기 때문이다.

우리경제의 경우 필립스곡선으로 인플레이션을 설명하기는 어렵지만 디스인플레이션과 희생률의 개념은 매우 중요하다고 할 수 있다. 아직까지도 세계경제가 디스인플레이션 시대에 있을 뿐만 아니라 디스인플레이션과 희생률의 개념은 자연률이론을 기초로 하기 때문이다. 자연률이론은 모든 경제학자들이 인정하는 일반론이다. 자연률이론으로 디스인플레이션을 설명하면 다음과 같다.

정부(정책결정자)가 긴축적인 재정·금융정책으로 총수요를 감소시키드래도 단기에만 고용과 산출량에 영향을 미치고 장기적으로는 영향을 미칠 수 없기 때문에 실질 GDP와 실업률은 장기적으로 잠재적 실질 GDP와 자연실업률 수준에서 불변이 되게 된다.

이상에서 설명한 디스인플레이션과 희생률의 개념은 이 책 시리즈의 제4권 연구방법론의 입증자료에서도 자세히 설명되고 있다. 그런데 유럽의 경우는 물가가 안정된 이후에도 자연실업률이 증가로 경기가 침체하는 경향이 있다고 한다. 이는 자연률이론으로는 설명될 수 없는 부분이다. 우리 경제도 유럽과 같이 마찰적 실업과 구조적 실업이 증가하고 있는 것은 아닌지 앞으로 중요한 연구과제가 될 수 있을 것으로 생각한다.

돌이켜보면 국제무역론은 우리경제에 매우 유리하게 발전해왔지만 국제금융론은 아직까지도 우리경제에 불리하게 전개되고 있는 것이 사실이다. 아직까지도 개방경제의 IS-LM모델을 그대로 받아들이기가 어렵고, 외환위기와 더불어 디스인플레이션도 외환위기 이후 너무나 큰 상처를 주고 있는 것이 사실이기 때문이다. 이에 대한 많은 연구가 이루어진다면 이 문제를 원만하게 극복하여 선진국으로 성장할 수 있을 것으로 생각해도 좋을 것이다.

디플레이션(deflation)

인플레이션과는 반대로 물가가 하락하는 현상을 디플레이션이라한다. 디플레이션의 문제로 역사상 가장 심각한 경우가 미국의 대공황이었다.

거시경제이론에서 디플레이션을 설명하는 경우에도 일반적으로 미국의 대공황을 예로 하여 설명되는 것이 일반적이다. 이유는 2차 세계대전이후에는 디플레이션현상을 찾아보기가 어려울 뿐만 아니라 미국의 대공황에 대한 연구만한 자료가 없기 때문이다.

1930년에 많은 은행이 파산으로 문제가 되자 그 이후 은행의 실제지불준비율이 증가하였고 민간부분의 현금통화비율도 증가하였다. 지불준비율과 현금통화비율이 증가하면 통화승수가 감소하고 통화량이 감소한다. 결국 통화량이 감소로 물가수준은 하락할 수 밖에 없는데 1930년대의 디플레이션은 이와같은 현상을 반영한 것이다.

그렇다면 앞으로 1930년대의 대공황과 같은 디플레이션현상이 또 발생할 것인가? 그렇지 않다고 보는 것이 일반적인 경제학자들의 시각이다. 왜냐하면 그 이후 많은 연구가 이루어져 거시경제적 지식이 향상되었을 뿐만 아니라 당시와 같은 화폐공급의 감소는 또다시 발생하지 않을 것으로 보고 있기 때문이다.

다만 최근들어 일본이 대공황과 유사한 디플레이션 현상이 발생하여, 최근 20여년간 경제가 침체하는 것으로 알려지고 있다. 그 중요한 이유가 장기적으로 주가가 하락하고 부동산가격이 하락하였기 때문이라는 것이다. 이는 본질적으로 주식과 부동산에 대한 과잉투자의 결과로 발생하는 현상이다. 따라서 미국의 대공황시의 디플레이션현상과는 요인이 다른 것으로 볼 수도 있을 것이다.

디플레이션시기에는 물가수준이 하락하기 때문에 일반적으로 명목이자율이 하락하는 경향이 있는데 0%이하로는 하락하지 않는다. 바꾸어 말한다면 마이너스의 명목이자율은 있을 수 없다는 것이다. 이처럼 명목이자율이 매우 낮아서 0%일 경우에는 금융정책은 효과가 없기 때문에 이미 설명한 바와 같이 이를 흔히 유동성 함정(liquidity trap)이라 한다. 1990년대 중반이후 일본이 경기침체시에 대규모의 건설프로젝트로 확장적 재정정책을 실시했던 중요한 이유가 디플레이션으로 인한 유동성함정 때문이라고 할 수 있다.

이상의 설명이 예상된 디플레이션의 내용을 요약한 것이다. 예상되지 않는 디플레이션은 일반적으로 부채디플레이션(debt deflation)으로 설명되고 있는데 이에 대해서는 제20장에서 자세히 설명하고 있다. 끝으로 각국의 중앙은행이 0%가 아니라

2-3%의 안정적인 물가상승률을 선호하는 중요한 이유중에 하나가 앞으로 디플레이션 현상이 또다시 발생할 수도 있다고 보고 있기 때문이다.

요 약

1. 주어진 기간동안(보통1년) 국민경제의 총거래량(T)에 거래를 대표할 수 있는 평균적인 가격(P)을 곱해주면 주어진 기간동안 총거래대금(PT)이 되며, 통화량(M)에 화폐의 거래유통속도(V)를 곱해주면 거래에 사용된 화폐액이 된다. 따라서 거래형 교환방정식 MV=PT는 항상 성립하는 항등식이다.
2. 국민경제의 총거래량과 실질GDP는 밀접한 관계가 있기 때문에 소득형 교환방정식 MV=PY가 성립하는데 이 때 P는 GDP디플레이터이며, V는 화폐의 소득유통속도이다.
3. 화폐수량설은 실질화폐의 수요를 결정하는 요인으로서 실질소득을 강조하는 이론이다. 따라서 실질소득(실질GDP)이 불변일 때 화폐공급(M)이 증가하면 물가만이 상승한다.
4. 실질이자율(r)에 물가상승률($\frac{\triangle P}{P}$)을 더해주면 명목이자율(i)이 되는데 이를 파셔방정식($(i = r + \frac{\triangle P}{P}$)이라한다. 따라서 피셔방정식(Fisher equation)은 대부자금시장이론과 화폐수량설을 종합한 것으로 명목이자율 결정이론이라 할 수 있다.
5. 피셔효과가 성립하기 위해서는 미래의 예상물가상승률을 정확히 알고 있어야 한다. 바꾸어 말한다면 예상된 인플레이션일 경우에 한한다. 이와같은 세계에서는 미래의 화폐공급이 증가할 경우에도 예상물가상승률이 상승하고 명목이자율이 상승하기 때문에 실질화폐에 대한 수요가 감소하고 물가상승률이 상승한다. 명목이자율은 화폐보유의 기회비용이다.
6. 인플레이션조세란 정부의 적자예산을 화폐를 발행해서 조달했을 때, 화폐보유자인 민간부문이 인플레이션으로 인한 화폐가치하락으로 화폐발행액만큼 조세를 부담하는 형태가 된다는 것을 뜻하는 개념이다.

7. 예상된 인플레이션의 사회적 비용은 신발비용과 메뉴비용으로 구분될 수 있으며, 예상되지 않는 인플레이션의 사회적 비용은 소득과 부를 재분배시킨다는데 문제가 있다.
8. 갤롭핑 인플레이션(galloping inflation)과 초인플레이션은 투자자금이 배급에 의해서 결정될 뿐만 아니라 결국은 물물교환경제가 되기 때문에 인플레이션의 정도는 완만한 인플레이션이어야 하고 낮을수록 경제를 안정시킬 수 있다.

중요개념

1. 화폐와 인플레이션, P. 311
2. 실질화폐에 대한 수요, P. 311
3. 실질화폐의 공급, P. 311
4. 물가상승률, P. 311
5. 명목통화량의 증가율, P. 311
6. 실질화폐수요의 증가율, P. 311
7. 유동성선호설, P. 311
8. 화폐수량설, P. 311
9. 화폐의 유통속도, P. 311
10. GDP 디플레이터, P. 312
11. 명목GDP, P. 312
12. 실질GDP, P. 312
13. 거래방정식, P. 312
14. 화폐의 거래유통속도, P. 313
15. 총거래량, P. 313
16. 거래형교환방정식, P. 313
17. 화폐의 소득유통속도, P. 314
18. 소득형교환방정식, P. 314
19. 화폐의 기회비용, P. 315
20. 피셔방정식, P. 316
21. 피셔효과, P. 316
22. 명목이자율결정이론, P. 316
23. 인플레이션 프레미엄, P. 316
24. 예상물가상승률, P. 316
25. 사전적실질이자율, P. 316
26. 사후적 실질이자율, P. 317
27. 미래의 화폐공급, P. 317
28. 초인플레이션, P. 319
29. 인플레이션조세, P. 319
30. 국채, P. 319
31. 화폐발행, P. 319
32. 예상된 인플레이션의 사회적 비용, P. 320
33. 신발비용, P. 321
34. 메뉴비용, P. 321
35. 예상되지 않는 인플레이션의 사회적 비용, P. 322
36. 부와 소득의 재분배, P. 322
37. 예상되지 않는 디플레이션, P. 322
38. 금융공황, P. 322
39. 완만한 인플레이션, P. 323
40. 갤롭핑인플레이션, P. 323
41. 금융시장의 마비, P. 324
42. 물물교환경제, P. 324

제 7 편

경제성장

제 16장

경제성장의 요인

1. 생산요소와 생산함수
2. 토지와 노동
3. 자본과 기술
4. 콥・다글라스 생산함수(Cobb-Douglas production function)

1. 생산요소와 생산함수

주어진 기술수준으로 희소한 자원을 효율적으로 배분해서 생산할 수 있는 극대의 산출량 수준은 미시경제적으로 나타내면 생산가능곡선이고 거시경제적으로는 잠재적GDP라 하는데, 생산가능곡선이 확대되어 우측으로 이동하고 잠재적GDP가 증가하는 현상 즉, 시간이 경과함에 따라서 장기적으로 실제적인 GDP수준이 증가하는 현상을 경제성장이라 한다. 따라서 생산요소의 수량이 증가하든가 기술수준이 진보하면 장기적으로 생산능력이 확대되어 경제는 성장한다.

경제학에서는 생산요소를 크게 토지, 노동, 자본으로 구분해서 사용하고 있다. 이미 설명한 바와 같이 토지는 농지나 택지 등과 같은 토지 그 자체뿐만 아니라 지하자원, 산림자원, 수자원, 수산자원 등과 같은 자연자원을 포함하는 개념이며, 자본이란 돈 그 자체가 아니라 공장, 기계, 도구 등의 생산설비와 재고 및 주택 등을 포함한다. 물론 도로, 철도, 항만과 같은 사회간접자본도 자본에 포함되지만 경제성장이론에서는 기업의 생산설비를 강조하기 때문에 무시되는 것이 일반적이다. 즉, 이와 같은 여러 형태의 실물자본 중에서도 중요한 것은 기업의 생산설비이기 때문에 경제성장이론에서 자본이라고 할 때는 기업의 생산설비로 생각하는 것이 경제학을 이해하는데 매우 편리하다. 왜냐하면 경제성장이론에서는 일반적으로 자본은 동질적인 형태의 자본이 하나뿐이라고 가정하고 있기 때문이다.

이상에서 설명한 실물자본(physical capital)과 대비되는 개념이 인적자본(human capital)이다. 인적자본이란 노동자가 어린 시절부터 교육이나 기술훈련을 통해서 얻은 지식이나 숙련기술(skills) 등을 말한다. 인적자본 역시 경제성장에서 실물자본만큼 중요하다고 할 수 있다.

산업혁명 이전의 시대에는 노동과 토지가 경제성장의 중요한 요인이었다. 그래서 주로 경제성장에 대한 논의도 노동과 토지에 대해서 설명되어 왔으나 산업혁명 이후의 시대 즉, 지난 200년 동안의 경제성장은 주로 자본과 기술에 의해서 이루어졌다고 할 수 있다. 따라서 신고전학파의 자본축적론(economic growth theory with capital accumulation)은 오늘날까지도 경제성장의 일반이론으로 받아들여지고 있는 것이다.

주어진 기술수준으로 희소한 자원을 효율적으로 배분해서 생산할 수 있는 극대의 산출량수준 즉 잠재적 산출량수준을 나타내는 생산함수는 거시경제의 단기생산함수가 아니라 장기생산함수이다. 이 거시경제의 장기생산함수가 경제성장이론을 연구하는데 많이 이용된다. 왜냐하면 장기적인 산출량(GDP)의 변화가 잠재적산출량의 변화를 나타내는 것이기 때문이다.

산업혁명 이전의 농업경제시대에는 토지와 노동이 경제성장의 주요인이었으나 그 이후 지난 200년 동안 자본과 기술이 경제성장의 주된 요인으로 작용하고 있는 이유는 토지는 장기적으로도 고정되어 있는 것이 일반적인 현상이기 때문이다. 따라서 거시경제의 장기적인 생산함수는 다음과 같이 나타낼 수 있다.

$$Q = F(K, L)$$

미시이론에서 이미 설명한 바와 같이 자본과 노동을 똑같은 비율로 증가시킬 때 산출량도 같은 비율로 증가한다면 규모에 대한 보수가 불변인 경우인데, 이를 콥·다글라스의 생산함수(Cobb-Douglas production function)로 나타내면 다음과 같이 나타낼 수 있다.

$$Q = AK^{\alpha}L^{(1-\alpha)} \text{ (단, } 0 < \alpha < 1)$$

$$\text{또는 } Y = AL^{\alpha}K^{(1-\alpha)} \; (AL^{\alpha}K^{\beta})$$

이와 같이 규모에 대한 보수가 불변인 생산함수를 1차동차 생산함수라 하며, 이것이 거시경제의 장기생산함수로 많이 쓰이는 이유는 거시경제 현실을 설명하는데 매우 적합하기 때문이다. 이에 대해서는 4절에서 구체적으로 설명되고 있다.

2. 토지와 노동

자본이 없고 토지가 자유자원인 원시상태의 경제에서는 노동만이 유일한 생산요소이다. 이와 같은 경제에서 모든 상품의 상대가격은 그 상품을 생산하는데 투입된 노동량에 따라 결정되므로 이를 노동가치론이라 하며, 국민소득은 시간이 경과함에 따라 인구의 증가율만큼 증가하고 수확체감의 법칙이 작용하지 않기 때문에 1인당 소득수준(실질임금)은 불변이다. 미국의 서부개척시대가 이에 해당하며 이론적으로는 스미스(Smith)의 경제성장론이 이를 대변한다고 할 수 있다.

인구가 증가해서 모든 토지가 경작되고 난 다음부터는 인구의 증가율만큼 국민소득(실질GDP)이 증가되지 않는다. 왜냐하면 고정된 토지에서 인구가 증가하게 됨에 따라 각각의 노동자들이 소유하는 토지규모 즉 토지·노동비율이 줄어들게 되어 수확체감의 법칙이 작용하기 때문이다. 따라서 시간이 경과함에 따라 실질임금도 감소하고 1인당 소득수준도 감소한다. 이에 반해서 토지는 희소해지기 때문에 지대가 상승하고 지주의 소득이 증가한다. 이것이 말사스(Malthus)의 인구론이다.

[그림 16-1] 말사스(Malthus)의 함정

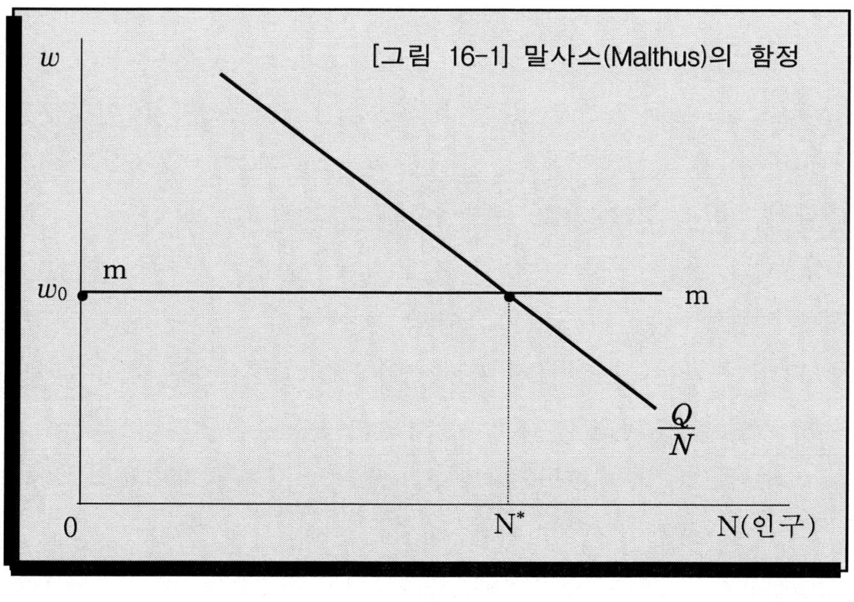

말사스의 인구론은 이미 설명한 바와 같이 산업혁명 이전의 농업경제 및 오늘날의 최빈국 등지에서나 적용할 수 있는 이론이지만 오늘날의 경제성장이론을 이해하는데 있어서 도움이 될 수 있기 때문에 중요하다. 그렇다면 말사스의 인구론에서 1인당 식량의 산출량수준 즉 실질임금수준은 어느 정도까지 하락하는가? 〔그림 16-1〕에서 보는 바와 같이 실질임금은 더 이상 인구가 증가할 수 없는 수준까지 하락한다. 바꾸어 말한다면 실질임금이 최저생계비수준까지 하락하기 때문에 최저임금제의 문제가 중요한 경제문제가 될 수 있다는 점이다. 그림에서 보는 바와 같이 1인당 식량의 산출량 수준 즉, 실질임금수준이 최저생계비(mm)이상일 때는 인구는 기하급수(1, 2, 4, 8, 16)적으로 증가하고 식량은 산술급수(1, 2, 3, 4)적으로 증가하기 때문에 1인당 식량의 산출량수준은 감소한다. 인구가 더 증가해서 실질임금이 최저생계비 이하가 되면 빈곤으로 인한 질병이나 굶주림으로 사망률이 높아 인구가 감소하여 결국 N^*의 수준에서 인구는 불변으로 유지된다.

이상의 설명은 오늘날의 많은 후진국에서 빈곤으로 인한 질병으로 수많은 사람들이 죽어가고 있다는 사실에서 말사스의 인구론은 어느 정도 타당성이 있다고 할 수 있다. 다행히 우리 경제는 지난 50년 동안 경제성장이 급속하게 이루어져 빈곤의 악순환으로부터 벗어났다고 할 수 있다. 우리의 경험으로부터 알 수 있는 바와 같이 말사스의 예언(인구론)이 빗나간 중요한 이유는 그 이후에 발생했던 기술이 진보가 수확체감의 법칙을 극복할 수 있을 것이라고 생각하지 못했기 때문이다.

사실상 지난 2세기만큼 기술이 진보했던 시대는 일찍이 없었으며, 이것이 바로 농업뿐만 아니라 모든 산업의 생산성과 국민소득수준을 대폭적으로 끌어올릴 수 있는 요인이 될 수 있었던 것이다. 오늘날의 경제성장이론이 자본과 기술을 중심으로 해서 전개되고 있는 이유가 바로 이 때문이다.

농지 이외에 토지와 관련해서 중요한 것이 지하자원이다. 예를 들면 석유나 석탄 및 철광석 등이 이에 해당하는데 이와 같은 자원은 고갈성자원(depletable resources)으로 매장이 제한되어 있기 때문에 이를 과도하게 채굴해서 사용하게되면 미래에 사용할 수 있는 산업원료가 줄어들게 된다. 따라서 궁극적으로 고갈성 자원의 공급부족으로 경제성장이 제약을 받을 수밖에 없게 되는데 이것이 바로 자연자원과 관련된 성장한계론이다. 그러나 기술에 의해서 대체자원을 개발할 수 있을 뿐만 아니라, 원료자원 절약형 기술이 진보할 수 있으며, 세계의 여러 곳에서 새로운 자원을 개발할 수 있기 때문에 아직까지는 이 문제에 대해서 낙관적인 견해가 일반론이라 할 수 있다. 바꾸어 말한다면 이 또한 기술이 해결한다는 것이다.

고갈성 자원과 성격이 다른 자원이 재생가능자원(renewable resources)인데 예를 들면 산림자원이나 수산자원이 이에 해당한다. 이와 같은 자원은 오늘 수확해서 이용하더라도 자연적으로 자원이 성장하고 재생이 된다는 점에서 고갈성자원과 차이가 있다. 이와 같은 자원은 남획만 하지 않는다면 오늘 우리가 이용하는 것만큼 자연적으로 보충이 되기 때문에 고갈성자원과 같이 경제성장의 제약요소로 작용하지 않는다.

3. 자본과 기술

이미 설명한 바와 같이 토지는 공급이 고정되어 있기 때문에 시간이 경과하더라도 증가하지 않으며, 인구도 오늘날 대부분의 국가에서 거의 증가하지 않는 것이 현실이다. 따라서 노동력은 시간과 관계없이 일정하다고 가정 할 수 있다. 그런데 자본은 투자에 의해서 매년 증가하고 기술도 시간이 경과하면 진보하는 것이 일반적인 현상이므로 오늘날의 경제성장은 주로 자본과 기술에 의해서 이루어지고 있다고 할 수 있다.

자본은 저량이고 투자는 유량이다. 그러므로 매년 자본이 소모되는 것 이상으로 투자가 이루어진다면, 바꾸어 말해서 감가상각 이상으로 투자가 되면, 매년 자본은 증가하고 자본이 증가하면 자본・노동비율(K/L) 즉, 노동자 1인당 자본량이 증가하기 때문에 기술수준이 진보하지 않더라도 실질임금과 1인당 소득수준은 증가하지만 실질이자율(자본의 수익률)은 하락한다.

시간이 경과함에 따라 자본·노동비율 또는 노동자 1인당 자본량이 증가하는 현상을 자본축적 또는 자본심화(capital deepening)라 하며 이를 분석하는 경제성장이론을 자본축적 경제성장이론(economic growth theory with capital accumulation) 또는 신고전학파 경제성장이론(neoclassical economic growth theory)이라 한다.

그렇다면 자본이 축적됨에 따라 실질이자율은 어느 정도까지 하락하는가? 자본에 대한 수익률이 하락해서 더 이상 저축을 하는 것이 이익이 되지 않는다고 생각하는 수준까지, 바꾸어 말한다면 순저축 또는 순투자가 0가 될 때까지 하락한다. 이는 인구가 증가하지 않는다고 가정할 경우 감가상각만큼만 투자가 이루어지기 때문에 순투자가 0이고 따라서 자본축적이 더 이상 이루어지지 않는다는 뜻이다.

이와 같은 상태를 경제성장의 장기균형상태(long-run equilibrium in economic growth) 또는 경제성장의 장기정체상태(long-run steady state)라 한다.

경제성장의 장기정체상태는 1인당 자본이 더 이상 축적되지 않고 실질임금과 1인당 소득수준도 더 이상 증가하지 않는 상태이며 실질이자율도 주어진 수준에서 불변인 상태이다. 따라서 경제성장의 자본축적론은 말사스(Malthus)의 인구론의 전개과정과 똑같다. 다만 다른 것이 있다면 수확체감의 법칙이 노동에 적용되는 것이 아니라 자본에 적용된다는 점에서 차이가 있다. 그러나 자본축적에 의해서 경제가 성장하였고 1인당 소득수준이 증가하였으므로 말사스의 인구론보다는 훨씬 낙관적인 경제성장론이라고 할 수 있다. 그리고 장기정체상태는 자본이 상당히 축적되어 1인당 소득수준이 매우 높은 수준이 되었을 경우에만 발생한다는 점이다. 이와 같은 측면에서 볼 때 아직까지 우리 경제는 장기균형상태까지는 도달하지 않는 것으로 생각할 수 있다. 지금까지의 설명은 기술수준이 불변인 상태에서 자본만이 증가하는 경우였다.

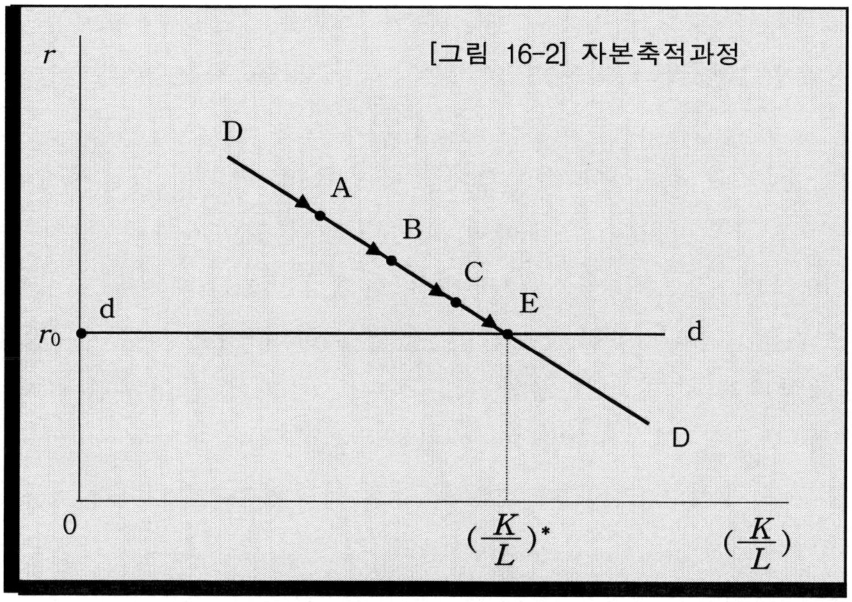

이상의 설명을 그림으로 나타내면 〔그림 16-2〕와 같다. 우리 경제가 A점과 같이 1인당 자본저량이 낮은 수준에 있다고 가정한다면 자본수익률인 실질이자율이 높은 수준에 있기 때문에 시간이 경과함에 따라 저축과 투자에 의해서 1인당 자본량이 증가되어 결국 자본의 감가상각률(*dd*)과 일치하는 E점까지 이동하게 되는데, 그 이상이 되면 더 이상 저축을 하는 것이 이익이 되지 않기 때문에, 바꾸어 말한다면 그 이상의 저축은 감가상각이 저축을 초과하는 상태이기 때문에 E점에서 경제성장의 장기균형을 이루게 된다. 감가상각은 자본이 축적됨에 따라서 비례적으로 증가하므로 감가상각률은 주어진 수준에서 일정하다.

이와는 반대로 전쟁으로 많은 생산시설이 파괴되었을 경우에는 E점에서 DD곡선을 따라 위쪽으로 이동하게 된다.

시간이 경과함에 따라 경제가 자본축적 DD곡선을 따라 이동하는 이유는 투자사업의 예상수익률 또는 예상소득이 높은 투자사업부터 투자되기 때문이다. 자본의 한계생산물, 자본의 수익률, 투자사업의 예상수익률, 실질이자율 등의 개념은 모두 같은 개념으로 실물자본에 의해서 얻을 수 있다고 생각되는 수익률이다. 예를 들어 아파트 임대사업으로 얻을 수 있는 수익률이 10%라고 한다면 이것이 자본수익률 또는 투자사업의 예상수익률이며, 자본시장 또는 대부자금시장이 완전경쟁시장이라면 바로 실질이자율은 10%와 같을 수밖에 없다. 바꾸어 말한다면 자본시장이 완전경쟁시장이고 불확실성이 존재하지 않는다면 실질이자율은 투자사업의 예상수익률 또는 자본의 수익률(자본의 한계생산물)과 같다는 점이다.

지난 200년 동안 끊임없이 기술이 진보하여 왔기 때문에 경제성장의 장기정체상태는 존재하지 않았다고 한다. 기술이 진보하면 주어진 자본저량에서 투자의 예상수익률과 실질이자율이 상승하므로 〔그림 16-3〕과 같이 자본축적곡선 DD가 오른쪽으로 이동하기 때문이다. 따라서 1인당 산출량수준과 실질임금이 증가하고 경제는 성장한다.

기술의 진보란 기업의 생산과 관련된 기술적 지식의 향상을 뜻한다. 기술적 지식은 여러 가지 형태로 존재할 수 있다. 책으로 기록될 수도 있고, 연구보고서나 특허로 기록될 수도 있으며, 노동자들의 경험으로 취득한 지식은 전혀 기록되어 있지 않는 형태로도 존재할 수 있다.

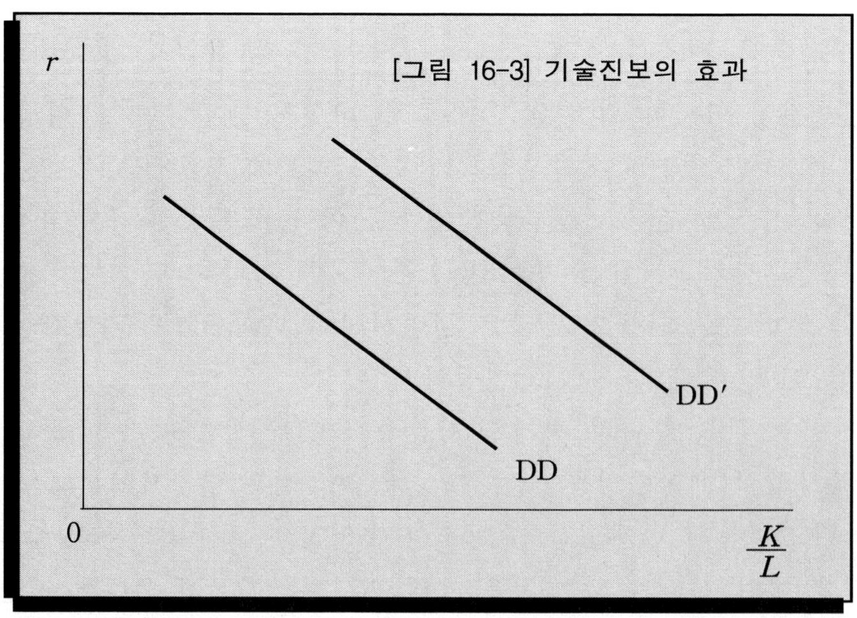

[그림 16-3] 기술진보의 효과

따라서 많은 지식이 노동의 경험에 내제되어 있다고 할 수 있으며 이렇게 노동력 그 자체에 내제되어 있는 지식이 향상되어야 경제를 성장시키는 원동력이 된다. 여기서 말하는 지식이란 생산과 관련된 기술적지식(technical knowledge)를 뜻하며 교육수준 그 자체를 뜻하는 것이 아니다. 교육수준은 인적자본(human capital)을 뜻하는 개념으로 학교교육이나 교육훈련을 통해서 얻어지는 지식을 말한다. 교육수준을 인적자본이라고 하는 이유는 교육투자에 의해서 지식이 축적되기 때문에 실물자본의 축적되는 것과 같다는 의미에서 이를 자본으로 본다는 것이다. 이렇게 본다면 학생은 미래의 생산에 이용할 수 있는 인적자본을 생산하는 노동자로 생각할 수 있고 그러기 위해서는 학교, 교실, 도서관, 교재, 선생님의 노동 등의 생산요소가 투입되어야만 한다.

농업경제시대에는 대부분의 인구가 농업에 종사해야 전체 인구를 부양할 수 있었기 때문에 대부분이 농민이었다. 그러던 것이 산업혁명 이후 농업기술이 대폭적인 발전으로 인하여 이제는 전체 인구의 10% 이하만으로도 전 국민의 식량을 공급할 수 있게 되었다. 지난 50년 동안 우리 경제의 가장 큰 변화가 여기에 있었다고 할 수 있다.

기술진보의 형태는 새로운 상품을 발명하거나 기존 상품의 질을 개선하거나 생산방법을 개발하는 경우로 나눌 수 있다. 기술이 진보하면 똑같은 요소를 투입하더라도 더 많은 산출량을 생산할 수 있는데 이것이 이론적으로 유용하게 이용되고 있는 기술진보에 대한 개념이다. 바꾸어 말한다면 똑같은 산출량을 더 적은 생산요소를 투입하더라도 생산이 가능하기 때문에 생산함수 자체가 변화된다.

기술의 진보를 발명과 혁신으로 구분하는 경우도 있다. 따라서 혁신(innovation)이란 발명을 제외한 다른 형태의 기술진보를 뜻하는 개념으로 생산방법의 개선이나 기존 상품의 질을 개선시키는 것을 뜻하는 개념이다. 오늘날 우리들이 볼 수 있는 대부분의 상품이 기술의 진보 즉 발명과 혁신에 의해서 생산이 가능하게 된 것들이며, 이와 같은 상품을 생산하는 방법 역시 시간이 경과함에 따라서 끊임없이 개발되고 있는 것이 현실이다. 따라서 경제성장의 가장 중요한 요인은 기술의 진보라고 할 수 있다.

4. 콥 · 다글라스 생산함수

콥 · 다글라스 생산함수(Cobb-Douglas production function)가 경제이론에서 많이 원용되는 이유는 규모에 대한 보수가 불변인 1차동차 생산함수($\alpha + \beta = 1$)가 소득분배의 한계생산성이론과 경제성장이론을 잘 설명해 줄 수 있기 때문이다. 특히 경제성장의 요인과 성장의 결과를 측정하는데 널리 이용되고 있는 생산함수이기 때문에 중요하다. 콥 · 다글라스 생산함수는 다음과 같이 나타낼 수 있다.

$$Y = F(K, L) = AL^{\alpha} K^{1-\alpha}$$

여기에서 중요한 것은 매개변수 α의 값이다. 왜냐하면 α의 값에 따라 노동의 몫(α)과 자본의 몫($1 - \alpha$)이 결정되고, 경제성장을 측정할 수 있기 때문이다. 예를 들어 α의 값이 0.7이면 국민소득 중 30%가 자본의 몫이고 70%가 노동의 몫이기 때문에 소득분배가 설명될 수 있고, 경제성장을 측정하는데 가중치로 이용될 수 있게 된다.

이미 설명한 바와 같이 노동이 증가하거나, 자본이 증가하거나, 기술이 진보하면 실질GDP가 증가해서 경제는 성장한다. 이론을 단순화하기 위해서 기술수준은 불변이고 노동과 자본만이 증가하는 경우를 보기로 하자. 먼저 노동만이 $\triangle L$만큼 증가했다고 했을 때 산출량(GDP)의 증가분은 다음과 같이 나타낼 수 있다.

$$\triangle Y = MP_L \cdot \triangle L$$

물론 이는 정확한 값이라기 보다는 근사치에 해당한다. 왜냐하면 노동이 증가함에 따라 노동의 한계생산물(MP_L)이 감소하기 때문이다. 그러나 노동량의 변화가 경제 전체적으로 볼 때는 그리 크게 변화되지 않는 것이 일반적이므로 한계생산물은 일정하다고 할 수 있으며, 이렇게 해서 구한 산출량의 증가분도 근사치이지만 비교적 정확한 값이라고 할 수 있다는 점이다.

자본이 △K만큼 증가했을 때도 똑같은 원리가 작용하기 때문에 실질 GDP의 증가분은 다음과 같이 나타낼 수 있다.

$$\triangle Y = MP_k \cdot \triangle K$$

일반적으로 경제는 노동과 자본의 증가로 성장하기 때문에 노동이 △L 만큼 증가하고 자본이 △K만큼 증가했을 때의 실질GDP의 증가분은 다음과 같이 나타낼 수 있다.

$$\triangle Y = MP_L \cdot \triangle L + MP_k \cdot \triangle K$$

결국 노동과 자본의 증가로 경제는 △Y만큼 성장하였다. 그런데 일반적으로는 경제성장률($\frac{\triangle Y}{Y}$)로 경제성장을 설명하고 있기 때문에 노동과 자본의 증가로 인한 경제성장을 경제성장률로 나타내기 위해서는 위 식을 다음과 같이 변형해야 한다.

$$\frac{\triangle Y}{Y} = \left(\frac{MP_L \cdot L}{Y}\right)\frac{\triangle L}{L} + \left(\frac{MP_k \cdot K}{Y}\right)\frac{\triangle K}{K}$$

여기에서 중요한 것은 $MP_L \cdot L / Y$ 는 국민소득 중 노동의 몫이고 $MP_k \cdot K / Y$ 는 자본의 몫이라는 점이다. 노동의 몫은 α이고 자본의 몫은 (1 - α)라고 하였으므로 경제성장률은 다음과 같이 구할 수 있다.

$$\frac{\triangle Y}{Y} = \alpha \cdot \frac{\triangle L}{L} + (1 - \alpha) \cdot \frac{\triangle K}{K}$$

결국 기술수준이 불변일 경우 경제성장률은 자본과 노동의 가중평균증가율과 같다.

예를 들어 α의 값이 0.7일 경우 노동이 10% 증가하고 자본이 10% 증가한다면 경제도 10% 성장한다. 이처럼 두 요소가 똑같이 똑같은 비율로 증가할 때는 단순평균치나 가중평균치가 같기 때문에 어느 것을 사용하더라도 문제가 되지 않는다. 그러나 노동이 3% 증가하고 자본이 7% 증가했다면 경제가 5% 성장하는 것이 아니라 가중평균치인 4.2%만큼 성장한다.

이상의 설명으로부터 알 수 있는 바와 같이 중요한 것은 α의 값이다. 원래 콥(Charles Cobb)과 다글라스(Paul Douglas)가 이 생산함수를 고안한 중요한 이유 중에 하나가 미국 경제의 α의 값이 0.7 수준에서 불변인 이유를 설명하기 위해서였다. 콥·다글라스 생산함수를 노동에 대해서 미분하면 노동의 한계생산물이 되고 자본에 대해서 미분하면 자본의 한계생산물이 되는데 이는 다음과 같이 나타낼 수 있다.

$$MP_L = \alpha\ Y / L$$

$$MP_k = (1 - \alpha)\ Y / K$$

고쳐 쓰면

$$MP_L \cdot L = \alpha Y$$

$$MP_k \cdot K = (1 - \alpha)\ Y$$

여기에서 $MP_L \cdot L$은 노동소득이고 $MP_k \cdot K$는 자본소득이기 때문에 국민소득 중 노동의 몫은 α이고 자본의 몫은 1 - α가 된다. 이는 다음과 같이 나타낼 수 있다.

$$\alpha = MP_L \cdot L / Y$$

$$(1 - \alpha) = MP_k \cdot K / Y$$

따라서 α의 값에 따라 소득이 분배되고 경제성장의 가중치가 결정된다.

지금까지 설명은 기술수준이 불변이라고 가정했을 경우이다. 그렇다면 콥·다글라스 생산함수에서 기술수준은 어떻게 설명될 수 있을까? 기술수준은 A값에 따라 설명할 수 있다. 바꾸어 말한다면 A값은 총요소생산성을 말하는데 콥·다글라스 생산함수에서는 기술수준을 총요소생산성으로 나타내고 있다.

따라서 노동과 자본 이외의 모든 다른 경제성장 요인이 기술에 포함되고 있다. 예를 들면 규모의 경제나 외부경제 등도 이에 포함되고 있다고 할 수 있다. 바꾸어 말한다면 노동과 자본을 제외한 경제성장의 모든 잔여요인이 기술에 포함되고 있기 때문에 총요소생산성향상($\frac{\triangle A}{A}$)을 경제성장의 잔여항목 또는 솔로우의 잔여항목(Solow residual)이라 한다. 솔로우의 경제성장이론(Solow growth model)에 대해서는 다음 장에서 자세하게 설명하고 있다.

총요소생산성이 1% 향상된다면 자본과 노동이 불변이라고 하더라도 경제는 1% 성장하기 때문에 경제성장률은 다음과 같이 구할 수 있다.

$$\frac{\triangle Y}{Y} = \alpha \cdot \frac{\triangle L}{L} + (1 - \alpha) \cdot \frac{\triangle K}{K} + \frac{\triangle A}{A}$$

여기에서 △A / A는 잔여항목으로서 자본과 노동 이외의 모든 성장의 요인이 포함되어 있기 때문에 직접적으로 측정될 수 없고 간접적으로만 측정될 수 있는 항목이다. 바꾸어 말한다면 사후적으로 경제성장률(△Y

/ Y)과 노동과 자본의 증가율 및 α의 값을 알고난 다음에야 간접적으로 측정이 가능하다는 것이다. 잔여항목은 일반적으로 말하는 기술수준 뿐만 아니라 규모의 경제, 외부성, 그리고 교육에 의한 노동의 질적수준의 향상까지도 포함되는 개념이다.

끝으로 1인당 GDP($\frac{Y}{L}$)의 증가율은 Y의 증가율에서 L의 증가율을 공제해준 것과 같기 때문에 다음과 같이 나타낼 수 있다.

$$\frac{Y}{L}\text{의 증가율} = Y\text{의 증가율} - L\text{의 증가율}$$

이는 노동자 1인당 자본량(자본・노동비율)과 기술수준에 의해서 노동자 1인당 산출량수준이 증가한다는 것과 같은 뜻이므로 다음과 같이 변형될 수 있다.

$$\frac{Y}{L}\text{의 증가율} = (1-\alpha)\cdot\frac{K}{L}\text{의 증가율} + \frac{\triangle A}{A}$$

이것이 중요한 이유는 다음 장에서 설명되고 있는 오늘날 경제성장의 대표적 이론인 솔로우의 경제성장이론이 이를 기초로 하고 있다는 점이다. 이처럼 오늘날의 경제성장이론은 1인당 GDP의 증가률로 설명되는 것이 일반적이다. 결국 경제성장이론은 자본축적론과 같을 수밖에 없다. 왜냐하면 기술수준이 불변이라 할지라도 1인당 자본량이 시간이 경과하게 됨에 따라서 축적되면 경제가 성장할 수 있을 뿐만 아니라 1인당 자본이 더 이상 축적하지 않는 경우에도 기술수준이 향상되면 경제는 성장한다는 점이다.

그렇다면 과거 우리 경제는 어떻게 성장해 온 것일까? 경제성장이론만 가지고는 설명이 곤란하다. 인구가 증가해서 노동력이 증가하고, 자본이 증가하고, 기술수준이 진보했다는 것만 가지고는 외환위기 이전 30여년동안 연평균 7%나 되는 우리 경제의 장기적인 경제성장을 설명할 수가 없기 때문이다. 평균 7%나 되는 장기적인 경제성장률은 세계에서도 그 유래를 찾아보기가 어려운 것이 현실이다. 이와 같은 이유 때문에 세계의 유명한 경제학자들이 우리 경제에 대해서 상당히 많은 관심을 가지고 있다고 할 수 있다.

가장 보편적인 경제성장요인으로 설명될 수 있는 것은 저축과 투자에 의한 자본의 증가라 할 수 있다. 우리 경제의 평균저축률이 30% 이상이었으니까 많은 경제학자들에 의해서 성장의 주요 요인으로 설명이 되고 있는 사항이다.

그리고 교육수준 역시 대폭적으로 향상되어 거의 대부분이 고등학교 졸업 이상의 학력수준이기 때문에 생산성도 큰 폭으로 향상되었을 것이다. 이상의 설명이 전통적인 경제성장이론으로 설명할 수 있는 우리 경제의 성장요인이다.

그런데 이와 같은 경제성장의 이면에는 산업화 과정을 그 배경으로 하고 있다는 점이다. 말하자면 전체 인구의 50% 이상이 농촌의 인구였는데 도시로 이동해서 제조업과 서비스업에 취업되었기 때문에 제조업과 서비스업의 노동력이 대폭적으로 증가하였다. 결국 제조업과 서비스업의 산출량이 거의 대부분의 GDP를 차지하게 되었으며 이제는 선진국의 산업구조와 같은 형태가 되었다. 이렇게 될 수 있었던 요인은 수출이었다. 그래서 우리 경제를 수출 주도형 산업화 경제라 한다. 그렇다면 수출이 성공할 수 있었던 요인은 무엇일까? 아직까지 일반론은 없지만 이를 설명해 줄 수 있는 이론이 이 시점간 국제무역론과 산업내무역론이다. 이에 대해서는 “경제발전과 국제무역론” 편에서 자세하게 설명이 되고 있다.

노동의 생산성(labor productivity)

노동자 1인당 산출량수준을 노동의 생산성, 노동자 1인당 산출량수준의 연간증가율을 노동의 생산성향상이라 한다. 인구가 증가하면 고용도 장기적으로 인구의 증가율만큼 증가하므로 1인당 실질GDP의 증가율(1인당 산출량수준의 증가율)은 노동의 생산성향상에 의해서 결정된다. 바꾸어 말한다면 경제성장률은 노동의 생산성 향상에 의해서 결정된다는 것이다. 이와 같은 이유 때문에 경제성장이 노동자 1인당 산출량수준(노동의 생산성)으로 설명되고 있는 것이다.

노동자 1인당 산출량수준(노동의 생산성)은 노동자 1인당 자본이 증가하거나 기술이 진보하면 증가하는데, 기술의 진보에 의한 노동자 1인당 산출량수준의 증가를 총요소생산성향상이라 한다. 예를들어 노동자 1인당 산출량수준($\frac{Y}{L}$)이 5% 증가하였는데 그 중 3%가 노동자 1인당 자본($\frac{K}{L}$)의 증가로 증가하였다면 나머지 2%가 기술의 진보에 의한 생산성 향상(총요소 생산성의 향상)이라는 것이다.

그런데 총요소생산성의 향상을 솔로우(Solow)의 잔여항목이라고 하는 것에서도 알 수 있는 바와 같이 노동과 자본이외의 모든 경제성장의 요인이 총요소생산성향상에 포함되어 있다. 따라서 인적자본인 교육수준의 향상도 여기에 포함되어 있다고 할 수 있다. 다만 교육수준이 크게 향상되어 인적자본이 경제성장에 크게 기여하는 경우에는 경제성장의 요인을 실물자본과 인적자본의 증가 및 기술진보로 나누고 경제성장이론을 전개할 수도 있다. 바꾸어 말한다면 실물자본이 증가하거나 인적자본이 증가하거나 기술수준이 진보하면 경제가 성장한다는 것이다.

요 약

1. 시간이 경과함에 따라 생산능력이 확대되고 장기적으로 실제적인 실질 GDP수준이 증가하는 현상을 경제성장이라한다. 따라서 생산요소가 증가하고 기술수준이 진보하면 경제는 성장한다. 그리고 경제성장은 1인당 GDP로도 설명될 수 있다
2. 자본이 없고 토지가 자유자원인 원시상태 경제에서는 인구의 증가율만큼 국민소득이 증가하지만, 토지가 희소한 자원으로 작용하는 농업경제세계에서는 노동의 한계생산물이 체감하기 때문에 말사스(Malthus)의 인구론이 적용된다. 말사스의 예언이 빗나가긴 했지만 오늘날 경제성장이론을 이해하는데 매우 중요하다고 할 수 있다.
3. 시간이 경과하더래도 토지는 증가하지 않고 인구도 거의 증가하지 않는 것이 현실이므로 경제는 자본과 기술에 의해서 성장한다. 투자는 유량이고 자본은 저량이므로 시간의 경과와 더불어 투자에 의해서 자본의 축적되면, 1인당 자본저량이 증가하기 때문에 1인당 소득수준이 증가하고 경제는 성장하는데 이를 신고전학파경제성장이론이라 한다. 오늘날의 경제성장이론은 신고전학파 경제성장이론을 기초로 하고 있다.
4. 1인당 자본이 더 이상 축적되지 않는 상태를 경제성장의 장기균형상태 또는 장기정체상태라고 하는데 기술이 진보하는 한 경제성장의 장기정체상태는 존재하지 않는다.
5. 콥·다글라스 생산함수(Cobb-Douglas production function) $Y=AL^{\alpha}K^{1-\alpha}$ 에서 α는 국민소득중 노동의 몫이고 (1-α)는 자본 몫인데 이는 경제성장률을 측정하고자 할 때 가중치로 사용된다. 그리고 A는 기술수준을 나타내며, $\frac{\triangle A}{A}$는 기술의 진보로 자본과 노동이외의 모든 성장의 요인을 포함하는 개념이다. 이를 흔히 솔로우의 잔여항목(Solow residual)이라고도 한다.

중요개념

제 17 장

경제성장 이론

1. 이론의 개요
2. 자본축적
3. 감가상각과 인구증가
4. 저축률과 인구증가율의 변화
5. 자본의 황금률(Golden rule level of capital)
6. 기술진보의 효과
7. 내생적 경제성장이론

1. 이론의 개요

신고전학파의 자본축적에 대한 경제성장이론이 오늘날 경제성장의 일반론이라 할 수 있으며 이를 체계화한 이론이 솔로우의 경제성장이론(Solow growth model)이다. 솔로우(Robert Solow)는 신고전학파의 경제성장이론을 체계적으로 분석하여 1987년에 노벨경제학상을 수상한 경제학자이다. 솔로우의 경제성장이론은 매우 복잡한 것같이 보이지만 어떻게 해서 자본과 기술에 의해서 경제가 성장하는가 하는 단순한 문제를 설명하는 것을 목적으로 하고 있다. 다른 경제성장이론이 그렇듯이 이 역시 봉쇄경제를 대상으로 하고 있으며, 민간경제를 분석의 기초로 하고 있다.

이론상 장기에는 인구가 10% 증가하면 노동력이 10% 증가하고 고용(취업자수)도 10% 증가한다. 따라서 규모에 대한 보수가 불변이라고 가정한다면 인구증가율만큼 자본이 증가하는 경우 경제는 기술이 진보하지 않는다고 할지라도 꼭 인구증가율만큼 성장할 것이다.

신고전학파의 경제성장이론은 이와 같은 경제 즉 노동이 꼭 인구의 증가율만큼 증가하고 규모에 대한 보수가 불변인 경제를 대상으로 하고 있다. 그 이유는 이렇게 가정해서 이론을 단순화시킬 필요성이 있기 때문이다. 인구증가율만큼 자본이 증가한다면 1인당 자본저량이 불변이고, 1인당 산출량(1인당 실질GDP) 수준도 불변이다.

이상의 설명에서 알 수 있는 바와 같이 신고전학파 경제성장이론은 모델의 변수가 모두 1인당 변수로 설명되고 있다.

그렇다면 매년 소모되는 자본저량의 감가상각은 어떻게 해야 하는가? 예를 들어 어떤 자본재의 수명이 10년이라고 한다면 감가상각률은 10%인데 경제 전체의 감가상각률이 10%라고 한다면 매년 자본저량이 10%만큼 감소한다는 뜻이다. 따라서 1인당 자본저량을 불변으로 유지하기 위해서는 인구증가율뿐만 아니라 감가상각도 고려해야 한다. 현실적으로도 인구증가율보다 감가상각이 더 중요하다고 할 수 있다. 솔로우의 경제성장 이론은 감가상각을 고려했다는 점과 모델의 변수를 노동자 1인당 변수로 했다는 점에서 보다 더 이론이 체계적이라고 할 수 있다. 규모에 대한 보수가 불변일 경우에는 1인당 변수로 설명하든 노동단위당 변수로 설명하든 차이가 없다.

지금까지 설명은 기술수준은 불변이라는 가정 하에서 설명한 것이다. 기술수준이 향상되면 1인당 자본저량이 불변인 경우에도 1인당 산출량이 증가하고 따라서 저축과 투자가 증가하기 때문에 경제가 성장한다. 신고전학파의 경제성장이론과 솔로우의 경제성장이론에서는 이처럼 기술수준을 외생변수로 설명하고 있다. 이에 대해서 기술수준을 내생변수로 하여 기술수준의 진보 그 자체를 설명하는 이론을 내생적 경제성장이론(endogenous growth theory)이라 한다.

2. 자본축적

이미 설명한 바와 같이 노동자 1인당 자본저량이 증가하는 현상을 자본축적이라 하며, 경제 전체의 총생산함수가 규모에 대한 보수가 불변일 때는 경제성장을 1인당 자본저량으로 설명하든 노동자 1인당 자본저량(K / L)으로 설명하든 차이가 없기 때문에 일반적으로 두 가지 방법이 모두 사용되고 있는 것이 현실이다. 이론 전개의 편의상 이 책에서는 1인당 자본저량으로 자본축적을 설명하고 있는데 이는 그대로 노동자 1인당 자본저량으로 해석해도 무방할 것이다.

1인당 자본저량이 증가하면 1인당 산출량(1인당 실질GDP) 수준이 증가한다. 이를 흔히 1인당 생산함수(per capita production function)라 하며 노동자 1인당 생산함수로 생각하여도 좋다.

[그림 17-1] 1인당생산함수

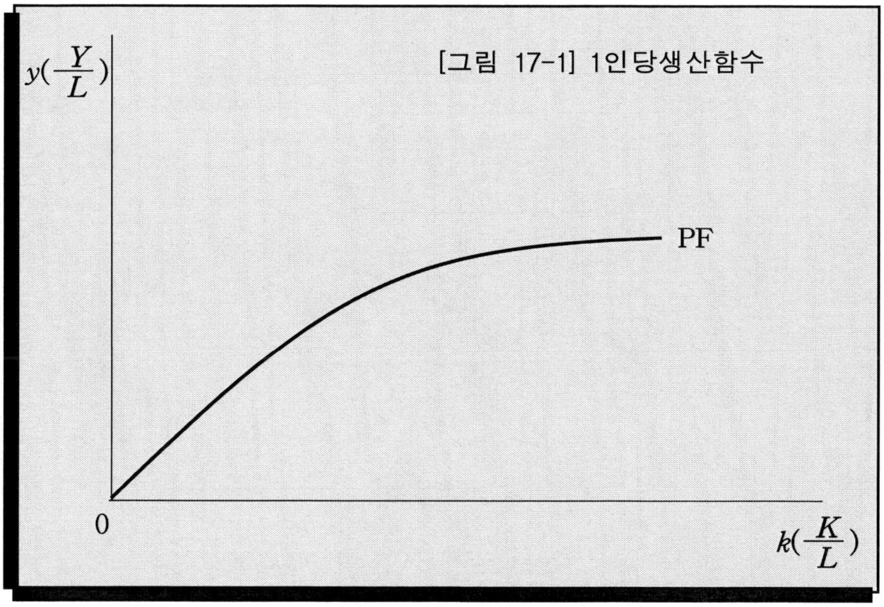

［그림 17-1］에서 보는 바와 같이 1인당 자본저량이 증가하면 1인당 산출량 수준이 증가하지만 자본의 한계생산물이 체감하기 때문에 자본의 총생산물곡선이라 할 수 있는 1인당 산출량곡선은 위쪽으로 볼록한 형태이다. 이는 자본이 희소할 때는 자본이 매우 유용하기 때문에 자본이 한계생산물이 많지만 자본이 증가하면 증가할수록 자본이 풍부해지기 때문에 자본의 한계생산물이 체감한다는 뜻이다.

기술이 진보하면 1인당 산출량곡선을 ［그림 17-2］에서 보는 바와 같이 위쪽으로 이동시키기 때문에, 현실의 세계에서 볼 수 있는 바와 같이 끊임없이 기술이 진보하는 한 경제는 지속적으로 성장하며 저축과 투자도 지속적으로 증가한다. 지금까지 설명한 것과 같이 경제는 자본과 기술에 의해서 성장한다. 따라서 기술수준이 불변이라면 1인당 자본저량에 의해서 경제성장을 설명할 수 있는데 이것이 오늘날 경제성장이론의 기초이다.

1인당 자본저량이 증가하면 1인당 실질GDP(산출량)가 증가하므로 저축과 투자도 증가한다.

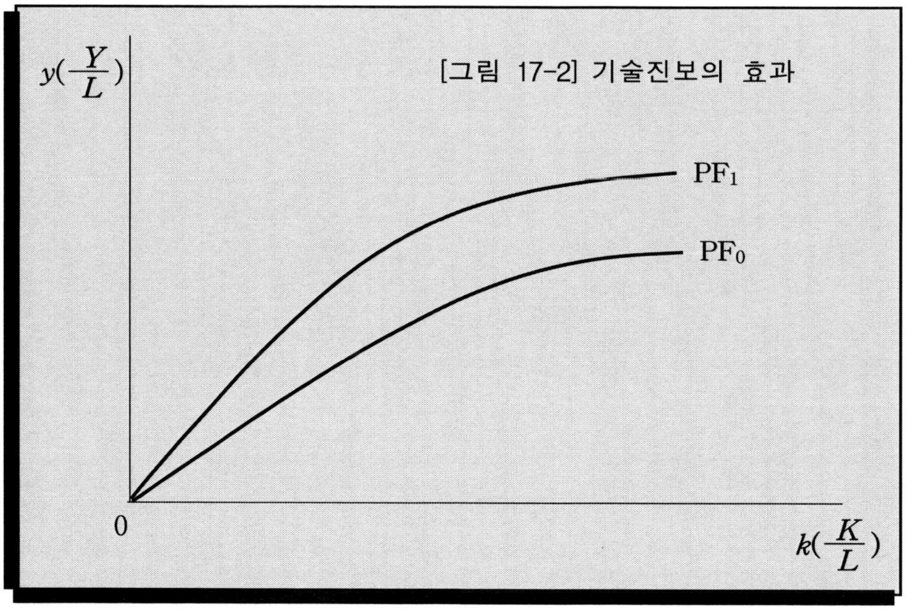

사람들은 소득 중에 일부를 소비하고 그 나머지를 저축하므로 저축은 평균저축성향(s)에 소득을 곱해준 것과 같고 다음과 같은 등식이 성립한다.

$$i = sy$$

여기에서 i 는 1인당 투자를 말하며 y 는 1인당 실질GDP를 뜻한다. [그림 17-3] 에서 보는 바와 같이 저축투자곡선은 전적으로 평균저축성향(저축률)에 의해서 결정된다. 즉, 1인당 자본저량이 증가하면 1인당 소득이 증가하고, 1인당 소득이 증가하면 1인당 저축이 증가하고 따라서 1인당 투자가 증가한다. 그림에서 1인당 저축・투자곡선의 형태는 1인당 산출량곡선의 형태와 동일하며 이 때의 평균저축성향(저축률)은 소득과 관계없이 일정한 것으로 가정하고 있는데 거의 대부분의 경제성장이론이 이와 같은 가정에 따르고 있다. 왜냐하면 소득과 소비와의 관계는 장기적으로 매우 안정적이기 때문이다.

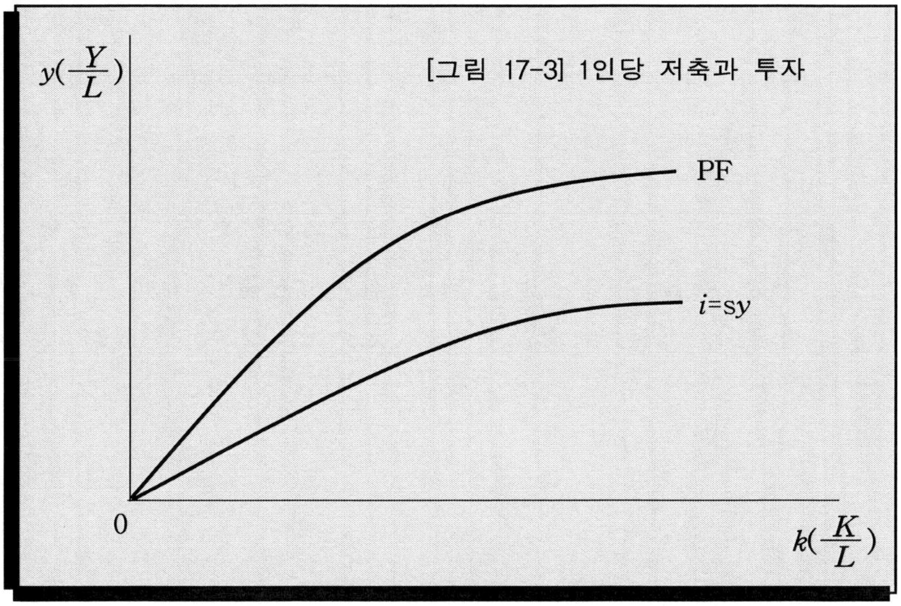

이상의 설명으로부터 알 수 있는 바와 같이 1인당 자본저량이 증가하면 소득과 소비가 증가하고 저축과 투자가 증가한다.

그런데 투자는 새로운 자본의 축적이기 때문에 시간이 경과함에 따라서 자본저량은 증가한다. 얼마만큼 증가하는가? 이 문제를 설명하는 것이 경제성장의 장기정체상태(steady state) 또는 경제성장의 장기균형(long-run equilibrium)인데 이를 기준으로 해서 경제성장이론이 전개되고 있다.

3. 감가상각과 인구증가

저축과 투자는 1인당 자본저량을 증가시키는 요인으로 작용하지만 감가상각과 인구증가는 1인당 자본저량을 감소시키는 요인으로 작용한다. 인구가 증가하지 않는다면 자본이 소모되는 것만큼 투자될 때 1인당 자본저량은 변화되지 않을 것이다. 바꾸어 말한다면 감가상각과 투자가 일치한다면 1인당 자본저량은 불변이고, 따라서 1인당 산출량수준도 변화되지 않게 되는데 이와 같은 상태를 자본의 장기정체상태(steady state level of capital) 또는 거시경제의 장기균형상태(long-run equilibrium of economy)라 한다.

1인당 자본저량의 장기정체상태를 설명하기 위해서는 감가상각에 대한 분석이 있어야 한다. 이론을 단순화하기 위해서 모든 자본재의 수명이 똑같아서 10년이라고 가정한다면 년간 감가상각률은 10%가 될 것이다. 이는 매년 자본이 10%만큼 소모된다는 것을 뜻하기 때문에 1인당 자본저량이 증가하면 증가할수록 감가상각도 증가한다. 따라서 감가상각은 다음과 같이 나타낼 수 있다.

$$\text{감가상각} = dk$$

여기에서 d 는 감가상각률이며 k 는 1인당 자본저량이다. 이를 그림으로 표시하면 〔그림 17-4〕와 같이 원점에서 출발하는 직선이다. 투자가 감가상각보다 클 때는 1인당 자본저량과 1인당 산출량수준이 증가하며 투자가 감가상각보다 작을 때는 자본의 소모가 자본의 축적보다 더 많다는 뜻이기 때문에 1인당 자본저량이 감소하고 따라서 1인당 산출량수준도 감소한다.

예를 들어 그림에서 보는 바와 같이 1인당 자본저량이 k_1일 때는 투자가 감가상각보다 크기 때문에 1인당 자본은 증가하고, 1인당 자본저량이 k_2일 때는 감가상각이 투자보다 크기 때문에 자본저량은 감소한다. 결국 어떠한 자본저량에서부터 출발하든 1인당 자본저량은 감가상각과 투자가 일치하는 수준인 k^* 수준에서 균형을 이루게 된다. 경제가 E점에서 균형을 이루고 있다는 것은 시간이 경과하더라도 1인당 자본저량이 불변이기 때문에 1인당 산출량수준도 불변이다. 따라서 경제는 성장하지 않고 정체되어 있는 상태가 지속되게 된다.

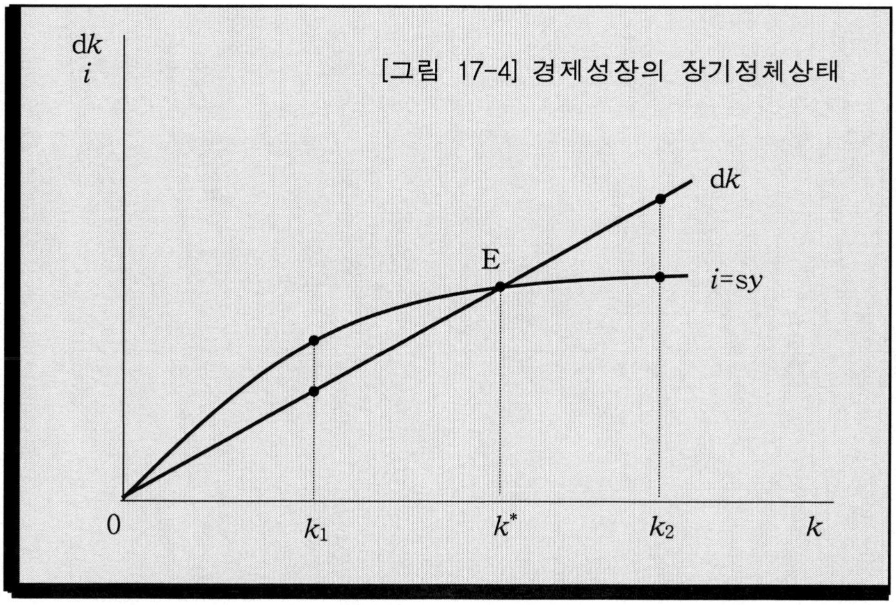

[그림 17-4] 경제성장의 장기정체상태

지금까지 설명은 인구증가율이 0이기 때문에 인구가 불변이고, 노동력이 불변이며, 노동자(취업자) 수도 불변인 상태를 가정으로 한 것이었다.

그러나 경제성장이론을 이해하기 위해서는 인구의 증가효과를 이해하는 것이 반드시 필요하다.

인구가 증가하면 인구의 증가율(n)만큼 1인당 자본저량이 감소하기 때문에 인구의 증가로 인한 1인당 자본저량의 감소분은 nk와 같다. 따라서 감가상각과 인구의 증가로 인한 1인당 자본저량의 감소분만큼 투자가 이루어진다면 1인당 자본저량은 불변이기 때문에 경제성장의 장기균형상태에서는 다음과 같은 등식이 성립하는데 이를 경제성장의 장기균형조건이라고도 한다.

$$i = (d + n)k$$

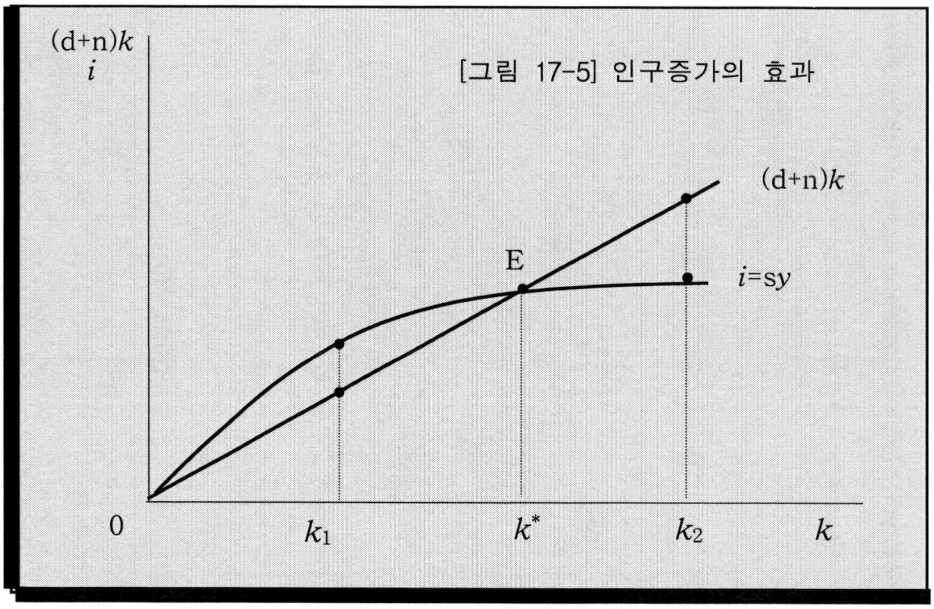

[그림 17-5] 인구증가의 효과

이상의 설명을 그림으로 나타낸 것이 〔그림 17-5〕이다. 그림에서 보는 바와 같이 경제성장의 장기균형은 E점에서 이루어지며, 1인당 자본저량의 정체수준은 k^*이다. 바꾸어 말해서 경제가 E점에서 균형을 이룰 때는 시간이 경과해도 1인당 자본저량과 산출량수준이 변화하지 않는다.

이와는 반대로 1인당 자본저량이 k^*보다 낮아 k_1일 때는 1인당 자본저량과 산출량수준은 증가하고, 1인당 자본저량이 k^*보다 높아 k_2 수준에서부터 출발할 경우에는 시간이 경과함에 따라 1인당 자본저량과 산출량수준이 감소한다. 결국 k^* 수준에서 1인당 자본저량은 불변이 되기 때문에 1인당 산출량수준도 불변이 된다.

자본저량이 k^*일 때의 투자를 i^*라 한다면 다음과 같은 등식이 성립한다.

$$i^* = (d + n)\,k^*$$

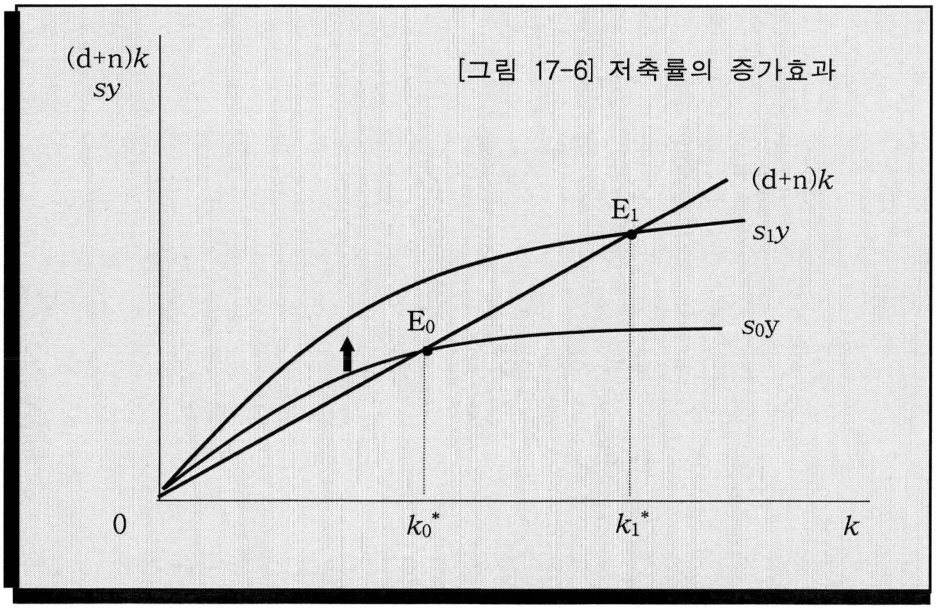

즉, 경제가 장기정체상태에 있을 때 투자(i^*)는 두 가지 목적으로 이루어진다. 투자 중에 일부는 소모되는 자본(dk^*)을 대체하기 위해서이며, 다른 일부는 새롭게 추가되는 노동에 똑같은 자본을 제공하기 위해서이다.

경제성장의 장기균형상태에서는 1인당 자본저량이 불변이고 1인당 산출량(1인당 실질GDP) 수준도 불변이지만 인구가 증가하기 때문에 총산출량(실질GDP)은 인구증가율만큼 증가한다. 이는 인구가 증가할 때는 노동이 인구증가율만큼 증가하기 때문에 경제가 성장한다는 뜻과 같은 뜻이다.

4. 저축률과 인구증가율의 변화

저축과 투자가 증가하면 새로운 자본이 축적되기 때문에 1인당 자본저량과 1인당 산출량수준이 증가한다. [그림 17-6] 에서 보는 바와 같이 저축률이 s_0에서 s_1로 증가했다고 가정하면 저축·투자곡선이 위쪽으로 이동하는데 원래의 균형점 E_0에서부터 출발했다고 하자. 원래의 저축률 s_0와 1인당 자본저량 k_0^*에서는 자본축적률(rate of capital accumulation)이 감가상각률과 인구증가율을 더해준 것과 같기 때문에 1인당 자본저량과 1인당 실질GDP는 시간이 경과해도 불변이 되지만, 저축률의 증가로 자본축적률이 인구증가율과 감가상각률을 더해준 것($d + n$)보다 크다면 1인당 자본저량과 1인당 산출량수준은 시간이 경과함에 따라 경제가 새로운 장기균형에 도달할 때까지 증가한다.

이상의 설명에서 알 수 있는 바와 같이 신고전학파의 경제성장이론과 솔로우(Solow)의 경제성장이론에서는 1인당 자본저량과 1인당 GDP를 결정하는 중요한 요인이 저축률이다.

그러나 지속적으로 저축률을 증가시킬 수 없다는데 문제가 있다. 바꾸어 말한다면 저축률이 증가하면 경제가 성장하기는 하지만 새로운 정체상태 또는 장기균형상태까지만 성장하기 때문에 저축률이 경제성장에 미치는 효과는 영구적이 아니라 제한적이라는 것이다.

저축과 관련해서 또 하나 중요한 점은 확장적 재정정책에 의한 재정적자의 문제이다. 재정적자가 확대되면 국민저축을 감소시키고 구축효과를 발생시키기 때문에 장기적으로 경제성장을 둔화시키는 요인으로 작용한다.

이와 같은 이유 때문에 상당히 많은 거시경제학자들이 지속적인 재정적자에 의한 확장적인 재정정책을 부정적으로 평가하고 있는 것이다.

지금까지 설명한 것을 요약한다면 저축률이 증가는 일시적으로 경제성장률을 촉진시킬 수 있지만, 새로운 장기정체상태에 도달하고 나서부터는 인구증가율만큼만 실질GDP가 증가하기 때문에 영구적으로 경제성장을 촉진시킬 수 없다는 점이다.

그렇다면 인구증가율이 경제에 미치는 효과는 무엇인가? 인구증가율이 증가하면 노동력과 취업자수가 인구증가율의 증가율만큼 증가하므로 노동단위당 자본량과 1인당 자본저량이 같은 비율로 감소한다.

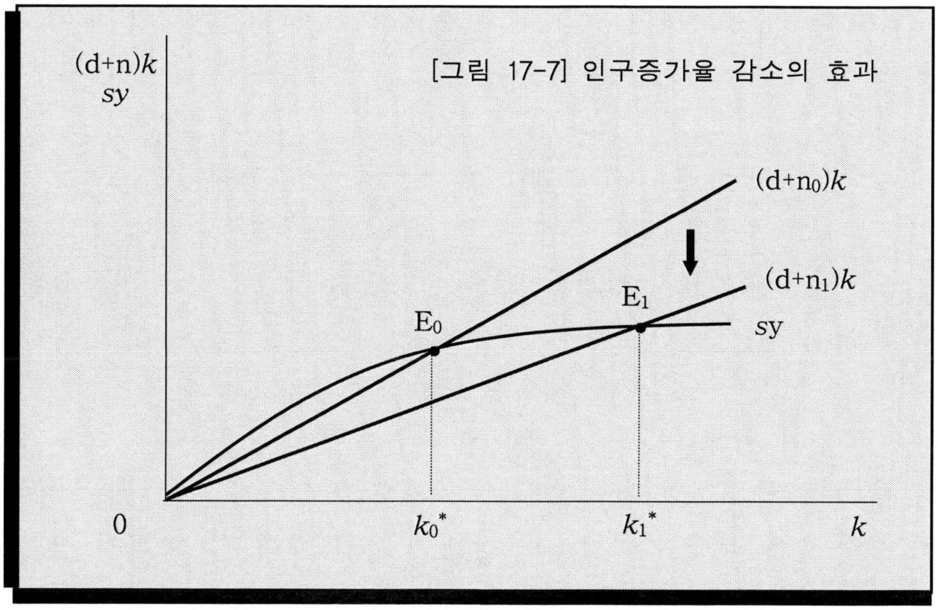

[그림 17-7] 인구증가율 감소의 효과

인구증가율이 감소하는 경우에는 이와는 반대방향으로 작용하기 때문에 1인당 자본저량과 1인당 실질GDP가 증가하는데 이를 그림으로 나타낸 것이 [그림 17-7] 이다. 즉, 원래의 정체상태(균형상태) E_0에서부터 출발해서 새로운 정체상태 E_1점에 도달하였다.

따라서 1인당 산출량수준은 증가하였으나 총산출량(실질GDP)의 증가율은 감소하였다. 바꾸어 말한다면 원래의 균형점에서부터 출발하여 새로운 균형점에 도달할 때까지 점차적으로 경제성장률이 둔화되어 결국 새로운 균형점에서는 경제가 감소된 인구증가율만큼만 성장하게 된다는 것이다. 우리 경제의 인구증가율이 지속적으로 하락하여 1% 내외인데 이 또한 잠재적 경제성장률이 지속적으로 하락하여 왔음을 반영하는 것이다.

5. 자본의 황금률(Golden rule level of capital)

소비가 극대화 되는 경제성장의 장기균형상태(정체상태)를 황금률

(golden rule)이라 한다면 이 때의 자본저량이 자본의 황금률 또는 자본축적의 황금률이다.

사회를 구성하는 개인(소비자)들은 일반적으로 1인당 자본저량이나 1인당 산출량(1인당 실질GDP)에 관심이 없다. 그들이 관심을 가지고 있는 것은 다만 그들이 소비할 수 있는 재화와 용역의 수량에 있을 따름이다. 그런데 경제성장의 장기균형상태의 1인당 자본저량은 저축률이 증가할수록 증가한다.

예를 들어 저축률이 지속적으로 증가하여 100%가 된다면 1인당 자본저량은 극대가 될 수 있고 1인당 산출량수준도 극대가 될 수 있을 것이다. 그러나 100%를 저축한다는 것은 아무 것도 소비하지 않는다는 것을 뜻하므로 이와 같은 상태가 바람직한 상태는 아닐 것이다. 따라서 어떠한 저축률에서 어떠한 장기균형상태가 소비를 극대화 시킬 수 있는 최적상태인가 하는 문제가 황금률과 관련된 중요한 과제가 된다. 바꾸어 말한다면 현재의 상태가 앞으로도 지속된다고 했을 경우 소비를 극대화 시킬수 있는 자본저량이 자본의 황금률이다.

이론을 단순화하기 위해서 거시경제정책으로 저축률을 마음대로 변화시킬 수 있다고 하자.

저축률이 지속적으로 증가하면 저축·투자곡선이 계속해서 위쪽으로 이동하기 때문에 정체상태의 1인당 자본저량(k^*)도 지속적으로 증가한다.

바꾸어 말한다면 원점에서 출발하는 인구증가율·감가상각곡선, 즉, $(d + n)k$ 곡선 상의 어떠한 점도 경제성장의 장기균형점이 될 수 있다는 뜻이다. 따라서 문제는 이 직선 상에서 어느 점이 최적인가 하는 문제로 귀착된다. 이 직선을 정체상태의 투자곡선(steady state investment line) 또는 분기투자(break-even investment) 곡선이라고 하는 이유가 바로 이 때문이다. 따라서 모든 변수는 균형상태의 변수가 되기 때문에 별표(*)를 붙이기로 하자.

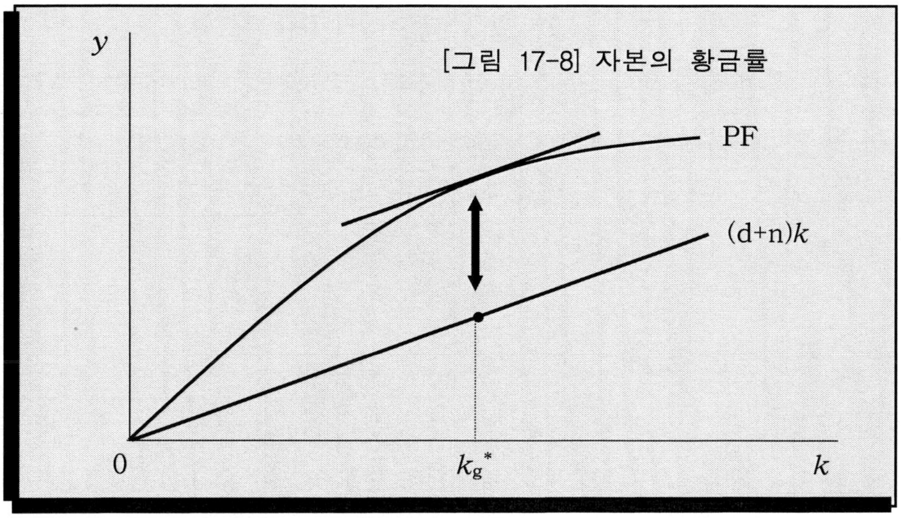

[그림 17-8] 자본의 황금률

이상의 설명으로부터 정체상태의 투자곡선, 즉, $(d + n)k$ 곡선의 기울기와 1인당 산출량(1인당 GDP) 곡선의 기울기가 일치하도록 저축률을 결정하면 소비가 극대가 된다. 이를 그림으로 나타낸 것이 [그림 17-8] 이다. 그림에서 보는 바와 같이 1인당 산출량과 1인당 투자(저축) 차액이 극대일 때 소비가 극대가 되는데 이 때의 1인당 자본저량은 k_g^* 이다. k_g^* 이외의 자본저량은 어떠한 수준에서도 두 곡선의 격차가 k_g^* 보다 작다. 따라서 자본의 황금률 수준은 k_g^* 이다.

이상의 설명에서 알 수 있는 바와 같이 자본의 황금률 수준에서는 두 곡선의 기울기가 같기 때문에 황금률의 조건은 다음과 같이 나타낼 수 있다. 이는 전적으로 자본의 한계생산물이 체감하기 때문이다.

$$MP_k = d + n$$

또는

$$MP_k - d = n$$

여기에서 MP_k 는 1인당 산출량곡선의 기울기를 말하며 $d + n$ 은 정체상태의 투자곡선의 기울기를 뜻한다.

만약 인구가 증가하지 않아 인구증가율이 0라면 $MP_k - d = 0$ 일 때, 즉, 자본의 한계생산물에서 감가상각률을 공제해준 것이 0일 때 소비가 극대가 되지만, 인구증가율이 n일 때는 자본의 한계생산물에서 감가상각률을 공제해준 것이 인구증가율과 일치하도록 저축률을 결정해야 소비가 극대가 될 수 있다는 것이다.

6. 기술진보의 효과

기술이 진보하면 1인당 산출량수준이 증가하고 따라서 저축과 투자도 증가하기 때문에 〔그림 17-9〕에서 보는 바와 같이 1인당 산출량곡선과 저축・투자곡선이 위쪽으로 회전 이동한다. 결국 기술의 진보가 경제성장에 미치는 효과는 다음 두 가지 측면으로 구분 할 수 있을 것이다.

첫째는 주어진 요소로 더 많은 산출량을 생산할 수 있기 때문이며, 둘째는 산출량의 증가로 저축이 증가되어 자본이 축적되기 때문이다.

그림에서 보는 바와 같이 생산함수가 PF_0에서 PF_1으로 이동한 것은 기술진보의 직접적인 효과로서 생산성의 향상에 해당하며 E_0 점에서 E_1 점으로의 이동은 자본이 축적되어 1인당 자본저량이 증가된 효과이다.

따라서 기술진보는 주어진 자본저량에서 생산성을 향상시킬 뿐만 아니라 1인당 자본저량을 증가시키기 때문에 경제를 지속적으로 성장시키는 요인으로 작용한다. 요약한다면 단순한 자본축적은 결국 경제성장의 정체상태로 귀결될 수밖에 없지만, 기술진보는 생산성을 향상시키고 자본을 축적시키기 때문에 지속적으로 경제성장의 요인으로 작용한다는 것이다. 바꾸어 말한다면 신고전학파와 솔로우의 경제성장이론(Solow growth model)에서 지속적인 경제성장(1인당 GDP의 증가)의 요인으로 작용하는 것은 기술진보 뿐이라는 것이다. 인구도 인구증가율만큼 지속적인 경제성장의 요인으로 작용하지만 1인당 GDP를 증가시키는 요인으로 작용하지는 않는다. 그림에서 g는 기술진보율인데, g가 0.01이라면 노동이 매년 1%만큼 보다 효율적이라는 뜻이다.

[그림 17-9] 기술진보의 효과

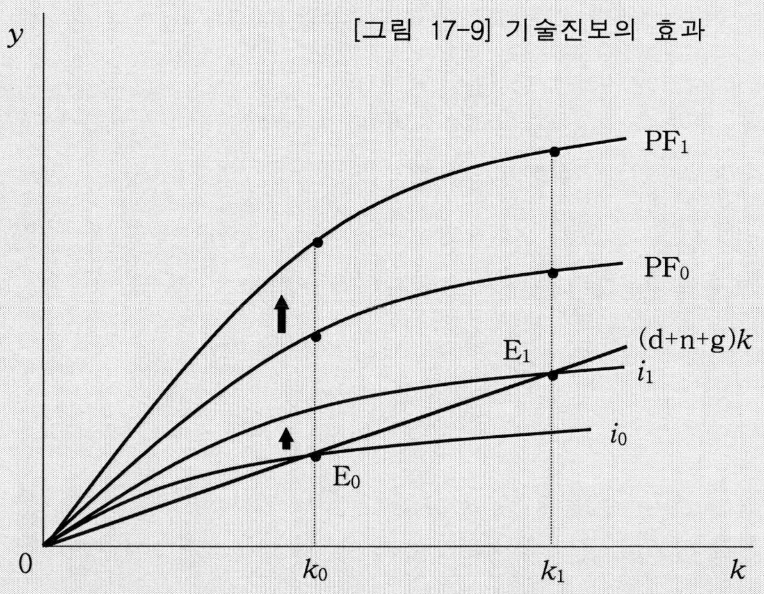

이와 같은 이유 때문에 지난 200년 동안 선진국의 경제성장을 이끌어 왔던 주 요인이 기술진보에 있다고 보는 것이 오늘날의 일반적인 견해라고 할 수 있다.

지금까지 설명한 바와 같이 경제성장의 중요한 요인이 기술진보이지만 신고전학파와 솔로우의 경제성장이론에서는 이를 외생변수로 처리하고 있기 때문에 외생적으로 결정된 기술진보의 정도에 따라서 경제가 성장한다는 것만이 설명될 수 있을 따름이다.

이에 대해서 기술진보 자체를 설명하는 이론이 내생적 경제성장이론(endogenous growth model)이다.

7. 내생적 경제성장이론

이 이론은 지난 200년 동안 경제성장의 주 요인이 기술진보에 있기 때문에 기술(지식)을 자본의 한 형태로 보고 자본에 포함시켜 경제성장을 설명하는 이론이다. 그런데 지식은 기업의 생산설비와는 다르게 수확체감의 법칙이 작용하는 것이 아니라 수확이 체증한다는 것이다.

따라서 지식을 자본에 포함시키면 자본에 대한 수확이 체감하는 것이 아니라 자본에 대한 수확이 불변이라고 가정할 수 있을 것이다. 이와 같은 이유 때문에 내생적 경제성장이론은 자본에 대한 수확의 불변이라는 가정을 전제로 다음과 같은 생산함수를 기초로 하고 있다.

$$Y = AK$$

여기에서 K는 자본저량, Y는 산출량(실질GDP), A는 자본 1단위가 생산하는 산출량으로 불변이다. 따라서 자본을 한단위 추가시키면 자본저량과 관계없이 A만큼의 산출량이 추가되기 때문에 자본에 대한 수확체감의 법칙이 작용하지 않는다.

생산함수가 이와 같은 생산함수일 경우 경제성장률은 다음과 같이 나타낼 수 있다.

$$\frac{\triangle Y}{Y} = \frac{\triangle K}{K}$$

여기에서 △K는 자본축적을 말하며 자본축적은 투자(sY)에서 감가상각(dK)을 공제해준 것이기 때문에 경제성장률은 다음과 같이 고쳐 쓸 수 있다.

$$\frac{\triangle Y}{Y} = sA - d$$

따라서 기술진보를 외생변수로 가정하지 않고서도 영구적으로 경제가 성장하는 현상을 설명할 수 있게 된다. 즉, sA가 d보다 큰 한 경제는 성장하기 때문이다. 기술과 지식을 자본에 포함시킨다면 저축과 투자에 의해서 경제는 영구적으로 성장한다고 할 수 있다는 점이 이 이론의 요점이다. 이는 신고전학파와 솔로우의 경제성장이론(Solow growth model)에서 기술이 진보하는 한 경제는 지속적으로 성장한다는 것과 같은 뜻이다. 다만 차이가 있는 점이 있다면 기술과 지식을 내생변수로 하여 자본에 포함시켰다는 것에 지나지 않는다.

지식은 기업 자체의 기술적 지식과 경제 전체의 기술적 지식으로 구분할 수 있다. 여기서 중요한 점은 어떤 기업이 그 기업 자체의 기술적 지식을 향상시키기 위해서 투자할 때, 바꾸어 말한다면 연구개발에 대한 투자를 할 경우에는 경제 전체의 지식수준을 향상시키기 때문에 다른 기업의 생산능력도 확대된다는 것이다. 즉, 지식수준의 향상은 생산의 외부경제를 발생시키므로 지식은 수확체감의 법칙이 작용하는 것이 아니라 수확체증현상이 발생할 수도 있다는 점이다. 따라서 기업 자체의 기술적 지식은 수확체감이 발생한다 할지라도 경제 전체의 기술적 지식은 수확이 체증하기 때문에 이와 같은 점에서 내생적 경제성장이론은 그 타당성이 있다고 할 수 있다.

그러나 아직까지는 신고전학파의 경제성장이론을 대표할 수 있는 솔로우의 경제성장이론(Solow growth model)이 경제성장의 일반론이라고 할 수 있다. 특히 내생적 경제성장이론은 기술과 지식까지 자본에 포함시키기 때문에 개념이 모호할 뿐만 아니라 이론이 명확하지 않다는데 문제가 있다고 할 수 있다. 중요한 것은 솔로우의 경제성장이론이나 내생적 경제성장이론 모두 기술의 진보를 강조하고 있다는 점에서 기술과 지식은 경제성장을 결정하는 가장 중요한 요인이다. 이와 같은 이유 때문에 최근 들어 정부에서 창조경제를 강조하고 있는 것이 현실이다.

세계의 소득수준의 균등화 가설

세계의 소득수준의 균등화가설(convergence hypothesis)이란 소득수준의 낮은 국가의 경제성장률은 높고 소득수준이 높은 국가의 경제성장률은 낮기 때문에 세계의 소득수준은 장기적으로 균등화하는 경향이 있다는 것이다. 특히 이 가설은 최근에 미국의 거시경제학자들이 국가간 경제성장률의 차이를 설명하고자 하는 경우에 많이 인용된다는 점에서 중요할 뿐만아니라 동아시아 국가의 경제성장률이나 한국의 경제성장률을 설명하고자 하는 경우에도 많이 인용된다는 점에서 중요하다.

과거의 우리 경제에서 볼 수 있었던 것처럼 저축률이 높았고, 교육수준도 크게 향상되었으며, 선진기술을 도입하여 기술수준도 크게 향상되었기 때문에, 1960년대 이래 우리 경제의 성장률을 높은 수준으로 유지할 수 있었다는 것이다. 그런데 이 가설은 선진국의 경제성장률을 설명하고자 하는 경우에도 적용이 되고 동아시아 여러 국가의 경제성장률을 설명하는 경우에도 적용할 수 있는 가설이다. 다만 아프리카(Africa)나 중남미등의 여러국가에는 적용될 수 없기 때문에 이와 같은 경우에는 조건부 균등화가설(conditional convergence)에 의해서 설명된다. 바꾸어 말한다면 각국의 저축과 교육수준 및 인구증가 등에 의해서 결정되는 경제성장의 장기균형상태에 따라서 소득수준이 균등화될 수 있다는 것이다.

이상의 설명에서 알 수 있는 것처럼 균등화가설만 가지고는 우리경제의 현실을 설명하기가 어렵다. 특히 1997년 외환위기 이후의 우리 경제의 현실을 설명하고자하는 경우에 그렇다. 왜냐하면 개방경제의 거시이론이 우리경제의 현실을 설명하는데 결정적 역할을 했던 시기였기 때문이다. 바꾸어 말한다면 국내에서 생산된 재화와 용역 중에 일부는 수출이 되는데, 이 수출이 1997년 이후의 외환위기 극복과정과 2008년의 금융위기(환율위기)의 극복과정을 설명하는데 매우 중요한 역할을 했기 때문이다. 따라서 개방경제의 거시이론의 공급측면이 필요하다고 할 수 있다. 이 점을 감안하여 경제성장이론을 보완하는 내용으로 "경제발전과 국제무역"이 다음편에서 설명되고 있다.

요 약

1. 경제성장이론은 봉쇄경제의 민간부분을 기초로 하여, 인구증가율만큼 자본이 증가할 때 인구증가율만큼 경제가 성장하는 규모에 대한 보수가 불변인 경제를 분석이 대상으로 하고 있다. 그 이유는 이론을 단순화하기 위해서이다.
2. 1인당 자본저량이 증가하면 1인당 실질GDP가 증가하고 저축과 투자도 증가한다. 이 때의 투자는 기술이 진보하지 않는한 전적으로 저축률에 의해서 결정된다.
3. 저축과 투자는 1인당 자본저량을 증가시키는 요인으로 작용하지만 감가상각과 인구증가는 1인당 자본저량을 감소시키는 요인으로 작용한다. 따라서 감가상각과 인구증가로 인한 1인당 자본저량이 감소분만큼 투자가 이루어진다면 경제성장은 균형을 이루게 되는데 이와같은 상태를 경제성장의 장기균형상태 또는 자본의 장기정체상태라한다.
4. 저축률이 증가하면 투자가 증가한다는 뜻이므로 새로운 장기균형에 도달할 때까지 1인당 산출량수준은 증가한다. 따라서 이론적으로 경제성장을 결정하는 가장 중요한 요인은 저축률이지만 기술이 진보하지 않는한 저축률이 경제성장에 미치는 효과는 새로운 균형상태까지에 한한다. 따라서 영구적이 아니라 제한적이다.
5. 인구증가율이 감소하면 1인당 실질GDP는 증가하지만 총산출량의 증가율은 감소한다. 따라서 인구증가율이 감소하면 잠재적 경제성장률이 하락한다.
6. 인구가 증가하지 않는다면 자본의 한계생산물이 감가상각(률)과 일치하는 수준에서 소비가 극대가 되는데 이와 같은 상태를 자본의 황금률이라한다.
7. 기술의 진보는 생산성을 향상시키고 1인당 자본저량을 증가시키기 때문에 경제를 지속적으로 성장시키는 요인으로 작용하지만 신고전학파와 솔로우의 경제성장이론에서는 이를 외생변수로 처리하고 있기 때문에 외생적으

로 결정된 기술진보에 따라서 경제가 성장한다는 것만이 설명될 수 있다.

8. 기술을 자본에 포함시키면 자본에 대한 수확이 체감하지 않기 때문에 지속적인 경제성장을 설명할 수 있는데 이와같은 분석방법을 내생적 경제성장 이론이라한다. 그러나 아직까지는 솔로우와 신고적학파의 경제성장이론이 일반론이라 할 수 있다.

중요개념

제 8 편

경제발전과 국제무역

제 18장

경제발전과 국제무역

1. 이론적 개요
2. 경제성장과 국제무역
3. 수입대체형 공업화정책
4. 수출주도형 공업화정책

1. 이론적 개요

선진국의 경제성장에 대한 이론을 “경제성장이론”, 후진국의 경제성장에 대한 이론을 “경제발전론”이라 한다. 이처럼 경제이론에서는 세계를 선진국과 후진국으로 분류하는 것이 관례처럼 되어 있다. 그 중요한 이론적 근거는 선진국의 경제적 여건과 후진국의 경제적 여건이 서로 다르기 때문이다. 예를 들면 선진국은 자본이 풍부한 반면 후진국은 자본이 부족하고, 선진국은 서비스업과 제조업의 비중이 높은 반면 후진국은 농업의 비중이 높다.

선진국이란 1인당 소득수준과 생활수준이 매우 높은 국가로서 일반적으로 미국, 서유럽, 북아메리카, 일본, 오스트레일리아, 뉴질랜드 등의 국가를 말하고 후진국은 나머지 모든 국가를 포함한다. 그러므로 라틴아메리카, 아시아, 아프리카, 오세아니아의 모든 국가가 후진국으로 분류되기 때문에 일반적으로 대부분의 국가가 후진국이다.

그렇다면 우리나라는 어떠한가? 우리가 생각할 때는 후진국에 가깝다기보다는 선진국에 가깝다고 생각되겠지만 아직까지도 후진국으로 분류되어 논의되는 것이 일반적인 경향이다. 그 이유는 선진국과 후진국의 개념 자체가 매우 자의적인 개념일 뿐만 아니라 최근에야 산업화에 성공한 국가이므로 경제발전론적인 측면에서 접근해 볼 필요가 있기 때문이다.

선진국이 그랬듯이 후진국도 경제가 성장하여 선진국이 되기 위해서는 산업화 또는 공업화(industrialization)과정을 거쳐야 한다. 왜냐하면 아직까지는 그 이외의 다른 길이 없기 때문이다. 이와 같은 이유 때문에 2차 세계대전후 후진국의 산업화에 대한 많은 연구가 이루어졌으나 아직까지 이에 대한 일반론은 없다고 할 수 있다. 선진국이 그랬듯이 후진국도 경제가 발전하기 위해서는 (1) 자본이 부족하면 외국으로부터 차입해서 경제가 발전할 수밖에 없고, (2) 선진국의 산업화 과정에서 알 수 있는 바와 같이 공업화는 필요하고, (3) 공업국가(선진국)간 무역에서 알 수 있는 바와 같이 공산품을 차별화해서 수출할 수 있는 생산능력이 있다면 공산품의 생산에 전문화해서 수출한다면 후진국이라 할지라도 산업화에 성공해서 선진국이 될 수도 있을 것이다. 이상의 설명은 후진국에 특수한 이론이 아니라 일반론이며 우리 경제의 현실에서도 관찰될 수 있는 현상들이다.

그렇다면 왜 무역을 통한 경제발전과 관련해서 수출주도형 공업화정책이나 수입대체형 공업화정책만이 주로 논의되는 것일까? 그 이유는 2차 세계대전후 후진국의 경제발전과 관련해서 수입대체형 공업화정책이 여러 국가에서 시행되게 되었는데 이에 대비되는 정책이 수출주도형 공업화정책이었기 때문이라고 생각된다. 따라서 우리 경제의 발전과정이 수출주도형에 의해서만 이루어져 왔다고 생각할 필요성은 없을 것이다.

지금까지 설명은 국제무역이 어떻게 경제성장 또는 발전에 영향을 미칠 수 있는가 하는 것이었다. 그런데 국제무역론에서 "경제성장과 국제무역론"이라고 할 때는 경제성장이 어떻게 국제무역 즉 수출과 수입에 영향을 미치는가 하는 문제로 구성되어 있다. 따라서 이론상의 혼돈을 피하기 위해서 경제성장과 국제무역론을 먼저 고찰한 후 후진국의 무역정책, 이 시점간 국제무역론, 산업내 무역론 순으로 제 8편을 전개하였다.

2. 경제성장과 국제무역

이미 설명한 바와 같이 저축과 투자에 의해서 자본이 축적되거나 기술이 진보하면 경제는 성장한다. 따라서 경제성장은 중립적 경제성장이 아니라 편향적 경제성장(biased growth)이 일반적인 현상이다. 편향적 경제성장이란 모든 산업이 똑같은 비율로 성장하지 않고 일부 산업에 편향되어 성장한다는 뜻인데 그 이유는 자본이 축적되면 자본집약적인 상품이 산출량이 다른 상품에 비해서 상대적으로 더 많이 증가하고 기술이 진보하면 기술집약적인 산업이 상대적으로 더 크게 성장하기 때문이다. 이를 그림으로 나타내면 〔그림 18-1〕에서 보는 바와 같이 생산가능곡선이 단순히 방사상의 확대(radial extension)가 아니라 성장산업(X재) 쪽으로 생산가능곡선이 편향되게 된다.

이론을 단순화하기 위해서 A국의 경제성장이 수출산업(X재)에 편향되어 성장할 때 A국이 소국이어서 교역조건(수출상품의 상대가격)이 불변이라고 가정하기로 하자. 교역조건이 불변이므로 A국의 생산점은 그림에서 보는 바와 같이 A점에서 B점으로 이동하고 수출과 수입이 증가한다. 이는 〔그림 18-2〕에서 보는 바와 같이 오퍼곡선(offer curve)을 도입해서도 설명할 수 있다. 즉, 교역조건이 불변이라는 것은 세계의 오퍼곡선(worlds offer curve)이 원점에서 출발하는 직선이라는 뜻이므로 원래의 균형점 E_0에서 새로운 균형점 E_2로 이동하고 수출과 수입이 증가한다.

그러나 A국의 수출이 국제가격에 영향을 미친다면 세계의 오퍼곡선은 W와 같은 형태가 되기 때문에 성장의 결과 수출상품의 상대가격(교역조건)이 하락하고 새로운 균형은 E_1에서 이루어진다. 따라서 종전보다 수입상품단위당 더 많은 수출상품을 공급해야하므로 교역조건만을 가지고 생각할 때는 A국에 불리하다.

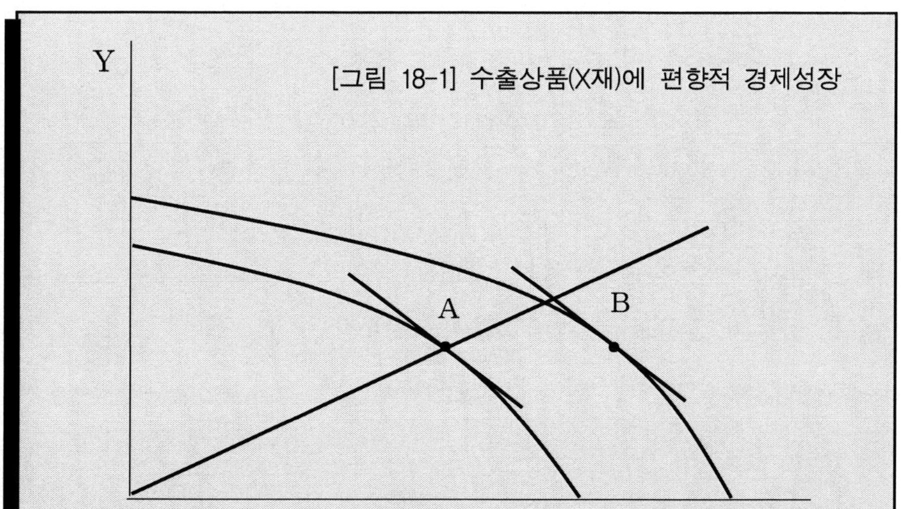

[그림 18-1] 수출상품(X재)에 편향적 경제성장

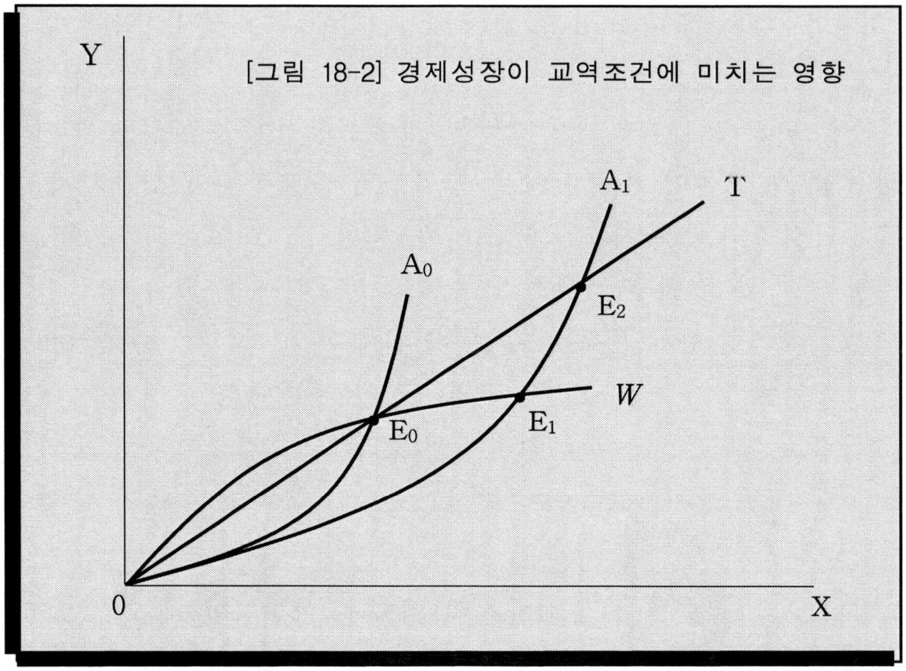

[그림 18-2] 경제성장이 교역조건에 미치는 영향

이와 같은 이유 때문에 수출상품의 상대가격의 상승을 “교역조건의 유리”라고 하고 수출상품의 상대가격의 하락을 “교역조건의 불리”라고 한다.

특수한 경우로서 성장의 결과 수출상품의 상대가격이 크게 하락하는 경우에는 교역조건의 악화로 종전보다 복지수준이 감소하는 경우도 있는데 이를 흔히 궁핍화성장(immiserizing growth)이라 한다. 후진국이 식량과 같은 1차 상품에 과도하게 전문화해서 수출하는 경우에는 이와 같은 현상이 발생할 수도 있기 때문에 후진국의 무역에 대한 역할에서 불만의 이론적 근거로 원용되는 경우가 많다. 궁핍화 성장을 그림으로 나타내면 〔그림 18-3〕과 같다. 성장의 결과 소비점은 C_0에서 C_1으로 이동하였으므로 후생수준은 종전보다 감소하였다.

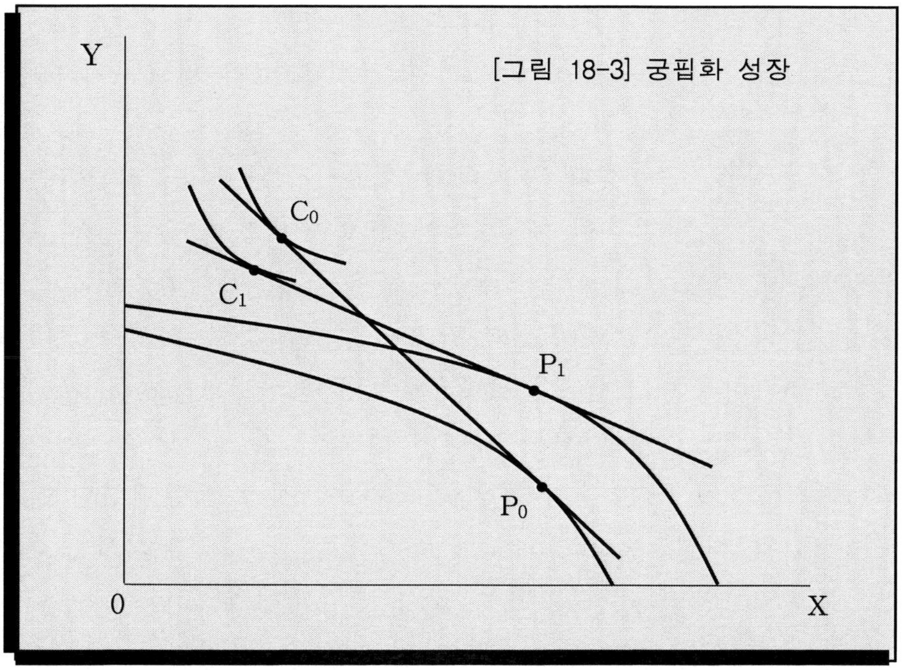

지금까지 설명은 이론상 혼돈을 피하기 위해서 경제성장과 국제무역론을 요약한 것이다. 보다 더 자세한 것은 국제무역론에서 설명되지만 여기서 중요한 것은 성장의 결과 국제무역에 미치는 효과를 분석하는 이론이 경제성장과 국제무역론이며 이는 후진국에도 그대로 적용할 수 있는 이론이다.

3. 수입대체형 공업화정책

2차 세계대전 이후 후진국의 경제발전과 관련해서 주로 논의되었던 문제가 후진국의 이중경제(dual economy)문제와 산업화 또는 공업화(industrialization)의 문제였다. 이중경제란 후진국의 산업구조가 농업위주의 산업구조이기 때문에 농업의 인구가 과잉상태에 있고 따라서 농업부문의 임금이 공업부문의 임금보다 낮은 경제를 말한다. 그러므로 공업부문과 서비스산업부문에서 농어촌의 과잉노동력을 흡수한다면 이중경제문제가 해결될 수 있어 공업화가 필요하다는 것이다.

그런데 후진국의 공업부문은 유치한 단계에 있어 열악하기 때문에, 시장은 미래의 성장산업이라 할 수 있는 공업부문으로의 자원배분에 실패할 수도 있다. 그 이유는 칫째, 후진국의 자본시장(대부자금시장)은 아직 발달된 상태에 있지 않기 때문에 현재의 투자 수익률이 낮은 공업부문으로의 자원배분이 충분하게 이루어질 수 없을 뿐만 아니라, 둘째, 유치하고 열악한 공업의 초기단계에서는 선진기술을 도입하고 시장을 개척하는데 들어가는 초기비용(start-up cost)을 일부의 선두기업(pioneering firm)만이 부담하지만, 그 편익은 모든 기업이 얻을 수 있는 것이기 때문에 선두기업이 초기비용에 대한 대가를 얻을 수 없어 시장이 실패한다는 것이다. 따라서 차선의 정책(second-best policy)으로 관세를 통해서 유치산업인 공업을 보호육성할 필요가 있다는 것이 수입대체형 공업화정책이다.

관세를 통해서 수입을 감소시키면 자원이 수출산업에서 수입대체산업으로 이동하기 때문에 수입대체형 공업화정책은 항상 수입과 수출을 감소시키는 효과가 있다. 이와 같은 수입대체형 공업화정책은 공업이 유치한 단계에 있을 때 일시적으로 보호한다는 정책이지만 그 결과 대부분의 국가에서 이 정책이 실패한 것으로 검증되고 있는 것이 현실이다. 인도와 아르헨티나가 그랬고 멕시코는 다른 국가에 비해서 나은 형편이지만 선진국과의 격차를 좁히지는 못했다. 특히 수입대체형 공업화정책을 실시한 많은 국가들이 소비재뿐만 아니라 중간재와 자본재까지도 보호대상 산업으로 확대하였다는데 더욱 더 큰 문제가 있었다.

수입대체형 공업화정책의 이론적 근거는 유치산업 보호론(infant industry argument)이다. 즉, 후진국의 공업은 유치하고 열악한 상태에 있기 때문에 관세(tariffs)나 수입쿼터(import quotas)를 통해서 일시적으로 보호해주면 공업화 또는 산업화를 이룩할 수 있다는 것이다.

사실상 이 유치산업 보호론은 독일의 역사학파 경제학자(historical economists)들에 의해서 주장된 것으로서 독일과 미국 및 일본에서도 부분적으로 산업화의 초기단계에서는 실행되었던 것이 사실이다. 그러나 그 당시부터 지금까지 유치산업 보호론은 보호무역이라는 측면에서 부정적으로 평가되고 있으며 오늘날 대부분의 경제학자들이 자유무역을 주장하는 중요한 근거가 바로 여기에 있다.

현실적으로 수입상품가격의 3-4배의 생산비가 드는 산업까지 수입대체형 공업화정책으로 보호한다는 것은 경제 이론적으로 볼 때 어떤 측면에서도 비효율적일 수밖에 없으며, 그 결과 좁은 국내시장에서 작은 시설규모로 생산할 수밖에 없었기 때문에 공업이 발전할 수 없었고, 결국 대부분이 국가가 산업화에 실패할 수밖에 없었다. 결과적으로 후진국이 경제가 발전하고, 선진국이 되기 위해서 산업화 또는 공업화 과정을 거쳐야 한다면 수출주도형 공업화 과정만이 남아있는 셈이다. 왜냐하면 아직까지 다른 길은 경제학에서는 찾아볼 수가 없기 때문이다.

4. 수출주도형 공업화정책

수출주도형 공업화정책이란 자본재와 부품 및 원료를 수입해서 공산품을 생산하고 수출을 통해서 산업화를 이루고자하는 정책을 말한다. 수출주도형 공업화정책을 실시한 국가는 동아시아의 여러 국가들이었으며 대표적인 국가가 우리나라와 싱가폴, 대만, 홍콩 등인데 이들 국가의 산업화가 모두 성공했기 때문에 이를 두고 동아시아의 기적(east Asian miracle)이라 하며, 한국의 산업화의 성공을 가리켜 한강의 기적이라고도 한다. 물론 말레이시아, 태국, 인도네시아, 중국 등도 수출주도형으로 산업화 과정을 거치고 있는 국가이긴 하지만 우리보다 늦게 시도되었다.

수출주도형 공업화정책이 수입대체형 공업화정책과 다른 점은 자본재와 부품 및 원료를 수입해서 공산품을 만들어 수출하기 때문에 자본재와 부품 및 원료의 수입과 공산품의 수출에 관한 한 시장이 개방되어 자유무역에 가깝다고 할 수 있다. 결과적으로 경제성장의 수출의존도(수출/GDP)도 높을 수밖에 없는데 우리 경제는 40%내외 수준이고 홍콩과 싱

가폴은 100% 이상이나 된다. 그 이유는 수출에는 원료나 부품가격이 포함되지만, GDP는 부가가치 합계로 원료와 부품가격이 포함되지 않기 때문이다.

우리가 잘 알고 있는 바와 같이 1960년대와 '70년대는 경공업이 산업화의 주도적인 역할을 하였고 '80년대와 '90년대를 지나 오늘에는 중화학공업까지 산업화에 성공하여 이제는 산업구조가 선진국형이 되었다고 할 수 있다. 이와 같은 산업화 과정에서 중요한 것은 농어촌의 과잉노동력을 활용할 수 있었기 때문에 후진국 경제의 특징이라 할 수 있는 이중경제 문제를 해결할 수 있었다는데 있다. 이것이 중요한 이유는 노동력의 증가로 인해서 산업화가 촉진될 수 있었기 때문이다. 바꾸어 말한다면 농업 노동력의 대부분이 계절적 실업상태에 있었을 뿐만 아니라, 과잉인구로 일반적으로 노동이 남아돌기 때문에 이를 활용한다는 것은 경제성장이론에서 인구가 증가하는 것과 똑같은 효과가 있게 된다. 결국 우리 경제는 자본축적과 기술수준의 진보에 의해서만 경제가 성장한 것이 아니라 산업화 과정에서 실질적으로 노동이 대폭적으로 증가했기 때문에 년평균 7% 이상의 경제성장을 이룰 수 있었던 것이다. 보다 쉽게 말한다면 농어촌의 인구가 대도시로 이동한 것 자체가 경제성장의 요인이 될 수 있었던 것이다. 서울의 인구가 1990년도까지 매년 증가했다는 것이 이를 반영한다.

농어촌의 인구가 도시로 이동하는 과정에서 산업화 과정이 순조롭지 못해 도시로 이동한 사람들이 실업상태에 빠지는 경우에는 문제가 된다. 그러나 아직까지 우리 경제에서 이와 같은 현상은 발생하지 않았다. 우리 경제의 실업률은 외환위기 당시만을 제외하고는 선진국보다도 낮은 수준이었다. 지금도 우리 경제의 실업률은 3.5% 내외이며, 과거에는 일반적으로 이보다도 낮은 수준이었다.

다른 수출주도형 산업화 국가와는 다르게 우리 경제는 1970년대 이후 중화학공업을 육성하는 과정에서 대기업 위주로 시장이 조직되어 국내외적으로 많은 비판의 대상이 되기도 하였다. 그러나 사실상 중화학공업

분야까지도 성공할 수 있었던 것은 차입성장전략과 수출상품의 차별화에 의한 선진국으로의 수출에 성공할 수 있었기 때문이었을 것이다. 물론 이에 대한 평가는 앞으로 많은 연구가 이루어질 것으로 보이며 또한 그렇게 되어야 마땅하다.

이상의 설명에서 알 수 있는 바와 같이 산업화 과정에서 경제가 성장하는 중요한 요인은 실제적으로 인구가 증가하고 노동이 증가하는 것과 똑같은 효과가 있기 때문이다. 만약 수입대체형 공업화정책도 성공했더라면 똑같은 효과가 적용될 수 있지만 지금 시점에서 본다면 수입대체형 공업화정책을 실시한 국가에서는 도시의 실업이 증가해 문제가 되는 것으로 알려지고 있다. 따라서 우리 경제와 같이 산업화에 성공했을 때 농어촌의 과잉노동력의 활용효과가 어떠한지를 알아보기로 하자.

이미 설명한 바와 같이 이중경제란 산업의 구조적인 성격 때문에 농업부문의 임금과 공업부문의 임금이 차이가 있는 현상을 말한다. 이론을 단순화하기 위해서 과거 우리 경제와 같이 공업부문이 발전한다고 가정하기로 하자. 이는 공업부문의 한계생산물가치(P_m · MPL_m)가 상승해서 노동에 대한 수요가 증가하고 임금이 상승한다는 뜻이다. 따라서 농어촌의 가계소득보다 도시의 가계소득이 더 높게 된다. 도시의 가계소득이 농어촌의 가계소득보다 높은 한 농어촌의 과잉인구가 도시로 이동하기 때문에, 2차 산업과 3차 산업의 비중이 산출량을 기준으로 하든 취업자수를 기준으로 하든 계속해서 증가하고 1차 산업의 비중은 지속적으로 하락한다. 얼마까지 하락하는가? 선진국의 경험에 의하면 전체 인구의 10% 이하의 농어촌 인구로도 한 경제의 식량을 충분히 공급할 수 있다는 것이다. 왜냐하면 농업의 생산성 또한 지속적으로 증가하기 때문이다.

이상의 설명은 물론 구조의 변화가 순조롭게 진행되어 도시 일자리 하나에 3-4명씩 한꺼번에 이주하여 도시의 실업 문제를 발생시키지 않는 경우에 해당된다. 만약 도시로의 이동이 과다할 경우에는 도시의 실업이 보다 더 중요한 문제가 되기 때문에 공업화 또는 산업화정책의 기준은 도시의 실업상태에 따라 결정될 수밖에 없다.

[그림 18-4] 산업화가 이중경제에 미치는 영향

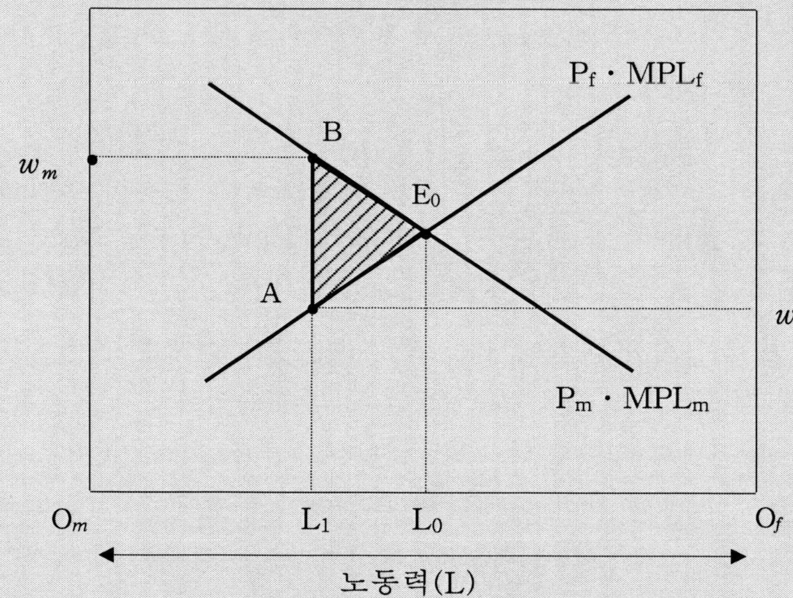

이상의 설명을 그림으로 나타내면 〔그림 18-4〕와 같다. 공업부문의 노동에 대한 수요곡선은 공업의 한계생산물가치(P_m · MPL_m)곡선으로 그림에서 우하향 하는 곡선이고 농업부문의 노동에 대한 수요곡선은 농업의 한계생산물가치(P_f · MPL_f)곡선으로 그림에서 우상향 하는 곡선이다. 우상향으로 표시되는 이유는 단순히 농업부문의 원점을 수평축의 오른쪽으로 하여 뒤집어 표시했기 때문이다. 여기에서 총노동의 공급 또는 노동력은 수평축의 길이로 표시되어 있다.

도시인구에 비해서 농어촌의 인구가 과잉상태여서 공업부문의 고용이 $O_m L_1$ 이라고 하면 농업부문의 고용은 그 나머지에 해당하는 $O_f L_1$ 이 된다. 따라서 공업부문의 임금(w_m)이 농업부문의 임금(w_f)보다 높기 때문에 농어촌에서 도시로 인구가 이동해서 공업부문과 서비스업에 취업을 하게되면 노동이 한 단위 이동했을 때마다 산출량의 총가치는 임금의 차액($w_m - w_f$)만큼 증가한다. 이와 같은 과정을 통해서 인구가 농어촌에서 도시로 이동하게 되면 결국 양부문에서의 임금은 일치하게 되므로 E_0점에서 균형을 이루게 된다. 따라서 공업부문의 고용은 $O_m L_0$ 이고 농업부문의 고용은 $O_f L_0$ 가 되는데 이 때의 노동의 배분은 효율적이다.

이상의 설명에서 알 수 있는 바와 같이 이중경제는 시장이 실패하고 있음을 뜻한다. 이중경제로 시장이 실패하고 있을 때는 단순히 공업부문에서 노동의 고용을 증가시킨다면, 고용이 추가될 때마다 임금차액만큼 사회적 한계편익을 발생시키기 때문에 그림에서 보는 바와 같이 산업화의 결과로 경제적 잉여가 $\triangle ABE_0$ 만큼 증가한다. 거꾸로 본다면 이는 임금의 격차가 있을 때는 항상 그만큼 사회적 손실을 보고 있다는 뜻이기도 하다.

지금까지의 설명은 단순히 공업화 또는 산업화의 일반론적인 분석이다. 그런데 문제가 되는 것은 이것만으로는 우리 경제의 발전과정을 충분히 설명할 수 없다는데 있다. 따라서 종합적인 시각에서 우리 경제의 발전과정에 대한 이론적 근거를 생각해 보기로 하자.

우리 경제의 과거 경험으로 볼 때, (1) 우리의 공산품은 주로 선진국으로 수출되었는데 일부의 공산품은 저가품이었다고 할 수 있지만 다른 일부의 공산품은 선진국의 공산품과는 차별되는 상품이었다고 할 수 있다. 따라서 이는 보호무역과는 달리 자유무역에 가까울 뿐만 아니라 선진국의 교역조건도 개선되는 효과가 있었다. 특히 차별화 된 공산품의 선진국으로의 수출은 산업내 분업론으로 설명될 수 있다. 제품의 차별화가 아니라 단순한 모방인 경우에도 모방할 수 있는 능력이 있어야 한다. 국제무역론에서는 기술의 도입을 기술의 모방으로 설명하고 있다. 후진국의 입장에서 볼 때 기술의 모방과 제품의 차별화는 생산기술 진보의 가장 중요한 요인이 될 수밖에 없다. 그리고 제품의 차별화는 모방의 단계를 지나야하기 때문에 우리경제의 기술진보는 기술의 모방과 제품의 차별화로 설명할 수 밖에 없을 것이다. 다만 경제이론에서 "기술진보"라고 할때의 기술진보와는 다른 개념이다. (2) 자본재와 중간재 및 원료는 수입대체형 공업화정책보다 수입이 자유로웠으며 결과적으로 경상수지적자가 지속되었다고 할 수 있는데 이는 이시점간 국제무역론으로 설명될 수 있다. 다만 경상수지적자가 지속된다면 외채가 지속적으로 증가하기 때문에 외환위기에 직면할 수도 있는데, 실제적으로 1997년에는 IMF로부터 구제금융의 지원을 받을 수밖에 없는 상황이 되었다. 그러나 이는 산업화과정과 민주화과정에서 발생하게 된 우리 경제의 불행한 사건이었다고 생각할 수도 있을 것이다. (3) 공업부문의 규모의 경제와 외부경제효과를 충분히 활용했다고 할 수 있으며, 도시의 실업도 증가하지 않는 범위 내에서 산업구조의 변화가 원활하게 이루어졌다고 할 수 있다.

이상의 설명은 이 책의 범위 내에서 가능한 긍정적인 이론적 근거만을 요약한 것이다. 따라서 과거 우리 경제의 발전은 국제무역에 의존하는 바가 컸다고 할 수 있으며, 그 근거로서 이시점간 국제무역론과 산업내 분업론이 제19장과 20장에서 설명되고 있다. 이들 이론들은 국제무역론에서 일반 이론으로 받아들여지고 있는 이론들이기 때문에 앞으로도 우리 경제의 성장이 무역에 의존하는 한 중요한 이론적 근거로 활용할 수 있을 것으로 생각한다.

요 약

1. 봉쇄경제의 경제성장이 국제무역에 미치는 효과를 분석하는 이론을 경제성장과 국제무역론이라한다. 이에 반해서 국제무역을 통해서 어떻게 후진국의 경제를 발전시킬 것인가하는 문제를 분석하는 분야가 국제무역과 경제발전론이다.
2. 일반적으로 경제성장은 편향적 경제성장이며, 그 결과 국제무역은 확대되고 무역참가국의 후생수준은 증가하지만 특수한 경우로서 궁핍화 성장일 때는 무역으로부터 손해를 볼 수 있다.
3. 후진국의 입장에서 볼 때 공업은 미래의 성장산업이며, 공업과 서비스산업부문에서 농어촌의 과잉인구를 흡수할 수 있을 만큼 공업이 발전할 수 있다면 후진국도 산업화에 성공해서 선진국이 될 수 있다. 따라서 공업화는 필요하다.
4. 수입대체형공업화정책은 유치하고 열악한 상태에 있는 공업을 관세나 수입쿼터를 통해서 보호함으로서 산업화를 이루고자 하는 정책이지만, 자원이 비효율적으로 배분되어 좁은 국내시장에서 소규모의 시설규모로 생산할 수 밖에 없었기 때문에 이 정책을 실시한 대부분의 국가가 실패하였고 따라서 부정적으로 평가되는 것이 현실이다.
5. 수출주도형 공업화정책은 자본재와 부품 및 원료를 수입해서 공산품을 생산하고 수출을 통해서 산업화를 이루고자하는 정책을 말한다. 수출주도형으로 산업화에 성공한 국가로 대표적인 국가가 우리나라이다.
6. 수출주도형 산업화국가의 경제성장은 수출의존도(수출/GDP)가 매우 높다. 이는 공산품의 수출과 자본재와 부품 및 원료 수입이 GDP대비 매우 높기 때문이다. 따라서 이들 국가의 무역은 보호무역에 가깝다기 보다는 자유무역에 가깝다고 할 수 있다.

중요개념

1. 경제성장이론, P. 379
2. 경제발전론, P. 379
3. 선진국, P. 379
4. 후진국, P. 379
5. 산업화, P. 379
6. 공업화, P. 379
7. 경제성장과 국제무역론, P. 380
8. 편향적 경제성장, P. 380
9. 생산가능곡선, P. 380
10. 교역조건, P. 381
11. 수출상품의 상대가격, P. 381
12. 소국, P. 381
13. 오퍼곡선, P. 381
14. 세계의 오퍼곡선, P. 381
15. 교역조건의 유리, P. 382
16. 교역조건의 불리, P. 382
17. 궁핍화성장, P. 382
18. 이중경제, P. 383
19. 미래의 성장산업, P. 384
20. 초기비용, P. 384
21. 선두기업, P. 384
22. 시장의 실패, P. 384
23. 차선의 정책, P. 384
24. 수입대체형공업화정책, P. 384
25. 유치산업보호론, P. 384
26. 관세, P. 384
27. 수입쿼터, P. 384
28. 역사학파, P. 384
29. 보호무역, P. 385
30. 자유무역, P. 385
31. 수출주도형공업화정책, P. 385
32. 동아시아의 기적, P. 385
33. 한강의 기적, P. 385
34. 경제성장의 수출의존도, P. 385
35. 경공업, P. 386
36. 중화학공업, P. 386
37. 산업화과정, P. 386
38. 농업의 생산성, P. 387
39. 1차산업, P. 387
40. 2차산업, P. 387
41. 3차산업, P. 387
42. 공업의 한계생산물가치, P. 388
43. 농업의 한계생산물가치, P. 388
44. 사회적 한계편익, P. 389
45. 경제적 잉여, P. 389

제 19장

이시점간 국제무역론

1. 개념
2. 이시점간 생산가능곡선
3. 이시점간 생산과 소비
4. 차입과 경상수지적자와의 관계
5. 먼델 · 플레밍모델(Mundell – Fleming Model)의 한계

1. 개념

이시점간 국제무역(intertemporal trade)은 자본의 국제적 이동을 말한다. 따라서 이는 과거에 투자해 놓은 것이 부족해서 자본이 부족한 후진국의 경제발전에 중요한 역할을 한다고 할 수 있다. 자본이 부족해서 빈곤이 악순환 되는 후진국의 경제가 발전하기 위해서는 저축 또한 부족하기 때문에 외국으로부터 차입해서 투자할 수밖에 없기 때문이다.

자본의 국제적 이동은 자본재가 국제적으로 이동하는 것이 아니라 국제적인 차입(international borrowing)과 국제적인 대부(international lending)의 형태로 설명할 수 있기 때문에 이를 이시점간 국제무역이라 한다. 따라서 이시점간 국제무역론은 미시경제의 이시점간 자원배분론을 단순히 확장한 것에 지나지 않는다.

국제적인 자본의 유입은 우리 기업이 외국은행에서 차입을 하거나, 외국인이 우리 기업의 주식이나 채권을 구입하거나, 외국의 다국적기업이 국내의 자회사를 통해서 투자를 하는 경우를 말하는데 모두 이자나 배당을 지급하는 형태이기 때문에 이를 모두 합쳐 국제적인 자본의 유입이라 한다. 국제적인 자본의 유출은 이와는 반대로 우리 은행이 외국기업에게 대부를 해주거나 증권회사가 해외의 주식과 채권을 매입하거나 우리기업이 해외에 있는 자회사를 통해서 해외투자를 하는 것을 말한다. 그런데 이론을 단순화하기 위해 일반적으로 해외주식투자나 해외직접투자는 제외하고 대부자금의 거래(국제적인 차입과 대부)만을 분석의 대상으로 하고 있다는 점에 유의할 필요가 있다.

국제적인 대부자금거래에서 흑자가 발생하여 외국으로부터 순차입을 하는 경우에는 국민저축이 국내투자보다 적어 순해외투자(S - I)가 마이너스 값이 된다는 뜻이다. 결국 저축에 비해서 투자기회가 많아 외국으로부터 차입을 한다는 것은 현재의 소비보다 미래의 소비에 비교 우위가 있다는 것을 뜻한다. 따라서 미래소비에 대한 현재소비의 상대가격이 높기 때문에 실질이자율이 높다.

투자를 통해서 현재의 소비재의 생산에서 자본재의 생산으로 자원을 전환했을 때 투자수익률이 높다면 미래의 생산능력이 현재의 생산능력보다 큰 국가이다. 따라서 국제금융시장에서 차입을 하는 국가는 현재의 생산능력보다 미래의 생산능력이 상대적으로 높은 국가에 해당한다. 이는 현실적으로 투자기회가 많은 국가라고 할 수 있다. 이상의 설명에서 알 수 있는 바와 같이 국제적인 자본의 이동은 국제적인 차입과 대부에 의해서 설명될 수 있으며, 일반적으로 자본이 풍부한 국가에서 자본이 부족하고 투자기회가 많은 국가로 이동한다고 할 수 있다. 이와 같은 이유 때문에 이시점간 국제무역론은 국제무역론에서도 설명되고 국제금융론에서도 설명되고 있다고 할 수 있다.

2. 이시점간 생산가능곡선

당해 연도(현재시점)의 산출량 중의 일부는 생산설비의 형태로 투자되는데 투자가 증가하면 증가할수록 미래의 생산과 소비 또한 증가한다. 따라서 국제적으로 자본이 이동하기 전에 미래의 소비를 늘리기 위해서는 현재의 소비를 줄일 수밖에 없는데 이를 그림으로 나타낸 것을 이시점간 생산가능곡선(intertemporal production possibility frontier)이라 한다. 바꾸어 말한다면 한 경제의 현재와 미래의 생산능력을 그림으로 나타낸 것이 이시점간 생산가능곡선이다.

어떤 한 경제의 이시점간 생산가능곡선이 〔그림 19-1〕과 같다고 하고 현재의 조건이 (Y_0, Y_1)에 있는데 미래의 소비를 증가시키기 위해서 ($Y_0 - C_0$)만큼 투자를 한다면 이 경제는 미래에 생산과 소비를 ($C_1 - Y_1$)만큼 늘릴 수 있다.

그림에서 수평축은 현재의 생산과 소비를 나타내며 수직축은 미래의 생산과 소비를 나타내고 있다. 따라서 이시점간 생산가능곡선의 기울기는 최종 1단위의 현재의 산출량이 미래의 산출량으로 전환되는 비율로서 현재 산출량의 한계전환율을 뜻하며 이를 이시점간 한계전환율이라 한다.

[그림 19-1] 이시점간 생산가능곡선

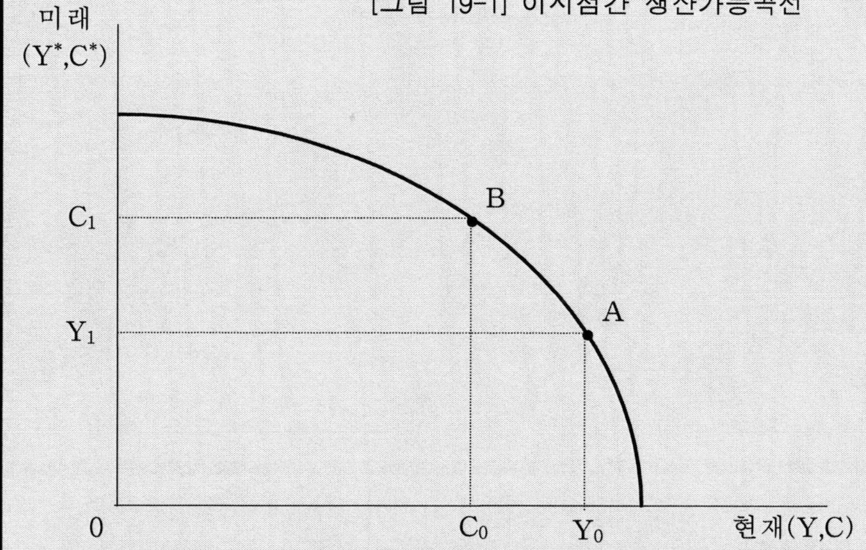

지금까지 설명에 의해서도 알 수 있는 바와 같이 이시점간 생산가능곡선은 동일 시점에서의 두 재화에 대한 생산가능곡선과 성질이 같다고 할 수 있다.

이시점간 생산가능곡선의 형태는 투자기회와 투자수익률에 의해서 결정된다. 투자기회가 많고 투자수익률이 높을수록 미래의 생산과 소비에 비교우위가 있고 그 반대일 경우는 현재의 생산과 소비에 비교우위가 있다. 예를 들어 A국은 자본이 부족하지만 투자기회가 많아 투자수익률이 높고 B국은 투자수익률이 낮다고 한다면 [그림 19-2] 와 같이 A국의 이시점간 생산가능곡선은 미래의 소비에 편향되어 있어 미래의 소비에 비교우위가 있고 B국은 현재의 소비에 편향되어 있어 현재의 소비에 비교우위가 있다.

[그림 19-2] 이시점간 비교우위

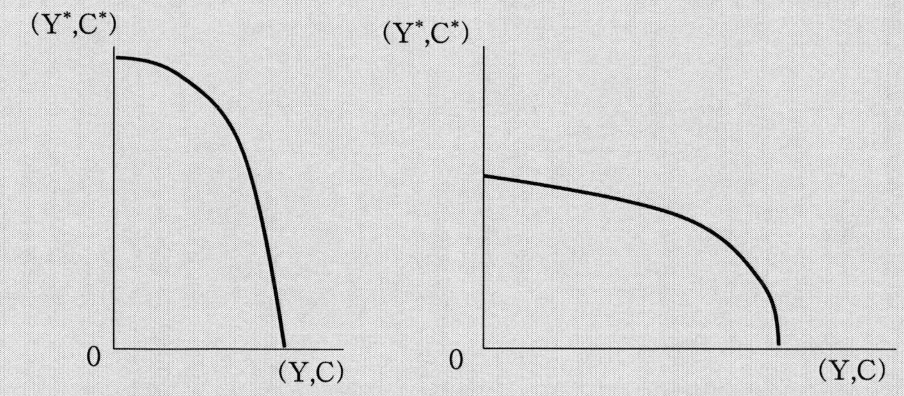

(a) 미래의 비교우위(A국) (b) 현재의 비교우위(B국)

따라서 국제적인 차입과 대부가 존재하지 않는다면 A국의 현재소비의 상대가격은 B국보다 높기 때문에 이시점간 국제무역이 개시되면 A국은 미래의 소비를 수출하고 현재의 소비를 수입하며 B국은 현재의 소비를 수출하고 미래의 소비를 수입하게 된다.

결국 과거 우리 경제의 이자율이 높았던 이유는 미래의 생산과 소비에 비교우위가 있고 투자기회와 투자수익률이 높았기 때문이었다고 할 수 있다.

3. 이시점간 생산과 소비

미시이론에서 설명한 바와 같이 실질이자율은 현재의 소비와 미래의 소비의 교환비율을 나타내는 것이다. 보다 더 정확히 말한다면 실질이자율이란 현재소비 1단위와 교환되는 미래소비의 할증률이다. 예를 들어 현재소비 1단위와 미래소비 1.1 단위가 교환된다면 실질이자율은 10%이다. 이를 거꾸로 해석한다면 미래소비 1단위와 교환되는 현재소비의 할인율이라고도 할 수 있다. 따라서 실질이자율을 r 이라고 할 때 미래소비 1단위의 현재가치 또는 상대가격은 $1 / (1 + r)$이며 현재소비의 상대가격은 $(1+r)$이 된다. 이는 현재소비 1단위와 미래소비 $(1+r)$ 단위가 교환된다는 뜻이다.

예를 들어 미래의 소비에 비교우위가 있는 A국이 차입에 의해서 현재의 소비를 늘린다면 미래에 이자와 원금을 상환해야 한다. 이는 현재의 생산(소득)보다 더 많은 것을 지출하고 생산이 증가했을 때인 미래에는 생산보다 적게 지출한다는 뜻이다. 결국 현재의 소득보다 더 많은 것을 차입에 의해서 지출하는 것과 똑같은 이치가 된다. 투자를 많이 해서 현재보다 미래에 소득이 많은 가계는 차입에 의해서 현재의 소비를 늘리고 미래의 소비는 미래의 소득보다 줄일 수 있다는 것이다. 똑같은 형태로 국가간에도 현재의 소비와 미래의 소비가 거래되는데 미래소비의 상대가격을 현재소비로 나타낼 경우에는 이자율이 할인율이 되게 된다.

A국의 국민저축과 국내투자가 일치해서 외국으로부터 차입을 하지 않을 경우에는 〔그림 19-3〕에서 보는 바와 같이 이시점간 생산가능곡선과 이시점간 무차별곡선이 접하는 점에서 저축과 투자가 이루어지므로 $(Y_0 - C_0)$만큼 투자해서 미래에 $(C_1 - Y_1)$만큼 소비를 증가시키게 된다. 그런데 A국의 이자율은 투자수익률이 높기 때문에 B국의 이자율보다 높다고 할 수 있다. 따라서 B국으로부터 차입해서 투자한다면 이익이 되므로 A국은 차입을 하고 B국은 대부를 한다.

이론을 단순화하기 위해서 A국이 소국이기 때문에 차입을 하더라도 B국의 이자율에 영향을 미치지 않는다면, B국의 이자율에 의해서 표시되는 이시점간 예산선 또는 등가치선(isovalue line)에 의해서 차입과 투자가 결정된다.

그 과정은 다음과 같이 두 가지로 나눌 수 있다. (1) 미래의 소비를 이자율로 할인해준 미래소비 현재가치와 현재의 소비를 합계해주면 이경제의 이시점간 총산출량의 가치(또는 국부)가 되는데 이시점간 총산출량의 가치가 극대가 되도록 투자할 것이다. (2) 이시점간 총산출량 가치의 극대화로부터 후생 또는 만족이 극대화 될 수 있도록 차입할 것이다.

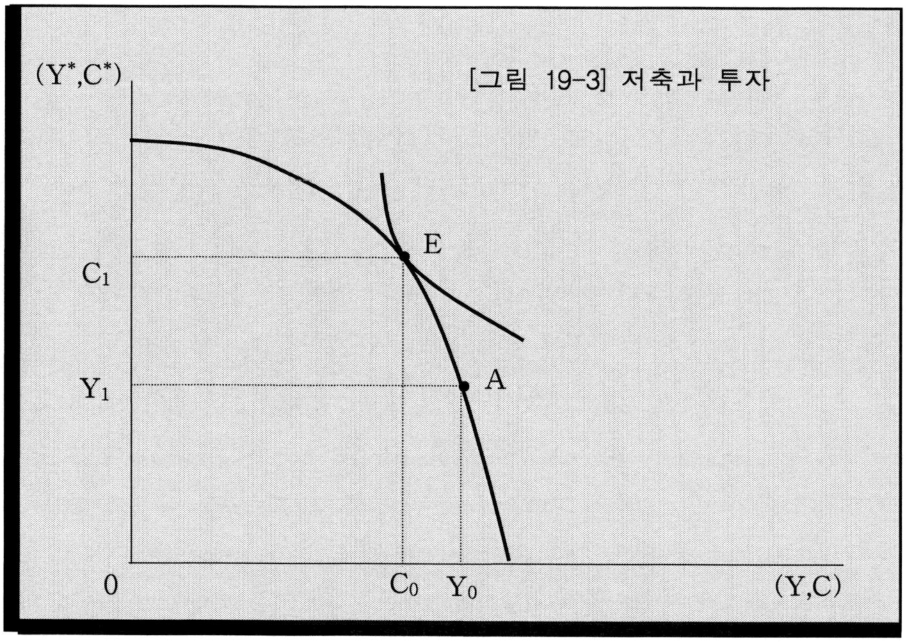

[그림 19-3] 저축과 투자

이상의 과정은 매우 중요하기 때문에 보다 더 구체적으로 알아보기로 하자.

지금까지 설명에 의해서도 알 수 있는 바와 같이 A국의 현재의 소비와 미래의 소비는 투자에 의해서 결정되는데, 투자가 증가하면 현재의 소비는 줄어들고 미래의 소비는 증가한다. 바꾸어 말한다면 A국 경제는 이시점간 생산가능곡선을 따라서 왼쪽 위로 이동하며, 이자율에 의해서 결정되는 이시점간 예산선이 이시점간 생산곡선과 접할 때까지 투자된다. 즉, 이시점간 총산출량의 가치가 극대가 되도록 투자를 할 것이기 때문에 〔그림 19-4〕와 같이 B점에서 생산을 하며 B점에서 총산출량의 가치는 극대치로서 다음과 같이 나타낼 수 있다.

$$V = Q_p + Q_f / (1 + r)$$

여기에서 Q_p 는 현재의 산출량이고 Q_f 는 미래의 산출량이다.

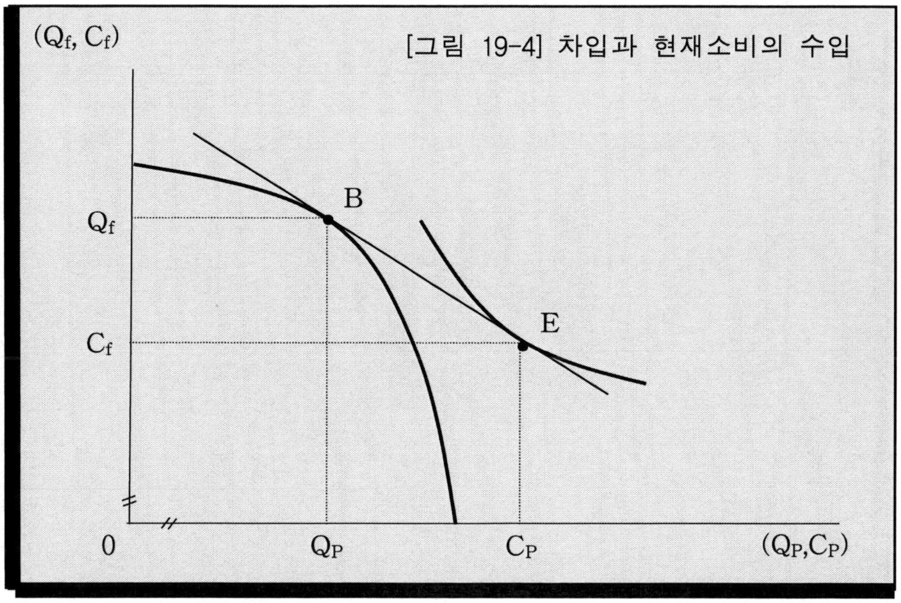

[그림 19-4] 차입과 현재소비의 수입

이시점간 총산출량의 가치(V)는 이시점간 예산선이 이시점간 생산가능곡선과 접하고 있으므로 이 경제가 생산할 수 있는 산출량 가치의 극대치이다.

이상의 설명과 같은 (1)의 과정을 통해서 극대의 부를 창출하고 B점에서 생산을 하게 되면 이시점간 예산선을 따라 만족 또는 후생이 극대가 되도록 차입을 할 수 있다는 것이다. 결과적으로 $C_p - Q_p$ 는 차입으로 현재소비의 수입에 해당하고 $Q_f - C_f$ 는 미래에 부채를 상환하는 것으로서 미래소비의 수출에 해당한다.

지금까지 설명은 A국이 차입을 하더라도 세계의 실질이자율에 영향을 미치지 않는 소국을 대상으로 하여 설명하였으나 A국이 세계의 이자율에 영향을 미친다면 세계의 실질이자율이 변화하게 된다. 균형교역조건이 오퍼곡선에 의해서 설명되는 것과 같이 세계의 균형실질이자율도 〔그림 19-5〕와 같이 이시점간 오퍼곡선에 의해서 결정된다. OA는 A국의 오퍼곡선이며 OB는 B국의 오퍼곡선인데 양국의 오퍼곡선이 교차하는 점 E에서 세계의 균형실질이자율이 결정된다.

[그림 19-5] 이시점간 국제무역의 균형

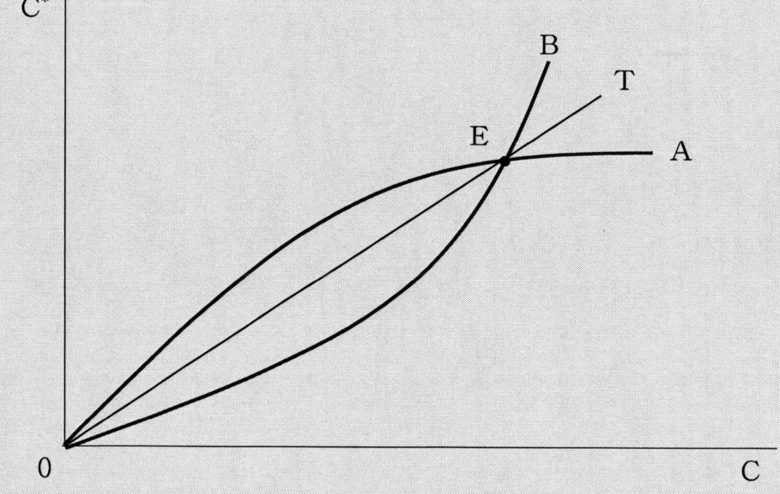

이 때의 균형이자율은 직선 OE의 기울기 값 $(1 + r)$중 r에 해당한다. 수직축은 A국의 미래소비의 수출, 수평축은 A국의 현재소비의 수입이다. B국의 입장에서 본다면 수평축은 현재소비의 수출이고 수직축은 미래소비의 수입이다. 따라서 E점에서 균형을 이루고 있다.

4. 차입과 경상수지적자와의 관계

경상수지(X - M)는 GDP 항등식 $Y = C + I + G + (X - M)$에서 총지출의 일부이기 때문에 단기적으로 산출량과 고용의 변화에 영향을 미칠 뿐만 아니라 장기적으로 차입의 방향과 크기를 결정하기 때문에 중요하다. 일국의 수입에 대한 지출이 수출로부터 얻는 수입보다 많아 경상수지가 적자일 경우에는 외국으로부터 차입을 하거나 해외자산 또는 부를 처분함으로써 이를 메꾸어 주어야 한다. 따라서 경상수지적자는 순해외부채(net foreign debts) 즉, 외채를 증가시킨다.

이에 반해서 수출로부터 얻는 수입이 수입에 대한 지출을 초과해서 경상수지가 흑자일 때는 무역상대국인 적자국에 대부를 해주는 경우가 되기 때문에 경상수지 흑자국의 해외자산 또는 해외부(foreign wealth)는 증가한다. 따라서 해외순자산은 경상수지만큼 매년 변화한다고 할 수 있다.

그런데 경상수지는 GDP항등식에서도 알 수 있는 바와 같이 국민소득에서 국내총지출(C + I + G)을 공제해준 것과 같기 때문에 다음과 같이 나타낼 수 있다.

$$CA = Y - (C + I + G)$$

여기서 국내총지출 (C + I + G)를 전문용어로 압숍션(absorption)이라고도 하는 경우가 있으니 유의할 필요가 있다. 위 식에서 알 수 있는 바와 같이 어떤 국가가 그 국가의 산출량보다 국내총지출이 많다는 것은 그만큼 국제적으로 차입을 한다는 뜻이고 그 반대일 경우는 국제적으로 대부를 해준다는 뜻이다. 따라서 경상수지가 흑자인 국가는 이시점간 국제무역론에서 현재의 소비를 수출하고 미래의 소비를 수입하는 국가이며, 경상수지가 적자인 국가는 미래의 소비를 수출하고 현재의 소비를 수입하는 국가이다.

경상수지흑자를 순해외투자라고 하는 이유는 경상수지흑자국의 저축이 외국에 의해서 차입되어 차입국의 자본저량을 증가시키기 때문이다. 바꾸어 말한다면 경상수지흑자국의 저축이 자국의 투자에만 이용되지 않고 외국의 투자자금으로도 공급된다는 뜻이다. 이 또한 GDP항등식으로부터 다음과 같은 수식을 통해서 알 수 있다.

$$CA = (Y - C - G) - I(i)$$

(Y -C - G)는 한 경제 전체의 저축 즉 국민저축이고 $I(i)$는 이자율에 의해서 결정되는 투자지출이다. 따라서 개방경제에서는 국민저축과 국내투자가 일치하는 것이 아니라 국민저축은 국내투자에 순해외순투자인 경상수지를 더해준 것과 일치한다. 즉, 국민저축(Y -C - G)를 S라 하고 위 식을 고쳐 쓰면 다음과 같다.

$$S = I(i) + CA\ ,\ \text{또는}\ CA = S - I(i)$$

따라서 봉쇄경제에서와는 달리 개방경제에서는 투자를 위해서 반드시 지축을 증가시킬 필요성은 없다. 예를 들어 우리 경세에 수익성이 있는 투자사업이 많다고 했을 때 이에 필요한 각종 자본재를 외국으로부터 수입하고 외국의 투자자금을 차입할 수도 있으므로 저축을 증가시키지 않더라도 가능하다는 것이다. 이것이 중요한 이유는 경제가 발전하는 과정에 저축이 부족하더라도 차입에 의한 경제발전이 가능하다는데 있다. 그 결과 투자와 자본저량이 증가하지만 투자의 증가분만큼 경상수지적자 또한 증가한다. 바꾸어 말한다면 국민저축 즉, 우리 경제의 저축이 증가하지 않더라도 투자는 차입에 의해서 증가한다는 것이다. 결국 이시점간 국제무역론에서 현재의 소비를 수입한다는 것은 투자를 위해서 외국으로부터 차입을 한다는 것이라고 할 수 있다. 다만 이상의 설명에서 정부지출은 소비지출과 똑같은 개념으로 취급되고 있다. 즉, 정부지출을 정부소비지출과 정부투자로 구분하지 않고 모두 정부소비지출로 처리되고 있다는 점이다. 일반적으로 정부지출은 모두 정부의 소비지출로 처리되는데 이는 미국의 관례가 그렇기 때문이라고 할 수 있다.

5. 먼델 · 플레밍모델(Mundell - Fleming model)의 한계

이미 설명한 바와 같이 소국개방경제의 먼델-플레밍 모델에 의하면 국가간 이자율이 꼭같아야 하며, 만약 차이가 있다면 정경유착이나 관치금융 및 부정부패 등의 요인으로 인한 국가위험성(country risk) 때문이라는 것이다. 바꾸어 말한다면 국가간 이자율의 격차는 전적으로 정치적인 요인 때문이라고 한다. 따라서 외환위기도 이로부터 설명이 가능하다. 이에 대한 구체적인 내용은 이미 설명한 바와 같으며, 이 책 시리즈의 제4권 연구방법론에서도 자세히 설명되고 있다.

그런데 현실적으로는 국가간에 투자수익률이 다를 수밖에 없다. 만약 국가간에 투자수익률이 다르다면 이는 경제적 요인에 의한 국가간 이자율 격차의 주요한 요인이 된다. 따라서 과거 우리 경제의 이자율이 국제적인 이자율보다 높았던 중요한 요인은 타국에 비해서 투자수익률이 높았기 때문이며 정경유착과 관치금융 및 부정부패의 요인으로만 생각하는 것은 오해일 수 있다. 물론 1980년대 말 이후에는 부동산 가격의 과도한 상승이 또 한 요인으로 생각할 수도 있으나 이 또한 투자대상이 될 수 있는 것이다. 다만 우리 경제에서 임금과 부동산 가격이 동시적인 과도한 상승은 앞으로 억제될 수 있어야 할 것으로 보인다.

지금까지 설명에서도 알 수 있는 바와 같이 우리 경제의 발전과정에서 경제성장의 중요한 요인중 하나가 외국으로부터의 차입에 의한 자본축적이었다고 할 수 있다.

그런데 부동산 투자를 포함하여 기업의 투자가 과도하면 기업의 부채뿐만 아니라 외채가 증가한다. 뿐만아니라 기업의 무리한 투자는 물가상승률을 상승시키는 중요한 요인이 되기 때문에 인플레이션이 문제가 되고 원화의 가치가 과대평가될 수 있다. 고정환율제도(시장평균환율제도)에서 원화의 가치가 과대평가되면 환율위기에 빠질 수 있다. 외채·GDP 비율이 위험한 상태에서 환율위기에 빠지게 되면 이자율과 원·달러환율이 급등하게 되는데 1997년의 외환위기는 이와 같은 상황을 반영한 것이라고 할 수 있다. 바꾸어 말한다면 1997년의 외환위기는 저량의 측면에서 보면 외채위기였으나 유량의 측면에서 보면 환율위기로서 외채와 환율의 복합적인 위기였다고 할 수 있다.

원화의 가치는 인플레이션에 의해서 과대평가될 수도 있고 과도한 외국인의 자본의 유입으로 과대평가 될 수도 있다. 2008년도의 금융위기(환율위기)는 외국인의 자본의 과도한 유입으로 인해서 발생한 것이었다. 결국 미국의 금융위기로 외국인의 자본이 급격하게 유출되면서 환율위기가 발생한 것이었다. 이에 대한 자세한 내용은 이 책시리즈의 제4권 “경제이론과 현실 연구방법론”에서 설명되고 있다.

지금까지 설명에 의해서 알 수 있는 바와 같이 1997년의 외환위기의 본질적인 요인은 장기적인 경상수지 적자로 인한 외채였다고 할 수 있다. 따라서 위기를 성공적으로 극복하기 위해서는 장기적으로 경상수지를 흑자로 유지할 수 밖에 없다. 다행히 우리 경제는 외환위기를 성공적으로 극복하였고 그 경험을 바탕으로 2008년 금융위기(환율위기)도 성공적으로 극복하였다고 할 수 있다. 다만 미국의 금융위기로 인한 전세계적인 경기침체 문제는 우리 경제의 문제라기보다는 미국경제문제로 보는 것이 좋을 것이다. 바꾸어 말한다면 이는 외생변수이기 때문에 주어진 것으로 받아들일 수 밖에 없다는 점이다.

똑같은 이유 때문에 2010년이후 유럽의 경제위기(재정위기)도 외생변수이다. 다만 전세계적인 경기침체가 장기화하는 경우에는 우리 경제의 위기가 지속될 수 있을는지 모른다. 이와같은 이유 때문에 국제적인 정책공조(확장적 재정・금융정책)가 이루어졌다고 할 수 있다. 이 문제는 이 책의 연구방법과 범위를 벗어나는 문제이기 때문에 여기에서는 더 이상 논의되지 않고 있다.

일반적으로 선진국인 경우에는 자유변동환율제도이기 때문에 경기침체를 극복하기 위해서 금융정책을 사용할 수 있다. 미국과 유럽 및 일본이 확장적인 금융정책(양적완화정책)으로 경제를 회복시키려고 하는 이유가 이 때문이다. 선진국이 금융정책이 확장적인 경우에는 자본이 유입되기 때문에 원・달러환율이 하락한다. 이 또한 원화의 가치가 쉽게 과대평가되는 중요한 요인이다.

요 약

1. 자본의 국제적 이동은 국제적인 차입과 대부의 형태로 설명될 수 있기 때문에 이를 이시점간 국제무역이라한다. 이 시점간 국제무역은 미시경제의 이시점간 자원배분론을 단순히 확대한 것이 지나지 않는다.
2. 국제적인 자본거래(대부자금거래)에서 흑자가 발생하여 외국으로부터 순차입을 하고 있을 때는 순해외투자가 마이너스값이 된다. 이는 국내 투자기회와 투자수익률이 높다는 것을 뜻하므로 미래의 생산과 소비에 비교우위가 있다는 것을 뜻하며, 그 반대일 경우에는 현재의 생산과 소비에 비교우위가 있다는 것을 뜻한다.
3. 이시점간 생산가능곡선이란 한 경제의 현재와 미래의 생산능력을 그림으로 나타낸 것을 말하며, 그 형태는 미래의 생산능력에 따라 결정된다. 따라서 과거 우리 경제의 이자율이 타국에 비해서 높았던 이유는 투자기회와 투자수익률이 타국에 비해 높았기 때문이었다고 할 수 있다.
4. 현재소비상대가격으로 표시되는 실질이자율은 현재소비1단위와 교환되는 미래소비의 할증율을 말한다. 이를 미래소비의 상대가격으로 해석한다면 미래소비 1단위와 교환되는 현재소비의 할인율이라 할 수 있다. 이것이 중요한 이유는 현재가치를 계산하는 경우에 이자율이 할인율로 사용되기 때문이다.
5. 투자는 이 시점간 총산출량의 가치가 극대화되도록 이루어지고 차입은 이시점간 예산선에 의해서 후생이 극대가 되는 수준에서 결정된다. 차입은 현재 소비의 수입에 해당하고 이에 대한 미래의 상환은 미래소비의 수출을 뜻한다.
6. 봉쇄경제에서와는 달리 개방경제에서는 투자를 위해서 반드시 저축을 증가시킬 필요성은 없다. 바꾸어 말한다면 외국으로부터의 차입에 의해서도 투자가 가능하다. 이때의 차입은 경상수지적자에 해당한다.
7. 먼델・플레밍모델(Mundell-Fleming model)은 이시점간 국제무역을 설명할 수 없다는데 문제가 있다. 따라서 먼델・플레밍모델로 우리경제의 외환위기를 설명하는 것은 오해일 수도 있다.

중요개념

1. 이시점간 국제무역, P. 395
2. 자본의 국제적 이동, P. 395
3. 빈곤의 악순환, P. 395
4. 국제적 차입, P. 395
5. 국제적 대부, P. 395
6. 이시점간 자원배분론, P. 395
7. 다국적 기업, P. 395
8. 국내저축, P. 395
9. 국내투자, P. 395
10. 순해외투자, P. 395
11. 순차입, P. 395
12. 현재의 소비, P. 395
13. 미래의 소비, P. 395
14. 미래의 생산능력, P. 396
15. 현재의 생산능력, P. 396
16. 국제금융시장, P. 396
17. 이시점간 생산가능곡선, P. 396
18. 이시점간 한계전환율, P. 397
19. 미래소비 비교우위, P. 397
20. 현재소비 비교우위, P. 397
21. 미래소비의 상대가격, P. 397
22. 현재소비의 상대가격, P. 397
23. 현재소비의 할인율, P. 397
24. 미래소비의 할증율, P. 397
25. 이시점간 무차별곡선, P. 397
26. 이시점간 예산선, P. 397
27. 이시점간 총산출량의 가치, P. 397
28. 현재소비의 수입, P. 401
29. 미래소비의 수출, P. 401
30. 세계의 실질이자율, P. 401
31. 외채, P. 403
32. 해외자산, P. 403
33. 해외부, P. 403
34. 압숍션(absorption), P. 403
35. 먼델・플레밍모델(Mundell-Fleming model), P. 405
36. 국가위험성, P. 405
37. 국가간 이자율격차, P. 405
38. 차입에 의한 자본축적, P. 405
39. 기업의 과잉투자, P. 405

제20장

산업내 분업론

1. 이론의 개요
2. 산업내 무역을 결정하는 요인
3. 산업내 무역의 시장형태
4. 우리 경제의 미래

1. 이론의 개요

우리 경제의 제조업 시장구조의 중요한 특징 중에 하나가 대기업형태의 시장구조이다. 미시이론에서 이를 설명해 줄 수 있는 것이 슘페터(Schumpeter)의 동태적 효율성의 개념이라고 한다면 국제경제이론에서 이를 설명해 줄 수 있는 것은 산업내 분업론이다. 다만 선단식 경영에 대한 재벌의 문제는 경제적인 문제라기보다는 경영학적인 문제로 볼 수 있기 때문에 두 이론 모두 재벌구조의 문제까지 설명할 수 있는 것은 아니다.

전통적인 국제무역론(traditional trade theory)에 의하면 자본이 풍부한 국가에서는 자본집약적인 상품의 생산에 비교우위가 있기 때문에 자본집약적인 상품의 생산에 전문화해서 수출해야 하고 노동이 풍부한 국가에서는 노동집약적인 상품을 수출해야 한다. 그 이유는 단순히 외국에 비해서 저렴하게 생산할 수 있기 때문이다. 이와 같은 이론을 비교우위론(theory of comparative advantage) 이와 같은 형태의 무역을 산업간 무역(interindustry trade)이라 한다. 예를 들어 우리 경제가 공산품을 수출하고 농산물을 수입하는 형태의 무역이 이에 해당한다. 비교우위론이 오늘날 국제무역론의 일반론이다.

전통적인 국제무역론인 비교우위론이 성립하기 위해서는 규모에 대한 보수불변과 완전경쟁시장이어야 한다. 그렇다면 규모의 경제로 인한 시장구조가 불완전경쟁시장일 경우의 국제무역은 어떻게 설명될 수 있는가. 이를 설명하는 이론이 산업내 무역론이다. 만약 우리 기업이 공산품의 생산에 차별화 할 수 있다면, 무역을 통한 시장의 확대로 규모의 경제로 인한 생산비절감이 가능하게 된다. 똑같은 이유로 무역에 참가하는 모든 국가가 모든 공산품을 생산하기보다는 일부의 차별화 된 공산품의 생산에 전문화하고 무역을 통해서 상호교환 한다면 세계경제는 더 많은 산출량을 생산할 수 있고 인류의 복지가 증대된다는 것이 산업내 무역론이다. 이 이론은 공업국가(선진국)간 무역을 설명하는 이론이며 이와 같은 무역의 형태를 산업내 무역(intra industry trade)라 한다. 예를 들면 한국이 소형 자동차를 수출하고 미국으로부터 대형자동차를 수입하는 무역형태를 말한다.

산업내 무역이 성립하기 위해서는 외국의 상품과는 다른 차별화된 상품을 생산하여 수출 할 수 있는 능력이 있어야 한다. 주로 자본집약적인 공산품의 생산에서 차별화가 가능하다. 요소부존비율이라고 할 수 있는 자본・노동비율이 유사하고 자본이 풍부한 공업국가간 무역이 주로 산업내 무역인 이유가 바로 이 때문이다.

산업내 무역이 중요한 이유는 세계무역의 대부분을 차지하는 선진국간의 무역이 주로 산업내 무역의 형태로 이루어지고 있으며 무역이 자유화되면 될수록 앞으로 산업내 무역의 비중이 더욱 커질 것으로 보이기 때문이다. 특히 유럽연합과 같이 경제가 통합되는 경우에는 산업내 무역의 비중이 더욱 커질 수밖에 없다.

산업내 무역을 우리 경제의 무역에 그대로 적용할 수는 없겠지만 규모의 경제가 무역발생의 요인이 된다는 점과 대기업의 공산품의 수출을 설명할 수 있는 이론적인 근거는 될 수 있을 것이다. 특히 앞으로 우리 경제의 무역패턴을 설명할 수 있다는 점에서 중요하다고 할 수 있다.

2. 산업내 무역을 결정하는 요인

다음에 설명하는 산업내 무역을 결정하는 요인은 산업내 무역과 산업간 무역을 구분하는 기준이 될 뿐만 아니라 무역의 패턴(pattern of international trade) 또는 무역구조를 설명할 수 있는 이론적 근거가 되기 때문에 중요하다. 왜냐하면 무역의 형태는 산업내 무역과 산업간 무역으로 구분되는 것이 일반적인 경향이기 때문이다.

(1) 규모의 경제로부터 상품의 차별화가 가능하기 위해서는 국가간 선

호와 취미가 유사하고 다양해야 한다. 일반적으로 1인당 소득수준이 비슷한 국가간에는 선호와 취미가 유사하기 때문에 선진국간의 무역의 대부분이 산업내 무역이다. 다만 후진국이라 할지라도 공산품을 차별화 할 수 있는 능력이 있다면 차별화 된 공산품을 선진국으로 수출할 수는 있을 것이다.

(2) 공산품에 차별화하기 위해서는 자본이 풍부해야 하며, 국가간 자본・노동비율이 유사해야만 상호간 차별화 된 상품의 전문화가 가능하다. 따라서 자본이 풍부하고 자본・노동비율이 유사한 국가간 무역은 산업내 무역이 지배적이고 그렇지 못한 국가간 무역은 산업간 무역이 지배적이다. 이상의 두 가지 조건으로 우리가 알 수 있는 것은 외형상 비슷한 국가간 무역은 산업내 무역이고 외형상 서로 다른 국가간 무역은 산업간 무역이라는 것을 알 수 있다. 예를 들면 선진국간 무역은 주로 산업내 무역이고 선진국과 후진국의 무역은 주로 산업간 무역이다.

(3) 무역장벽 및 수송비가 낮을 경우에 산업내 무역의 정도는 커진다. 높은 수송비와 무역장벽의 존재는 시장의 확대로 인한 규모의 경제로부터 얻을 수 있는 이익을 상쇄시키기 때문이다. 뿐만 아니라 지리적으로 인접한 국가는 상호간 문화가 유사하기 때문에 이 또한 산업내 무역을 촉진시키는 요인이 된다.

(4) 다국적 기업의 활동이 활발한 국가간 무역이 산업내 무역의 정도가 크다. 다국적 기업은 그 전에 수입하던 상품을 차별화하여 수출할 수 있기 때문이다.

(5) 차별화 될 수 있는 상품일수록 산업내 무역의 정도가 커진다. 예를 들면 자동차와 각종 전자제품은 차별화의 가능성이 높기 때문에 산업내 무역의 비중이 크며, 농업, 어업, 광업, 중간재산업, 자본재산업은 차별화 가능성이 낮기 때문에 산업간 무역의 비중이 높다.

(6) 신상품이 표준화 되었을 때 차별화 가능성이 크다면 산업내 무역의 정도가 크며 그 반대일 경우는 산업간 무역의 정도가 커진다.

이상과 같은 요인에 의해서 산업내 무역의 정도가 결정되면 그 나머지가 산업간 무역에 해당한다.

결국 우리 경제가 선진화하기 위해서는 자본이 축적되고 기술이 진보해야 할뿐만 아니라 신업내 무역도 활발해야 한다. 지금의 시점에서 본다면 차별화 된 상품수출에서는 그 과정이 순조롭게 이루어지고 있다고 할 수 있을 것이다. 바꾸어 말한다면 산업화의 과정은 일정 시점에서 과거와는 다른 형태로 갑자기 완결되는 것이 아니라, 시간의 경과와 더불어 점진적으로 진전된다는 관점에서 본다면 앞으로 우리 경제의 산업내 무역은 점차적으로 진보하여 선진국 형태가 될 수 있을 것으로 보인다.

산업내 무역의 정도는 지수로 측정될 수 있는데 다음과 같이 나타낼 수 있다.

$$I = \frac{(X_i + M_i) - |X_i - M_i|}{(X_i + M_i)}$$

또는

$$I = 1 - \frac{|X_i - M_i|}{X_i + M_i}$$

여기에서 I 는 산업내 무역지수, X_i 는 i 라는 상품의 수출액, M_i 는 수입액을 말한다. 그리고 $|X_i - M_i|$ 는 i 라는 상품의 무역수지의 절대치에 해당하기 때문에 산업내 무역지수란 특정상품의 총무역 중에서 산업내 무역이 차지하는 비중을 나타낸 것이라고 할 수 있다. 예를 들어 지수값이 0일 때는 i 상품을 수입만 하거나 수출만 하는 경우에 해당하고, 1일 때는 i 상품을 수출하는 것만큼 수입하는 경우에 해당한다. 따라서 산업내 무역 지수값이 1에 가까울 때는 산업내 무역정도가 높고 0에 가까울 때는 산업내 무역정도가 낮다고 할 수 있다. 결국 산업간 무역은 그 나머지에 해당한다고 할 수 있으므로 산업내 무역지수는 무역구조 또는 무역패턴을 측정하는 지수로 이용할 수 있다.

3. 산업내 무역의 시장형태

일반적으로 규모의 경제가 작용하는 제조업은 과점시장으로 설명되지만 국제무역론에서 산업내 무역은 독점적 경쟁시장으로 설명되고 있다. 그 이유는 과점시장이론은 이론이 복잡할 뿐만 아니라 독점적경쟁시장 역시 과점시장의 특수한 형태 즉 이질적과점으로 볼 수도 있기 때문이다. 그리고 산업내 무역론은 내쉬균형(Nash equilibrium)과 쿠르노모델(Cournot model)과 같이 경쟁상대방의 경제적 활동을 주어진 것으로 가정하고 있다.

쿠르노모델에서도 알 수 있는 바와 같이 산업내의 기업의 수가 증가하면 가격이 하락하고 각 기업의 시장점유율은 감소한다. 따라서 시장규모가 주어져 있는한 산업내 기업의 수가 증가하면 가격이 하락하는데 이를 그림으로 나타내면 〔그림 20-1〕과 같은 우하향 하는 형태의 곡선(PP)을 얻을 수 있다.

[그림 20-1] 독점적 경쟁시장의 균형

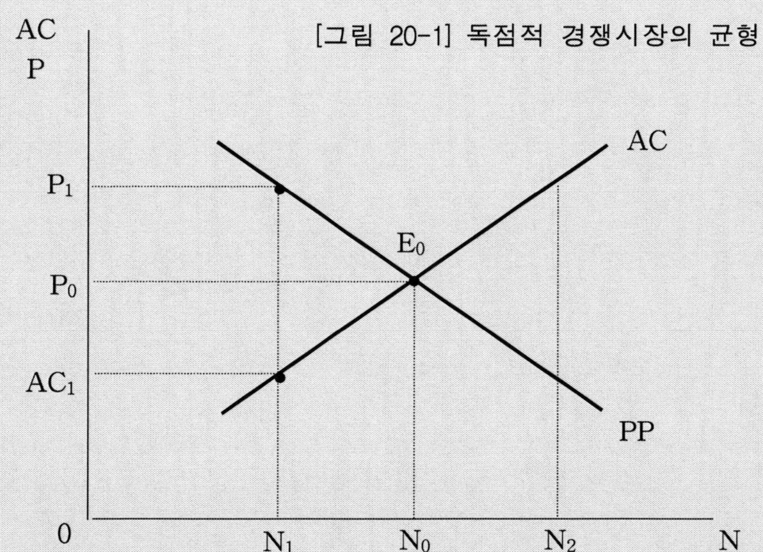

이에 반해서 산업내 기업의 수가 증가하면 시장이 소규모로 분할되기 때문에 개별기업의 평균비용은 증가한다. 이를 그림으로 나타내면 〔그림 20-1〕의 우상향 하는 곡선(AC)이 된다. 독점적 경쟁시장의 장기균형은 두 곡선이 교차하는 점 E_0 에서 이루어진다. 왜냐하면 평균비용과 가격이 일치할 때는 경제적 이윤 또는 초과이윤이 0가 되기 때문이다. 예를 들어 그림에서 보는 바와 같이 산업내 기업의 수가 N_1 일 때는 가격이 평균비용보다 높아 산업내 기업들이 경제적 이윤을 얻고 있기 때문에 새로운 기업의 전입으로 기업의 수가 증가하고, 산업내 기업의 수가 N_2 일 때는 가격이 평균비용보다 낮아 산업내 기업들이 손실을 보기 때문에 기업의 퇴출로 산업내 기업의 수가 감소한다. 따라서 균형가격은 P_0 이며 균형상태에서의 기업의 수는 N_0 이다.

국제무역을 통해서 세계시장이 통합되면 시장규모가 커진다. 시장이 확대되면 AC곡선이 우측으로 이동한다. 결국 국제무역을 통한 시장의 확대로 가격과 평균비용은 낮아지고 이질적인 상품을 생산하는 기업의 수는 증가한다.

이상의 설명을 그림으로 나타낸 것이 〔그림 20-2〕이다. 그림에서 보는 바와 같이 원래의 장기균형상태에서 보다 새로운 장기균형상태에서 가격은 낮아졌고 산업내 기업의 수는 증가하였다. 산업내 기업의 수가 증가하는 이유는 경제적 이윤이 소멸할 때까지 새로운 기업이 전입해 들어오기 때문이다.

일반적으로 제조업내의 기업이 대기업이고 생산설비 규모가 크기 때문에 고정비용이 생산비의 큰 몫을 차지한다. 따라서 국제무역에 의한 시장의 확대로 규모의 경제가 작용할 때 평균비용이 하락하는 주요한 이유는 고정비용이 감소하기 때문이다. 이를 설명하기 위해서는 다음과 같은 선형비용함수를 이용하는 것이 편리하다.

[그림 20-2] 산업내 무역의 효과

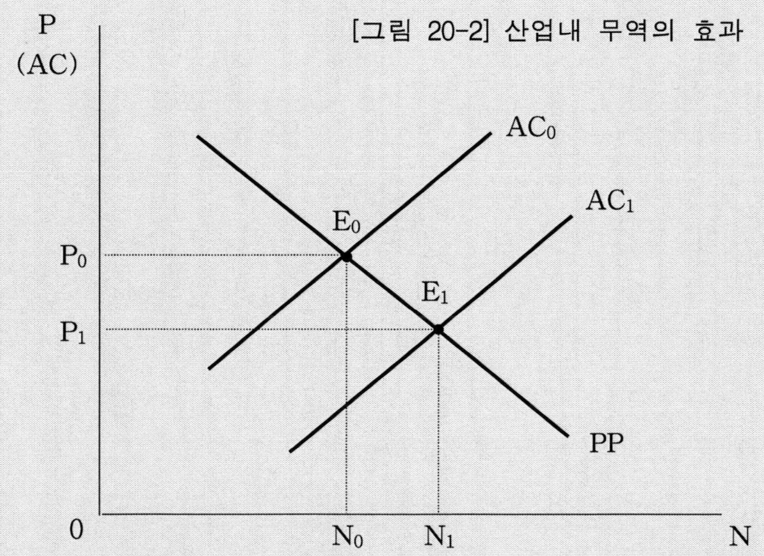

$$TC = FC + \overline{mc} \times Q$$

$$AC = TC/Q = FC/Q + \overline{mc}$$

이것이 선형인 이유는 한계비용(mc)이 산출량(Q)과 관계없이 일정하기 때문이다. 따라서 평균비용을 결정하는 것은 고정비용이며, 산출량이 증가하면 고정비용이 많아지는 산출량에 분산되기 때문에 단위당 평균비용은 감소한다. 산업내 무역을 설명하는 경우 선형비용함수(linear cost function)를 많이 선용하는 이유가 바로 이 때문이다.

4. 우리 경제의 미래

산업내 무역이 중요한 이유는 선진공업국가간 무역이 현실적으로 산업내 무역일 뿐만 아니라 공산품을 차별화 할 수만 있다면 선진국으로 수출이 가능하다는 이론적 근거를 얻을 수 있기 때문이다. 우리 경제의 제조업의 시장구조가 대기업형태이고 대기업이 수출을 주도해 왔다는 점에서 이 이론은 앞으로도 우리 경제의 현실을 설명하는데 많이 원용될 것으로 보인다. 왜냐하면 제품의 차별화는 기술의 진보와는 그 개념이 다를 뿐만 아니라 쉽게 이룰 수 있는 것이기 때문이다.

지금까지 설명한 경제발전과 국제무역론은 우리 경제의 발전과정에서 적용할 수 있는 국제무역의 일반론을 요약한 것이다. 바꾸어 말한다면 후진국에만 적용할 수 있는 특수이론이 아니라 일반적인 국제무역론 중에서 우리 경제에 적용할 수 있는 이시점간 국제무역론과 산업내 분업론을 요약한 것이다. 이에 대한 구체적인 내용은 국제무역론을 참고하는 것이 보다 더 좋은 방법이 될 수 있을 것이다.

과거 우리 경제가 발전해 오는 과정에서 수출이 중요한 역할을 했던 것과 같이 앞으로도 수출은 경제성장에 중요한 역할을 할 것으로 보인다. 새로운 상품이나 새로운 생산방법을 개발하는 기술의 진보는 단시간에 이루어질 수 있는 것이 아니기 때문이다. 그러나 선진기술을 도입해서 제품을 차별화하는 형태의 기술진보는 우리 경제의 성장에 앞으로도 크게 기여할 것으로 생각한다. 이는 세계의 소득수준의 균등화 가설(convergence hypothesis)에 의해서도 입증이 되고 있는 사항이다. 뿐만아니라 대기업의 수출은 1997년의 외환위기와 2008년의 금융위기(환율위기)를 극복하는데 매우 중요한 역할을 하였다고 할 수 있다. 이미 설명한 바와 같이 “국내에서 생산된 산출량 중에 일부가 수출된다”는 것이 개방경제의 거시이론인데 이 수출의 대부분이 대기업의 수출이었기 때문이다. 따라서 우리 경제의 대기업시장구조와 차입성장전략은 성공했다고 할 수 있을 것이다.

그런데 외환위기 이후 장기적으로 경제성장률은 지속적으로 하락하는 상태에 있으며 가계부채는 지속적으로 증가하고 있을 뿐만 아니라 아직도 세계경제는 디스인플레이션 시대에 있다고 할 수 있다. 따라서 과도한 성장정책보다는 채권국으로서 선진국이 되기 위한 최적규모의 경상수지흑자를 유지하면서 잠재성장률보다 좀 낮은 수준에서 성장이 될 수 있도록 하는 것이 무엇보다도 중요한 정책목표가 될 수 밖에 없을 것으로 생각한다.

이 책과 이 책 시리즈의 제4권 “연구방법론”에서 국제무역을 강조한 이유는 그 동안 국제무역론이 우리 경제의 발전과정에 매우 유리하게 전개되어 왔다고 생각했기 때문이었다. 연구방법론에서도 설명된 바와 같이 레온티에프(Leontief)의 역설과 산업내 무역론은 우리 경제의 대기업 시장구조(시장조직)와 차입성장 전략을 설명하는데 매우 적합하였다. 따라서 거시경제의 수요측면에서 거시경제와 국제금융론을 통합하고 개방경제의 IS-LM모델을 검증하면 현실을 설명할 수 있게 된다. 바꾸어 말한다면 자연률이론으로 거시경제를 통합하고 개방경제의 IS-LM모델을 검증하면 현실을 설명할 수 있다는 것이다.

예를들어 외환위기나 환율위기로 원・달러환율이 달러당 900원에서 1,600원까지 상승하였다고 하자.

원화의 가치가 하락하였기 때문에 순수출은 증가할 것이고 외국인의 자본도 유입될 것이다. 따라서 원・달러환율은 지속적으로 하락할 수 밖에 없기 때문에 위기를 성공적으로 극복하기 위해서는 정부(중앙은행)가 시장에 개입해야 한다. 정부가 시장에 개입하는 동안 순수출이 지속적으로 증가한다면 위기를 성공적으로 극복할 수 있다. 1997년의 외환위기와 2008년의 환율위기를 극복하는 과정에서 순수출이 지속적으로 증가했던 중요한 요인은 대기업의 수출이 증가했기 때문이다.

개방경제의 GDP항등식에서도 알 수 있는 바와 같이 장기적으로 순수출을 지속적으로 증가시키기 위해서는 반드시 내수(C+I+G)를 감소시켜야 한다. 왜냐하면 생산요소와 기술수준에 의해서 결정되는 장기적인 산출량 수준은 잠재적 GDP수준에서 불변이기 때문이다. 특히 외환위기나 환율위기 극복과정에서는 물가상승률을 하락시켜야하기 때문에 내수는 더욱더 침체할 수 밖에 없게 된다. 바꾸어 말한다면 외환위기나 환율위기 극복과정에서는 디스인플레이션과 경기침체가 정상이라는 뜻이다. 이는 또한 정부가 확장적인 재정・금융정책을 사용한다면 위기를 성공적으로 극복할 수 없다는 뜻이기도 하다. 가계 부채가 지속적으로 증가하는 중요한 요인

중에 하나가 확장적인 금융정책 때문이라고 할 수 있다.

가계부채가 지속적으로 증가해서 부채의 상환부담이 커지게되면 소비지출이 감소하고 총수요가 감소해서 경기침체를 더욱 악화시킬 수도 있다. 우리 경제의 경기침체가 장기화하는 또다른 요인 중에 하나가 이와 같은 이유 때문이다. 극단적인 경우에는 가계부채로 인한 악순환으로 부채디플레이션(debt deflation) 또는 가계부채로 인한 악순환의 위기에 빠질 수도 있다. 대표적인 부채 디플레이션이 1930년대의 미국의 대공황이었다.

부채디플레이션이란 대부자금차입자(채무자)의 부채실질부담의 증가로, 채무자의 소비지출이 감소하고 총수요가 감소하기 때문에 경기침체가 더욱 악화되고, 물가수준은 더욱 하락한다는 것을 뜻하는 말이다. 따라서 가계부채의 악순환으로 부채 디플레이션에 빠지게 되면 우리가 잘 아는 바와 같이 이를 극복하기가 매우 어렵게 된다. 미국의 대공황 당시의 디플레이션이 그랬고, 일본의 디플레이션이 그랬다.

그러나 우리 경제는 아직까지는 정상이다. 잠재성장률이 3%대이고, 물가상승률도 선진국보다는 낮은 수준이 아니기 때문이다. 특히 아직까지도 세계경제는 디스인플레이션 시대에 있다고 할 수 있기 때문이다. 다만 앞으로는 GDP대비 가계부채가 지속적으로 증가하는 것은 억제되어야만 할 것으로 생각한다.

요 약

1. 산업내무역론은 규모의 경제로 인한 시장구조가 불완전경쟁시장일 경우의 국제무역을 설명할 수 있다는 점에서 우리경제의 대기업형태의 시장구조의 이론적 근거가 될 수 있다.
2. 산업내 무역을 결정하는 2가지 중요한 요인이 있다면, (1) 외국의 상품과는 다른 차별화된 상품을 생산하여 수출할 수 있어야 하고, (2) 국가간 선호와 취미가 유사해야 한다. 결국 선진국간의 무역은 산업내무역이 지배적이고 선진국과 후진국간 무역은 산업간 무역이 지배적이다.
3. 무역의 패턴(pattern)은 산업간 무역과 산업내 무역으로 구분되기 때문에 산업내무역의 정도를 알 수 있다면 그 나머지가 산업간 무역에 해당된다. 이를 측정하는데 흔히 이용되는 지수가 산업내무역지수이다.
4. 산업내무역론은 내쉬균형(Nash equilibrium)과 쿠르노모델(Cournot model)을 전제로 하여 독점적경쟁시장이론으로 설명되고 있는 것이 일반적인 경향이다.
5. 국제무역을 통해서 시장이 확대되면 가격과 평균비용이 낮아지고 이질적인 상품을 생산하는 기업의 수가 많아지기 때문에 다양한 상품을 낮은 가격으로 소비할 수 있어 인류의 복지가 증대된다.
6. 생산설비규모가 크고 고정비용이 생산비의 큰 몫을 차지할 때는 선형비용함수(linear cost function)를 이용해서 평균비용을 설명할 수 있다. 선행비용함수란 한계비용이 산출량과 관계없이 일정한 비용함수를 말한다.
7. 제품의 차별화와 기술진보는 그 개념이 다르다. 둘다 우리경제의 미래에 중요한 역할을 할 것으로 보이기 때문에 수출을 통한 경제성장은 앞으로도 중단할 수 없는 전략이 될 것으로 보여진다.

중요개념

1. 시장구조, P. 411
2. 동태적 효율성, P. 411
3. 산업내 분업론, P. 411
4. 전통적 국제무역론, P. 411
5. 자본 집약적 상품, P. 411
6. 노동 집약적 상품, P. 411
7. 비교우위론, P. 411
8. 산업간 무역, P. 411
9. 규모에 대한 보수불변, P. 411
10. 완전경쟁시장, P. 411
11. 규모의 경제, P. 411
12. 불완전경쟁시장, P. 411
13. 공업국가간 무역, P. 412
14. 차별화된 상품, P. 412
15. 자본·노동비율, P. 412
16. 선진국간 무역, P. 412
17. 무역의 패턴, P. 412
18. 무역구조, P. 412
19. 선호와 취미, P. 412
20. 무역장벽, P. 413
21. 다국적기업, P. 413
22. 차별화의 가능성, P. 413
23. 상품의 표준화, P. 413
24. 산업내무역지수, P. 414
25. 과점시장, P. 415
26. 독점적 경쟁시장, P. 415
27. 내쉬균형(Nash equilibrium), P. 415
28. 쿠르노모델(Cournot model), P. 415
29. 시장점유율, P. 415
30. 시장규모, P. 415
31. 세계시장의 통합, P. 416
32. 시장의 확대, P. 416
33. 이질적인 상품, P. 416
34. 장기균형, P. 416
35. 선형비용함수, P. 416
36. 수출상품의 차별화, P. 418
37. 국제무역의 일반론, P. 418
38. 기술의 진보, P. 418

제21장

Epilogue(거시경제 정책상의 문제)

1. 문제의 개요
2. 화폐수량설과 총수요
3. 금융정책과 재정정책의 준칙(rule)
4. 재정적자와 정부부채
5. 재정적자가 경상수지에 미치는 영향

1. 문제의 개요

오늘날 거시경제학자들간에 견해가 다른 주요인은 경제안정화정책상의 문제 때문이다. 케인즈(Keynes)이론에 입각해서 적극적이고 재량적인 재정금융정책으로 경제를 안정시켜야한다는 것이 케인즈학파(Keynesian economists)의 주장이고, 화폐수량설에 입각해서 통화준칙(monetary rule)에 따라 금융정책으로 경제를 안정시켜야 한다는 것이 통화론자(monetarist)의 주장이다. 그 외에도 여러 형태의 경제안정화정책이 있을 수 있음은 물론이다.

통화준칙이란 경제안정화정책이 재량적이어서는 경제의 불안정을 더욱 심화시키기 때문에 유통속도가 일정할 경우 매년 일정한 비율로 화폐공급을 증가시켜야 경제의 불안정성을 제거할 수 있다는 것이다. 예를들어 잠재적 경제성장률이 5%일 때 중앙은행이 통화량을 매년 8% 증가시키면 화폐의 유통속도가 일정한한 물가상승률은 매년 3%로 안정될 수 있다.

통화론자의 경제안정화정책이 거시경제이론에 큰 영향을 미친 것은 1980년대 중반 이후 반인플레이션정책이 미국에서 성공하면서부터였다고 할 수 있다. 당시까지 케인즈적인 재정·금융정책으로는 10%나 되는 물가상승률을 잡을 수 없었기 때문이었다. 그 결과 오늘날까지도 화폐수량설은 거시경제이론과 정책에서 중요한 위치를 차지하고 있는 것이다. 바꾸어 말한다면 인플레이션의 이론과 정책에 관한한 화폐수량설 만한 것이 없다는 점이다.

결국 경제학자들간에 견해차이를 이해하려면 화폐수량설과 총수요의 관계 및 통화준칙이 무엇인가하는 것을 아는 것이 필수적이라 할 수 있다. 이장에서는 여기에 초점을 두어 통화론자와 케인즈학파의 견해차이가 본질적으로 무엇인가하는 것을 설명하는데 주력하였다.

경제안정화정책에 있어서 최근들어 문제가 되는 것이 재정적자로 인한 정부부채(government debt)문제이다. 특히 선진국의 대부분이 GDP대비 정부 부채비율(정부부채/GDP)이 매우 높은 수준이다. 따라서 재정적자가 경제에 미치는 효과에 대해서도 최근들어 경제학자들간에 논쟁의 대상이 되고 있올 뿐만 아니라 재정적자 자체를 어떻게 평가힐 깃인가하는 것도 문제가 되고 있는 것이 현실이다. 그리고 쌍둥이 적자와 외환위기의 요인도 중요한 문제가 되고 있다. 요약한다면 경제학자들간에 견해차이가 있는 부분은 재정·금융정책과 관련된 문제들이 대부분이라고 할 수 있다.

2. 화폐수량설과 총수요

이미 설명한 바와 같이 화폐의 유통속도가 일정하다면 화폐수량설로부터 총수요곡선을 직접적으로 도출할 수 있다. 즉 통화량(M)이 일정하고 화폐의 유통속도(V)가 일정하다면 총수요곡선은 [그림21-1]과 같이 우하향하는 곡선으로 도출될 수 있다. 물론 화폐수량설로 도출된 총수요곡선은 직각쌍곡선이지만 편의상 직선으로 표시되어 있다.

장기총공급곡선이 Y_0수준에서 수직으로 주어져 있을 때, 1970년대와 같이 인플레이션이 문제가 되었을 때는 정부가 어떻게 해야하는가! 조세를 증가시키고 정부지출을 감소시키기는 어렵다. 따라서 통화량을 감소시켜야 한다. 만약 통화량을 5%만큼 감소시켰다면 원래의 총수요곡선(AD_0)이 꼭 5%만큼 아래쪽으로 이동한다. 따라서 물가상승률도 꼭 5%만큼 하락한다. 예를들어 종전에 연간 물가상승률이 10%였다면 이제는 물가상승률이 5%가 된다는 것이다. 결국 이론적으로 물가는 안정된 셈이고 경제안정정책은 성공했다고 할 수 있다. 1980년대 이후 경제안정화정책으로 금융정책이 널리 이용된 것은 바로 이와 같은 이유 때문이다. 이를 흔히 반인플레이션 정책(anti-inflation policy)이라고도 한다.

[그림 21-1] 반인플레이션 정책

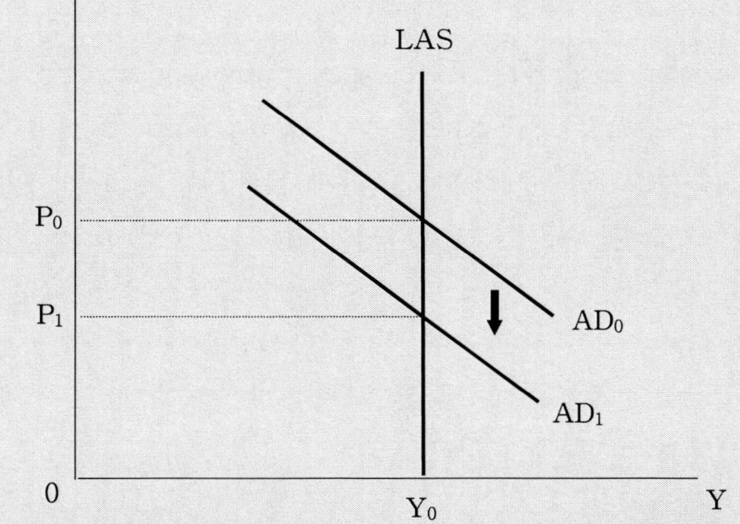

세계2차대전 이후 1970년대까지는 케인즈적인 재량적 재정·금융정책이 주로 실시되어 왔고, 1980년대 이후는 금융정책이 인플레이션을 잡기 위해서 효과적으로 실시되어 왔다고 할 수 있으나 아직까지도 완전한 정책은 없다고 할 수 있다. 결국 경제학자들간에 견해차이가 있을 수밖에 없다는 것이 현실이다.

이미 설명한 바와 같이 반인플레이션 정책으로 물가상승률이 하락하는 현상을 디스인플레이션이라하며, 그 결과 발생하는 비용을 희생률(sacrifice ratio)이라 한다.

반인플레이션정책은 필립스곡선으로 설명되는 것이 일반적이지만 여기에서는 반인플레이션정책의 의미를 명확하게 하기 위해서 총수요와 총공급의 이론으로 설명하였다. 보다 더 구체적인 내용은 「경제이론과 현실, 연구방법론」의 입증자료에서 자세하게 설명되고 있다.

필자가 이 책과 이 책 시리즈의 제4권 연구방법론에서 반인플레이션 정책과 디스인플레이션을 강조하게된 것은 1997년의 외환위기 때문이었다. 외환위기를 성공적으로 극복하기 위해서는 긴축적인 재정·금융정책으로 물가상승률이 장기적으로 하락해야하기 때문이다. 따라서 외환위기 극복과정에서는 장기적으로 경제가 침체하고 실업이 증가한다.

이미 설명한 바와 같이 개방경제의 GDP항등식은 Y=C+I+G+(X-M)이다. 여기서 C+I+G를 국내총지출 또는 내수라 한다. 따라서 반인플레이션 정책으로 물가수준을 안정시키기 위해서는 내수도 증가시키고 순수출도 증가시킬 수 없다. 바꾸어 말한다면 순수출을 증가시키기 위해서는 반드시 내수를 감소시켜야 한다. 왜냐하면 장기총공급은 주어진 잠재적 산출량수준에서 불변이기 때문이다. 특히 디스인플레이션 기간동안에는 실제적인 GDP수준이 잠재적 GDP수준보다 낮을 수 밖에 없기 때문에 내수는 더욱더 위축될 수 밖에 없다.

결국 외환위기와 그 극복과정을 설명하기 위해서는 거시경제의 수요측면에서 거시경제와 국제금융론이 통합되어야 개방경제의 IS-LM모델을 검증하고 현실을 설명할 수 있다. 이미 설명한 바와 같이 물가상승률이 하락하는 디스인플레이션도 자연률이론으로 설명되고 있다. 자연률 이론은 일반론이다. 따라서 자연률이론을 이용하면 거시경제이론의 혼란기에 이를 통합하고 개방경제의 IS-LM모델을 검증하여 현실을 설명할 수 있게 된다.

끝으로 부동산의 문제를 설명할 수 있는 이유도 위와 같은 이유 때문이다. 반인플레이션 정책으로 인한 디스인플레이션기간동안에는 규제를 풀고 확장적 금융정책으로 부당산 투자를 활성화 할 수는 없는 일이기 때문이다. 이처럼 원래 이 책 시리즈는 외환위기와 그 극복과정을 설명하기 위해서 반인플레이션정책과 디스인플레이션을 강조하였다. 그런데 2008년 미국의 금융위기와 2010년 유럽이 재정위기를 겪으면서 세계적인 디스인플레이션 현상은 더욱더 장기화 경향을 갖게 되었다. 따라서 이와 같은 현상은 앞으로도 당분간은 지속될 것으로 보인다. 유가가 지속적으로 하락하는 이유도 이와 같은 이유 때문이라고 할 수 있다.

3. 금융정책과 재정정책의 준칙(rule)

준칙이란 재량적 정책과 대비되는 개념이다. 따라서 이는 법규적인 규정을 정해놓고 규정에 따라 매년 실시되는 정책이라 할 수 있다. 금융정책의 준칙으로 대표적인 것이 통화론자의 금융준칙(monetary rule)으로 이는 이미 설명한 바와같이 유통속도가 일정할 경우 매년 일정한 비율로 화폐공급을 증가시키는 정책을 말한다. 매년 일정한 비율로 화폐공급을 증가시키는 이유는 화폐공급의 변화자체가 경기변동의 요인이 되기 때문이다. 그런데 만약 화폐의 유통속도가 변화한다면 이 정책 역시 문제가 될 수 있다.

통화론자들의 주장은 화폐의 유통속도가 일정하다는 전제하에서만 성립될 수 있다. 일정한 경우는 통화준칙이 타당하겠지만 민간부문의 불안정으로 화폐에 대한 수요가 변화하고 유통속도가 변화한다면 통화준칙은 문제가 있게 된다. 이와같은 이유 때문에 최근들어서는 미국의 금융정책에서 볼 수 있는 바와 같이 안정적인 물가상승률을 목표로하여 목표치에서 벗어났을 때 명목이자율을 변화시키는 금융정책이 선호되고 있다. 이에 대한 구체적인 내용은 이 책 시리즈의 제4권 연구방법론의 입증자료에서 자세히 설명되고 있다. 중요한 것은 이 또한 넓은 의미에서 보면 반인플레이션 정책에 속한다고 할 수 있다.

재정정책의 준칙으로 흔히 논의되는 것이 균형예산준칙이다. 그런데 대부분의 국가에서 다음과 같은 3가지 이유를 들어 이 준칙에 따르지 않고 있어 재정적자와 정부부채가 증가하고 있는 것이 현실이다. 이에 대해서는 대부분의 경제학자들의 견해도 같다. (1) 균형예산준칙은 조세의 자동안정장치 기능을 약화시키기 때문에 불균형예산보다 경제불안정요인으로 작용할 수 있고, (2) 균형예산준칙은 자원배분을 왜곡시킬 수도 있으며, (3) 균형예산준칙은 필요한 경우 차세대에게 조세부담을 이전시키는 것을 막기 때문에 균형예산정책을 엄격하게 실시할 필요가 없다는 것이다. 경제학자들이 이렇게 생각하는 한 재정적자와 정부부채는 증가할 수 밖에 없는데 선진국의 대분분이 GDP대비 정부부채비율이 상당이 높은 수준에 있어 문제가 되고 있는 것이 현실이다. 유럽의 재정위기가 이와같은 이유때문에 발생했으며, 그 대책의 일환으로 긴축적인 재정정책에 의해서 재정적자를 줄이려는 노력이 국제적인 정책공조로 이루어지고 있다고 할 수 있다.

4. 재정적자와 정부부채

정부지출에는 사회간접자본에 대한 지출과 교육비 지출도 포함되어 있다. 따라서 이와 같은 요인으로 재정적자가 발생한다면 경제성장을 둔화시키지 않고 오히려 경제성장을 촉진시킬수도 있을 것이다. 재정적자를 부정적으로 평가하는 중요한 이유가 민간투자지출을 구축하고 장기적으로 자본축적을 억제하는 요인으로 보기 때문이다.

그런데 사회간접자본에 대한 지출은 사회간접자본을 축적시키고, 교육비지출은 인적자본인 지식수준을 향상시키기 때문에 이를 고려해서 재정적자를 평가하는 방법이 자본예산(capital budgeting)이다. 이 문제는 거시경제이론 뿐만 아니라 미시경제와 국제경제이론에서도 논의되고 있는 문제로서 아직까지도 재정정책과 관련해서 논쟁의 대상이 되고 있는 중요한 문제이다.

재정적자는 유량이고 정부부채 또는 국채(national debt)는 저량이다. 따라서 재정적자는 새롭게 추가된 정부부채이기 때문에 이를 정확하게 측정하기 위해서는 부채의 증가분에서 정부의 자본자산의 증가분을 공제해주어야 한다. 이처럼 정부의 부채와 자산의 측면에서의 재정적자를 평가하는 방법이 바로 자본예산 평가방법이다. 그런데 정부의 자본자산은 그 가치를 정확하게 평가할 수 없다는데 문제가 있다. 왜냐하면 정부의 자본자산의 편익은 수많은 다수의 국민에게 분산되기 때문이다. 이와같은 문제가 있기는 하나 앞으로 자본자산평가법은 여러 가지 측면에서 개선될 수 있을 것으로 보여진다.

재정적자는 정부의 적자재정정책 때문에 발생할 수도 있고 경제가 침체해서 자동적으로 발생하는 경우도 있다. 왜냐하면 세율이 주어져 있을 때 소득이 감소하면 정부의 세입이 감소하기 때문이다. 반면에 정부지출은 각종사회복지제도 때문에 불경기일 때 오히려 증가하는 경향이 있다. 따라서 경제가 침체했을 때는 적자가 발생하는 것이 일반적인 현상이다. 다만 지난 50년동안 우리 경제와 같이 급속하게 경제가 성장하는 경우에는 자동적으로 적자가 발생하는 경우는 드물 것이다.

자동적인 재정적자와 정책으로 인한 재정적자를 구분하기 위해서 도입된 개념이 완전고용예산이다. 이미 설명한 바와 같이 완전고용예산이란 경제가 완전고용상태에 있을 때의 예산을 말한다. 따라서 완전고용상태에서의 예산의 적자가 적자재정정책을 반영하는 것이기 때문에 매우 유용한 개념이라고 할 수 있지만 완전고용예산을 정확하게 측정하기가 어렵다는데 문제가 있기 때문에 이 또한 거시경제학자들간에 논쟁의 대상이 되고 있는 중요한 문제중에 하나이다.

일반적으로 세율을 감소시키면 가처분소득을 증가시키기 때문에 소비지출이 증가한다. 그런데 만약 소비자들이 저축을 증가시킨다면 총수요가 증가하지 않을 수도 있다. 왜냐하면 재정적자는 미래의 조세부담을 증가시키기 때문에 꼭 그만큼 저축을 증가시킬 수도 있다는 것이다. 이와 같은 이론을 리카도의 등가이론(Ricardian eguivalence theorem)이라 한다. 리카도의 등가이론은 일반론이라고 할 수 없지만 이 또한 아직까지도 거시경제학자들간에 논쟁의 대상이 되고 있는 중요한 문제라고 할 수 있다.

5. 재정적자가 경상수지에 미치는 영향

이미 설명한 바와같이 재정적자는 쌍둥이 적자의 요인이 될 뿐만 아니라 후진국의 경우에는 외환위기의 요인도 될 수 있기 때문에 최근들어 개방경제에 대한 분석이 강조되고 있는 것이 현실이다.

확장적인 적자재정정책의 결과로 국민저축이 감소하면 이자율이 상승하기 때문에 자본이 유입되고 원·달러환율이 하락하여 경상수지적자를 확대시키는 요인으로 작용한다. 이미 설명한 바와 같이 이것이 쌍둥이 적자의 요인이다.

과도한 재정적자의 지속으로 정부부채가 증가하고 외채가 증가하면 채무불이행상태(default)에 빠질 수도 있기 때문에 외국인 투자자들로부터 신뢰성을 상실하게 되어 원·달러환율이 오르고 이자율이 상승할 뿐만 아니라 외국으로부터의 차입도 어렵게 된다. 따라서 외환위기는 과도한 재정적자 때문에 발생할 수도 있다. 다만 우리경제의 외환위기요인은 과도한 재정적자 때문에 발생한 것은 아니었다. 이에 대해서는 이미 충분하게 설명한 바가 있기 때문에 더 이상의 설명이 필요없을 것이다. 다만 앞으로 이 문제에 대해서는 많은 연구가 이루어질 것으로 보이며 이 책에서 설명한 것이 모든 것이라고 생각하지는 않는다.

끝으로 지금까지 설명한 것을 요약한다면 거시경제학자들간에 견해차이가 있는 중요한 요인은 경제안정정책에 대한 강조점에 차이가 있기 때문이다. 인플레이션이 문제가 될 때는 화폐수량설에 입각해서 금융정책으로 물가를 잡는 것이 효과적이며, 실업이 문제가 될 때는 케인즈이론에 입각해서 재정정책과 금융정책으로 문제를 해결하는 것이 효과적이다.

그리고 적자재정과 정부부채 문제는 재정적자의 크기를 측정하는 방법과 그 효과에 대해서 거시경제학자들간에 견해차이가 있으므로 여러 견해를 종합해서 분석하는 것이 타당할 것으로 보인다.

우리경제의 외환위기요인에 대해서는 최근들어 개방경제가 강조되는 점을 감안할 때 앞으로 많은 연구가 이루어질 것으로 보인다. 이책은 미시경제와 거시경제 및 국제경제를 종합적으로 분석했을 뿐만 아니라 검증하고 예측했다는 점에서 의미가 있다고 할 수 있다. 물론 이에 대해서도 앞으로 많은 연구가 있을 것으로 생각하며 보다 더 좋은 책들이 출판될 수 있을 것으로 믿어도 좋을 것이다.

요 약

1. 거시경제학자들간에 견해차이가 있는 부분은 재정·금융정책과 관련된 문제들이 대부분이다.
2. 경제안정화정책으로서 1970년대까지는 케인즈적인 재량적 재정·금융정책이 주로 실시되어 왔고, 1980년대 이후는 반인플레이션 정책으로서 금융정책이 효과적으로 실시되어 왔으나 아직까지도 완전한 정책은 없다고 할 수 있다. 결국 경제학자들간에 견해차이가 있을 수밖에 없는 것이 현실이다.
3. 금융정책의 준칙으로서 통화론자의 금융준칙은 아직까지도 일반론이지만 재정정책의 준칙으로서의 균형예산준칙은 그 효력을 상실한지 이미 오래되었다. 결국 선진국의 대부분이 GDP대비 정부부채비율이 매우 높은 수준에 있는 것이 현실이다.
4. 재정적자의 평가기준으로 흔히 논의되는 것이 자본자산평가법과 완전고용예산평가법이다. 결국 재정적자는 현실적으로 과대평가되고 있다고 할 수 있다.
5. 조세를 감소시켰을 때 소비자들이 저축을 증가시킨다면 총수요가 증가하지 않을 수도 있는데 이를 흔히 리카도의 등가이론(Ricardian equivalence theorem)이라 한다. 리카도의 등가이론은 일반이론이라고는 할 수 없지만 아직까지도 경제학자들간에 논쟁의 대상이 되고 있는 중요한 문제이다.
6. 확장적인 재정정책은 쌍둥이 적자의 요인이 될 뿐만 아니라 외환위기 요인으로 작용할 수도 있기 때문에 최근들어 개방경제에 대한 분석이 강조되고 있는 것이 현실이다.

중요개념

1. 재량적인 재정·금융정책, P. 425
2. 통화준칙, P. 425
3. 케인즈학파, P. 425
4. 통화론자, P. 425
5. 반인플레이션 정책, P. 425
6. 화폐수량설, P. 425
7. 정부부채, P. 425
8. 정부부채비율, P. 426
9. 쌍둥이 적자, P. 426
10. 외환위기, P. 426
11. 총수요곡선, P. 426
12. 준칙, P. 429
13. 금융준칙, P. 429
14. 화폐의 유통속도, P. 429
15. 재정정책의 준칙, P. 429
16. 균형예산준칙, P. 429
17. 자동안정장치, P. 429
18. 자본예산, P. 430
19. 국채, P. 430
20. 정부의 자본자산, P. 430
21. 완전고용예산, P. 431
22. 리카도(Ricardo)의 등가이론, P. 431
23. 쌍둥이 적자, P. 431
24. 채무불이행상태, P. 432

부 록

거시경제의 미시경제적 기초

제22장

저축과 투자 및 이자율 결정이론

1. 미시 금융
2. 대부자금 수급설
3. 저축과 투자
4. 이자율 결정
5. 명목 이자율과 실질 이자율
6. 자본의 고전적 이론
7. 이자와 이윤

1. 미시 금융

저축에 의해서 투자자금이 조달되는 시장을 금융시장이라 한다. 이론을 단순화하기 위해서 가계의 저축이 모두 은행을 통해서 기업에 대출된다고 하자.

저축의 주체는 가계이고 가계는 소득 중의 일부를 은행에 예금하며 이렇게 예금된 저축이 기업에 대출된다. 따라서 실제적으로는 은행이 대출(대부)했지만 가계가 대출한 것과 같다. 기업은 은행으로부터 차입한 자금(대출받은 자금)으로 투자를 한다. 기업 자신이 저축한 자금(유보이윤)이 없다면 기업이 투자하는 자금은 모두 다 가계가 저축한 자금과 일치한다. 가계의 저축은 자금의 공급이고 기업의 투자는 자금의 수요이므로 자금의 공급과 수요가 일치하는 수준에서 이자율이 결정되는데 이렇게 해서 이자율이 결정된다는 이론을 대부자금(loanable fund) 수급설이라 하며, 이와 같은 대부자금이 거래되는 사징을 대부자금시장이라한다. 따라서 이는 금융시장의 이론적 개념이다.

그런데 기업도 투자를 위해 저축(유보이윤)을 하는데 이는 기업 자신이 저축을 하고 이를 투자하므로 똑같은 금액이다. 따라서 경제 전체적으로 볼 때 저축은 가계의 저축과 기업의 저축을 합계한 것이며 투자자금은 기업이 차입한 자금과 기업이 저축한 자금으로 구성된다.

저축은 일정한 기간 동안의 소득 중 소비되지 않은 것으로 미래의 소비를 위한 것이다. 따라서 현재의 소비를 늘리면 미래의 소비가 줄어들고 미래의 소비를 늘리려면 현재의 소비를 줄여야 한다. 바꾸어 말한다면 현재의 소비를 미래의 소비로 교환하는 것이 저축이라고 할 수 있다. 따라서 이자율을 r이라고 한다면 현재의 소비 1단위와 미래의 소비 (1+r) 단위가 교환된다는 뜻이므로 이자율이 상승하면 저축이 증가한다. 만약에 기업이 차입을 할 수 없다면 자신이 저축한 것으로 투자를 하는데 이 또한 미래의 소비를 위한 것이다. 그런데 이자율이 낮아 차입으로 투자를 하고 생산을 하는 것이 유리할 경우는 투자를 늘릴 것이다. 따라서 이자율이 하락하면 투자는 증가한다. 이자율은 저축과 투자의 상호작용에 의해서 결정되므로 이를 이 시점간 자원배분론이라 한다.

자본이란 생산된 생산수단 또는 생산요소로서 자본재를 말하는데 이는 과거의 저축과 투자에 의해서 축적된다. 우리가 흔히 볼 수 있는 생산설비는 과거의 저축과 투자에 의해서 매년 축적된 것으로 유량이 아니라 저량(stock)이다. 따라서 저량의 측면에서도 이자율의 결정원리가 설명될 수 있는데 이를 자본의 고전적 이론(classical theory of capital) 또는 자본론(theory of capital)이라 한다.

2. 대부자금 수급설

이론을 단순화하기 위해서 기업이 투자를 하지 않고 소비자들의 대부와 차입에 의해서만 현재의 소비와 미래의 소비를 결정하고 있다고 가정하기로 하자. 대부자금의 공급자는 현재의 소득이 많은 사람이기 때문에 이자율이 상승하면 대출을 많이 하려고 하며, 대부자금의 수요자는 미래의 소득에 비해서 현재의 소득이 부족한 사람이기 때문에 이자율이 낮아야 차입을 늘리려고 할 것이다.

[그림 22-1] 대부자금시장의 균형이자율

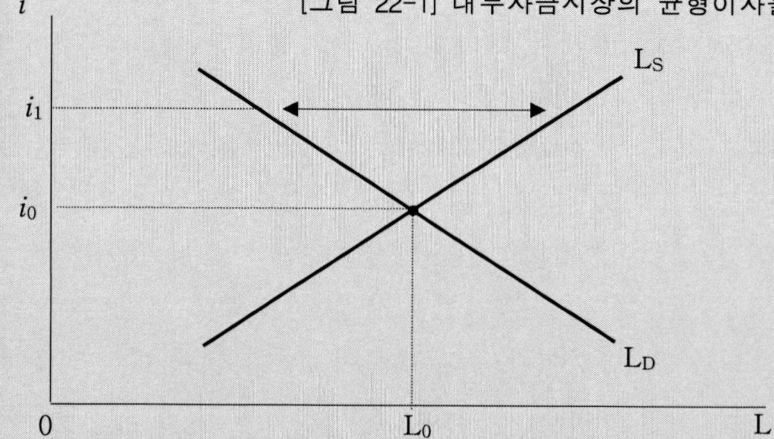

따라서 대부자금시장(market for loanable funds)의 공급곡선은 〔그림 22-1〕과 같이 우상향 하며 대부자금의 수요곡선은 우하향 한다. 균형 이자율은 대부자금의 수요곡선과 공급곡선이 교차하는 수준 i_0에서 결정된다. 이자율이 i_0보다 높다면 초과공급이 발생하므로 이자율이 하락하고 이자율이 균형 이자율보다 낮다면 대부자금의 초과수요가 발생하므로 이자율이 상승한다. 균형이자율 i_0에서는 대부자금의 수급이 일치하기 때문에 다른 요인이 변화되지 않는 이상 이자율은 변화되지 않게 된다.

1) 대부자금의 공급

소비자의 현재의 소득과 미래의 소득의 현재가치를 소비자의 부(wealth)라고 하는데 현재의 소득을 Y_0, 미래의 소득을 Y_1, 이자율을 i_0라고 한다면 소비자의 부 w_0는 다음과 같이 나타낼 수 있다.

$$w_0 = Y_0 + [Y_1/(1+i_0)], \quad \text{그리고} \quad w_1 = w_0(1+i_0)$$

[그림 22-2] 대부자금의 공급

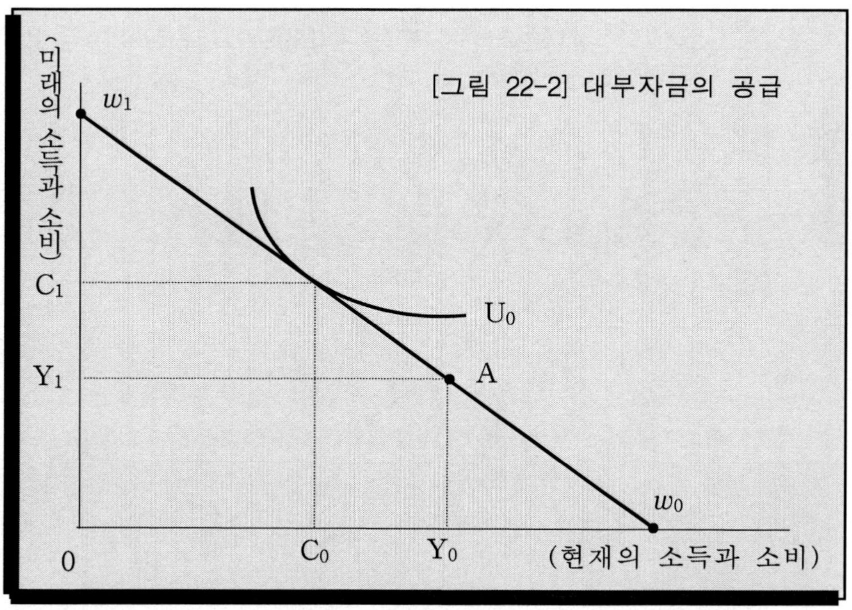

이를 그림으로 나타내면 〔그림 22-2〕와 같이 현재의 소비축의 절편(횡축의 절편)은 w_0가 되고 미래의 소비축의 절편은 현재의 소득을 모두 대부(대출)해 주는 경우로서 $w_0(1+i_0)$가 된다. 이 두 점을 연결해준 것이 현재의 소비와 미래의 소비에 대한 예산선이다. 소비자는 이 예산선 상의 어떤 점이라도 선택할 수 있다.

현재의 소비와 미래의 소비에 대한 무차별곡선은 동일 시점에서 두 재화에 대한 무차별곡선과 똑같지만, 현재의 소비와 미래의 소비에 대한 시간선호(time preference)라는 점에 차이가 있다.

지금 이 소비자의 부존점(endowment position)이 A점(Y_0, Y_1)으로 주어져 있고 시간선호가 그림에서 보는 바와 같이 무차별곡선으로 주어져 있다면 이 소비자는 만족을 극대화하기 위해서 Y_0-C_0만큼 대부를 해주고 미래에 소비를 C_1-Y_1만큼 늘리게 된다. 바꾸어 말한다면 이 소비자는 대부자금 공급자로서 현재의 소비를 Y_0에서 C_0로 줄이고 미래의 소비를 Y_1에서 C_1으로 늘린다는 뜻이다.

[그림 22-3] 이자율과 대부자금의 공급과의 관계

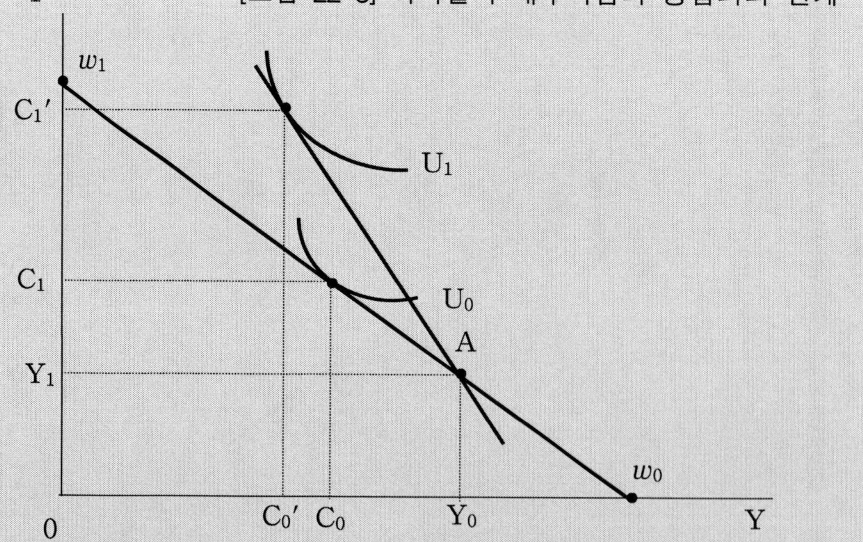

이자율이 〔그림 22-3〕과 같이 i_0에서 i_1으로 상승하면 A점을 기점으로 해서 이 시점간 예산선이 회전이동하고 따라서 대부를 더 해주기 위해서 현재의 소비를 더 줄이고 미래의 소비를 늘릴 것이다.

그러므로 이자율이 상승하면 대부자금 공급이 증가한다. 물론 이 때 대부자금의 공급은 저축과 같고 미래 소비의 증가분은 원금과 이자를 합한 것이다. 그리고 지금까지 설명은 대표적인 대부자금의 한 공급자를 대상으로 하여 설명한 것인데 모든 대부자금 공급자의 공급곡선을 수평으로 더해주면 〔그림 22-1〕과 같은 대부자금시장의 공급곡선이 된다. 끝으로 예산선을 결정하는 것은 소비자의 부인데 이는 소비자의 순자산(자산-부채)과 같으며 기업의 순자산과 소비자의 순자산을 합하면 일정시점에서의 국부가 된다.

2) 대부자금의 수요

대부자금의 수요자는 현재의 소득(Y_0)보다 미래의 소득(Y_1)이 상대적으로 많은 사람이다.

[그림 22-4] 대부자금의 수요

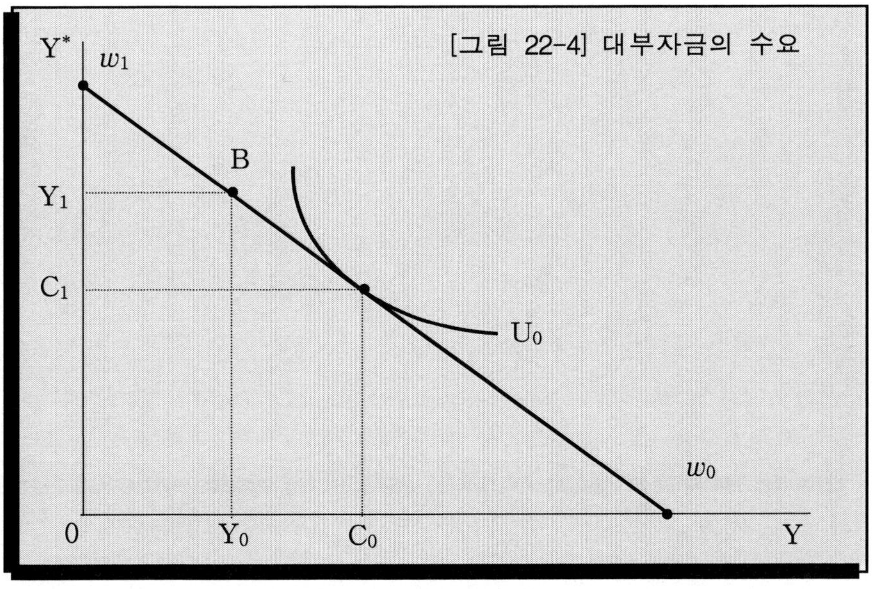

그 이유는 단순히 미래의 소득이 상대적으로 많은 소비자 또는 가계가 차입에 의해서 현재의 소비를 늘릴 수 있기 때문이다. 예를 들면 자녀들의 교육을 위해서 차입하는 가계가 이에 해당된다. 따라서 차입(대부자금의 수요)에 의해서 현재의 소비를 늘리는 대표적인 한 가계의 부존점(Y_0, Y_1)은 〔그림 22-4〕와 같이 종축의 절편에 가까운 B점으로 표시할 수 있다. 이 소비자는 만족을 극대화하기 위해서 ($C_0 - Y_0$)만큼 차입을 하고 미래에 ($Y_1 - C_1$)만큼 원금과 이자를 상환하고자 할 것이다.

만약에 이자율이 상승한다면 이 시점간 예산선이 B점을 축으로 해서 좌측으로 회전이동하며 기울기는 커진다. 따라서 〔그림 22-5〕에서 보는 바와 같이 이자율이 상승하면 대부자금의 수요는 감소한다. 대부자금 시장의 수요곡선은 모든 대부자금 수요자의 수요곡선을 수평으로 집계한 것으로서 〔그림 22-1〕의 수요곡선이 이에 해당한다.

[그림 22-5] 이자율과 대부자금의 수요

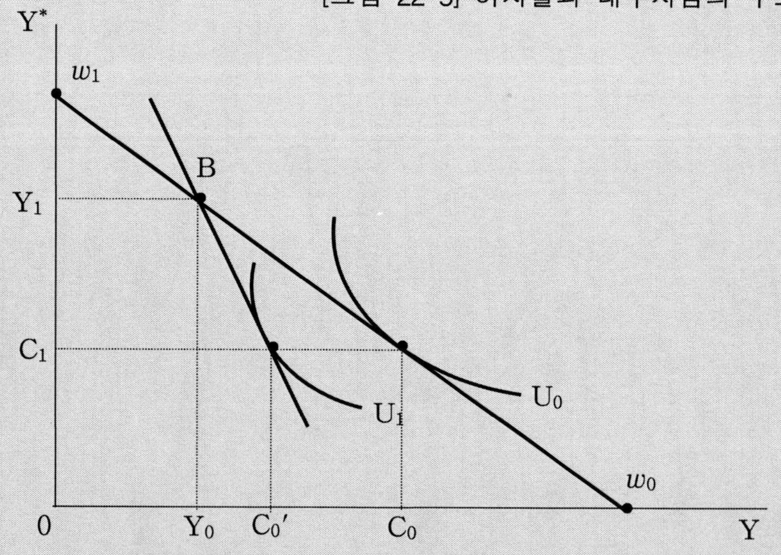

3. 저축과 투자

이자율의 결정원리는 대부자금시장의 이자율 결정원리만 가지고도 이론적으로 충분하다. 왜냐하면 경제 전체적으로 볼 때 대부자금의 공급자는 가계이고 일반적으로 저축을 통해서 공급되며, 대부자금의 수요자는 기업이며 투자를 목적으로 차입하기 때문이다. 바꾸어 말한다면 투자자금의 공급자는 가계이며 투자자금의 수요자는 기업이다.

그러나 저축과 투자의 본질적인 성격을 이해하는 것은 경제이론 전체를 이해하는데 매우 중요하기 때문에 저축과 투자에 의해서 어떻게 이자율이 결정되고 그것이 대부자금시장의 이자율 결정원리와 어떤 관계가 있느냐 하는 것은 매우 중요한 경제원칙이라고 할 수 있다.

저축과 투자는 그 목적이 모두 다 미래의 소비를 증가시키기 위한 것이기 때문에 동일인에 의해서 저축되고 투자되는 경우에는 같을 수밖에 없다. 예를 들어 어떤 가계가 자녀들의 교육을 위해서 저축을 하는 경우에는 이것이 곧 교육투자금액과 일치한다. 다만 저축은 현재의 소득 중 일부를 저축하는 것이고 투자는 저축된 자금을 지출한다는 것에 차이가 있을 뿐이다. 이해를 돕기 위해서 로빈슨 쿠루소(Robinson Crusoe)가 무인도에서 혼자 사는 경우를 예로 드는 경우가 많다. 무인도에서 혼자 살고 있으므로 차입이 불가능하며 따라서 자신이 저축한 것으로 투자를 해야 한다. 저축은 소득 중 소비되지 않는 것을 뜻한다. 바꾸어 말한다면 소비를 절약한 것이다. 만약 로빈슨 쿠루소가 빈손으로 수산물을 어획하는데 투입되는 노동을 절약하여 그물을 만들었다면 식량의 소비를 절약한 것과 같으므로 저축인데, 그 시간에 그물을 만들었으므로 이는 곧 투자와 같다.

투자란 유량이며 새로운 자본재를 만드는 것(또는 자본의 형성)이고, 자본이란 저량으로 과거의 저축과 투자에 의해서 축적된다. 바꾸어 말한다면 자본은 일정시점에서의 생산설비로서 현재 시점에서 우리가 흔히 볼 수 있는 생산설비는 과거의 저축과 투자에 의해서 축적된 것들이다. 투자에 의한 자본재는 생산에 이용되기 때문에 미래의 생산과 소비를 증가시킨다.

로빈슨 쿠루소가 혼자 살고 있으므로 그의 생산가능곡선이 곧 사회의 생산가능곡선이다. 그가 그물을 만드는 이유는 손으로 잡는 것보다 미래에 더 많은 고기를 잡을 수 있기 때문이다. 따라서 로빈슨 쿠루소의 이시점간 생산가능곡선은 〔그림 22-6〕에서 보는 바와 같이 동일 시점에서 두 재화에 대한 한 경제의 생산가능곡선의 형태와 같다.

로빈슨 쿠루소의 현재의 조건이 A점(Y_0, Y_1)에 있는데 미래의 소비를 증가시키기 위해서 ($Y_0 - C_0$)만큼 저축하고 투자를 한다면 그는 미래에 ($C_1 - Y_1$)만큼 생산과 소비를 증가시킬 수 있다.

로빈슨 쿠루소가 직면하고 있는 투자대상이 되는 여러 가지 사업들은 수익률이 서로 다르기 때문에 수익률이 높은 사업부터 먼저 투자를 하게 되므로 투자를 증가시키면 증가시킬수록 투자 수익률은 낮아진다.

[그림 22-6] 동일인에 의한 저축과 투자

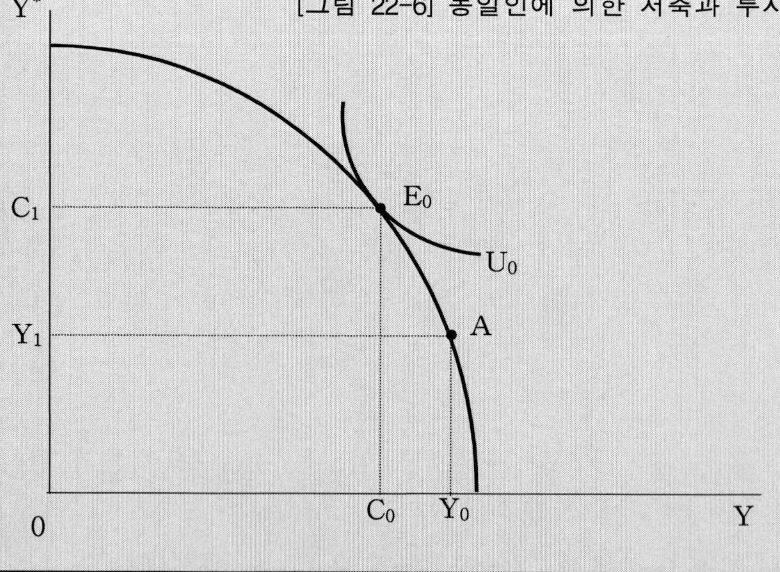

로빈슨 쿠루소는 만족을 극대화하기 위해서 이 시점간 무차별 곡선과 이 시점간 생산가능곡선이 접하는 점에서 소비를 선택 할 것이다. 왜냐하면 그의 저축과 투자로 접할 수 있는 가장 높은 수준의 무차별곡선이 U_0이기 때문이다. 요약한다면 로빈슨 쿠루소는 금년의 산출량 또는 소득 중에 일부인 $Y_0 - C_0$를 절약해서 이를 투자한다면 현재와 미래에 대한 만족을 극대화 할 수 있다는 것이다.

끝으로 이 시점간 생산가능곡선의 기울기는 최종 한 단위의 현재의 산출량이 미래의 산출량으로 전환되는 비율로서 미래의 산출량에 대한 현재의 산출량의 한계전환률(이 시점간 한계전환률)이며, 무차별곡선의 기울기는 미래의 소비에 대한 현재 소비의 한계대체율이다. 따라서 E_0점 오른쪽에서는 이 시점간 한계대체율이 한계전환율보다 작고 위쪽(왼쪽)의 생산가능곡선상에서는 한계대체율이 한계전환율보다 크다.

4. 이자율의 결정

로빈슨 쿠루소가 이제 혼자 살지 않고 많은 사람들이 한 사회를 이루어 같이 살고 있다고 한다면 차입과 대부가 가능하므로 차입에 의해서도 투자가 가능하게 된다. 이는 물론 현재 우리가 사는 사회와 똑같은 원리가 적용되는 사회이다. 따라서 생산자 또는 기업이 얼마를 차입해서 투자할 것인가 하는 것은 이자율에 의해서 결정된다. 이 시점간 예산선 또는 시장선(market line)은 이자율을 반영하는 것이다. 즉 이자율을 i라고 한다면 이 시점간 예산선의 기울기는 $(1+i)$가 된다.

이 사회의 대표적인 생산자가 〔그림 22-7〕의 A점에 있다고 했을 때 만족을 극대화하는 과정은 다음과 같이 두 가지로 나눌 수 있다. (1) 미래의 소비를 이자율로 할인해준 미래소비의 현재가치와 현재의 소비를 합계해주면 이 생산자의 부(wealth)가 되므로 부를 극대화할 수 있도록 투자를 할 것이다. (2) 부의 극대화로부터 만족이 극대화될 수 있도록 차입을 할 것이다.

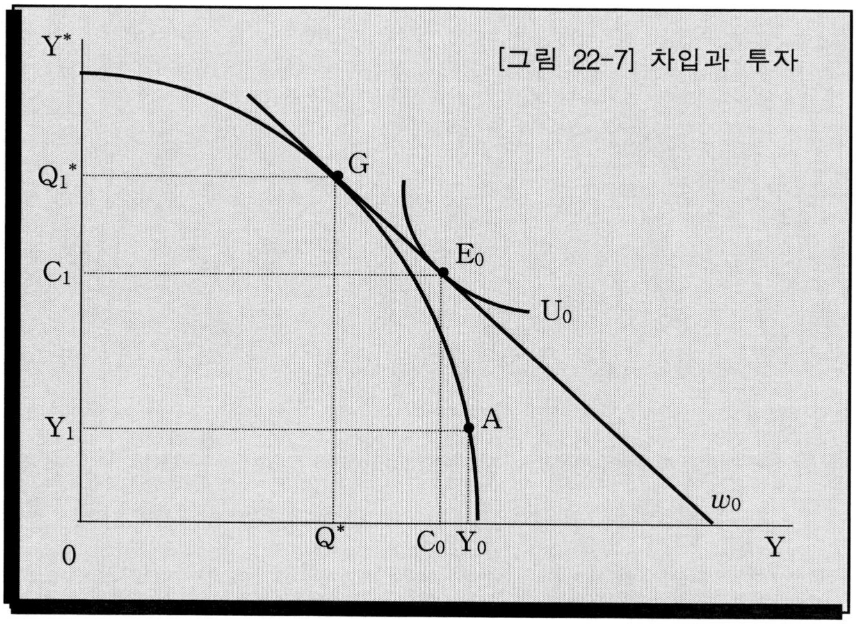

(1)의 과정은 자신의 생산가능곡선으로 가장 높은 시장선에 접한다는 뜻이므로 그림에서 보는 바와 같이 (Y_0-Q^*)만큼 투자를 해서 G점에 있을 수 있다는 것이다. 이 때의 부는 w_0로서 가능한 극대의 부에 해당된다. (2)는 시장선을 따라 만족이 극대화되도록 차입해서 소비를 증가시킬 수 있다는 것이다. 결과적으로 생산자는 자기 자신의 저축과 차입에 의해서 투자를 하는데 총투자(Y_0-Q^*)중 (C_0-Q^*)가 차입에 의한 투자이며 나머지 Y_0-C_0가 자신이 저축한 것이다. 생산자가 차입을 할 수 있었던 것은 소비자가 자신들이 투자하는 것보다 더 많이 저축을 했기 때문이다.

시장 이자율이 상승하면 시장선의 기울기가 커지기 때문에 G점의 오른쪽에서 시장선과 생산가능곡선이 접하게 되어 투자가 감소하게 된다. 특수한 경우로서 투자보다 차입이 많은 경우는 부의 저축(dissaving)을 하는 경우가 되며, G점이 왼쪽에서 시장선과 무차별곡선이 접하는 경우는 저축으로 투자도 하고 대부도 하는 경우에 해당된다.

[그림 22-8] 이자율의 결정

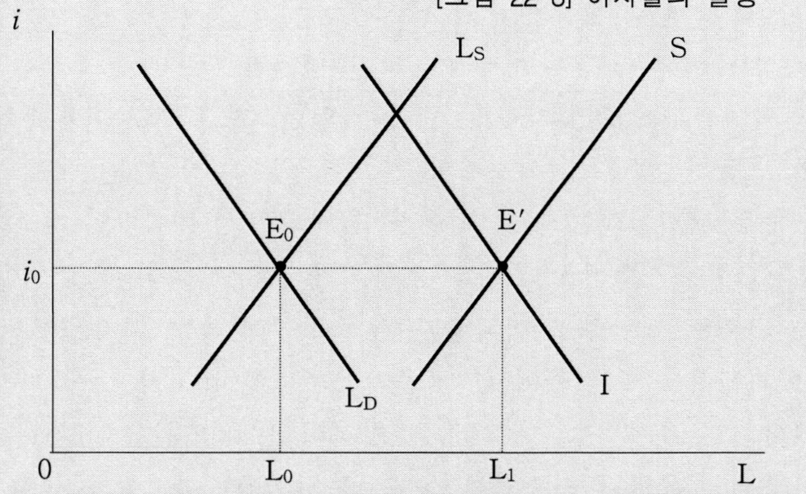

지금까지 설명에 의해서 알 수 있는 바와 같이 이자율의 결정은 저축과 투자에 의해서도 설명이 될 수 있고 대부와 차입에 의해서도 설명이 될 수 있다. 다만 다른 점은 투자의 주체는 기업 또는 생산자이고 저축의 주체는 가계라는 점이다. 〔그림 22-8〕에서 보는 바와 같이 i_0E_0는 가계가 저축한 것이고 E_0E'는 기업이 저축한 것이다. 따라서 저축과 투자에 의해서 결정되는 이자율과 대부와 차입에 의해서 결정되는 이자율은 같을 수밖에 없다.

만약 이자율이 균형 이자율보다 높다면 대부자금의 공급이 대부자금의 수요를 초과한다는 뜻이므로 이자율이 하락하고 이자율이 균형이자율보다 낮다면 대부자금의 수요가 대부자금의 공급을 초과하므로 이자율은 상승한다. 바꾸어 말한다면 저축의 공급이 투자의 수요를 초과하면 이자율은 하락하고 투자수요가 저축의 공급을 초과하면 이자율은 상승한다. 따라서 i_0 이자율 수준에서는 초과수요나 초과공급이 존재하지 않으므로 다른 요인이 변화되지 않는한 이자율은 더 이상 변동하지 않고 균형 이자율이 된다.

5. 명목이자율과 실질이자율

명목이자율과 실질이자율의 문제는 일반적으로 거시이론에서 취급된다. 왜냐하면 물가수준은 거시경제의 중요한 변수이기 때문이다. 미시이론은 물가수준은 불변이라는 가정 하에서 전개되는 이론이다. 따라서 이자율은 실물로 표시하든 화폐로 표시하든 관계가 없다. 그러나 물가가 변동할 경우에는 화폐로 계산하는 이자율과 실물로 계산하는 이자율이 상당한 차이를 유발시킨다. 예를 들어 연간 물가상승률이 10%라고 할 때 1000만원을 차입해서 1년 후에 원금과 이자를 합하여 1,200만원을 상환했다면 20%의 명목이자를 지급했다는 뜻인데 실제로는 10%의 이자를 지급한 것과 같다. 왜냐하면 현재의 소비 1단위와 1년 후에 소비 1.1단위가 교환되었기 때문이다. 따라서 실질이자율을 구하기 위해서는 명목이자율에서 물가상승률을 공제해 주어야 한다.

실질이자율 = 명목이자율 - 물가상승률

또는, 명목이자율 = 실질이자율 + 물가상승률

예를 들어 물가상승률이 5%일 때 명목이자율이 7%라면 실질이자율은 2%이고, 명목이자율이 10%라면 실질이자율은 5%이다. 특이한 경우로서 명목이자율이 물가상승률보다 작은 경우는 차입한 대가를 지불하는 것이 아니라 받는 경우가 된다. 인플레이션 시기에는 이와 같은 현상이 발생하는 경우가 있다.

6. 자본의 고전적 이론(classical theory of capital)

자본의 고전적 이론은 자본축적론 또는 자본의 한계생산성 이론이라 할 수 있다. 투자는 유량이고 자본은 저량(stock)이다. 따라서 시간이 경과함에 따라 과거의 저축과 투자에 의해서 자본은 축적된다. 우리가 흔히 볼 수 있는 생산시설이나 수많은 주택들이 과거의 저축과 투자에 의해서 축적된 것들이다. 그런데 기술수준이 불변인 상태에서 자본이 축적되면 축적될수록 자본의 한계생산물은 수확체감의 법칙이 작용하기 때문에 체감한다. 이론을 단순화하기 위해서 모든 자본재가 동종 동질이라고 한다면 한 경제의 모든 기업들의 한계수입 생산물곡선을 나타내는 투자수익률곡선을 수평으로 집계한 것이 자본저량에 대한 총수요곡선이라 할 수 있다. 따라서 〔그림 22-9〕에서 보는 바와 같이 자본저량에 대한 수요곡선은 우하향 한다. 이에 반해서 어떤 한 시점에서의 자본의 공급량은 과거의 투자에 의해서 축적된 것으로 주어져 있다고 할 수 있기 때문에 주어진 공급량 수준에서 수직인 공급곡선이 된다.

그림에서 보는 바와 같이 이자율이 i_0보다 높을 때는 자본의 공급량이 자본의 수요량을 초과하기 때문에 이자율은 하락하며, i_0보다 이자율이 낮을 때는 자본의 수요량이 자본의 공급량을 초과하기 때문에 이자율은 상승한다. 이자율이 i_0일 때 자본에 대한 수요량과 공급량은 일치해서 다른 요인이 변동하지 않는한 이자율은 변화되지 않으므로 균형이자율이 된다.

[그림 22-9] 이자율과 자본의 고전적 이론

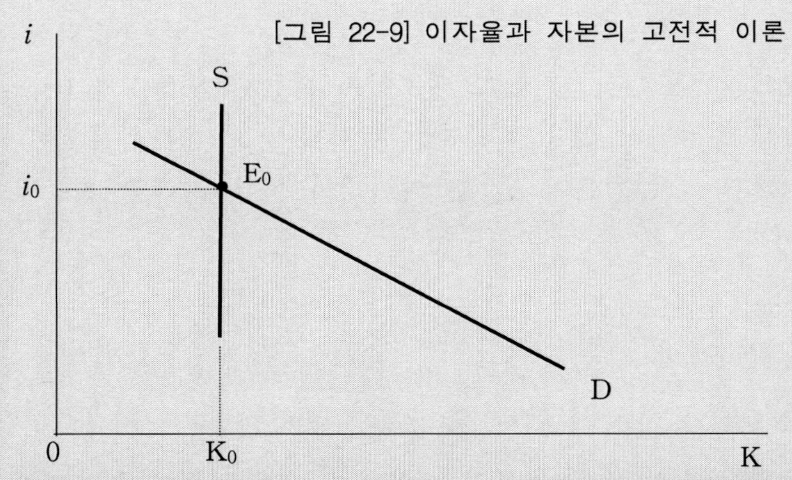

[그림 22-10] 자본축적과정

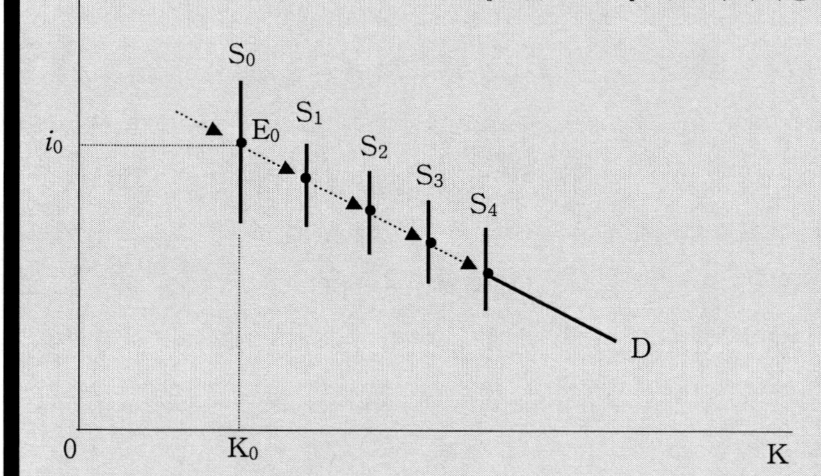

이상의 설명은 실물자본에 대한 수요와 공급으로 설명한 것이지만 기업이 차입을 하는 목적이 자본재 구입 즉 투자에 있기 때문에 투자자금의 수급에 의한 이자율 결정이론과 본질적으로 같다고 할 수 있다.

매년 사람들이 저축을 증가시키고 순투자가 이루어져 자본이 축적된다면 시간이 경과함에 따라서 경제는 〔그림 22-10〕에서 보는 바와 같이 자본공급곡선이 우측으로 이동하고, 경제는 자본에 대한 수요곡선을 따라 오른쪽 아래로 이동한다. 기술이 진보하지 않는한 순투자가 0가 되고 자본이 더 이상 축적되지 않을 때까지 이동한다. 고전적 자본론이 중요한 이유는 경제성장론의 기초가 될 뿐만 아니라 자본에 대한 전통적인 이론이기 때문이다.

7. 이자와 이윤

이윤은 투자수익 또는 자본의 수익에서 이자를 공제해준 것으로 총수입에서 총비용을 빼준 것과 같다. 따라서 불확실성이 존재하지 않고 모든 시장이 완전 경쟁시장이라면 경제적 이윤은 존재하지 않는다. 결국 경제적 이윤은 독과점 이윤과 위험이나 기술에 대한 보수로서의 이윤이 전부이다. 경제적 이윤과 회계학적 이윤은 차이가 있는데 그 이유는 회계학적 이윤에는 암묵적 이윤이 포함되어 있기 때문이다. 미시경제의 생산비 이론에서 설명되는 바와 같이 암묵적 이윤은 경제학에서는 기회비용의 개념으로 처리되기 때문에 생산비에 포함시키므로 이는 이윤이 아니라 생산비에 해당한다.

독과점 이윤은 미시경제의 불완전 경쟁시장이론에서 설명된 바 있기 때문에 불확실성에 대한 대가로서의 이윤만을 알아보기로 하자. 예를 들어 목장을 하나 경영하기 위해서 투자를 했다고 했을 경우 먹이와 질병 및 일기불순 등 기타 여러 가지 요인 등에 의해서 투자 수익률이 크게 변동한다. 따라서 이는 위험한 투자에 속한다. 왜냐하면 같은 투자자금을 매우 안정한 국공채에 투자할 수도 있기 때문이다. 그런데 사람들은 일반적으로 위험보다는 안정을 선호한다.

예를 들어 어떤 때는 5%의 수익률을 얻을 수 있고 어떤 때는 15%의 수익률을 얻을 수 있는 것에 투자하기보다는 매년 10%의 수익률을 얻을 수 있는 안정적인 투자를 선호한다는 점이다. 결국 기업이 투자로부터 경제적 이윤을 얻고 있다는 것은 불확실성에 대한 대가로서 이윤을 얻고 있는 것이라고 할 수 있다. 이는 주식투자가 채권투자보다 더 위험하기 때문에 주식투자 수익률이 높고, 기술이나 아이디어에 의존하는 사업의 투자수익률이 그렇지 않는 사업의 투자수익률보다 높은 이유가 여기에 있다. 따라서 기술의 진보가 지속되는 한 위험에 대한 대가로서의 경제적 이윤은 항상 존재한다고 할 수 있다. 그 이유는 그런 이윤이 보장되지 않는다면 사람들이 투자하지 않을 것이기 때문이다.

끝으로 오일러의 정리(Euler's theorem)를 전제로 한다면 이윤은 존재하지 않는다. 오일러의 정리란 모든 것이 확실한 상태에서 규모에 대한 보수가 불변이고 완전경쟁시장일 때는 총산출량이 한계생산성에 따라 분배되고 경제적 이윤은 존재하지 않는다는 이론이다. 오일러의 정리는 이론이 단순할 뿐만 아니라 소득분배의 한계생산성이론과 경제성장이론을 잘 설명해주기 때문에 거시경제이론에서 많이 응용되는 이론이다. 따라서 오일러의 정리는 이론을 단순화하기 위한 하나의 경제적 모델에 불과하다는 점에 유의할 필요가 있다.

요 약

1. 가계의 저축은 대부자금의 공급이고 기업의 투자는 대부자금의 수요이다. 대부 자금의 공급과 수요의 상호작용으로 이자율이 결정된다는 이론을 대부자금수급설이라하며 대부자금이 거래되는 시장을 대부자금시장이라 한다. 그리고 이렇게 해서 결정된 이자율은 현재의 소비와 미래의 소비의 교환비율을 나타내는 것이기 때문에 대부자금 시장의 이자율결정이론을 이시점간 자원배분론이라한다.
2. 이자율이 상승하면 대부자금의 공급은 증가함으로 대부자금공급곡선은 우상향하고, 대부자금의 수요는 감소하기 때문에 대부자금의 수요곡선은 우하향한다. 균형이자율은 대부자금의 공급과 수요가 일치하는 수준에서 결정된다.
3. 차입이 불가능할 경우에는 소득중 소비되지 않는 것 즉 저축으로 투자할 수 밖에 없으므로 저축과 투자는 일치하며, 이 시점간 생산 가능곡선과 이시점간 무차별곡선의 접점에서 저축과 투자가 결정된다.
4. 차입이 가능한 경우에는 생산자의 부가 극대화되고, 현재의 소비와 미래의 소비로 얻을 수 있는 만족이 극대화될 수 있도록 투자되는데, 이 때 생산자가 차입을 할 수 있는 것은 소비자가 자신들이 투자하는 것보다 더 많이 저축을 하기 때문이다.
5. 경제전체적으로 볼 때 저축과 투자에 의해서 결정되는 이자율은 대부자금시장에서 결정되는 이자율과 전적으로 같은 개념이다. 따라서 대부 자금시장으로 저축과 투자가 설명될 수 있고 이 시점간 자원배분론이 설명될 수 있는데 이를 미시금융이라하며, 중앙은행의 화폐의 공급에 의해서 자금이 거래되는 현상을 거시금융이라한다.

6. 실질이자율은 현재의 소비와 미래의 소비의 교환비율을 나타내는 것이고, 명목이자율은 실질이자율에 물가상승률을 더해준 것으로 화폐로 나타낸 이자율을 말한다.
7. 투자는 유량이고 자본은 저량이므로 시간이 경과함에 따라서 자본은 축적된다. 축적되는 모든 자본재를 동종 동질이라고 한다면 투자수익률을 나타내는 자본의 수요곡선을 따라 순투자가 0가 되고 자본이 더 이상 축적되지 않을 때까지 경제가 이동하는데 이를 자본의 고전적 이론이라한다.
8. 불확실성이 존재하지 않고 모든 시장이 완전경쟁시장이라면 경제적 이윤은 존재하지 않는다. 경제적 이윤은 독과점이윤과 불확실성에 대한 대가로서의 이윤이 전부이다. 결국 기술의 진보가 지속되는한 위험에 대한 대가로서의 경제적 이윤은 항상 존재한다고 할 수 있다.

중요개념

1. 미시금융, P. 439
2. 거시금융, P. 439
3. 대부자금수급설, P. 439
4. 이시점간 자원배분론, P. 440
5. 자본의 고전적 이론, P. 440
6. 대부자금시장, P. 441
7. 대부자금의 공급, P. 441
8. 이시점간 무차별곡선, P. 442
10. 시간선호, P. 442
11. 소비자의 부존점, P. 442
12. 대부자금의 수요, P. 443
13. 투자자금의 공급자, P. 445
14. 투자자금의 수요자, P. 445
15. 이시점간 생산가능곡선, P. 446
16. 이시점간 한계 전환율, P. 447
17. 이시점간 한계대체율, P. 447
18. 부의 저축, P. 448
19. 명목이자율, P. 450
20. 실질이자율, P. 450
21. 물가상승률, P. 450
22. 자본의 고전적 이론, P. 450
23. 순투자, P. 452
24. 경제적 이윤, P. 453
25. 독과점 이윤, P. 453

제23장

기업의 투자 결정이론

1. 예상소득의 현재가치
2. 투자사업의 현재가치
3. 비용 편익분석과 내부수익률 분석방법
4. 기업의 자본조달방법과 비용
5. 분산 투자

1. 예상소득의 현재가치

기업이 투자를 하는 이유는 미래의 예상소득(투자수익)을 얻기 위해서이며, 미래의 투자수익은 투자자금의 원금과 이자를 합한 것보다 크거나 적어도 같아야 한다. 따라서 기업이 어떤 투자사업(project)을 선택하고 다른 투자사업을 포기할 것인가 하는 기준은 투자사업의 예상소득의 현재가치일 수밖에 없다. 왜냐하면 어떤 투자사업의 예상소득의 현재가치가 현재의 투자비용보다 크다면 그 투자사업을 선택할 것이고 그렇지 않을 경우에는 그 투자사업을 포기할 것이기 때문이다.

예를 들어 어떤 한 자동차 임대업자가 자동차 1대를 더 구입해서 사업을 늘리기로 했다고 하자. 이 때 자동차 1대 구입비가 1,000만원이라면 이것이 투자비용이다. 이 자동차 1대를 더 구입한 이유는 미래에 투자수익 또는 예상소득을 얻기 위해서이다. 그런데 자동차 임대업을 계속하기 위해서는 매년 영업비용만이 아니라 감가상각비와 자동차 유지비(수선비 등의 기타 비용)도 고려되어야 한다. 이와 같은 모든 비용을 고려한 후에 1대의 자동차 임대수익이 매년 100만원이라면 이것이 예상소득 또는 투자수익이다. 이는 모두 다 미래에 발생하는 것이므로 현재 시점에서 부담해야 하는 1,000만원과 비교하기 위해서는 현재가치로 환산해 주어야 한다. 예상소득을 현재가치로 환산(할인)하는데 이용되는 것이 바로 이자율이며, 일반적으로 이용되는 이자율이 국채이자율(수익률)이다.

적어도 이론적으로 그 이유는 현재소비의 1단위의 가치(상대가격)가 1년 후의 소비의 가치보다 이자율만큼 높기 때문이다. 바꾸어 말한다면 1년후의 예상소득을 $(1+i)$로 할인해주면 1년 후의 예상소득의 현재가치가 되고 10년 후의 예상소득은 $(1+i)^{10}$으로 할인해 주면 10년 후의 예상소득의 현재가치가 된다. 결국 미래의 모든 예상소득의 현재가치는 다음과 같이 구할 수 있다.

$$V_0 = \frac{X_1}{(1+i)} + \frac{X_2}{(1+i)^2} + \cdots\cdots \frac{X_n}{(1+i)^n}$$

여기서 X_1, X_2, X_n은 각각 1년, 2년, n년 후의 예상소득이다. 물론 이자율은 실질이자율로서 명목이자율에서 물가상승률을 공제해준 것과 같다. 위에서 예를 든 자동차 임대사업의 경우는 감가상각비와 유지비용까지 모든 비용을 공제해준 후의 예상소득이 매년 100만원이므로 영구적으로 매년 100만원의 소득을 얻는 것과 같다. 따라서 이 경우 자동차 임대의 예상소득의 현재가치는 이자율이 10%일 때 1000만원이 된다. 물론 이자율이 5%일 때는 예상소득의 현재가치가 2000만원이 될 것이다.

2. 투자사업의 현재가치

어떤 한 투자사업(project)의 현재가치 또는 투자의 현재가치(present value of an investment)는 그 투자사업의 예상소득의 현재가치에서 투자비용을 공제해준 것으로서 다음과 같이 나타낼 수 있다.

$$PV_0 = V_0 - C$$

여기에서 PV_0는 투자사업의 현재가치, C는 투자비용이다. 따라서 투자사업이 현재가치란 현재시점에서 본 투자가치라 할 수 있으며 이는 기업의 부(wealth)를 그만큼 증대시켜 주는 것이라 할 수 있다. 위에서 예를 든 자동차 임대사업의 경우 투자비용이 1000만원이고 이자율이 10%일 때 예상소득의 현재가치가 1000만원이므로 투자사업의 현재가치는 0이며 따라서 기업의 부는 종전과 똑같다고 할 수 있다. 그러나 이 사업은 이자는 메꿀 수 있는 사업이기 때문에 기업이 손실을 보는 사업에 해당하지는 않을 것이다.

현실적으로 투자사업은 사회 전체적으로 볼 때는 농수산업에서부터 3차 산업까지, 어떤 한 기업 내부에서 볼 때는 현존시설의 대체투자로부터 새로운 상품의 개발에 대한 투자에 이르기까지 무수히 존재한다고 할 수 있으며 같은 비용의 투자사업이라 할지라도 각 투자사업의 예상소득의 현재가치는 각각 서로 다를 수밖에 없다. 따라서 기업이 제한된 자본(비용)으로 어떤 투자사업을 선택하고 어떤 투자사업을 포기할 것인가 하는 투자결정의 기준은 투자사업의 현재가치가 큰 것부터 투자를 해서 투자자금과 일치하는 수준까지 투자를 하고 그 이상은 투자를 하지 않는다는 것이다. 극단적으로 투자자금이 제한되어 있지 않고 기업이 원하는 만큼 투자할 수 있는 경우에는 투자사업의 현재가치가 0이 될 때까지 투자를 할 것이다. 왜냐하면 투자사업의 현재가치가 0보다 큰 것은 기업의 순자산 또는 부를 증가시키기 때문이다. 이것이 투자의 기본적인 원칙(rule of an investment)이다. 위의 자동차 임대업자의 경우 1000만원을 가지고 다른 투자사업을 할 수 있다고 했을 때 이자율 10%에서 예상소득의 현재가치가 1500만원이 되는 투자사업이 있다고 한다면 자동차 임대업자는 자동차 1대를 더 구입하지 않고 다른 사업에 투자하게 되며, 다만 자본조달에 문제가 없을 경우에만 자동차 임대업을 늘리게 될 것이다.

이상의 설명에서 알 수 있는 바와 같이 투자의 기본적인 원칙은 다음과 같이 요약할 수 있다. (1) 어떤 이유로든 투자사업을 선택해야 하는 경우에는 같은 비용이라면 투자사업이 현재가치가 큰 것이 선택된다. (2) 투자자금에 제한이 없을 경우에는 투자사업의 현재가치가 0가 될 때까지 투자된다.

3. 비용 편익분석 및 내부수익률 분석방법

1) 비용 편익 분석방법

이론적으로는 투자사업의 현재가치론으로 충분하지만, 실제적으로는 비용 편익 분석방법이 널리 쓰인다. 편익이란 소비자의 측면에서는 효용 또는 만족이 되겠지만 기업의 측면에서는 수입에 해당한다. 따라서 비용 편익 분석방법은 기업의 수입과 비용을 비교 분석하는 방법이다. 이 방법이 널리 쓰이는 이유는 기업의 수입을 증가시키는 여러 가지 투자항목과 비용을 감소시키는 여러 가지 투자항목이 있을 수 있기 때문에 항목별 투자를 구분해서 어떠한 효과가 있을 수 있는지 비교 검토해 볼 수 있기 때문이다.

투자사업의 현재가치론이 기업의 부를 극대화시키는 투자결정이론이라 한다면 비용 편익 분석방법은 편익과 비용의 차액을 극대화시키는 투자결정이론으로서 방법론상의 차이일 뿐 결론적으로는 전혀 차이가 없다. 즉 수입과 비용의 차액이 극대화되도록 투자되면 기업의 부 또한 극대가 된다. 따라서 비용 편익 분석방법은 각 투자사업의 편익(B)과 비용(C)의 흐름의 현재가치비율(B_0^P/C_0^P)을 계산해서 그 비율이 높은 것부터 투자를 한다는 것이다. 따라서 투자자금이 제한되어 있지 않다면 편익비용비율(B/C)이 1보다 큰 투자사업이 모두 투자되겠지만 투자사업을 선택해야 하는 경우에는 편익비용비율이 큰 것부터 선택되게 된다. 그런데 선택해야 할 투자대상이 되는 사업들이 규모가 비슷할 경우에는 단순히 편익비용의 비율을 비교함으로서 투자를 결정할 수 있지만 그렇지 않은 경우에는 투자대상이 되는 사업들을 종합해서 투자사업의 현재가치 기준에 따라 주어진 범위 내에서 선택되어야 한다.

어떤 한 투자사업을 운영하고 있을 때 그 투자사업을 평가해 보고자 할 경우에는, 비용 편익 분석방법을 다음과 같이 변형해서 분석하는 것이 유용한 경우가 많다. 편익은 매년도의 총수입에서 운영비(영업비), 유지비, 감가상각비 등 모든 비용을 공제해준 것이며, 프로젝트 비용은 자본비용으로 이자에 해당한다. 따라서 편익 비용비율은 다음과 같이 나타낼 수 있다.

$$B/C = \frac{R-(C_0+C_m)}{C_L}$$

여기에서 R은 총수입이며 C_0는 운영비(영업비), C_m은 감가상각비를 포함한 유지비용, C_L은 자본비용으로 이자에 해당한다.

위에서 예를 든 자동차 임대업의 경우 모든 비용을 공제한 연간 편익은 100만원이며 연간 자본비용은 이자율이 10%일 때 100만원이므로 편익비용 비율은 1이다. 연간 편익이 120만원이라면 편익비용 비율은 1.2이며 150만원일 경우에는 1.5이다.

프로젝트는 크게 총수입을 증가시키는 프로젝트와 운영비, 유지비 및 감가상각비 등 총비용을 감소시키는 프로젝트로 나눌 수 있는데 비용 편익 분석방법은 이처럼 프로젝트를 분류시킬 수 있을 때 매우 유용하게 이용할 수 있는 방법이다. 특히 비용효과만이 있는 프로젝트를 결정하는 경우에 유용하다. 왜냐하면 비용절감액이 편익이므로 이를 자본비용과 대비시켜 주기만 하면 되기 때문이다.

2) 내부수익률 분석방법

어떤 한 투자사업의 내부수익률이란 투자수익률 그 자체를 말한다. 예를 들어 1000만원을 투자해서 매년 100만원의 예상소득을 얻을 수 있는 경우에 투자수익률은 10%이며 200만원의 예상소득을 얻을 수 있는 경우의 내부수익률은 20%이다. 따라서 이는 투자사업의 현재가치를 0으로 할인시켜 주는 할인률이라고 정의할 수 있으며 r을 내부수익률이라 한다면 다음과 같이 나타낼 수 있다.

$$0 = -C + \frac{X_1}{(1+r)} + \frac{X_2}{(1+r)^2} + \cdots\cdots \frac{X_n}{(1+r)^n}$$

여기서 C는 투자비용 또는 투자자금이며, X_1, X_2, X_n은 각각 1년 후의 예상소득, 2년 후의 예상소득, n년 후의 예상소득을 나타낸다.

이론적으로는 투자수익률 또는 내부수익률이 매우 유용한 개념이지만 어떤 투자사업을 선택하고 어떤 투자사업을 포기할 것인가 하는 투자결정의 문제에 있어서는 다음과 같은 이유 때문에 문제가 있다고 할 수 있다. (1) 내부수익률은 정확하게 계산하기가 곤란하다. (2) 프로젝트 수명이 서로 다른 것들의 내부수익률을 서로 비교하기가 어렵다.

끝으로 내부수익률 분석방법은 채권수익률을 계산하는 경우에 일반적으로 사용하는 방법이다. 채권인 경우에는 미래의 예상소득이 주어져 있기 때문에 미래의 예상소득의 현재가치를 오늘의 투자비용인 채권가격과 일치시키는 할인율이 채권의 내부수익률인 채권수익률이기 때문이다. 내부수익률을 이자율이라고도 하는 이유가 이와 같은 이유 때문이다.

지금까지 설명한 프로젝트 결정이론은 공공투자기준으로서 활용할 수도 있다. 중요한 것은 3가지 투자결정이론이 방법론상에 차이가 있을 뿐 모두 다 똑같은 결론에 도달한다는 점이다.

4. 기업의 자본 조달방법과 비용

1) 자본 조달방법

기업이 투자자금을 조달하는 방법은 크게 내부적인 조달방법과 외부적인 조달방법으로 나눌 수 있다. 내부적인 조달방법이란 이윤을 모두 배당하지 않고 그 일부를 투자자금으로 유보해둔 것을 말하며 외부적인 조달방법은 차입을 하거나 증자에 의해서 자본을 조달하는 방법을 말한다.

기업이 내부자금을 이용해서 투자를 하는 경우에 자본비용은 기회비용으로 그 자금을 외부에 투자했을 때 얻을 수 있는 수익이다. 따라서 내부자금의 자본비용은 이자이며 화폐단위당 비용으로 생각할 때는 이자율이 된다.

차입에 의해서 투자자금을 조달하는 경우에도 자본비용은 이자율이다. 다만 이자는 비용으로 처리되어 기업의 소득에서 공제되기 때문에 내부자금을 이용하는 경우에 비해서 그만큼 조세부담이 감소하게 된다. 예를 들어 법인세의 세율(한계세율)이 50%라고 한다면 이자의 50%만큼 조세부담이 감소하기 때문에 자본 조달비용이 그만큼 작아지게 된다. 따라서 자본조달비용을 K_C라고 하고 세율을 t라고 했을 때 다음과 같은 등식이 성립한다.

$$K_C = i(1-t)$$

이상에서 설명한 바와 같이 차입에 의한 자본 조달비용은 이자라고 할 수 있지만 증자에 의한 자본 조달비용은 다음에 설명하는 것과 같은 3가지 방법에 의해서 측정된다.

2) 프레미엄법

증자에 의한 자본 조달비용이란 해당기업에 투자했을 경우 주주들이 요구하는 수익률을 말한다. 이자는 기업의 비용으로 처리되지만 배당은 조세를 납부한 후의 기업의 소득에서 지급되는 것이기 때문에 법인세와 관계없이 배당금 자체가 기업이 자본 조달비용에 해당한다.

가장 안정적인 금융자산은 국공채이기 때문에 국공채에 대한 투자수익률은 확실한 수익률이다. 왜냐하면 이는 정부가 부담하는 이자이기 때문이다. 따라서 기업이 증자에 의해서 자본을 조달할 경우에는 국공채에 대한 수익률에 해당기업의 불확실성에 대한 대가로서의 프레미엄을 가산한 것만큼 부담해야 하므로 다음과 같은 등식이 성립한다.

$$K_C = i + r_P$$

여기에서 i는 국공채에 대한 투자수익률(이자율)이며 r_P는 프레미엄이다. 이 프레미엄은 다음과 같은 두 가지 구성요소로 구분될 수 있다.

(1) 국공채보다는 해당 기업의 채권에 투자하는 경우가 더 위험하기 때문에 발생하는 프레미엄. (2) 해당 기업의 채권에 투자하는 것보다 주식에 투자하는 것이 더 위험하기 때문에 발생하는 프레미엄. 채권보다 주식이 더 불확실한 이유는 채권 소유자에게 원금과 이자를 지급한 이후에 배당이 이루어질 뿐만 아니라 기업의 이윤에 따라 배당이 결정되기 때문이다. 극단적으로 기업이 손실을 보는 경우에는 배당이 있을 수 없다.

소비자가 주식에 투자했을 때 얻는 수익은 배당금과 자본이득이다. 자본이득(capital gains)은 주가가 상승해야지만 얻을 수 있는 수익이지만, 역사적으로 볼 때 주가는 상승하는 추세이기 때문에 이 또한 기업의 부담으로서의 프레미엄에 포함시키는 것이 일반적인 현상이다. 그런데 이를 무시하면 소비자가 주식에 투자했을 때 얻는 수익이란 배당금뿐이다. 특히 주가가 지속적으로 하락하는 경우에는 자본이득을 얻는 것이 아니라 자본손실을 보는 것에 해당된다.

예를 들어 어떤 한 기업의 채권수익률이 10%이고 국공채수익률이 7%라면 차액 3%가 기업 채권의 불확실성에 대한 대가로서 지급되는 프레미엄이다. 그리고 일반적으로 자본이득을 포함한 주식투자 수익률이 채권투자 수익률보다 높기 때문에 과거의 평균수익률 차액만큼 기업이 부담하는 것으로 본다면 적어도 주식투자 수익률은 10% 이상이어야 하며, 기업의 측면에서 본다면 이는 증자에 의한 자본 조달비용에 해당된다. 이는 물론 소비자 측면에서 본다면 주식투자 수익률으로서 자본이득을 무시했을 경우 배당금에 해당된다.

3) 배당 가치법(Dividend valuation method)

미래에 기대되는 예상 배당금을 투자자들이 요구하는 수익률로 할인해준 것이 기업이 발행하는 보통 주식의 가치이다. 바꾸어 말한다면 주가란 미래 배당금의 현재가치이다. 예를 들어 어떤 한 기업이 미래의 배당금(D)이 일정하다고 가정했을 때 이 기업의 보통 주식의 현재가치(P)는 다음과 같이 나타낼 수 있다.

$$P = \frac{D}{K_C}$$

여기에서 K_C는 투자자들이 요구하는 수익률로서 기업의 측면에서 본다면 증자에 의한 자본 조달비용에 해당한다. 따라서 이 기업의 배당금이 매년 r% 만큼씩 증가한다고 가정하면 다음과 같이 고쳐 쓸 수 있다.

$$P = \frac{D}{K_C - r} \quad , \text{ 또는 } \quad K_C = \frac{D}{P} + r$$

결국 증자에 의한 투자자금 조달비용은 연간 배당금을 주가로 나누어준 것에 지나지 않는다. 예를 들어 어떤 한 기업의 1주당 매년 배당금이 500원이고 주가가 5000원이라고 한다면 증자에 의한 자본 조달비용은 10%가

된다.

이론적으로 배당가치법이 중요한 이유는 이윤은 모두 배당하는 것으로 가정하고 있기 때문이다. 이처럼 경제이론적으로는 주식의 가치가 배당이지만 이것이 현실을 반영하지 못하는 이유는 경영학적인 여러 요인 때문이다. 이 문제는 이 책의 연구방법과 범위에서 벗어나는 문제이기 때문에 이 책에서는 더 이상 설명이 되지 않고 있다.

4) 자본 자산 평가법(Capital asset pricing method)

기업의 증자비용을 측정하는 가장 일반적인 방법이 자본 자산 평가법이라 할 수 있다. 이 역시 국공채의 수익률을 기준으로 해서 평가하는 방법이지만 다른 모든 기업의 보통 주식의 평균 수익률과 비교 평가한다는 점에서 프레미엄 평가법과 차이가 있다. 다른 모든 기업 보통주식의 평균 수익률(K_m)에서 국공채 수익률(r_f)을 공제해준 것은 주식이 국공채보다 더 위험하기 때문에 지급되는 프레미엄이라고 할 수 있으므로 증자에 의한 자본 조달비용은 다음과 같이 나타낼 수 있다.

$$K_C = r_f + \beta(K_m - r_f)$$

여기에서 β를 베타계수(beta coefficient)라고 하는데 이는 일반적인 보통 주식 평균 수익률의 변화에 대한 해당 기업 보통주식 수익률 변화의 비율이다. 예를 들어 베타계수가 1일 경우에는 해당 기업 보통주식 수익률의 변동이 다른 모든 기업의 평균 주식 수익률의 변화와 같다는 뜻인데 이는 해당 기업의 주식을 보유하는 투자자는 다른 기업의 보통 주식을 보유하는 것과 같은 위험성에 직면하는 것과 같다. 베타계수가 0.5일 경우에는 위험성도 반으로 줄어들고 수익률의 변화도 반으로 줄어들며 베타계수가 2일 경우에는 수익률의 변동이 2배로 늘어나고 위험성도 2배로 증가한다.

예를 들어 국공채 수익률이 8%, 보통주의 평균 수익률이 10%, 베타계수가 1일 경우에는 증자에 의한 자본 조달비용은 10%이며 베타계수가 0.5

일 경우에는 증자에 의한 자본 조달비용이 9%이다.

이상에서 설명한 증자에 의한 기업의 자본 조달비용을 측정하는 3가지 방법은 측정방법에 차이가 있기 때문에 측정 결과 역시 어느 정도 다를 수밖에 없다. 그리고 기업은 자본을 차입과 증자 및 유보 이윤에 의해서 조달하기 때문에 이들을 모두 가중평균해서 이용하는 것이 일반적인 경향이다.

5. 분산 투자

모든 시장이 완전 경쟁시장이어서 독점 이윤이 존재하지 않고, 기술도 진보하지 않아 불변인 상태에 있으며, 모든 것이 다 확실하기 때문에 위험성도 존재하지 않는다면 모든 투자 수익률은 이자율과 일치하며 기업의 자본비용 또는 투자비용도 이자율과 같게 된다.

이론적으로 투자는 다음과 같은 2가지 역할을 한다고 할 수 있다.

(1) 투자는 자본을 축적시키기 때문에 장기적으로 경제성장 요인이 된다. 예를 들어 기술수준이 진보하면 투자 수요곡선이 오른쪽으로 이동하여 장기적으로 자본이 축적되고 경제가 성장하는 것이 이에 해당한다고 할 수 있다. (2) 투자는 예상소득의 현재가치가 투자비용을 초과할 것이라고 기대되기 때문에 이루어지는 것으로서 불안정하고 위험한 지출이다. 예를 들면 기술이 진보하는 성장산업에 투자했을 경우에는 투자 수익률이 크며, 그 반대로 사양산업에 투자했을 경우에는 투자 수익률이 낮다. 그리고 경제가 침체했을 때는 투자 수익률이 낮고 경기가 회복되었을 때는 투자 수익률이 높게 된다. 결국 예상소득은 매우 불확실한 것이 일반적인 현상이다. 이와 같은 투자의 위험성을 줄이는 방법이 분산투자이다. 분산투자를 했을 경우에 어떻게 위험성이 줄어드는가를 알아보기 위해서 주식시장에서 주식투자를 하는 경우를 보기로 하자.

예를 들어 은행업의 수익성이 높아지면 증권업의 수익성이 낮아진다고 할 수 있으므로 내년에 은행업의 주식이 20%의 수익률이 있다면 증권업의 주식의 수익률이 0%이고, 증권업의 주식의 수익률이 20%라면 은행업의 주식의 수익률이 0가 된다고 가정하자. 그리고 각각의 확률이 50%라고 한다면 어느 한 업종의 주식에만 투자했을 경우의 예상 수익률은 10%이다.

그런데 예상 수익률은 미래에 대한 예상 그 자체이므로 불확실하고 위험하다. 바꾸어 말한다면 위의 경우 50%의 확률로 20%의 수익률을 얻을 수도 있고 50%의 확률로 전혀 수익이 없을 수도 있다. 이와 같은 경우에 위험을 줄일 수 있는 방법이 분산투자이다. 이는 물론 금융자산에 대한 투자이지만 실물투자인 경우에도 그대로 적용된다.

위의 예에서 50%는 은행업종에 투자하고 50%는 증권업종에 분산투자를 한다면 분산투자의 예상 수익률 역시 10%이다. 이처럼 예상 수익률은 똑같지만 분산투자를 했을 경우가 어느 한쪽에만 투자했을 경우보다 확실하게 10%의 수익을 얻을 수 있기 때문에 위험이 없는 투자라 할 수 있다. 분산투자를 통해서 위험을 줄일 수 있는 이유는 두 업종의 수익률이 서로 반대방향으로 변화하기 때문이다. 위에서의 예와 같이 분산투자를 통해서 불확실성을 완전히 제거할 수 있다기 보다는 불확실성과 위험성을 분산투자를 통해서 줄일 수 있는 경우가 일반적인 현상이라고 할 수 있다. 왜냐하면 투자 수익률은 상호 역의 관계가 성립하는 경우가 드물기 때문이다.

그러나 분산투자를 통해서도 위험을 전혀 줄일 수 없는 경우가 있다. 주식시장의 경우 경기침체로 모든 주식의 주가가 하락한다면 분산투자를 하더라도 경기 변동의 위험성은 그대로 존재할 수밖에 없다. 바꾸어 말한다면 분산투자를 하더라도 경기 변동의 위험성은 줄일 수 없는데 이와 같은 형태의 위험성을 분산될 수 없는 위험성(nondiversifiable risk)이라 한다. 이와는 반대로 어떤 특정기업이나 특정산업에 특수한 요인으로 발생하는 위험은 분산투자를 통해서 줄일 수 있는데 이와 같은 형태의 위험성을 분산될 수 있는 위험성(diversifiable risk)이라 한다. 왜냐하면 일부의 업종의 수익성이 낮을 때는 다른 업종의 수익성이 높게 되기 때문이다.

[그림 23-1] 분산이 불가능한 위험과 가능한 위험

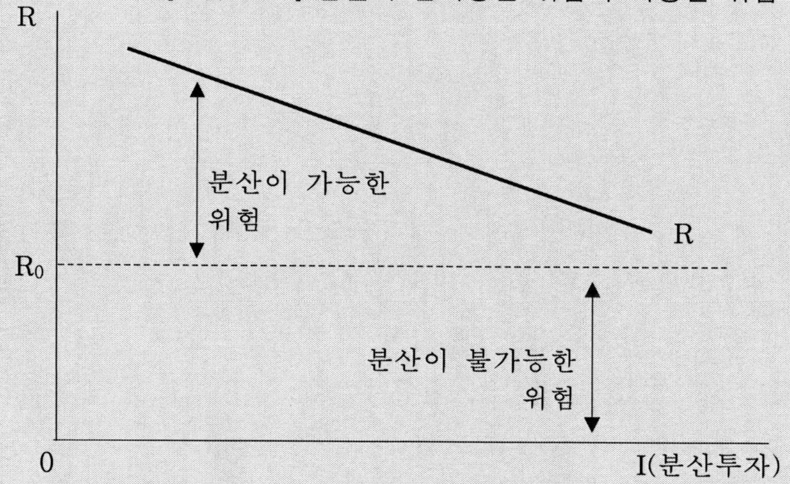

〔그림 23-1〕 은 주식시장에서 분산투자를 하는 경우 분산과 위험과의 관계를 나타낸 것이다. 주식시장에서 무작위로 주식을 선택한다고 할지라도 구입하는 주식의 종류가 많으면 많을수록 분산투자의 위험성은 줄어드는데 그 요인은 분산될 수 있는 위험이 줄어들기 때문이다. 그러나 아무리 많은 주식을 구입한다 할지라도 분산될 수 없는 위험은 R_0 수준에서 일정하다.

이상의 설명으로부터 자본자산평가법(capital asset pricing method)의 의미가 무엇인지를 알아보기로 하자. 주식투자의 평균수익률(K_m)은 분산투자가 충분하게 이루어져 분산될 수 있는 위험이 없는 경우에 해당하므로 종합주가지수 수익률 또는 주식투자펀드(mutual fund) 수익률을 뜻한다. 바꾸어 말한다면 주식시장 전체의 수익률을 가리키는 말이다.

주식투자의 평균수익률에는 이처럼 분산될 수 있는 위험은 없지만 분산될 수 없는 위험은 여전히 존재한다. 이에 반해서 정부가 발행한 국채(government bonds)는 이자와 원금을 확실하게 받을 수 있기 때문에 위험성이 전혀 없다고 할 수 있다. 따라서 주식의 평균수익률에서 국채수익률(r_f)을 공제해준것(K_m-r_f)은 주식이 국채보다 위험하기 때문에 지급되는 분산될 수 없는 위험에 대한 대가로서의 프레미엄(premium)이다. 예를 들어 주식의 평균수익률이 10%이고 국채이자율이 6%라고 한다면 나머지 4%가 주식이 국채보다 위험하기 때문에 지급되는 분산될 수 없는 위험성에 대한 프레미엄이라고 할 수 있다.

일반적으로 중소기업은 대기업보다 더 위험하기 때문에 중소기업의 베타(β)계수는 1보다 크고 대기업의 베타계수는 1보다 작다고 할 수 있다. 이는 중소기업의 증자를 통한 자본조달비용이 대기업보다 높게 된다는 뜻이다. 기업이 투자를 할 경우에는 이미 설명한 바와 같이 차입과 증자에 의해서 자본을 조달하기 때문에 자본조달 비용은 해당기업 주식의 예상수익률과 채권수익률을 가중평균해서 구할 수 있다. 예를 들어 A라는 기업 주식의 예상수익률이 10%이고 이 기업의 채권수익률이 6%라고 할 때 증자와 차입에 의한 자본조달이 각각 50%로 똑같다고 한다면 이 기업의 자본조달비용은 8%가 되며, 이것이 현재가치계산에서 할인율로 이용된다. 이때 기업의 사내유보이윤을 투자자금으로 활용할 경우에는 기회비용의 개념으로 차입에 의한 자본조달의 방법과 똑같이 해석되어야 함은 물론이다.

요 약

1. 기업이 투자를 했을 때 얻을 수 있는 것은 미래에 발생하는 예상소득인데 반하여 투자비용은 현재 시점에서 부담해야 하는 비용이므로 이를 비교하기 위해서는 미래의 모든 예상소득을 이자율을 이용하여 현재가치로 환산해 주어야한다.
2. 투자사업의 현재가치는 투자사업의 예상소득의 현재가치에서 투자비용을 공제해 준 것을 말하며, 어떤 이유로든 투자사업을 선택해야하는 경우에는 같은 비용이라면 투자사업의 현재가치가 큰 것이 선택되고, 투자자금이 제한이 없을 경우에는 투자사업의 현재가치가 0가 될 때까지 투자된다.
3. 편익과 비용의 차액이 극대가 되도록 투자되었을 때는 기업의 부 또한 극대가 되기 때문에 비용·편익분석방법과 투자 사업의 현재가치론은 결론적으로 똑같은 것이다. 다만 비용·편익분석방법은 투자항목별 효과를 비

교검토해 보기가 쉽기 때문에 널리 이용되는 방법이다.

4. 내부수익률이란 투자사업의 현재가치를 0로 할인시켜주는 할인율로서 투자수익률과 같은 뜻이므로 이론적으로 매우 유용한 개념이나 실제적으로 투자사업을 선택하는데 있어서는 문제가 있다. 중요한 것은 3가지 투자결정이론이 방법론상의 차이일뿐 결론은 모두 똑같으며 공공투자기준으로 활용할 수도 있다.
5. 기업이 외부적으로 투자자금을 조달하는 방법은 차입과 증자이며, 자본조달비용은 이자로서 화폐 단위당비용으로 생각할 때는 이자율이 된다. 다만 주식은 국공채보다 더 위험한 금융자산이기 때문에 불확실성에 대한 대가로서 프레미엄만큼 기업이 더 부담해야하며, 주식의 가치는 미래배당금의 현재가치라고 할 수 있다.
6. 투자는 예상소득의 현재가치가 투자비용을 초과할 것이라고 기대하기 때문에 이루어지는 것으로서 불확실한 것이 일반적인 현상이며, 이와 같은 투자의 위험성을 줄이는 방법이 분산투자이다. 분산투자는 불확실성을 완전히 제거할 수는 없지만 줄일 수 있는 것이 일반적인 현상이다. 다만 분산이 불가능한 위험인 경우는 그렇지 않다.

중요개념

1. 예상소득의 현재가치, P. 459
2. 투자사업의 현재가치, P. 460
3. 투자결정의 기준, P. 461
4. 비용·편익 분석방법, P. 461
5. 편익, P. 461
6. 기업의 부의 극대화, P. 462
7. 편익과 비용 차액의 극대화, P. 462
8. 편익의 현재가치, P. 462
9. 비용의 현재가치, P. 462
10. 투자사업평가, P. 462
11. 비용효과, P. 463
12. 내부수익률, P. 463
13. 공공투자기준, P. 464
14. 자본의 내부적 조달방법, P. 464
15. 자본의 외부적 조달방법, P. 464
16. 지본비용, P. 464
17. 프레미엄법, P. 465
18. 배당가치법, P. 466
19. 주식의 현재가치, P. 466
20. 미래배당금의 현재가치, P. 466
21. 자본자산 평가법, P. 467
22. 분산투자, P. 468
23. 분산될 수 없는 위험, P. 469
24. 분산될 수 있는 위험, P. 470

국문찾아보기

영문찾아보기

저자 약력

연세대학교 경영대학원(경제석사)

세종대학교 대학원 경제학과(경제박사 수료)

세종대학교 경제학과 강사

현, 세계경제문제연구소

제2권 거시경제 **경제이론과 현실**

2003. 5. 12 초판발행
2004. 11. 20 개정판(제2판) 발행
2010. 10. 30 전정판(제3판) 발행
2016. 3. 25 제4판 발행

저 자 정 기 옥

발행인 정 기 옥

발행처 경제연구 출 판 세계경제문제연구소

서울시 강서구 등촌로 13다길 84(화곡2동 866-23)

신 고 2008. 7. 10 / 제 2008-000018

전 화 (02)2681-9593

조 판 POD나라 1800-1477

정가 30,000원